互联网金融风险的动力学演化与审计治理研究

Research on Dynamic Evolution and Audit Governance of Internet Financial Risk

曹源芳 著

中国财经出版传媒集团

国家社科基金后期资助项目
出版说明

后期资助项目是国家社科基金设立的一类重要项目，旨在鼓励广大社科研究者潜心治学，支持基础研究多出优秀成果。它是经过严格评审，从接近完成的科研成果中遴选立项的。为扩大后期资助项目的影响，更好地推动学术发展，促进成果转化，全国哲学社会科学工作办公室按照“统一设计、统一标识、统一版式、形成系列”的总体要求，组织出版国家社科基金后期资助项目成果。

全国哲学社会科学工作办公室

序

习近平总书记反复强调指出，金融是现代经济的核心，金融安全是国家安全的重要组成部分，防范化解金融风险是金融工作永恒的主题。当前，我们的经济社会仍面临着各种各样的金融风险。充分认识各类金融风险的本质及其演化规律并在此基础上制定包容性的监管政策，争取一场场“治乱象”“严监管”“防风险”的胜利，是保持经济社会大局稳定的战略之举，是推动实现高质量发展的关键之举，也是提升金融业核心竞争力的务实之举。

从 2013 年开始，随着互联网技术与金融的结合越来越紧密，互联网金融在我国得到了迅速发展，无论是从行业规模维度还是从客户总人数维度看，互联网金融都呈直线上升趋势。在互联网金融模式下，由于网络的开放性与相应存在的长尾效应，金融交易活动的参与主体更加大众化，传统金融交易中普遍存在的信息不对称程度显著降低，交易效率显著提高、交易费用成倍减少，使得互联网金融在大众的日常生活和经济社会的发展中呈现越来越重要的影响力。金融的本质就是风险，但互联网金融不仅呈现传统金融业的风险特点，还同时具有互联网行业的风险特点，甚至可能在两者的风险融合中出现风险的“同频共振”，从而使得风险程度大大提高，风险表现也更为复杂。为此，互联网金融在颠覆传统金融模式并推动我国普惠金融发展的同时，也带来很大的风险挑战。当前，我国金融体系仍处于风险易发高发期，互联网金融风险隐患则更为突出，在一定程度上已成为我国金融领域最为突出的风险之一，甚至有可能演化为系统性金融风险而引起了国家层面的高度重视。因此，在新的历史条件下，如何在科学总结互联网金融风险客观演化规律的基础上，精准有效防范化解互联网金融风险、促进互联网金融风险明显收敛具有现实的必要性和紧迫性，也是对互联网金融的参与者与监管者提出的重大挑战。

围绕互联网金融风险的系统动力学演化规律及其审计治理机制的研究

主题，本书总体上根据我国互联网金融发展现状以及特定的社会经济环境，坚持从特殊到一般再到特殊、将实践与认识紧密联系的科学循环。一方面，基于互联网金融快速发展以及互联网金融风险的混沌特征，采用系统动力学的研究工具对互联网金融风险的演化规律开展了跨学科交叉研究。另一方面，审计是国家治理体系和治理能力现代化的重要基石之一。本书深入阐释了审计嵌入互联网金融风险系统的内生逻辑以充分发挥审计的风险发现与风险治理功能。在此基础上，立足于形成与国家治理体系和治理能力现代化相适应的风险应对策略，构建了互联网金融风险治理的动态审计预警框架并提出了相应的实现机制，从而将理论研究与实践应用相结合，形成了防范化解互联网金融风险的逻辑体系。我认为本书的主要贡献在于，第一，构建了一个较为完整、系统的理论分析框架，丰富和完善了互联网金融风险理论与审计理论研究，从而有助于更深入地科学认识互联网金融风险的本质特征、系统探索互联网金融风险的演化规律以及全面把握审计嵌入互联网金融风险治理的内生逻辑。第二，基于互联网金融风险的混沌性、动态性、非线性等动力学特性，从系统动力学视角考察互联网金融风险的演化机理，这既深化了对互联网金融风险演化规律的考察，又进一步实现了新文科背景下系统科学与经济学的跨学科交叉融合，凸显了理论和方法的交融性。第三，充分考虑互联网金融风险的系统特征，拓展了基于中国情境的互联网金融风险治理对策框架研究，为新的历史条件下构建从末端治理向源头预警延伸的互联网金融风险动态审计预警体系进而有效防范化解互联网金融风险提供了新的思路。这对于形成与国家治理体系和治理能力现代化相适应的互联网金融风险审计治理框架和守住不发生系统性金融风险底线具有很好的参考与借鉴意义。因此可以认为，这是一部视角独特、方法创新、有参考价值和实际指导意义的学术专著。

当然，对学术的追求应无止境。特别是在研究理论和研究方法不断推陈出新和交叉融合的今天，更需要本着“学无止境”的科学精神对互联网金融风险及其治理问题开展更加持续而深入的研究。希望曹源芳同志在未来的研究过程中继续努力，求实创新，勇于探索，不断推出更多、更好的科研成果，为贯彻新发展理念、推进高质量发展做出更多贡献。

江苏省金融业联合会金融科技专业委员会主任委员　孙　杨

2021 年 8 月

前　言

中共十九大把防范化解重大风险作为决胜全面建成小康社会三大攻坚战的首要战役，而金融风险则是最突出的重大风险之一。当前，我国金融体系处于风险易发高发期，一些领域风险隐患仍不容忽视，特别是随着互联网技术与金融的深度融合，互联网金融风险问题已引起了国家层面的高度重视。然而，与实体经济领域的显性风险相比，互联网金融风险更加隐蔽、更不可控，甚至可能演化为系统性金融风险。审计作为国家治理体系和治理能力现代化的重要基石之一，习近平总书记在 2018 年 5 月 23 日主持召开中央审计委员会第一次会议时特别强调，要更好发挥审计在党和国家监督体系中的重要作用，加大对经济社会运行中各类风险隐患的揭示力度。因此，在新时代，如何在全面分析和深刻把握互联网金融风险的演化规律基础上，加快中国审计监督顶层设计，进而形成与国家治理体系和治理能力现代化相适应的互联网金融风险审计治理框架，以有效防范互联网金融风险，已成为当前经济领域一个迫在眉睫的问题。

自 2013 年以来，互联网金融风潮迭起，人们迎来了互联网金融时代。与传统投融资方式相比，互联网金融更符合普惠金融内涵，它具有交易便捷、流程简便、方式灵活、覆盖范围广等特点，很好地覆盖了金融服务的盲点，使人们能够以更低的门槛、更快的方式参与到金融活动中去，从而在普惠金融的道路上逐渐渗透到单个金融消费者、小微企业等。互联网金融是传统金融和“互联网 +”相融合的产物，然而，我国互联网金融的发展是在相关法规几乎空白的情况下迅速出现并不断膨胀的，法律法规的建设相对滞后。但是，互联网金融又别于传统金融，其所蕴含的风险比传统金融风险更隐蔽、传染性更强，传统的金融风险管理方式已难以满足互联网金融健康发展的需要。因而，虽然近几年我国对互联网金融的监管在持续加强，但互联网金融领域面临的风险依然非常突出。例如，2018 年是我国互联网金融违约案件高发的年度，尤其是东部沿海地区的互联网金融违约事件时有发生，特别是一些互联网金融案件涉案人数众多。然而，近几年政府对互联网金融行业的整治并非是“打压”，相反，伴随着监管的全面铺开，国内互联网金融在经历野蛮生长、风险频发和监管收紧阶段后，正迎来升级转型的重要机遇。所以，对于那些有操守、能坚持底线和有竞争优势的市场主体而言，迎接它们的并不是寒冬，而是互联网金融的另一个春天。

从各路资本趋之若鹜的蓝海市场，到步入“存量淘汰”时代，互联网金融凭借科技创新的属性，易操作、便捷等优势迅速走红，又因严格监管逐渐告别“野蛮时代”。2014 年之后，互联网金融已经连续多年被列入政府规划报告，互联网金融对传统金融的重要补充作用和地位一再被肯定，但防范风险一直是互联网金融永恒的主题。

愈演愈烈的互联网金融风险问题对互联网金融可持续发展甚至国家金融安全都提出了新的挑战。面对这一挑战，学者们从不同视角对互联网金融风险开展了相应研究，既有模型构建、经验分析，也有调查研究及实验数据的分析归纳，这些研究扩展了我们对互联网金融风险的认识，但有关互联网金融风险方面的研究仍缺乏理论上的分析框架，大量经验分析在一定程度上仍存在研究工具创新上的问题，因而迫切需要以新的研究工具、从新的研究视角对互联网金融风险开展更深入的研究。

影响互联网金融风险的因素是多方面的，既有个人因素，也有交易层面的因素，甚至包括技术等方面的因素。从系统的观点来看，这些因素不仅相互作用、彼此影响，还构成了一个具有多因素性、复杂性和非线性特点的系统。在这一复杂的非线性系统中，互联网金融各类风险也不是孤立存在的，相互间具有紧密联系且通过一定条件进行转化，最终形成系统性风险。在互联网金融规模还不能与传统金融规模比拟时，互联网金融自身风险加上传统金融风险以及互联网金融风险对传统金融风险的连锁反应，共同构成了系统性风险。在互联网金融规模本身具有系统重要性时，自身也将可能引起系统性风险。之所以选择系统动力学来探索互联网金融风险的演化规律，是由于互联网金融风险作为一种独立的系统结构，首先是具有复杂性特征。不仅互联网金融风险的影响因素复杂，影响机制也较为复杂，影响机制既有动态的，也有静态的，且众多因素不仅直接影响互联网金融风险系统，同时彼此之间也具有复杂的影响关系。其次，互联网金融风险系统具有非线性特征，众多因素对系统的影响难以用线性关系进行描述，而系统动力学为我们描述这些因素之间的复杂关系提供了全新的思路。此外，互联网金融风险系统具有时变性特征。几乎所有影响互联网金融风险系统的因素都处在不断的变化之中，使得对于这一系统的研究必须从动态的视角出发，不仅研究其动态的演化规律，还要研究动态的应对措施，才能更好地防范化解互联网金融风险。因此，互联网金融风险及其影响因素所组成的复杂系统，只有采取系统动力学的研究视角才能够在更好地把握各个因素之间逻辑联系基础上，对互联网金融风险的演化规律开展行之有效的探索。系统动力学的基本理论观点也有利于帮助我们解决互联网金融风险管理中的诸多特殊问题。

本书正是基于这种现实与理论背景深入探索互联网金融风险的管理问题，旨在引入系统动力学研究工具，探讨系统动力学在互联网金融风险管理中的应用，以此为研究互联网金融风险的演化规律提供一个理论框架。

防范包括互联网金融风险在内的金融风险是金融工作的根本性任务。2017 年，中共十九大明确提出要坚决打好防范化解重大风险、精准脱贫、污染防治三大战役，2018 年中央经济工作会议再次强调打好防范化解重大风险攻坚战的重点是防控金融风险。因而，防范化解金融风险已成为打好三大攻坚战的首要任务，事关国家安全、发展全局，是实现经济由高速增长转向高质量发展必须跨越的重大关口。审计伴随着国民经济迅速发展和经济体制改革深化而不断变化，特别是 2002 年以后，我国金融审计进一步将审计目标确定为防风险、促管理、提效益，并大力推进计算机技术，由此金融审计进入到风险审计阶段。金融是现代经济的核心，作为金融创新形式的互联网金融给金融领域提供了新的融资模式，提高了金融效率。然而，互联网金融的虚拟性等特征使得互联网金融领域的风险频发且给社会经济秩序带来了一定的冲击和破坏。审计作为党和国家监督体系的重要组成部分，具有综合性强、独立性高、触角灵敏等特征，更便于实现对互联网金融风险进行跨业穿透和对风险开展综合研判。因此，审计治理既承担着防控互联网金融风险的责任，也具有防控互联网金融风险的优势。

为此，在新时代为更好发挥审计在党和国家监督体系的作用，本书基于审计治理嵌入互联网金融风险动力学演化的内生逻辑，构建互联网金融风险审计治理的动态预警系统及其实施机制，从而既为有效防控互联网金融风险提供新视角与新方法，也为创新宏观调控新维度和完善包容性政策框架提供理论和实证支持。本书着眼于中国互联网金融的发展实践，以更广阔的视阈将规范研究和实证研究等方法结合起来，从而既体现理论体系的完整性与严谨性，又尽可能还原互联网金融风险的现实性与动态性。总体上，本书分为五部分，共十一章，主要内容如下：

第一部分（第1章）为绪论，阐述选题的背景及意义，界定研究对象和主要概念，以及结合互联网金融发展的理论渊源阐释互联网金融与传统金融的边界，并在对当前互联网金融风险相关研究进行述评基础上提出本书的研究思路、主要内容与阶梯式研究推进的技术路线。

第二部分（第2章）为本书的理论基础，重点分析引入系统动力学开展互联网金融风险研究的可行性。本章从系统动力学结构模式与建模原理出发，在阐释互联网金融的风险点及其成因和考察互联网金融风险混沌特征及其系统动力学特性基础上，探讨系统动力学在互联网金融风险研究中的适应性并据此阐释互联网金融风险演化的动力学机制。

第三部分基于互联网金融风险的特性以及系统动力学的理论基础，重点研究互联网金融风险系统的构建、互联网金融风险演化的系统动力学建模与仿真、互联网金融风险的系统动力学演化机理以及互联网金融风险传染效应问题，共包括四章（第3~6章）。

第3章在确定互联网金融风险系统的构建原则基础上划分了互联网金融风险系统的边界，并将关键风险因素拟合到系统动力学中以形成互联网金融风险因果循环的逻辑框架及互联网金融风险的反馈回路。进一步地，为明晰各风险因素间的逻辑关联及其对系统状态的影响程度，本章探索了互联网金融风险的系统动力学流图。

第4章立足于互联网金融风险演化的实证研究。本章在对互联网金融风险因子进行 G_1 法主观赋权、熵值法客观赋权与综合集成赋权基础上，构建互联网金融风险演化的系统动力学模型，并开展计算机仿真以考察互联网金融风险系统的总体演化趋势及互联网金融风险子系统的演化趋势。

第5章研究互联网金融风险的系统动力学演化机理。首先，基于互联网金融风险的系统动力学流图，分解出互联网金融风险演化的主要风险基模。其次，基于系统动力学考察了互联网金融风险的演化机理。最后，从相异风险间的转化、互联网金融风险对系统性风险的传导、传统金融风险对系统性风险转移的三个维度探讨了互联网金融风险对系统性金融风险的演化机理。

第6章进一步考察互联网金融风险的传染效应。本章基于资本资产定价模型（capital asset pricing model，CAPM）对互联网金融风险的跨期时变予以检验，由此进一步验证了互联网金融风险的混沌特征，并分别从逻辑机理及实证检验两方面对互联网金融风险引发的“蝴蝶效应”和“金融错配”进行探索，从而为深入认识互联网金融风险的系统动力学演化提供了理论与实证支持。

第四部分针对现行法律、政策、监管体系不足以完全覆盖互联网金融风险漏洞及可能对宏观金融稳定带来严重冲击的现实，基于审计在党和国家监督体系中的重要地位，提出要构建与国家治理体系和治理能力现代化相适应的互联网金融风险审计治理框架，将审计治理嵌入互联网金融风险监管以有效提高防范化解互联网金融风险的效果。本部分重点研究四个方面的内容：一是对审计治理嵌入互联网金融风险动力学演化的内生逻辑开展探索；二是对互联网金融风险审计治理的影响因素与绩效进行评价；三是构建互联网金融风险动态审计预警的动力学架构；四是对互联网金融风险审计治理的实施机制进行深入研究。由此，本部分共包括四章（第7~10章）。

第7章在引入演化博弈模型分析互联网金融发展中政府监管必要性的基础上，探索了政府监管在互联网金融风险治理中的职能界定。在总结当前互联网金融风险治理的不足中从基本动因、理论基础、主要职能和特殊优势四个维度系统阐释了审计治理嵌入互联网金融风险动力学演化的内生逻辑。

第8章在系统总结我国当前互联网金融风险审计治理的现状以及存在的局限性之后，构建了互联网金融风险审计治理影响因素的系统动力学模型，并基于审计提高互联网金融风险治理绩效的基本假设，采用准自然实验法及双重差分模型实证检验了互联网金融风险审计治理的绩效。

第9章为互联网金融风险动态审计预警的系统动力学架构。风险预警是风险防范的核心。本章首先对动态审计预警的内涵以及构建互联网金融风险审计治理动态预警系统的必要性进行了理论阐释，并在采用问卷调查等方式对构建互联网金融风险审计治理动态预警系统的可行性进行实证研究基础上，建立了互联网金融风险审计治理的动态预警系统总体框架以及设计了相应的应用流程。

第10章探讨互联网金融风险审计治理的实施机制。审计在互联网金融风险治理中具有独特的价值和意义，但其作用的发挥有赖于一定的条件和相应环境。本章在条件因素分析、金融监管环境、审计监管模式等分析基础上，从审计数据、审计系统、审计平台、审计模式、审计内容与重点、完善审计结果运用机制等方面探索宏观审慎监管模式下互联网金融风险审计治理的实现路径。

第五部分即第 11 章，为全书总结与展望。本部分系统总结了本书的主要工作并提出了相关的政策建议，同时客观指出相应的研究贡献、局限性以及未来可以进一步在本领域开展的相关研究工作。

总体而言，本书紧紧把握互联网金融发展的新背景、新趋势和新特征，基于系统动力学的研究工具和审计的视角深入研究互联网金融风险的演化规律及其风险治理问题。本书通过系统动力学建模与仿真，全面系统地揭示互联网金融风险动力学演化机理，并基于审计治理嵌入互联网金融风险演化系统的内生逻辑，构建了互联网金融风险审计治理的动态预警系统，最后提出了互联网金融风险审计治理的实施机制，实现了系统科学与经济学的跨学科交叉融合，从而为互联网金融时代有效防范化解互联网金融风险提供了理论参考并丰富了互联网金融风险管理的研究。

然而，基于系统动力学的互联网金融风险跨学科交叉研究是一个新兴的领域，特别是在互联网金融不断的产品创新与模式创新进程中，其所呈现出的互联网金融风险与隐患也可能存在差异性和多元化，限于时间、能力与水平，书中可能存在疏漏之处，敬请专家与读者不吝指正。

目　录

第1章　绪　　论

1.1　问题的提出

从2013年开始，随着互联网技术与金融的结合越来越紧密，互联网金融作为一种创新的事物在我国开始出现并在短时间内得到了迅速的发展壮大，无论是从行业规模维度还是从客户总人数维度看，互联网金融的发展都呈直线上升趋势，并且由此对大众的日常生活和传统金融业发展均产生了深远的影响。互联网金融改变了消费者的消费习惯和消费偏好，同时也创新了传统金融业的经营方式和业务形态①。相比于传统金融，互联网金融在一开始便呈现出网络支付、P2P网贷、众筹和互联网金融产品销售等多元业态的并行发展，各业态的发展均对于互联网（包括移动互联网）技术和应用体现出高度依赖的特征，由此在网络虚拟空间里以互联网的思维进行金融活动。互联网金融本质上还是金融，而任何金融活动都会在资金融通活动中具有风险属性。因此，从风险特征上看，互联网金融不仅有着传统金融业的风险特点，还同时有着互联网行业的风险特点。此外，互联网金融风险也并非两种风险的简单相加，而是可能出现风险的“同频共振”，从而风险程度甚至可能大大提高，风险表现也更为复杂。因此，如何在清晰认识互联网金融风险客观规律的基础上，有效防止互联网金融风险的耦合，这对互联网金融的参与者与监管者都提出了很大挑战。

金融监管和金融创新始终都是矛盾的统一体。在互联网金融领域快速创新并获得不断发展之时，互联网金融领域的风险事件也同步出现，而且持续发生。然而，与此同时，对互联网金融及其风险的认识则相对滞后，

① 不容忽视的是金融科技（fintech）的发展与互联网金融相辅相成，其在支付清算、融资渠道、金融基础设施建设以及投资理财方面的作用日趋显著，可以说金融科技成为互联网金融下一个发展阶段的重要方向。

政府部门、监管主体、学界和业界对其尚缺乏明确共识，因此对互联网金融风险进行监管仍缺少较为完善的相关法律法规和监管政策。近年来，监管部门对互联网金融风险的重视程度虽然有了很大提高，但离互联网金融的规范、有序发展相比，依然存在完善的空间。一是互联网金融的监管对象发生了变化。金融业本身发展的历史悠久，因而对传统金融及其风险的监管相对完善。然而在互联网金融快速发展过程中，传统金融机构和非金融机构都涉及了相关的互联网金融业务。与非金融机构相比，传统金融机构一般规模较大，风险防控技术与防控能力通常较强，加上我国长期以来实施的分业监管措施，因而在金融风险防控方面主要应对的是内部业务创新产生的局部风险问题，发生系统性风险的可能性较低。因此从事金融业务的非金融机构是我国互联网金融监管缺失的主要症结所在。但是，对传统金融机构进行监管的模式与措施对非金融机构通常具有不适应性，针对性不强，监管效果难以体现。二是法律依据不足。有效的金融监管依托于完善的法律制度体系。然而，在互联网金融领域，包括已出台的《关于促进互联网金融健康发展的指导意见》等在内，相对于复杂多样的互联网金融业务，相应的互联网金融监管法律法规仍存在较大空白，甚至在某些方面依然存在一定的漏洞。既有的针对传统金融业的法律法规和政策文件通常具有较强的针对性，主要的监管对象是传统金融业务与传统金融机构，而对于互联网金融企业以及其所从事的业务通常针对性不强，约束力相对不足。因此监管机构也就无法在其发生风险之前进行有效的预测和防控。目前我国监管实践过程中通常表现出事后监管的方式，即企业明确触犯了现有法律（如诈骗、非法集资和吸收公众存款等）之后，金融监管部门甚至公安及司法部门才介入监管并处置。但这种监管模式完全是属于事后的，预警功能不足，因为此时不可挽回的损失和影响已经发生，风险的实际后果已经出现。三是监管部门之间协调不力。互联网金融创新出现了多种业态，涉及现有监管体系中的多个监管主体。因此，按照传统的监管思路，客观上需要指定一个牵头部门以协调各类监管主体。鉴于互联网金融的特殊性，牵头部门需要经历长时间的研究和讨论才能确定，并且实际效果也需实践检验。也正是因为如此，长期以来监管的缺失导致许多经营不规范的互联网金融机构乘虚而入，互联网金融风险不断累积。

互联网金融创新契合了信息技术的爆炸式发展以及人们对金融服务需求的不断提升。未来一段时间内，信息技术发展和金融服务需求势头仍然强劲。因此，从趋势上看，互联网金融仍将快速发展，与之相关的互联网金融风险也将在长期时间内客观存在。正因为如此，为了有效防控互联网金融风险，深入探索互联网金融的风险特性及其演化规律并有针对性地对监管进行完善则显得尤为重要。为此，在深入考察互联网金融风险演化规律基础上，系统探索互联网金融风险的有效治理机制，从而在有效防范互联网金融领域的系统性风险和违法犯罪行为的同时，又能根据金融市场发展的客观需求，保持市场活力以及充分提供金融服务供给。此外，在完善互联网金融监管的同时，同样需要发挥互联网金融行业的特殊优势，实现完全竞争、优胜劣汰，促进行业生态良性发展，这不仅对于我国互联网金融的发展至关重要，也对促进经济高质量发展以及转换增长动能有着极为重要的意义。

1.2 互联网金融及其发展概述

20 世纪 90 年代初，传统的生活方式和消费方式因互联网的迅猛发展和普及受到了严重冲击。在网络技术的推动下，金融和网络相融合的新型互联网金融模式，例如，网络银行、网络证券、网络保险等，在美国率先出现并迅速发展从而催生出了一种新型的金融业态——互联网金融。由于这一新型的金融业态契合了居民的金融服务需求，并且极大地降低了金融交易成本和缓解了传统金融中的信息不对称，因而，互联网金融一经出现即吸引了人们的广泛注意。

1.2.1 互联网金融的概念与模式

1.2.1.1 互联网金融内涵

在互联网金融出现的较长时期内，由于对互联网金融的本质等尚未有充分的理解和认识，各界对如何认识互联网金融的内涵也未能统一，由此导致对于互联网金融的概念众说纷纭。例如，费格尔（Faegre，2010）提出互联网金融是通过网络所开展的金融供给与金融服务。艾伦（Allen，2007）则较早在概念与本质上开展研究，认为互联网金融活动的本质是基于互联网技术而在虚拟环境中开展的金融供求活动。国内在有关互联网金融领域的研究则起步得相对较迟。在 2012 年初，谢平（2012）等在国内首次提出互联网金融的概念并较为系统地总结了互联网金融发展的主要模式。随后，由于互联网金融实践的快速发展，人们进一步认识了互联网金融的本质，并深化了对互联网金融基本属性与核心要素方面的了解。与此同时，基于社交网络、云计算、移动支付等现代信息科技嫁接的现代金融业，也极大影响人类的金融发展模式，甚至产生与以往各种传统金融模式都不相同的新的所谓的“互联网金融模式”。在这种新的互联网金融模式下，由于网络的开放性与相应存在的长尾效应，传统金融交易中各方普遍存在的信息不对称程度显著降低，交易效率显著提高、费用减少、操作简单方便，金融交易活动的参与主体也更加大众化。因此，这是对传统金融模式的重大变革，也对金融活动产生了根本性的影响。2014 年初，《中国金融稳定报告》系统地将互联网金融分成广义与狭义两种，并将广义互联网金融划分为两个基本部分：一是传统上的金融机构运用互联网媒介开展的相关业务；二是互联网企业从事相关金融业务。而狭义互联网金融是指互联网企业作为独立的经营主体，通过运用信息技术而实现各种金融产品和金融服务交易。因此互联网金融其实质是通过运用移动通信技术、互联网技术等与金融产品、服务进行融合，由此实现了包括传统金融功能的新兴金融运营模式。在信息技术革命的影响下，金融业与新兴科技融合程度不断增强，由此我国互联网金融取得了快速发展。

目前，随着互联网时代的到来，越来越多的人群和经济活动已经与互联网密不可分，互联网金融的用户规模也将会不断壮大。互联网金融虽然起源于国外，但我国互联网金融发展速度却非常之快，其背后蕴含着深刻的宏观背景，部分来源于全球的影响，也有部分为中国所特有的。在国内外多种因素的综合作用下，2018 年我国互联网金融行业用户规模已超过 6.7 亿人且一直呈现稳步增长趋势，预计到 2022 年增长率约为 30%，总人数达 8.7 亿人。不断增加的用户规模为未来我国互联网金融的进一步发展奠定了坚实的客户群体基础（见图 1－1）。

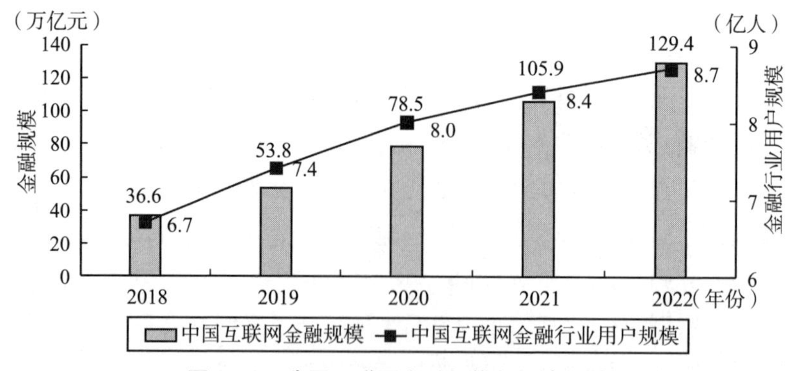

图 1－1　我国互联网金融规模与用户规模

资料来源：王智毅．我国互联网金融风险的识别与对策研究［D］．南昌：江西财经大学，2018。

1.2.1.2　互联网金融的模式

作为在传统金融背景下快速发展的互联网金融以及相应的一种新兴金融业态，其快速发展必须依托于金融业与互联网技术的创新融合，并在此基础上进行不同要素的组合而衍生出不同的互联网金融的模式。目前已经具有多种模式（见表1－1）。

表1－1　　互联网金融主要模式及其特点

模式类别	模式分析	模式特点
第三方支付	不负担保功能的独立第三方支付模式（如快钱、拉卡拉）和兼负担保功能的第三方支付模式（支付宝、财付通等）	具有完整的客户采购、支付、物流、结算等信用信息，能低成本联合金融机构为客户提供更精准的交叉营销服务
电商系金融	1. 以阿里小额信贷为代表的平台模式，依托平台大数据的信用分析与核定，发放无抵押信用贷款及应收账款抵押贷款 2. 以京东、苏宁为代表的供应链金融模式，以电商为核心企业，以未来收益的现金流作为担保，获得银行授信，为供货商融资	依托于互联网的信息化技术、大数据的处理分析能力，具有透明度高、参与广泛、中间成本低、支付便捷、信用数据丰富和信息处理效率高等特点
众筹	国内众筹更多的是发挥以“点名时间”为代表的创新产品预售和市场宣传平台作用	通过创意项目的展示向广大投资者募集项目资金，投资者通过少量的投资金额可以从融资者获得实物或股权回报
金融机构互联网化	金融机构借助互联网的信息化，实现经营管理全面电子化的过程。例如，商业银行通过建设电商平台形成“网银＋金融超市＋电商”的信息化金融模式	金融信息化具有重视客户体验、强调交互式营销、主张平台开放等新特点，迎合了银行以“客户为中心”的金融服务创新需要
互联网金融门户	利用互联网搜索引擎以“搜索＋比价”的模式，为各家金融机构提供金融产品销售以及与之相关的第三方服务，如融360、好贷网、91金融超市等	互联网金融门户核心价值在于其对渠道的细分与把控，如目前针对信贷、理财、保险等领域都有相应的门户网站

资料来源：洪娟，曹彬，李鑫．互联网金融风险的特殊性及其监管策略研究［J］．中央财经大学学报，2014（9）：42－46。

1.2.2　互联网金融发展的理论渊源

金融创新包括了金融工具、产品、市场等方面的创新。互联网金融作为信息技术与金融产品、服务融合创新的产物正处于快速发展过程中，尽管互联网金融尚未在金融工具、金融市场或金融功能等方面表现出明显变化，但其作用不仅体现在技术创新服务升级以及对传统金融的更新改造，更重要的是作为一种新金融业态的代表，互联网金融正推动传统金融依托互联网信息技术自发学习适应，不断适应新金融发展过程，由此实现产业均衡并随之进入不可逆的动态调整状态。显然，任何互联网金融主体都需要不断通过创新以实现金融资源有效配置，因而在提高金融资源配置效率过程中存在的创新动机与偏好，以及相应的创新能力与资源等都是互联网金融创新内在发展的不竭原动力和先决条件。与此同时，互联网金融创新也必须具备相应的外部条件。其中，在信息化时代，互联网信息技术的快速迭代以及金融监管滞后而形成的较长时期监管真空以及传统金融存在的金融排斥而形成的巨大、多元的市场需求等激励或倒逼了互联网金融创新进程。所以，在内部、外部因素的综合作用下，在可预见的未来，不断发展和深化的互联网金融创新甚至可能对金融业带来革命性的颠覆作用进而形成金融产业革命。为此，契合互联网金融的快速发展及其本质与特征，需要在理论上深入剖析与互联网金融相关的经济学理论。本书将从产业经济理论以及相应的信息经济学理论出发，在互联网金融发展中不断总结国内外相关研究成果，并基于传统金融学理论基础，构建一个能够准确阐释互联网金融发展进程的理论框架。

1.2.2.1 产业经济学与互联网金融发展

规模经济（economics of scale）与范围经济（economics of scope）是产业经济学理论中普遍运用的两个重要概念。其中，基于规模的来源方不同把规模经济划分为供方规模经济和需方规模经济。钱德勒（Chandler，1990）从理论阐释角度把供方规模经济定义为同一供给方的内部单位成本随规模扩大而下降的客观规律，而夏皮罗（Shapiro，2001）则将需方规模经济定义为需方所获价值随规模扩大上升的客观规律。与之不同的是，范围经济研究的是产品范围的大小对经营成本具有直接的影响，并且企业内部产品的品种越多，单位经营成本则越低。互联网金融作为一种新出现的金融业态，虽然与生产企业的生产模式不同，但同样也存在明显的规模经济和范围经济效应。客观存在的供方规模经济规律，可以在迅速发展的互联网和信息技术进行对接，两者之间的融合与对接将能够使得信息、知识、技术等要素进行新的组合，其所形成的功能和作用将有可能超越传统经济中诸如资本和劳动力等居于首位作用的要素。因而，供方规模经济规律打破了边际成本递增、边际收益递减等传统经济学规律。特别的是，要素与资源的相对有限性在互联网金融领域也同样可能面临挑战，因为这些信息经济时代的新要素存在于互联网中，使用过程中不必考虑排他性的限制，而是能够进行零成本地复制与应用。因此，在新要素投入不断增多的同时产出水平也将不断增加，与之相对应的供方收益会因为规模经济效应而呈现递增态势，成本却因此递减。现代大工场生产的基础是标准化，而标准化生产是实现规模经济的前提条件。如果互联网金融领域提供的是非标准的个性化产品，那么互联网金融服务中，无论是支付结算业务，还是资金融通活动，都需要支付与传统金融服务相当的高单位成本（Claessens & Djankoy，2000）。互联网保险业务是供方规模经济领域的典型案例。众所周知，与传统销售模式不同，互联网保险销售平台不需要相应的货架和仓储空间，成本支出相对有限，一般仅涉及平台建设的资金投入和产品推广费用。互联网金融销售平台投入运营后，依托计算机系统向互联网金融用户推广标准化产品生产与流通通道，推行自助办理业务，从而实现金融活动的"批量化生产""程序化服务"。由此可以看出，供方规模经济可以实现较低的边际成本，并且随着客户人数不断增加的同时，互联网金融平台能够不断摊薄刚性成本，进一步提高盈利能力。

相对于来自内部的供给规模经济，需方规模经济则存在于市场主体的外部。余额宝等互联网货币基金类金融产品是典型的需方规模经济代表。众所周知，余额宝问世初期其价值并未显现，由于投资客户对该产品不熟悉甚至持有质疑态度，因此刚开始相关货币基金类产品的客户数量较少。但在价格杠杆的作用下，越来越多的客户被高收益吸引，但对互联网金融平台而言其客户规模越大，边际成本越低，同时加强了效益示范作用。另外，随着客户群体的不断扩大，其产品价值也不断凸显，由此形成了客户数量和产品价值之间的正反馈效应。对于客户数量与产品价值之间的数量关系，梅卡洛夫法则（ Metcalfe's law）认为网络价值以用户数平方的速度增长，所以站在需方角度，互联网金融产品价值的特殊性使得在该领域存在边际效用递增的规律，当到达客户数量的临界值后，互联网金融平台的价值增长将变得异常迅速。

此外，范围经济在互联网金融领域还有很多其他的体现。如股权众筹领域中众筹平台新增单个融资方的边际成本降低，这将吸引越来越多的融资方加入该平台。需求的增加导致吸引的投资者越多，供求之间的动态平衡越容易达成，平台成本协同节约能力也就越高。因此，只要妥善解决技术兼容性和安全问题，能够在较严格的情形下保障供求双方之间的相关权益，就能尽量降低和控制业务叠加所带来的额外成本，长期而言成本的降低也有利于增加平台收入。

1.2.2.2 信息经济学与互联网金融发展

经济活动的顺利开展需要基于各交易主体对信息的充分掌握，然而信息不对称现象却普遍存在，如何降低信息不对称也成为经济学研究的热点问题，并由此形成了一套相应的信息经济学（economics of information）理论。信息经济学始于20世纪60年代，最初主要研究信息不对称内容，后来逐渐形成了内容复杂多样且彼此相互联系的学科体系，包括逆向选择与道德风险、信号传递与信息搜寻、委托-代理与激励机制设计等内容。随着互联网金融的快速发展，信息经济学在互联网金融领域得到了新的应用，信息不对称以及信息搜寻等也得到了新的延伸。

一是互联网金融中的信息不对称理论。无论是资源配置还是资金融通，信息的重要性不言而喻，信息成为金融行业最重要的资源，因而互联网金融与传统金融对信息都具有极大的需求，甚至可以改变产业价值链。但这两者在信息处理方面却大不相同（Xie & Zou，2013）。依托于互联网平台的互联网微贷凭借信息处理优势，正在探索一种解决借贷前后信息不对称问题的新路径。例如，“阿里小额贷款”基于平台中准入的数以万计的卖家基本信息，以及电商平台长期交易过程中形成的类目庞杂、更新频繁的海量数据信息库，构建起业务发展所需的信用信息体系。首先，在贷前，通过该信用信息体系的建设与应用，在贷前可以从数据库提取相应的基础信用数据，结合信用评估模型，并引入交叉检验技术，从而将信用信息体系中隐性的“软信息”转变为直接为贷款决策服务的显性“硬信息”，由此可以精确地甄别信用水平状况。其次，在贷中，在长期分散、无序的信息基础上，利用相应的判断模型，从而形成了动态、连续的信息序列。由此，“阿里小额贷款”能够以趋于零的边际成本准确判断平台上的借款人处于动态变化中的动态违约概率及风险定价，进而为防范信贷风险甚至实施实时预警提供了可能。最后，在贷后，为了提高违约者的违约成本，降低违约发生率，电商平台和小贷系统综合采取曝光、禁入等多种违约惩罚措施，对潜在的违约者进行警示，从而减少平台上可能存在的机会主义倾向和侥幸心理。

二是互联网金融中的搜寻理论。传统经济理论通常认为信息是充分的，买方和卖方掌握信息的程度都是一样的。然而，现实却是，信息在交易双方之间通常是非均衡分布的，进而使得同地区、同质量产品的价格出现明显的差异，斯蒂格勒（Stigler，1971）将其称之为“价格离散”。这使得对信息的搜寻行为不仅成为必要，而且有利可图。与此同时，信息搜寻中的专业化程度也越来越高，由此产生了专业化信息服务机构。对信息的搜寻必然需要付出代价和成本，而搜寻成本又对定价和价格离散程度产生影响。一般而言，搜寻成本越高，意味着信息受保护程度越高，价格竞争则越弱，价格的离散程度就愈高。此时对信息的搜寻所获的价值增值就越大（Salop，1979）。目前，随着互联网技术的门槛越来越低，互联网信息的搜寻效率已达较高水平从而对缓解交易主体之间存在的信息不对称具有一定的作用。如果互联网信息能够在市场中呈现均衡分布，那么互联网金融交易中的成本与价格的透明度被提高，价格离散程度将降低，从而网上商品价格也趋于收敛。相反，如果互联网金融市场搜寻成本的下降幅度不显著，信息不对称程度难以得到有效缓解，那么互联网金融的优势将难以得到有效体现，就会失去发展后劲（韩民春和陈小珞，2001）。

互联网信息搜寻中，不同的搜寻方式需要支付的搜寻成本显然是不同的。基于最大化降低搜寻成本原则，其核心内容是搜寻方式的选择。随着互联网信息技术不断进步，曾经被动获取金融信息的方式已逐步被主动搜索方式所替代。然而，由于互联网平台上信息种类繁多，甚至“信息噪音”也越来越多。因此，如何迅速、准确、低成本地获取自身所需信息，需要借助于更多的搜寻技术。大数据技术的发展加快推动了信息过滤等技术的运用，这在降低了搜寻成本的同时，也使得互联网平台能够给予互联网金融消费者个性化的信息支持，实现“信息的定制化供给”，信息供给的精准化程度得以提高。与此同时，搜寻成本的下降和搜寻方式的改进，不仅使得金融需求方，也使得金融供给方，双方非标准化的金融需求和金融供给能够比传统模式下的供求机制更加有效，从而解决生产规模过小带来的成本问题，满足未来客户对互联网金融产品、金融服务更具个性化特征的需求，进而为实现金融产品的“私人定制”提供了便利。

1.2.3 互联网金融在我国的发展历程

由于网络技术在国外发展较早，因而网络技术与金融的结合，即互联网金融，相应地在国外最先得到发展。由于我国引用互联网技术较迟，因而直到20世纪70年代，我国的互联网金融才开始萌芽，2013年之后则进入高速发展的阶段。总体上看，我国的互联网金融发展进程主要经历了以下五个发展阶段。

1.2.3.1 初始阶段（2005年之前）

互联网金融的发展本身也是一个由初级向高级方向发展的过程。在2005年之前，互联网金融发展水平整体较低，其主要体现在为金融机构通过网络技术提供简单的金融服务，例如，银行业开始建立网上银行，各家银行此时先后开通了自己的网站，金融服务从此进入了“电子化”时代。这为互联网时代深化银企关系，以及推动银行的服务方式转型构筑了全新的高科技平台。

与电子商务的有机融合为互联网金融的发展提供了新的发展机遇。2003 年的淘宝网出现以及 2004 年支付宝的问世为互联网金融的发展提供了更大空间，这也标志着国内全面进入电子化时代。随后，相继诞生了网上资金转账、证券账户开设、线上保险销售渠道等互联网金融业务。为此，这预示着国内互联网金融时代已取得初步发展。

1.2.3.2 萌芽阶段（2005 ~ 2012 年）

2005 ~ 2012 年，以第三方支付（如支付宝）为代表的互联网金融率先出现，主要提供简单金融服务并由此慢慢扩大延伸，逐渐从技术领域深入到业务领域。这阶段涌现出了大量我们所熟悉的第三方支付、P2P、众筹等互联网金融平台。

P2P 网贷作为互联网金融中的一个标志性业务形态，诞生于 2007 年，即“拍拍贷”成立。该平台成立之后，第三方支付业务发展不断成熟，中国人民银行于 2011 年 5 月 18 日首次发放了与第三方支付有关的牌照。据统计，在 2011 年全年，中国人民银行总共发放了 27 张第三方支付牌照。这不仅意味着互联网与金融活动融合的开始，也正式标志着互联网金融开始纳入国内的金融监管框架之中。与此同时，作为一种新的互联网金融业态，众筹也于此时引入到国内，并通过与我国经济与法律情况相结合而获得了较大的发展空间。

1.2.3.3 高速发展阶段（2013 年至 2015 年 6 月）

2013 年通常被称为“互联网金融元年”。由于互联网金融具有门槛低、信息对称以及参与者众多等优势，因而，在 2013 ~ 2015 年的这段时间内，大量国内的相关企业纷纷涌入互联网金融领域。这一阶段，第三方支付发展趋于成熟，但由于监管相对薄弱，P2P 网贷平台则得到了爆发式增长，国内首家互联网保险以及首家互联网银行在这一时期相继获批成立。与此同时，不仅银行业大量布局互联网金融业务，一些传统的金融机构，如信托、券商、基金等，也纷纷开始布局互联网金融。在多种因素的共同推动下，2013 年至 2015 年 6 月我国互联网金融进入了高速发展阶段（见图 1 - 2）。

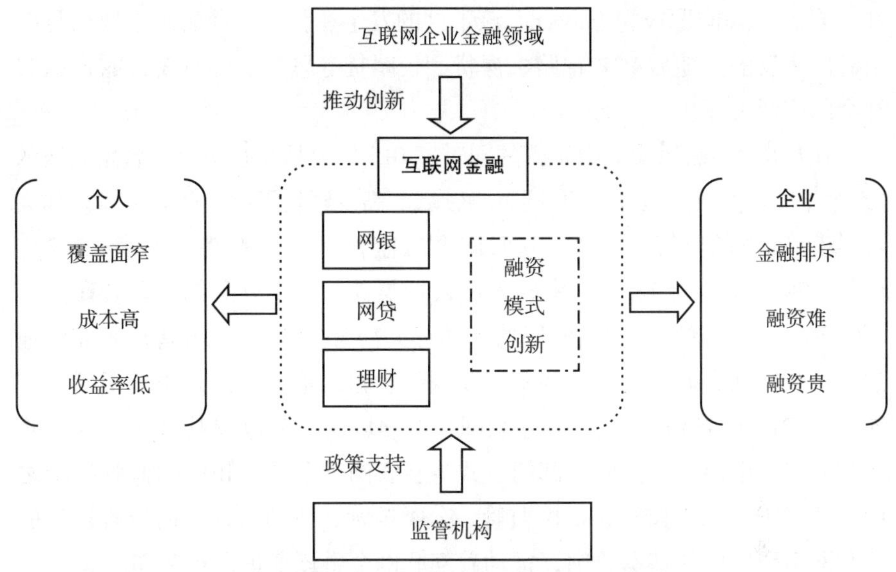

图1－2　互联网金融发展的推动因素

由于我国经济环境以及社会发展出现了新变化，2015年政府工作报告中提出了“大众创业、万众创新”的号召。随后金融市场主体和互联网金融积极响应这一号召，加快互联网金融创新步伐，进一步推动互联网金融的快速发展。例如，2015年1月，中国人民银行印发了《关于做好个人征信业务准备工作的通知》要求加强国内征信体系的建设，由此个人征信市场成为互联网企业发展的一大机遇。通知出台后互联网巨头纷纷占领个人征信市场，拉卡拉信用、前海征信、芝麻信用、腾讯征信等八家民营征信机构成为央行首批获准开展个人征信业务的机构。同一时期，以互联网技术为主导的浙江网商银行也宣布开业。

然而，金融创新与金融风险常常相伴而生。互联网金融在国内得到快速发展的同时，与互联网金融相关的各类风险也在不断凸显。例如，以P2P网贷平台为例，在互联网金融快速发展期间，新建平台数量在不断增加的同时，“爆雷”平台的数量也在增加，并在2015年6月，网贷问题平台的数量首超新增平台，互联网金融风险开始全面暴露。虽然互联网金融风险的暴露有各种各样的因素，但很重要的一个因素则是政府对互联网金融的监管滞后所导致的。

1.2.3.4　发展、风险与监管并存阶段（2015年7月至2016年）

2015年下半年，互联网金融风险事件频发，由此进入到集中爆发式增长阶段。例如，大家所熟知的“e租宝”平台因疑涉嫌非法吸收公众存款和“自融”等问题被警方调查。该事件的发生在行业内释放出重要信号并引起巨大反响。随后 P2P 跑路、裸贷、校园贷等恶性事件不断暴露，引起社会的广泛关注。

在互联网金融风险集中暴露的同时，2015 年也是互联网金融名副其实的“政策年”。为了有效防范互联网金融领域的高发频发风险，客观上需要加大对互联网金融的监管。因此，互联网金融监管进入密集期（见表 1－2）。例如，2015 年 7 月 18 日，中国人民银行与其他多个有关部委联合印发了《关于促进互联网金融健康发展的指导意见》，这是国内官方首次较完整地定义了互联网金融的概念，还基于互联网金融的基本属性，明确了第三方支付、P2P 网络借贷、众筹等互联网金融领域的业务范围及其相关的监管职责分工。由此，国内监管部门正式将互联网金融纳入相应的监管框架之中，并基于“依法监管、适度监管、分类监管、协同监管、创新监管”的互联网金融发展的基本原则，推动着互联网金融逐渐进入规范期。

表 1－2　2013～2015 年互联网金融领域主要监管政策

时间	文件名称	主要内容
2013 年 11 月	中共十八届三中全会《中共中央关于全面深化改革若干重大问题的决定》	提出要发展普惠金融，鼓励金融创新，丰富金融市场层次和产品，互联网金融首次进入决策范畴
2014 年 1 月	《关于加强影子银行监管有关问题的通知》（国办 107 号文）	将互联网金融企业纳入影子银行行列。并将中国的影子银行主要分为三类：一是不持有金融牌照，完全无监管的信用中介机构，包括新型网络金融公司、第三方理财机构等；二是不持有金融牌照，存在监管不足的信用中介机构，包括融资性担保公司、小额贷款公司等；三是机构持有金融牌照，但存在监管不足或规避监管业务，包括货币市场基金、资产证券化、部分理财业务等
2014 年 3 月	《政府工作报告》	互联网金融首次被写入政府工作报告。报告提出，要促进互联网金融健康发展，完善金融监管协调机制，密切监测跨境资本流通，严守系统性和区域性金融风险
2014 年 4 月	中国银监会与中国人民银行联合发布《关于加强商业银行与第三方支付机构合作业务管理的通知》	对商业银行与第三方支付机构合作业务进行规范，同时保障客户资金和银行账户安全
2014 年 8 月	上海《关于促进本市互联网金融产业健康发展的若干意见》	全国首个省级地方政府促进互联网金融发展意见。鼓励有条件的企业在上海市发起设立以互联网为主要业务载体或以互联网业务为主要服务领域的各类持牌金融机构，支持电子商务平台等大型互联网企业在本市设立小额贷款、融资担保、融资租赁、商业保理等新型金融企业，支持持牌金融机构向互联网金融领域拓展转型

续表

时间	文件名称	主要内容
2014 年 12 月	《互联网保险业务监管暂行办法（征求意见稿）》	保险机构应保证互联网保险消费者享有不低于其他业务渠道的投保和理赔等保险服务，保障保险交易信息和消费者信息安全。互联网保险业务的核保、理赔、退保、投诉及客户服务等关键环节应当由保险机构直接负责，不得委托第三方网络平台进行操作和管理
2014 年 12 月	《私募股权众筹融资管理办法（试行）（征求意见稿）》	股权众筹平台为通过互联网平台（互联网网站或其他类似电子媒介）为股权众筹投融资双方提供信息发布、需求对接、协助资金划转等相关服务的中介机构。主要服务中小微企业，项目不限定投融资额度。股权众筹应当采取非公开发行方式，投资者必须为特定对象，即经股权众筹平台核实的符合办法中规定条件的实名注册用户，投资者累计不得超过 200 人。股权众筹平台只能向实名注册用户推荐项目信息，不得兼营个人网络借贷（即 P2P 网络借贷）或网络小额贷款业务
2015 年 3 月	《政府工作报告》	全国两会《政府工作报告》中两次提到互联网金融，并被称之为异军突起，要求促进互联网金融健康发展
2015 年 5 月	国家发展改革委《关于 2015 年深化经济体制改革重点工作的意见》	要出台促进“互联网 +”金融健康发展的指导意见，探索建立多层次资本市场转板机制，制定出台私募投资基金管理暂行条例，开展股权众筹融资试点
2015 年 7 月	《关于积极推进“互联网 +”行动的指导意见》	意见将“互联网 +”普惠金融列为 11 项重点行动之一，指明互联网金融的三大发展方向：探索推进互联网金融云服务平台建设；鼓励金融机构利用互联网拓宽服务覆盖面；拓展互联网金融服务创新的深度和广度
2015 年 7 月	中国人民银行等十部门联合印发《关于促进互联网金融健康发展的指导意见》	首次明确了互联网金融的概念，并划分各个互联网金融形态的监管职能部门。按照“鼓励创新、防范风险、趋利避害、健康发展”的总体要求，提出了一系列鼓励创新、支持互联网金融稳步发展的政策措施，积极鼓励互联网金融平台、产品和服务创新，鼓励从业机构相互合作，拓宽从业机构融资渠道，坚持简政放权和落实、完善财税政策，推动信用基础设施建设和配套服务体系建设；按照“依法监管、适度监管、分类监管、协同监管、创新监管”的原则，确立了互联网金融主要业态的监管职责分工，落实了监管责任，明确了业务边界
2015 年 11 月	《中共中央关于制定国民经济和社会发展第十三个五年规划的建议》	互联网金融首次纳入中央五年规划。提出要规范发展互联网金融。加快金融体制改革，提高金融服务实体经济效率。健全商业性金融、开发性金融、政策性金融、合作性金融分工合理、相互补充的金融机构体系

1.2.3.5　严监管下的行业出清阶段（2017 年至今）

自 2015 年 7 月 18 日《关于促进互联网金融健康发展的指导意见》之后，继 2016 年 10 月起，国内在落实监管责任方面取得了较大进展，相关的互联网金融监管政策也频频落地，由此开启了自 2017 年开始的金融监管新里程。例如，2017 年初，为了严格规范 P2P 网贷行业的业务运行与风险防控，出台了《网络借贷资金存管业务指引》，由此开始了对互联网金融行业“从严监管、重拳治市”的行业出清措施。《网络借贷资金存管业务指引》详细列出了网络借贷资金存管业务中交易双方的职责权属、业务操作规则等内容。

2017 年 3 月，中国银监会连续发布了 7 份文件。这 7 份文件分别针对当时社会反映强烈的问题，例如，资金嵌套、空转及杠杆高企等问题，提出了严格的监管方案。与此同时，同年 4 月，中国银监会等国内相关的金融监管部门先后发文要求持续推进 P2P 网络借贷平台风险的专项整治，同时严格监管屡屡突破监管规范的“校园贷”“现金贷”等互联网金融业务及相关金融机构。

紧接着，2017 年 11 月，国内的资管新规正式向社会公开征求意见。资管新规的出台对互联网资管业务的发展模式以及发展趋势等产生了重要的影响，也对其规范发展起到了重要的作用。与此同时，监管层又针对发展混乱的互联网小贷和现金贷业务，按照分类监管的思路开展了相应的专项整治工作，并给出了排查重点和整治时间表。在互联网金融领域出台的一系列具有里程碑意义的监管文件与监管措施，配合银行、证券、保险、信贷、基金的相应详细可执行的细则，让互联网金融领域的风险因素逐一暴露，风险承担水平得到了有效控制，并最终实现相应的监管目标，即在保证互联网金融风险可控和互联网金融稳步发展的基础上，实现整个互联网金融行业合规、有序、健康和可持续发展。2016 ~ 2018 年互联网金融领域主要监管政策，见表 1 - 3。

表 1 - 3　　　　2016 ~ 2018 年我国互联网金融主要监管政策

时间	文件名称	内容解读
2016 年 4 月 14 日	《股权众筹风险专项整治工作实施方案》	规范互联网股权融资行为，惩治通过互联网从事非法发行证券、非法集资等非法金融活动，切实保护投资者合法权益。建立和完善长效机制，实现规范与发展并举、创新与防范风险并重，为股权众筹融资试点创造良好环境，切实发挥互联网股权融资支持“大众创业、万众创新”的积极作用
2016 年 10 月 12 日	《促进民间投资健康发展若干政策措施》	从促进投资增长、改善金融服务、落实完善相关财税政策、降低企业成本、改进综合管理服务措施、制定修改相关法律法规等 6 个方面提出了 26 条具体措施，旨在进一步解决制约民间投资发展的重点难点问题

续表

时间	文件名称	内容解读
2016年11月30日	《网络借贷信息中介机构业务活动管理暂行办法》	目的是规范网络借贷信息中介机构业务活动，保护出借人、借款人、网络借贷信息中介机构及相关当事人合法权益，促进网络借贷行业健康发展，更好满足中小微企业和个人投融资需求
2017年2月22日	《网络借贷资金存管业务指引》	明确了网贷资金存管业务应遵循的基本规则和实施标准，鼓励网贷机构与商业银行按照平等自愿、互利互惠的市场化原则开展业务
2017年6月22日	《关于进一步加强校园贷规范管理工作的通知》	进一步加大校园贷监管整治力度，从源头上治理乱象，防范和化解校园贷风险
2017年6月29日	《关于进一步做好互联网金融风险专项整治清理整顿工作的通知》	按照清理整顿的有关要求，完成本行政区域的互联网金融活动的状态分类，形成机构分类清单以及清理整顿状态分类阶段总结报告，并报送互联网金融风险专项整治工作领导小组
2017年8月23日	《网络借贷信息中介机构业务活动信息披露指引》	规范网络借贷信息中介机构业务活动信息披露行为，包含中介机构组织信息、审核信息、经营信息以及用户基本信息，指引规范网络借贷信息中介平台需定期向公众披露截至上一月的经营信息，亟须设立单独模块展示公司管理基本信息
2017年12月1日	《关于规范整顿“现金贷”业务的通知》	充分保护金融消费者权益，不得以任何方式诱致借款人过度举债，陷入债务陷阱。应全面持续评估借款人的信用情况、偿付能力、贷款用途等，审慎确定借款人适当性、综合资金成本、贷款金额上限、贷款期限、贷款展期限制、“冷静期”要求、贷款用途限定、还款方式等。不得向无收入来源的借款人发放贷款，单笔贷款的本息费债务总负担应明确设定金额上限，贷款展期次数一般不超过2次
2017年12月27日	《中国人民银行关于印发条码支付业务规范（试行）》	银行业金融机构、非银行支付机构开展条码支付业务涉及跨行交易时，必须通过人民银行清算系统或者合法清算机构处理，支付机构还应符合相应的业务资质要求。为消费者提供条码支付付款服务的，应当立足于小额、便民市场定位，按照风险防范能力等级，对条码支付额度进行分级管理，在风险防范和支付便捷中取得有效平衡
2018年1月17日	《关于开展为非法虚拟货币交易提供支付服务自查整改工作的通知》	即日起，立即在本单位及分支机构开展自查整改工作，严禁为虚拟货币交易提供服务，并采取有效措施防止支付通道用于虚拟货币交易
2018年8月24日	《关于防范以“虚拟货币”“区块链”名义进行非法集资的风险提示》	理性看待区块链，不要盲目相信天花乱坠的承诺，树立正确的货币观念和投资理念，切实增强风险意识；对发现的违法犯罪线索，可积极向有关部门举报反映

续表

时间	文件名称	内容解读
2020 年 9 月 16 日	中国银保监会发布《关于加强小额贷款公司监督管理的通知》	规范小额贷款公司经营行为，防范化解相关风险，促进行业健康发展
2020 年 11 月 2 日	中国银保监会等就《网络小额贷款业务管理暂行办法（征求意见稿）》公开征求意见	从业务准入、业务范围和基本规则、经营管理、监督管理、法律责任等方面规范小额贷款公司网络小额贷款业务，统一监管规则和经营规则，促进网络小额贷款业务规范健康发展
2021 年 3 月 17 日	中国银保监会等五部委联合发布《关于进一步规范大学生互联网消费贷款监督管理工作的通知》	从四个方面进一步规范大学生互联网消费贷款监督管理，切实维护大学生合法权益

1.3　互联网金融与传统金融的边界

毫无疑问，互联网技术在一定程度上决定了互联网金融的发展水平。因而，随着互联网技术的快速发展，国内外互联网金融都得到了蓬勃发展。互联网金融的快速发展，主要表现在参与主体的日益多元化以及金融服务的简单、便捷化。此外，作为互联网金融所依托的互联网技术，其本身也处在不断地快速发展之中，大数据、云计算等新兴技术融合进金融业务中，影响了经济生活的方方面面。同样，互联网金融也将在依托于这些新兴的互联网技术的基础上，多维度、多层次地体现出其有别于传统金融的独特优势。然而，作为一种新型的金融业态，互联网金融与传统金融未来到底究竟是什么样的关系，则未能得到一致的研究结论。具有代表性的观点有三种。一是替代论，即认为互联网金融模式所具有独特优势将使得两者在竞争过程中优胜劣汰从而终将取代传统金融。二是补充论，即无论互联网金融怎么发展，传统金融始终具有足够的发展机会并具有绝对的发展优势，互联网金融最终成为传统金融的有益补充。三是融合论，即互联网金融作为金融与互联网技术融合的产物，将带来传统金融的适应性发展从而与互联网金融进行深度融合。因此，在互联网金融持续发展的客观背景下，如何基于科学的逻辑框架厘清互联网金融与传统金融之间的关系，这是客观认识互联网金融及其规律以及对其可能存在的互联网金融风险进行有效治理的前提与基础。

1.3.1 互联网金融与传统金融的比较

传统金融是互联网金融发展的基础。因此，毫无疑问互联网金融与传统金融两者间存在一定的相似点。两者最为基础的共同点就是金融，也就是无论是互联网金融，还是传统金融，都是涉及金融问题。因此，如果要对互联网金融与传统金融进行比较，则既需要考察两者之间的联系，也要注意分析两者之间可能存在的区别。首先，从两者之间的区别来看。从概念上说，互联网金融是一种运用云计算和大数据等新兴互联网技术促进资金融通的新型金融模式。然而，通常而言，传统金融是通过信用与货币等基础，在金融供给双方之间建立起有机联系从而实现借贷和资金融通的目的。因此，在分析互联网金融与传统金融概念的基础上，就两者的差异而言，可以归纳为四个方面，即支付方式、信息处理方式、客户差异以及平台差异。其一，在支付方式上看。在互联网金融领域，一般主要采用互联网支付与移动支付等两类新型的支付方式。而在传统金融领域，则一般采用支票、汇票以及电汇转账等形式。其二，在信息处理方式上看。由于互联网金融高度依赖互联网技术，因此互联网金融在信息处理方面也高度依赖云计算与大数据等技术。但是传统金融大多数通过计算机或人工方式对信息进行简单的处理。其三，在客户方面存在差异性。一般而言，互联网金融主要服务于资金规模较小的客户。但由于传统金融开展相关业务具有较高的固定成本，因此传统金融对长尾客户一般具有一定的排斥效应，一般较多服务社会精英阶层、政府以及大企业等群体。其四，两者在所依托的平台方面也存在一定的差异性。互联网金融以虚拟互联网作为其业务发展所依托的平台。但与互联网金融所不同的是，传统金融则依托相应的物理网点机构作为开展业务的基本单元。

虽然互联网金融与传统金融之间在多个方面具有很大的差异，但两者仍然具有较为密切的联系，特别是两者都具有金融的本质，都具有资金融通与服务金融供求双方的基本功能。因此，金融是二者的共同本质。除此之外，在服务模式上，互联网金融与传统金融两者之间也具有一致性。一般而言，在资金融通活动过程中，互联网金融与传统金融都需要采用信用机制才能实现金融的基本功能。同时，虽然传统金融与互联网金融都具有金融的共同本质，但由于两者在经营方式和经营模式上的差异，各自面临的风险内涵与外在表现都各不相同，特别是互联网金融的风险表现非常特殊，因而传统金融在风险识别、风险防范等方面的措施和方法等很难适用于互联网金融。

1.3.2　互联网金融对传统金融的影响

互联网金融与传统金融具有共同的金融本质，而互联网金融则是传统金融在互联网时代经过互联网技术升级和改造后的产物。首先，与传统金融相比，互联网金融交易方便快捷，成本较低。因而，在同样的金融活动中，人们在一定程度上更愿意通过互联网方式开展相应的金融交易，这在一定程度上对传统金融产生了挤出效应，从而限制了传统金融的经营和发展。其次，传统金融一般存在时间滞后以及不够透明的缺点，但互联网金融交易的实时和公开透明的特性完全弥补了这一缺陷。因此，互联网金融一定程度上解决了传统金融无法破解的瓶颈，不仅丰富了交易方式，更是对传统金融产生了较大促进作用，由此促进了金融系统的繁荣和稳定。因此，从这两个层面上说，互联网金融对传统金融存在一定程度上的冲击替代作用，但同时毫无疑问具有相应的补充和促进作用。

1.3.2.1　互联网金融是传统金融的有效补充

互联网金融的发展历史较短。在传统金融时代，无论是金融消费者，还是金融生产者，都无一例外地需要通过商业银行等传统金融机构来处理其所需的金融服务。因此，以往都是传统金融机构在金融市场与金融交易中处于绝对的垄断地位。在经济学理论框架下，垄断一般带来的是服务成本的高企以及服务效率的低下，甚至在金融服务对象的选择上存在歧视性，由此导致长期以来自然人、民营企业和小微企业很难从银行体系中获得贷款，融资难和融资贵等问题也长期得不得有效解决。特别是当前经济转型的特殊而关键时期，一方面，大量的小额资金没有好的投资出路，另一方面，却存在民间经济资金需求量巨大而得不到有效供给的局面，这导致资金供求两者之间出现了严重的配置矛盾。但随着互联网技术的创新与发展以及随之而来的互联网金融的出现，由于互联网金融的特殊机制使得这一矛盾得到了有效化解。由于互联网金融模式对传统金融存在的替代效应，一定程度上弱化了商业银行等中介机构的资金融通职能，能够更有效对接金融供求方面的资金信息，进而提高了金融服务效率。互联网金融平台的便利性也使得民间的巨量小额资金，通过便捷的互联网金融平台也能够得到较好的运用，不仅发挥资金的价值增值功能，而且也提高了资金的流动性，从而有利于经济的复苏和发展。由此看来，互联网金融由于能够较好地促使资金供求双方的有效对接，能够有效解决传统金融交易中的瓶颈问题，在交易成本以及参与主体的覆盖面方面具有较大的现实优势。因此，互联网金融有益地补充和促进了传统金融的发展。

1.3.2.2　互联网金融对传统金融体系的重塑

互联网金融的突出作用不仅仅体现在对传统金融的补充上，更作为一种全新的金融业态，在互联网金融的影响下，传统金融系统还将在金融基础设施、融资模式以及金融监管法律等三个方面进行重塑。

（1）互联网金融对传统金融在金融基础设施方面的重塑作用。由于商业银行、交易所等金融机构在传统金融中具有绝对的垄断地位，因而市场主体资金的融通、转移、支付甚至价值增值活动都主要借助于这些商业银行、交易所等金融机构。然而，随着互联网金融这一新兴金融业态的出现，商业银行、交易所等的中介职能有了较大程度的弱化。例如，第三方支付的金融服务模式可以使得任何客户在任何时间和任何地点，只要拥有电脑、手机等电子终端就可以完成相应的支付活动，无须再通过商业银行等传统的金融服务单位进行，这不仅突破了原有物理网点的制约，还使得支付交易等方面的流程变得更为简单，交易成本也得以大幅下降。

（2）互联网金融对传统金融在融资模式方面具有重塑作用。一般而言，企业主要有直接融资和间接融资两种方式。然而，由于我国长期以来直接金融发展较为落后，因此，一直以来，企业融资的渠道较为狭窄，大多只是通过商业银行进行资金的借贷，而诸如股票或债券等直接融资方式则相对有限。但互联网金融的快速发展拓宽了企业的融资渠道，众筹融资等可以成为企业融资的选择。

（3）互联网金融对传统金融在金融监管法律方面具有重塑作用。伴随第三方支付、众筹等创新型互联网金融业态的发展，金融风险不仅没有消失，反而由于监管的相对滞后以及特殊的互联网金融风险演化模式，使得互联网金融产生的风险相比于传统金融风险更加隐蔽，其导致的后果更加难以控制，危害程度要高得多。因此，从保护互联网金融发展以及保持宏观金融体系稳定的角度出发，这都需要加强对互联网金融的有效监管，当然这也对互联网金融的监管提出了更高的要求。很显然，由于互联网金融与传统金融在金融模式上的较大差异，这使得原有的法律法规不能够有效防范和化解互联网金融风险，因而达不到有效监管的目的，这必然需要对现有法规体系进行补充和完善。

1.4 互联网金融风险的相关研究与文献述评

互联网金融这一新型金融业态的出现以及之后的发展并没有改变其金融的本质，因此，与传统金融相似，与互联网金融有关的风险问题也必然非常突出，如果不对其风险问题开展深入研究，不仅不利于维护金融体系的稳定，也不利于互联网金融的长期发展。为此，国内外学者对互联网金融有关的风险问题开展了广泛研究。这些研究既有定量分析，也有定性分析，从多个视角对互联网金融风险进行研究，由此为未来的研究打下了坚实的基础。基于研究内容，本书主要从四个方面对以往文献开展系统的梳理，既涉及互联网金融风险的基本内涵以及互联网金融风险的识别等方面的内容，也对互联网金融风险评估与测度以及风险管理等方面开展文献研究。具体思路如图 1-3 所示。

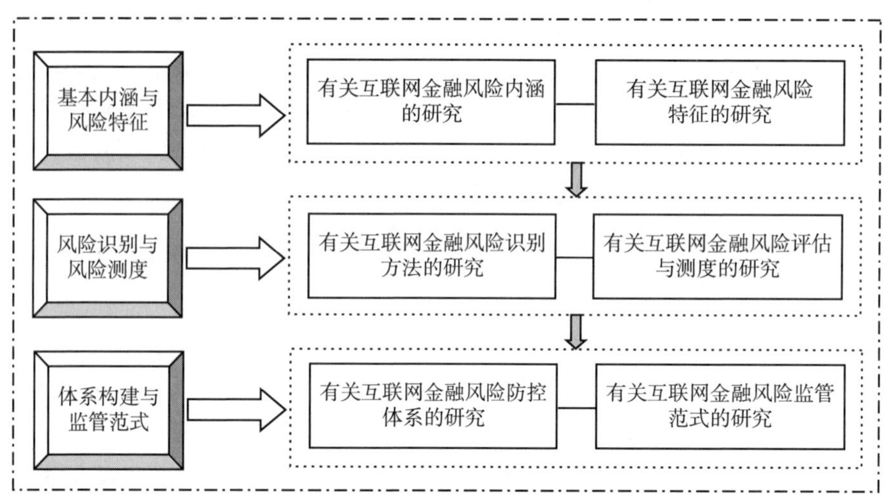

图 1-3 互联网金融风险相关研究的文献综述框架

1.4.1 互联网金融风险内涵与特征的研究

如前所述，互联网金融是在传统金融的基础上快速发展起来的，相应地互联网金融风险也包括传统风险，同时作为一种新兴的金融模式，其必然存在一定的特有风险。学术界不仅对互联网金融风险中的传统风险开展了相关研究，随着对互联网金融性质认识的深入，也对互联网金融的特有风险展开了相应研究。

国外对互联网金融的传统金融风险方面的研究开展的较早。例如，加洛韦（Galloway，2009）基于网络借贷的平台表明，网络借贷平台上的参与者，无论是借款者还是证券发行人，都存在一定程度上的信息不对称，网络借贷平台也无法识别和确认其他当事人所提供资料可能存在的非财务风险，因而，这为欺诈行为的出现创造了条件。加上网络借贷平台上的参与者大多数是没有金融业务知识的普通人，普遍缺乏防欺诈经验，因此和传统金融一样，网络借贷平台上欺诈风险非常突出。蒙托利奥和特里利亚斯（Montolio & Trillas，2013）则基于互联网金融的便捷性，认为互联网金融为投资者提供更多机会的同时也促进了交易的增加，而交易规模迅速扩大所带来的流动性不断增强，由此而存在的流动性风险也愈发突出。

在关注互联网金融传统风险的同时，国外学者也对互联网金融特有的风险进行了相应的探索。例如，韦尔斯坦（Verstein，2011）研究表明传统金融中存款大部分是活期的。但相反，通常的贷款产品却是长期限的。因此，传统金融通常容易出现相应的期限错配风险。但是，在互联网金融活动中，所有金融活动的利率和期限都是明确统一的，并且是双方共同达成的意愿，这使得传统金融中经常出现的期限错配风险在网络借贷活动能够得以有效的规避。同时，互联网金融的发展需要建立在网络技术与计算机等硬件基础之上。但安德森和马尔乔夫（Anderson & Malchow，2006）的研究表明，互联网金融活动非常容易受到线上交易过程中硬件、软件的技术可靠性和完整性的影响，一旦线上交易过程中硬件、软件的技术受到挑战，则存在一定程度上的信息安全风险。此外，在对比了传统金融风险和网络融资风险的基础上，埃弗里特（Everett，2015）的研究表明，在群体性的网络融资过程中，个别成员的违约行为会降低整个群体的信用水平。因此，即使其他群体成员不需要为个别成员的违约行为承担相应的还贷责任，但却可以增强彼此群体成员之间的相互监督作用，因而共享性风险成为网络借贷模式中特有的一种互联网金融风险类型。

在国外学者大量开展互联网金融风险研究的同时，国内学术界也对其展开了相应的研究。例如，杨群华（2013）认为互联网金融是基于互联网和金融业的深度融合，因此，互联网金融既有来自金融业中的传统风险形式，同时也不得不面临着由于互联网技术的运用而随之而来的新型风险。新型风险表现形式则复杂多样，例如，技术风险、法律风险以及由虚拟金融服务引起的业务风险等。郑英隆等（2014）从互联网高度通达性这一特点出发，认为短时间内互联网就能积聚着数量众多的互联网金融参与者。这些互联网金融的参与者需求不一，因而可以通过细分不同的参与者群体并由此形成不同模式的互联网金融业态。但由于在互联网上的投资者群体具有高度的不确定性，使得互联网金融也存在大量的不确定性，随之而来的即是互联网金融中所特有的交易系统风险，甚至可能由于互联网金融的特殊性而出现监管缺失风险、技术安全风险等等各种各样的风险类型。与此同时，彭景和卓武扬（2016）则基于互联网金融运作过程中存在的金融网、商务网和社交网等多网彼此交织的特征，通过运用结构法对互联网金融进行研究并认为其系统性风险有其特殊性。互联网金融风险的特殊性导致其风险爆发时比传统金融风险具有更加强烈的传染性、负外部性和隐蔽性。因此，对互联网金融风险进行有效治理的难度比传统金融风险要大得多。李彩凤和梁静溪（2016）则从互联网金融的内在本质特征出发，通过比较研究认为操作风险、信用风险与运营风险是互联网金融比较典型的几种传统风险，特殊性风险主要是外部风险，包括网络技术安全风险、法律风险、声誉风险等。同时，其研究也表明传统风险以及特殊风险之间都具有相对明显的风险叠加性。

1.4.2 互联网金融风险识别的研究

金融的核心功能之一是风险管理。国外较早且快速发展互联网金融的同时积累了大量丰富的互联网金融风险识别研究成果，而互联网金融风险识别体系建立的关键是构建相应的指标体系。例如，格雷厄姆和马赫（Graham & Maher，2000）考虑了各个指标间的线性关系，将 23 个三级指标压缩为 18 个三级指标。在此基础上，赛文和哈坎（Seven & Hakan，2015）在划分互联网金融风险类别基础上，构建了 4 个二级指标，即法律风险指标、技术风险指标、业务风险指标以及操作风险指标，三级指标则包含 23 个指标。而布莱恩和韦尔辛克（Bryan & Weersink，2017）则在将互联网金融风险划分为网络安全、操作、信用、业务和法律风险的基础上，通过案例分析 P2P 网络借贷平台的运作规律，并由此建立了一个适应 P2P 网络借贷平台的风险指标体系。该指标体系有 5 个二级指标，27 个三级指标。运用该指标体系的实证研究结果表明，风险指标体系的建立有助于规范 P2P 网络借贷平台的合规、稳定运行，对 P2P 网络借贷平台的风险具有较强的揭示能力。

互联网金融在国内的快速发展起始于2013年。因此，在互联网金融风险识别体系的相关研究方面总体上还较为分散，系统性还存在不足，特别是在指标体系的构建方面呈现出较为主观和零散的状态。例如，刘亮（2013）基于相应的案例分析与研究，认为互联网金融发展是一个系统过程，互联网金融风险的演化也是一个渐进的发展过程。互联网金融风险的演化往往会受到各个方面的影响，但互联网金融的参与者利益诉求存在不一致，相应的利益相关人员所关注的重点也不同。因此，进行互联网金融风险识别的前提是构建相应的风险识别指标。但构建互联网金融风险识别指标需要综合考虑各利益体的需求，只有契合各利益体的需求才能够识别互联网金融风险，并在构建系统性的风险防范与化解措施体系基础上对互联网金融风险进行有效治理。杨群华（2013）认为尽管互联网金融风险形式多样，但法律法规是保障，其在识别互联网金融风险过程中发挥重要作用。然而，互联网金融作为一种金融创新，相关的金融法律法规建设必然存在一定的滞后性，因此可以认为当前互联网金融发展过程中存在的高风险问题是难以通过金融法律法规建设规避解决的，互联网金融风险是客观存在的。同样魏鹏（2014）在分析24个研究案例基础上，构建了中小型互联网金融风险识别因素表，并检验了互联网金融风险识别因素表的适应性。陈放（2017）则基于我国现阶段互联网金融行业迅速发展的背景，在经过大量的研究之后，认为我国互联网金融行业发展既有有利因素，但是也存在众多的问题。例如，我国互联网金融所依托的技术环境尚不成熟，有关互联网金融风险的指标体系构建仍不完善，对双方身份识别技术仍存在困难，由此带来的信用风险水平突出。此外，维护互联网金融健康稳定发展的监管框架尚未建立，导致互联网金融风险事件频发，这些存在的缺陷等都直接影响了该行业的发展。

1.4.3 互联网金融风险评估与测度的研究

长期以来，对传统金融风险的度量与评估方法大多是以单一指标为依据，衡量的也是单一的风险类型。在方法论上，先后采用了VAR度量方法、压力测试法等。随着互联网金融的快速发展，深入对互联网金融风险评估与测度的研究也极为必要。例如，金（Kim，2003）为了科学地对互联网金融信用风险进行评估，构建了互联网金融有关信用风险的VAR模型。除此之外，金（Kim，2003）基于信用风险的VAR模型分析了各类影响因素的信用风险系数，并在此基础上开发出一套互联网金融的信用评级标准。莫利克（Mollick，2014）则在前期金（Kim，2003）研究基础上，运用博弈论分析、研究了互联网金融的信用风险并据此验证了模型的有效性。随着互联网金融的快速发展，有关互联网金融风险的评估方法也在不断完善。例如，除了信用风险之外，互联网金融领域存在的操作风险也非常突出。为此，在互联网金融操作风险识别方面，安妮塔和布利克斯（Anita & Bricks，2015）构建了一个包含23个影响操作风险的指标体系，并将这些指标纳入操作风险指标评价框架中，通过计算操作风险损失的频率和强度，得出互联网金融企业的操作风险分布概率函数。为提高风险识别体系准确性，阿西莫格鲁和塔赫巴兹（Acemoglu & Tahbaz，2015）综合利用T分布、Aeibull分布和经验分布模型，构建出了一个包含34个能够识别出不同互联网金融风险形式的三级指标，并据此评估互联网金融存在的典型风险类型，例如，市场风险、信用风险和操作风险等。在此基础上，普拉桑纳和卡帕迪亚（Prasanna & Kapadia，2017）运用Copula函数计算了128个互联网金融企业的金融风险，其研究表明互联网金融企业的风险与其产品业务形式高度相关，不同业务的互联网金融风险存在显著的异质性。

同样，金融风险问题一直以来也是国内学者的研究重点。国内学者有关互联网金融风险的评估问题也随着国内互联网金融的兴起而引起了越来越多的关注。例如，为了能较为准确地测量互联网金融领域的信用风险，孙小丽和彭龙（2013）采用KMV模型估测了互联网金融公司的信用风险水平。孙小丽和彭龙（2013）的研究表明，互联网金融公司的信用风险水平与样本公司报价资产的波动率、违约距离和预期利率呈现显著的线性关系。在此基础上，李明选和孟赞（2014）运用邹检验（Chow test）和虚拟变量法对中国金融机构的信用风险因素进行实证研究，其研究结果表明国内金融机构的信用风险自2005年互联网金融的出现以来已经发生了很大的变化。毫无疑问，相关研究结论表明互联网金融的出现导致了信用风险的改变。金融产品的收益率与风险之间存在一定的联系。为了估计互联网金融面临的信用风险水平，李琦和曹国华（2015）依据四个行业不同信心程度的贷款数据，并运用信用风险（CreditRisk）模型来估计互联网金融面临的信用风险水平。李琦和曹国华（2015）研究结果表明，当行业面临的风险与风险影响因素之间的协方差存在符号上的一致性时，此时CreditRisk+模型和多系统风险Risk+模型的VAR值大致相同，因此互联网金融业务中相关的信用风险水平相近。

1.4.4 互联网金融风险管理体系与监管范式的研究

无论是传统金融，还是作为一种新金融模式的互联网金融，其业务的开展都必然存在相应的金融风险。而作为维护国家金融体系稳定的中坚力量，政府及其相应金融监管部门的监管思路也必然随着互联网金融发展及其风险表现的差异而体现出相应的变化。但国内外在互联网金融风险的监管思路方面仍然存在较大差异。在国外关于互联网金融风险控制方面的研究主要是将重点放在客户办理业务时的感知风险方面。例如，默顿和博迪（Merton & Bodie，2008）运用模糊评判等相关的研究方法，系统分析了传统网络银行在电子支付网页方面的安全问题。默顿和博迪（Merton & Bodie，2008）还指出传统网络银行面临的主要风险是互联网技术风险，特别是网络病毒成为传统网络银行办理业务的巨大隐患。由于金融活动具有关联性，金融风险也可能在各个关联主体之间进行相应的传染。为此，克拉夫特（KLafft，2009）基于复杂网络特征并论证了互联网金融风险存在传染性。为此，要保持互联网金融领域的安全与稳定，则必须预防互联网金融风险的传播性，需要采取科学的风险预防手段以及风险应对措施以控制风险的外流。在此基础上，为了有效控制互联网金融风险，雅梅和沃威克（Jame & Warwick，2007）运用实证研究证实了互联网金融风险的大范围、难防范特征，并创造性地提出了互联网金融风险评价指标体系。雅梅和沃威克（Jame & Warwick，2007）基于数据进一步分析得知，在所有的互联网金融风险因素中，高科技网络风险的影响最大，从而从保障互联网金融安全的角度针对互联网技术的风险提出了政策建议。互联网金融作为金融体系中的有机组成部分，赛义德和奈达（Syed & Nida，2013）从保护金融消费者权益的角度，提出了相应的监管思路和监管措施来控制系统性区域性风险，并且认为风险监管政策要保持弹性，能够在维护互联网金融市场活力与风险控制之间实现动态平衡。

国内学者裴平（2014）在借鉴国际经验基础上提出了互联网金融监管的新范式，认为要提高风险容忍度，对互联网金融的监管应具备足够包容性。除此之外，周耿和范从来（2016）基于互联网金融平台大数据，从控制产品复杂度、降低佣金水平等方面提出控制“羊群效应”的思路。在发挥审计的风险治理功能上，赵丹（2015）在深入研究互联网金融业务存在的多种金融风险问题基础上，利用多方审计协同治理的效用，构建相应的审计治理体系控制互联网金融风险。为此，赵丹（2015）构建了以政府审计为主导、内部金融审计为核心、民间金融审计为主要力量的审计监督体系。与此同时，基于互联网金融业务实践过程中存在的重大错报风险与检查风险，刘国城和张宝贤（2017）以现代风险导线审计为出发点，较为系统地提出了构建互联网金融审计工作的基本框架。

1.4.5　文献述评

从上述文献综述可以看出，互联网金融风险管理已成为近年学术界的热点研究领域，现有研究在把握互联网金融风险规律与监管创新等方面作出了一定的贡献，取得了较为丰富的研究成果，为后续研究提供了有力支撑。然而，与目前日益繁荣的互联网金融发展相比，有关互联网金融风险的演化规律以及风险治理等仍然有大量的理论与现实问题亟待解决，目前的研究还存在一定不足，仍有待进一步深化，主要表现在：

（1）已有的研究所使用的研究方法和手段相对单一。互联网金融是金融与互联网技术融合而形成的一种新的金融业态。对比传统金融风险，互联网金融所表现出的风险在传染性、负外部性和隐蔽性方面都更突出，风险可控性也更低，且多种风险交叉叠加，单一的研究方法已不能对其进行有效管理。

（2）限于侧重点和角度不同，现有研究大多数在理论上阐释互联网金融的风险及其规律。在学科融合发展进一步加强的趋势下，鲜有基于系统的观点和系统动力学的新视角去深入考察互联网金融风险的演化机理，在准确把握互联网金融风险内在规律方面还存在不足。

（3）互联网金融风险管理需要提高风险防控的前瞻性和有效性，从而对互联网金融风险进行早识别、早预警、早发现、早处置。但是，现有研究大多数集中于事后的风险管理，目前对互联网金融风险动态预警方面的研究还未形成完整的体系。

（4）与现有金融监管制度相比，审计具有高度权威性、超然独立性和手段全面性的优势，因而能够成为党和国家监督体系中的重要组成部分和互联网金融风险治理的重要力量。然而，以往研究并未在国家治理框架下将审计嵌入互联网金融风险系统，运用审计手段提高互联网金融风险治理效果方面的文献并不多见。

为此，本书的研究目标是在前人研究基础上，以互联网金融风险及其治理为研究对象，在运用系统动力学的工具深入探索互联网金融风险的演化机理和科学诠释互联网金融风险的内在规律基础上，为制度化的审计嵌入互联网金融风险治理体系，并为设计与构建互联网金融风险审计治理的动态预警系统提供坚实的理论和实证支持，从而在更高层次上有效防范互联网金融风险和保障国家金融安全。

1.5 研究内容与技术路线

1.5.1 研究思路

本书根据互联网金融发展现状以及我国特定的社会经济环境，通过构建互联网金融风险演化的系统动力学理论模型，对互联网金融风险的系统动力学特征、系统动力学演化机理以及系统动力学传染效应等展开研究，以形成与国家治理体系和治理能力现代化相适应的互联网金融风险审计治理框架。基于这一研究目标，本书重点研究以下四个方面的问题：一是互联网金融风险的监管博弈；二是国家审计嵌入互联网金融风险系统的逻辑基础与治理绩效；三是互联网金融风险的动态审计预警系统构建；四是互联网金融风险国家审计治理的实施机制。由此将理论研究与实践应用相结合，形成有效防控互联网金融风险的逻辑体系。总体而言，本书采用了“背景分析→理论阐释→实证检验→风险防控”的总体研究思路，具体如图1-4所示。

1.5.2 主要内容

根据上述研究目标以及确定的相应研究思路，本书主要分为五部分，共11章。其中各章涉及的主要内容安排如下：

第一部分（第1章）为绪论。本章主要论述了选题的背景及意义，并基于此界定了本书的研究对象和主要概念，以及结合互联网金融发展的理论渊源阐释互联网金融与传统金融的边界，并对当前互联网金融风险相关研究进行整理评述基础上提出本书的研究思路、主要内容与阶梯式研究推进的技术路线。

第二部分（第2章）为本书的理论基础，重点分析引入系统动力学开展互联网金融风险研究的可行性。本章从系统动力学结构模式与建模原理出发，在阐释互联网金融的风险点及其成因和考察互联网金融风险混沌特征及其系统动力学特性基础上，探讨系统动力学在互联网金融风险研究中的适应性并据此阐释互联网金融风险演化的动力学机制。

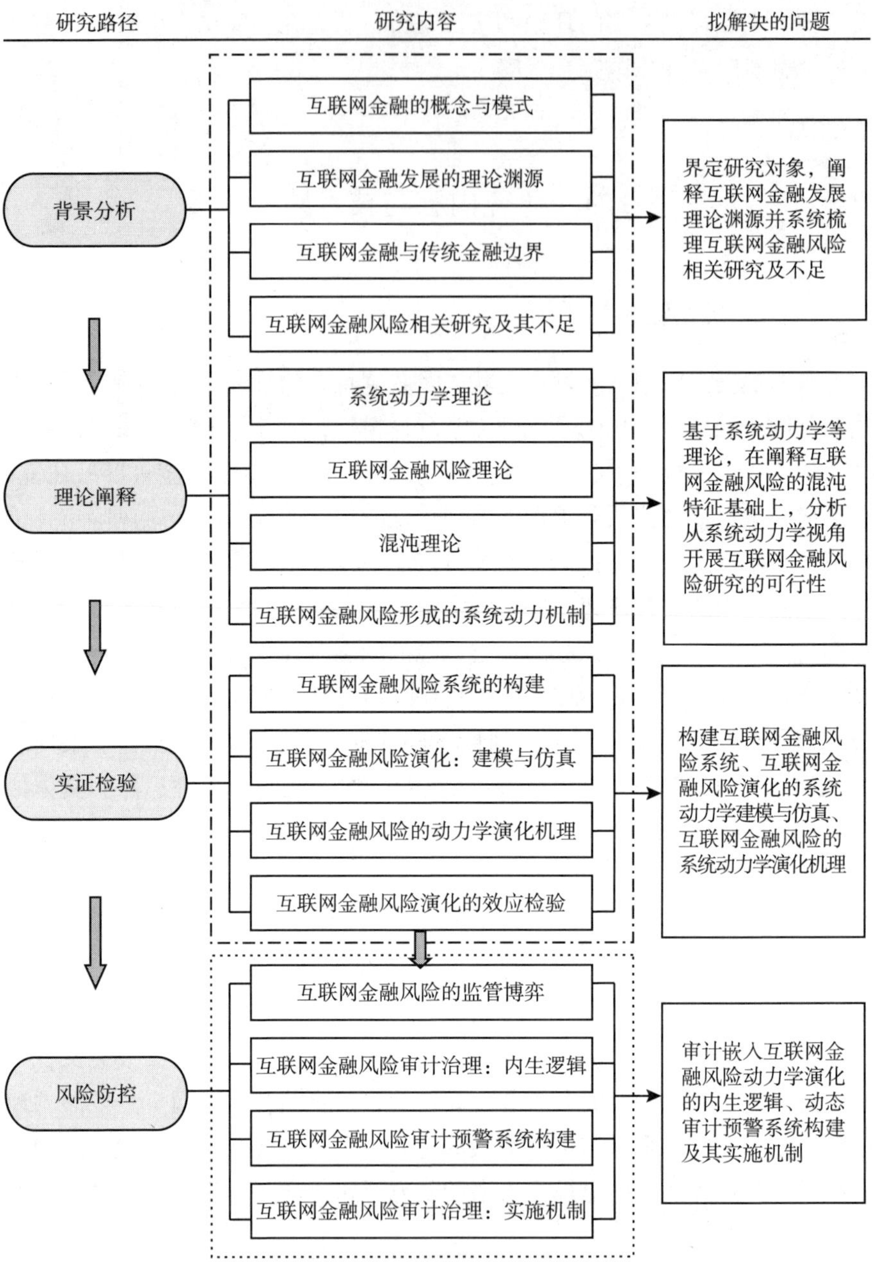

研究路径　研究内容　拟解决的问题

背景分析
互联网金融的概念与模式
互联网金融发展的理论渊源
互联网金融与传统金融边界
互联网金融风险相关研究及其不足
界定研究对象，阐释互联网金融发展理论渊源并系统梳理互联网金融风险相关研究及不足

理论阐释
系统动力学理论
互联网金融风险理论
混沌理论
互联网金融风险形成的系统动力机制
基于系统动力学等理论，在阐释互联网金融风险的混沌特征基础上，分析从系统动力学视角开展互联网金融风险研究的可行性

实证检验
互联网金融风险系统的构建
互联网金融风险演化：建模与仿真
互联网金融风险的动力学演化机理
互联网金融风险演化的效应检验
构建互联网金融风险系统、互联网金融风险演化的系统动力学建模与仿真、互联网金融风险的系统动力学演化机理

风险防控
互联网金融风险的监管博弈
互联网金融风险审计治理：内生逻辑
互联网金融风险审计预警系统构建
互联网金融风险审计治理：实施机制
审计嵌入互联网金融风险动力学演化的内生逻辑、动态审计预警系统构建及其实施机制

图 1－4　研究思路与逻辑框架

第三部分基于互联网金融风险的特性以及系统动力学的理论基础，重点研究互联网金融风险系统的构建、互联网金融风险演化的系统动力学建模与仿真、互联网金融风险的系统动力学演化机理以及互联网金融风险的传染效应问题，共包括四章（第 3 ~6 章）。如图 1－5 所示。

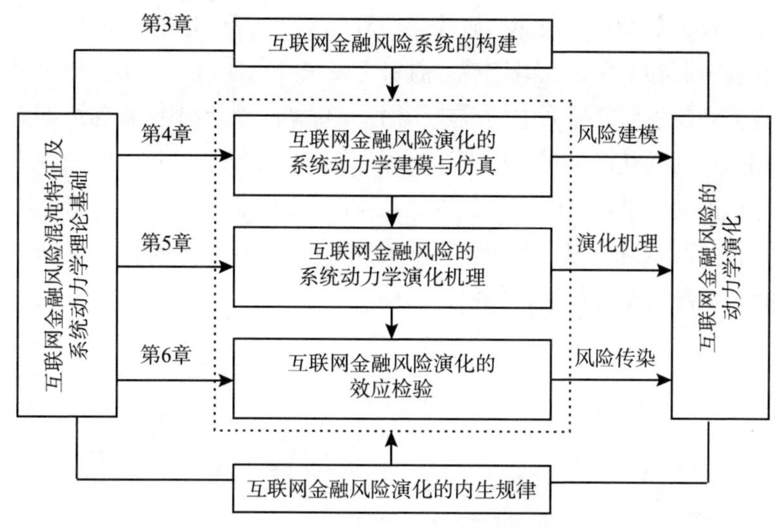

图1-5 第三部分研究结构

第3章在确定互联网金融风险系统的构建原则基础上划分了互联网金融风险系统的边界，并将关键风险因素拟合到系统动力学中以形成互联网金融风险因果循环的逻辑框架及互联网金融风险的反馈回路。进一步地，为明晰各风险因素间的逻辑关联及其对系统状态的影响程度，本章探索了互联网金融风险的系统动力学流图。

第4章立足于互联网金融风险演化的实证研究。本章在对互联网金融风险因子进行 G_1 法主观赋权、熵值法客观赋权与综合集成赋权基础上，构建互联网金融风险演化的系统动力学模型，并开展计算机仿真以考察互联网金融风险系统的总体演化趋势及互联网金融风险子系统的演化趋势。

第5章研究互联网金融风险的系统动力学演化机理。首先，基于互联网金融风险的系统动力学流图，分解出互联网金融风险演化的主要风险基模。其次，基于系统动力学考察了互联网金融风险的演化机理。最后，从相异风险间的转化、互联网金融风险对系统性风险的传导、传统金融风险对系统性风险转移的三个维度探讨了互联网金融风险对系统性金融风险的演化机理。

第6章基于系统动力学理论进一步考察互联网金融风险演化的传染效应检验。本章基于资本资产定价模型（capital asset pricing model，CAPM）对互联网金融风险的跨期时变予以检验，由此进一步验证了互联网金融风险的混沌特征，并分别从逻辑机理及实证检验两方面对互联网金融风险引发的“蝴蝶效应”和“金融错配”进行探索，从而为深入认识互联网金融风险的系统动力学演化提供了理论与实证支持。

第四部分针对现行法律、政策、监管体系在防范和控制互联网金融风险可能存在漏洞和空白以及对宏观金融稳定带来严重冲击的现实，提出要发挥审计在党和国家监督体系中的重要作用，形成与国家治理体系和治理能力现代化相适应的互联网金融风险审计治理框架，并重点研究审计治理嵌入互联网金融风险动力学演化的内生逻辑、互联网金融风险审计治理的影响因素与绩效评价、互联网金融风险动态审计预警的系统动力学架构以及互联网金融风险审计治理的实施机制，共包括四章（第 7 ~ 10 章），如图 1 – 6 所示。

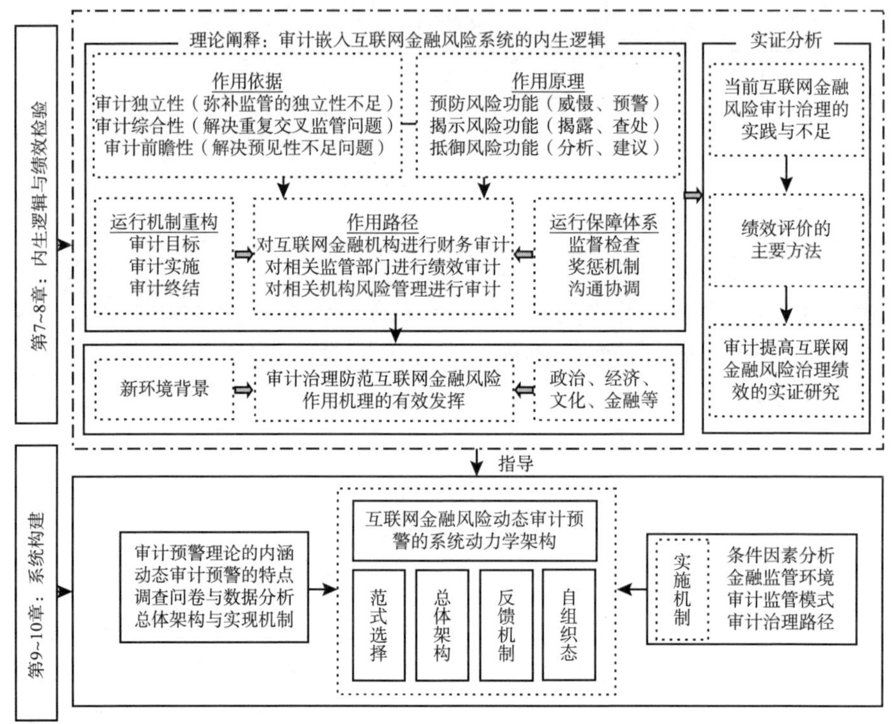

图 1 – 6　第四部分研究结构

第 7 章首先界定了政府在监管互联网金融风险治理中发挥的职能作用，然后引入了演化博弈模型分析互联网金融发展中政府监管的必要性。在总结当前互联网金融风险治理的不足中，从审计治理防范互联网金融风险动力学演化的内在动因、理论基础、主要职能以及特殊优势等四个维度系统阐释了审计治理嵌入互联网金融风险动力学演化的内生逻辑。

第 8 章在系统总结我国当前互联网金融风险审计治理的现状以及存在的局限性之后，构建了互联网金融风险审计治理影响因素的系统动力学模型，并基于审计治理提高互联网金融风险应对绩效的基本假设，采用准自然实验法及双重差分模型实证检验了互联网金融风险审计治理的绩效。

第9章为互联网金融风险动态审计预警的系统动力学架构。风险预警是风险防范的核心。本章首先对动态审计预警的内涵以及构建互联网金融风险审计治理动态预警系统的必要性进行了理论阐释，并在采用问卷调查等方式对构建互联网金融风险审计治理动态预警系统的可行性进行实证研究基础上，建立了互联网金融风险审计治理的动态预警系统总体框架以及设计了相应的应用流程。

第10章探讨互联网金融风险审计治理的实施机制。审计在互联网金融风险治理中具有独特的价值和意义，但其作用的发挥有赖于一定的条件和相应环境。本章在条件因素分析、金融监管环境、审计监管模式等分析基础上，从审计数据、审计系统、审计平台、审计模式、审计内容与重点、完善审计结果运用机制等方面探索宏观审慎监管模式下互联网金融风险审计治理的实现路径。

第五部分即第11章，为全书总结与展望。系统、全面地总结了本书的主要研究内容并提出了相关的政策建议，同时客观指出相应的研究贡献、局限性以及未来可以进一步在本领域开展的相关研究工作。

1.5.3 阶梯式研究推进的技术路线

本书拟运用模型构建、理论演绎、问卷调查、实证分析和计算机仿真等系列研究方法，对各相关内容的研究尽可能做到系统、动态、全面，总体上遵循“资料收集—事实观察—概括分析—理论研究—实证研究—对策研究”阶梯式研究推进的技术路线，坚持从特殊到一般再到特殊、将实践与认识紧密联系的科学循环。该循环具体程序是：首先，基于互联网金融快速发展以及互联网金融风险的混沌特征，采用系统动力学的研究工具对互联网金融风险演化规律开展跨学科交叉研究。其次，在理论指导下，深入阐释审计嵌入互联网金融风险系统的内生逻辑以充分发挥审计的风险发现与风险治理功能，在此基础上构建互联网金融风险审计治理的动态预警系统并提出互联网金融风险审计治理的实现机制，从而对互联网金融风险进行有效的防控，以守住不发生互联网金融系统性风险的底线和保障我国金融体系的稳定。图1-7为本书阶梯式研究推进的技术路线（A~G代表研究阶段的划分）。

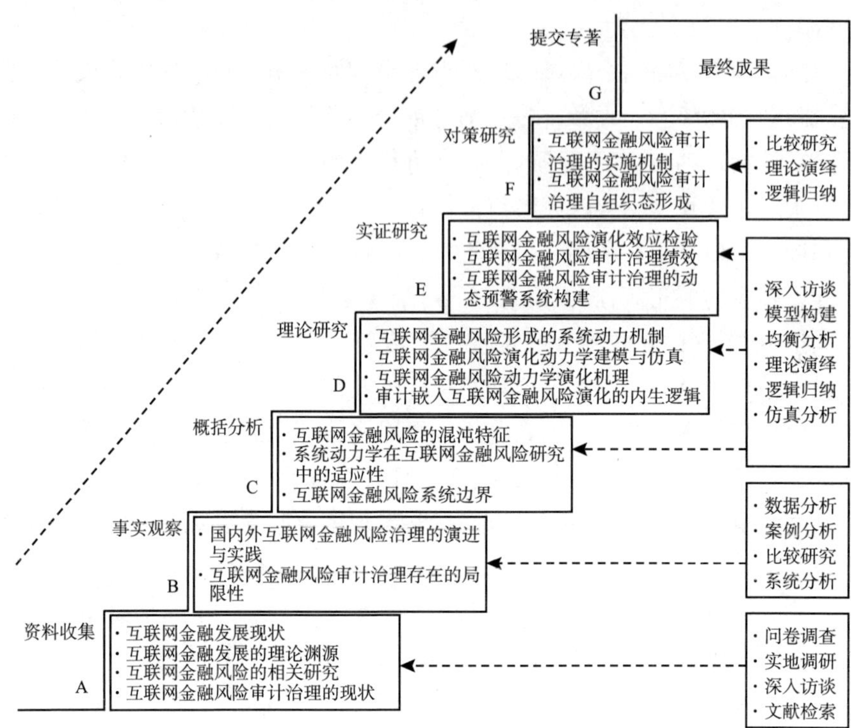

图1-7　本书阶梯式研究推进的技术路线

第2章　系统动力学与互联网金融风险理论基础

2.1　系统动力学理论

系统动力学最早用于分析生产管理及库存管理等企业问题。美国麻省理工学院的弗雷斯特教授为分析生产管理及库存管理等企业问题，基于系统仿真的思路创造性地提出了系统动力学研究方法，并最终形成了相应的方法论。总的来说，系统动力学既分析研究信息反馈问题同时又解决系统问题，是一门交叉综合学科。“凡系统必有结构，系统结构决定系统功能”，这是在科学研究过程中系统动力学始终运用的思想。系统动力学的具体思路是，系统内部各组成要素之间具有互为因果的反馈特点。因此，需要从系统内部结构的相互作用关系着手解决系统问题。因而，系统动力学的思想在研究系统结构、系统功能的发生、演变及其相互作用关系等方面具有重要的应用价值。

2.1.1　系统动力学的含义

2.1.1.1　系统与系统边界

在古希腊语中，系统的含义是“共同”和“给予位置”。在《辞海》中则将系统定义为“自成体系的组织”。

在系统这一“自成体系的组织”中，其所面临的问题及其变化往往是多因素共同影响的结果。同时，这些相关的因素彼此之间的作用也是相互影响的，这其中既有正向的影响，也有负向的影响。而且，各种因素彼此之间的影响也由此形成了多重的反馈环，进而使系统呈现出非常复杂的非线性特征。总体上看，系统动力学中所研究的系统，通常具有如下两个基本特征。

其一，系统动力学中的系统是流动的，其中既有各种物质流的流动，也包含信息流等的流动。最为熟悉的是，在系统内部随时随地都存在实体在流动。例如，作为一个生产型企业，其最基本的生产循环是，首先需要购买原材料，之后通过生产环节将原材料加工成产成品并卖给批发商。批发商经过销售行为使得商品最终被消费者购买使用。此外，系统内还有原材料、设备、职工等实体物资的流动，这些都是物质流。从物质流的流动方向上看，其一般都是单向的。同时，在单位这一系统内部，一般来说，除了物质流之外，还必须要有信息流的流动。与物质流不同的是，信息流是各种数据的变换流动，包括图纸、订货单、报表、来往信息和存储介质等。这些图纸、报表、订货单、来往信息以及存储介质等既是对信息流状况的记录，同时又反过来控制着信息流。因此，可以看出系统内部的信息流是双向流动，与物质流的单向流动有所不同。从内部结构上看，任何系统都包括物质流也包括信息流。无论是物质流还是信息流都对系统功能的发挥至关重要，并且二者缺一不可。除此之外，系统内部的物质流以及信息流都不是稳定不变的，而是处于不断的动态变化之中，物质在生产过程中不断改变状态，从而实现从原材料到中间产品，再到产成品的转变。同样，信息流也随着生产的进程而不断变换形式。

其二，系统的输入和输出之间是需要一定时间的。在系统中物质流和信息流的流动，传递以及转换的过程中都需要持续一定的时间。系统内物质流与信息流在流动、传递转换过程中需要时间，这导致了传递的延迟。但是，传递的延迟时间有时是确定的，也有可能是不确定的，因而延迟会给系统的精确控制带来不利的后果。正是由于延迟现象的存在，导致了信息反馈系统呈现出各种各样的动态特性。

延迟从本质上说是一种动态过程，物质流和信息流持续不断输入并以某种变化作用于系统后，相应的输出流与输入流在任何时间都存在不相等，这种现象称为“延迟”。这就意味着物质流和信息流在流动过程中有残存量。从中能够看出，输入流与输出流在延迟过程中往往并不相等，之间的差异是通过延迟的形式而形成了一种特殊的积累。因此，从物质流和信息流的输入与输出角度上看，都可以使用积累方程和流速方程来描述其中存在的延迟现象。系统动力学就是一种非常好的研究系统及其延迟现象的工具。

研究系统的前提是首先要确定系统的边界。系统边界是用来划分和界定系统范围的。系统动力学研究中，划分系统边界的主要目的是将系统内部与外部环境分隔开，只把系统内部因素纳入系统。在确定系统边界之后，系统内部各个因素之间的关系是动态的和互相影响的，彼此之间存在一定的反馈回路。考虑到系统是一个完整的研究对象，因此其所形成的反馈回路是闭合的。

2.1.1.2　社会系统的特征

系统动力学的适应领域既可以是自然领域，也可以是社会领域，但总体上说，最为主要的应用领域还是社会系统。通常而言，人类活动的系统都属于社会系统，这一社会系统主要具有以下特征：

（1）社会系统是大系统。之所以说社会系统是大系统，主要体现在三个方面：一是社会系统一般具有很长的边界；二是在社会系统内部有着众多因素，且这些因素彼此之间存在复杂的相互作用；三是在社会系统的边界以外，环境因素复杂而且多变。因此，只有考察边界内部各种因素之间的复杂联系，而且对所有的因素实行全方位扫描，才能全面把握社会系统的基本特征。

（2）社会系统符合因果关系。社会系统本身具有复杂的因果关系。要深入探索这一因果关系，一般遵守两条基本路径：其一是由原因找结果，例如，探求互联网金融对传统金融的影响、考察某种政策的执行结果如何；其二是由结果找原因，例如，探求互联网金融风险的原因、通货膨胀的背景与原因，通过对某些社会现象原因的分析从而为制定发展规划提供依据。然而，由于原因和结果通常都不是某一种因素而导致的，而是多种因素的共同作用，因此，无论是由原因找结果还是由结果找原因，要准确把握两者之间的逻辑关系，实际上都是非常困难的事。如前所述，社会系统内存在众多因素彼此之间的相互作用，这些相互作用通常又是以因果关系而存在的。因此，从系统动力学看来，这些因素之间形成若干的因果关系环，又称反馈环。这些环有大有小，各不相同，但可以根据性质的不同将反馈环分为两类：第一种为正因果关系环。正因果关系环的表现是系统的，无限发展的，或称恶性环。第二种为负因果关系环。负因果关系环是具有收敛行为的反馈环。作为一个复杂的特定的社会系统，其内部通常既有正因果关系环，也有负因果关系环，这两种反馈环之间并不是孤立的，两者之间是相互牵扯、彼此影响的关系。在经济社会发展过程中，政府对经济活动的控制与管理活动，通常也主要是通过控制各反馈环的彼此关系甚至彼此消长而实现。

（3）原因与结果的时空特性。一般而言，自然系统或者物理系统中无论是原因和结果之间，还是原因和现象之间，由于在时间上以及在空间上都是分离的，因此，直观上看，自然系统或者物理系统中原因和结果之间的区别是清晰的，但在时空上是紧密联系的。然而，在社会科学领域，通常原因和结果之间或原因和现象之间，无论在时间上还是空间上都不可能紧紧相连。因此，在社会科学领域的问题研究中，如果继续采用自然科学中直观的、经验的研究方法开展研究，将无法科学探究社会现象背后的真实原因，从而降低研究的科学性。弗雷斯特（Forrester，1958）曾做过如下论述："当我们对某个复杂的社会系统所采取的修正行动总不能见效时，就表明我们所期望的东西与我们的行动相反。这时，我们为了改善困难的处境所采用的策略，实际上，不但不能改变困难的现状，反而会加剧困难的程度，在解决复杂社会经济问题时，选择到无用的甚至是有害的策略的原因，可能就在这里"。因此，当企业、经济组织、城市、政府及社会出现问题时并采用科学的研究方法予以解决时，将很容易遇到这样的问题。这些问题背后的真实根源则主要是由于与自然系统或者物理系统相比社会系统具有的特征而产生的。

（4）非线性特性。线性与非线性假设直接影响结论的科学性。如前所述，社会系统的原因与结果之间通常都具有明显的延迟现象，这是社会系统非线性特性的典型标志。如果继续采用线性假设的方法，其研究结果将不能真实反映社会现象的本质，因而是不可取的。

社会系统具有大系统、因果关系、原因与结果的时空特性以及非线性特性的特点对科学解决社会系统问题构成了一定的挑战。而在方法论上，要科学、深入地了解及解决社会系统这些错综复杂的问题，虽然传统的研究方法，例如，经验或者直观感觉等具有一定的应用价值，但却是远远不够的。要把握社会系统问题的科学本质，特别是由于社会系统存在的非线性特性，则需要使用系统动态模拟的方法。只有借助这种系统动态模拟的方法才能在把握社会系统科学本质的基础上寻找到解决问题的基本思路。如前所述，在社会系统这个大系统中，不仅系统边界很大，而且该系统内部的各个因素之间还存在着非常复杂的因果关系，并且形成了性质不同的正因果关系环与负因果关系环。由此看来，在社会系统这一大系统面前，凭借人的直观与经验既不能科学确定这一社会系统边界，对系统内部存在的复杂因果关系环的性质也难以确定。因此，对社会系统进行科学的研究必须要采用其他科学方法。系统动力学的发展推动人们用系统研究方法及借助计算机进行动态模拟，这有利于消除人的直观与经验的局限性。因此，系统动力学一经出现即在社会系统的研究中发挥重要作用。

2.1.1.3　动力学的定义

系统动力学在社会系统领域的研究中具有较好的适应性，其基本思路是采用计算机仿真的方法对社会系统的演化开展动态研究。总体上看，系统动力学的理论框架主要由以下四个部分所组成。其一，系统动力学的理论来源是控制论。控制论的核心是反馈机制。因而，系统动力学对社会系统的研究都是通过反馈机制来进行的。其二，系统动力学将研究的社会系统划分为若干个子系统开展研究。社会系统由于是一个复杂的系统，其边界较大，且内部的因果关系复杂。因此，为了更好地研究社会系统的内部结构及其相应的因果关系，系统动力学按照一定的规则将被研究的社会系统划分为若干个子系统，同时按照一定的逻辑关联在子系统之间和子系统内部建立相应的因果关系。其三，采用计算机仿真方法。采用计算机仿真方法是系统动力学的最大特点之一。通常，系统动力学在研究社会系统时，一般是在对社会系统进行因果分析的基础上，依据各变量之间的输入与输出关系构建研究对象的系统流图，由此建立社会中各个变量之间的数量方程式。建立数量方程式的目的在于检验模型的有效性以及为计算机仿真提供基础。其四，发挥系统动力学的优势对研究对象的动态数量关系开展计算机仿真。通过计算机仿真直观地观察研究对象的行为及演化趋势，最后在对社会系统规律性认识的基础上为决策的制定提供依据。

2.1.2　系统动力学的特点

系统动力学是创立于 20 世纪中期的理论成果，它是综合建立在控制论、信息论和决策论等方面理论和方法基础上的一门交叉学科。其基本思路是，针对具体的社会系统，根据该特定研究对象的系统边界以及内部各子系统之间的因果关系，构建系统动力学数学方程式及模型，然后运用计算机进行模拟试验，最后将模拟结果作为科学决策的参考。

创立初期，系统动力学主要用于工业管理，因此也被称为“工业动力学”。后来伴随人们对系统动力学科学价值更为深刻的认识及更深刻地把握社会系统的本质特征，系统动力学的应用范围越来越广，逐渐超出了工业范围，为此将“工业动力学”改称为“系统动力学”。

随后，系统动力学开始受到学界的高度关注，弗雷斯特（Forrester）教授于1961年发表的《工业动力学》，是20世纪60年代系统动力学的理论与应用研究成果的第一批代表作。

20世纪80年代初，世界人口增长和资源日渐枯竭的问题越来越严重。26个国家75名科学家的罗马俱乐部开始聚焦于人口增长与资源枯竭之间矛盾的解决思路。在该时期，弗雷斯特（Forrester，1971）以世界模型的雏形为基础发表《世界动力学》。另一个系统动力学领域的著名学者梅多斯（Meadows）于1972年发表了《增长的极限》，深入研究了在资源限制约束状态下世界经济潜在的合意增长率问题。之后，梅多斯又于1974年发表了《趋向全球的均衡》。在该书中，梅多斯教授系统阐述了他们对未来世界发展的观点以及世界经济的增长趋势。此外，弗雷斯特教授基于美国经济增长的新模型，综合考虑资本和劳动力生产要素相对有限情况下美国与其他西方国家经济长波形成的内在奥秘。

系统动力学不断地与其他学科以及网络技术和人工智能等新技术相结合。正是由于系统动力学与其他新兴学科以及技术的融合发展，使得系统动力学在新的科技背景下在管理思想的转换以及新型企业组织的创新中不断发挥着独特的优势与作用。之后，随着系统动力学开始广泛应用到国家经济增长领域，使得系统动力学在国家动力学以及经济长波理论研究方面取得了丰硕的研究成果。因此，20世纪90年代系统动力学的理论与应用研究两方面自取得了非常广泛的成绩，并由此进入到比较成熟的阶段。

日益成熟和完善的系统动力学理论以其鲜明的系统观特点逐渐展示于学术领域，并开始以系统方法论的基本原则应用于客观世界基本规律的研究之中。基于这一点，系统动力学的发展与完善在一定程度上丰富了系统方法论的内容。社会科学领域开始以“系统思考”的方法、基本原则及其系统观研究复杂的社会系统。在此基础上所形成的一系列与系统动力学有关的基本原理、基本原则以及基本思路，将成为研究、处理解决社会经济复杂系统问题的有效工具。

由于系统动力学理论的开放性与实用性，使得系统动力学的理论与应用研究自20世纪90年代之后开始受到其他领域的高度关注并逐渐应用到包括社会系统在内的各类系统，而且由于在实践研究过程中还融合了先进的计算机技术以及人工智能等，使得系统动力学有了更为广泛的运用范畴。特别是具有以下多方面的优点：由于系统动力学的计算机模拟仿真软件人机交互界面良好，有关变量的输入输出形式简单灵活，系统内部各变量之间因果关系的构建直观高效，实际操作流程简单易懂等，即使学者没有高深的数学算法与方程式基础也能实现研究目标。正是由于系统动力学具有诸多优点，使得系统动力学的建模方法受到了各个领域学者的高度的关注。特别地，由于社会系统具有的高度复杂性，要深入把握社会系统的基本规律，依靠传统经验方法等途径已经很难实现，而系统动力学能够建立动态的计算机仿真模型并对社会系统中各个变量的数量关系进行模拟演化，不仅有定性分析，也有定量分析，从而有利于科学确定社会系统的内在逻辑与因果关系。总体上看，系统动力学针对特定的社会系统等开展仿真分析，与其他传统的研究方法相比，具有五个方面的重要特征。

2.1.2.1　系统动力学是定性分析与定量分析的结合

定性分析与定量分析都是分析社会系统的科学方法。由于社会系统以及内部各个子系统之间具有非常复杂的因果关系，而这些因果关系的确定是研究社会系统性质的基本前提。因此，系统动力学在构建社会系统模型时进行的因果关系分析采用的是定性分析的方法。引起系统行为变化的主要影响因素和驱动因素也可以通过定性分析确定，在此基础上建立对应的因果关系图。与此同时，在定性分析之后需要科学地确定变量之间的输入和输出数量关系。为此，系统动力学还需要建立系统流图以进一步研究指标间的数量关系，这也是开展计算机模拟仿真的基础。所以，定量分析是必不可少的一种方法。因此，系统动力学综合采用了定性分析与定量分析两种方法，并进行计算机模拟仿真实验以科学探究社会系统内部的基本规律。

2.1.2.2　系统动力学在处理复杂的社会经济问题时对数据精度的要求不高

系统动力学在开展计算机模拟仿真时重点是考察社会系统的演化趋势。因此在确定系统内部各变量之间的因果关系和建立好相应的系统流图后，只需要设置流位变量初值，并确定一个所需的时间长度，就可以进行系统动力学的计算机模拟仿真并得到相关指标的演化趋势。因此，在研究特定的社会系统时，即使拥有的相关指标数据相对有限，只要能够确定该系统内部的因果关系及其系统流图，则通过系统动力学的计算机模拟仿真方法也能做出系统演化趋势的判断。

2.1.2.3 系统动力学研究的目标是预测

如前所述，系统动力学虽然也采用定量分析的研究方法，但其研究的基本目的并不是追求对未来的准确预报。相反，系统动力学的基本目的是通过计算机模拟仿真的方式探索在不同的原因基础上系统运行结果的差异。也即是，通过试验不同策略所可能达到的效果，由此评估对系统所作出的假设及其最终效果的一致性，以使我们在更加准确地了解研究对象的基础上，为预测未来提供了新的手段。

2.1.2.4 系统动力学采用的原理是系统结构决定系统行为

社会系统中每个因素的作用各不相同，而所有因素的共同作用将决定系统的运行方式与结果。在传统研究思路上，经济学的研究通常认为各个变量是相对独立的，而利用独立变量的历史数据，在不需要考虑因素之间内在关系的基础上，可以用统计学方法确定各个变量之间的函数关系。然而，与经济学所采用的传统研究方法完全不同，系统动力学在对社会系统的研究中，必须要能科学评估系统中系统行为对不同行动的反应程度，以及该反应将具有什么样的增强或削减趋势。

2.1.2.5 系统动力学注重策略的长期效果

任何社会系统的运行都具有一定的周期性规律。然而，对社会系统的周期性规律的认识和把握需要在一个较长的时间内才能实现，因此周期性规律一般需要在较长时间范围内才能表现出来从而被观测到。如果要观测到系统的周期性规律和长期性趋势，则需要找出系统中能产生任何可能变化的一些主要因素以及确定这些因素对结果可能产生的影响及其程度。如果在给定的确定时间范围内能够确定系统中主要变量的变化，并且研究出该系统运行结果对这些变量存在的响应机制，并对其机制做出较为科学的解释，这对于政策的制定以及政策长期效果的预测将是非常有利的。因此，系统动力学不会过度关注短期的系统行为，而是着重研究系统行为的长期演化特性。

因此，系统动力学在结合定性分析与定量分析方法，综合处理复杂系统问题时，即使在数据比较缺乏、不符合传统经济学研究条件时，仍能够借助系统动力学计算机模拟仿真技术与原理，使得对高阶、非线性、动态的复杂系统问题也能科学把握其内在的基本规律。

2.1.3 系统动力学模型的结构模式

系统动力学研究的基本思想是在深入考察系统内部各个因素之间因果逻辑关系基础上，考虑系统中输出对输入的反馈可能存在的延迟现象，逐步建立起系统动力学流程图的结构模式，并基于系统内在行为模式、紧密的结构间依赖关系，建立起输入与输出之间的数量关系及其数学模型，从而深入考察相应的因果关系及其演化趋势。

2.1.3.1　因果关系

在对社会系统的研究和分析中，系统动力学方法将因果关系分析作为其重要的研究内容和基础。其中主要的原因是，作为一个复杂的大系统，社会系统内部的各种要素之间并不是孤立的，而是存在相互作用的关系。而因果反馈关系则是这些作用关系中最主要的方面。因此，在社会系统内各子系统之间，最常见的相互关系形式是因果关系，它也反映了最真实的逻辑关系（见图 2－1）。

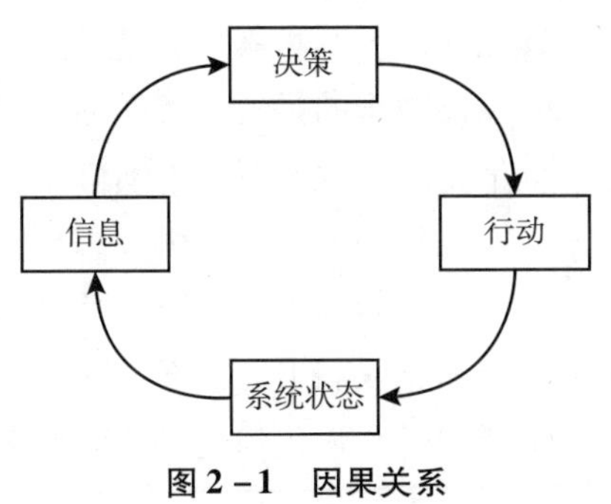

图 2－1　因果关系

如果 A、B 是社会系统中的两个变量。其中，变量 A 是原因，变量 B 是可能引起的结果。因此，社会系统中的两个变量 A、B 之间存在因果关系，并且这一因果关系可以直接表述为：变量 A 的变化是导致变量 B 变化的原因。但是，变量 A 的变化导致变量 B 的变化在方向上可能存在两个不同的结果。其中，第一种情况是变量 A 引起变量 B 的同方向变化，即变量 A 减少，那么引起的变量 B 也减少；相反，如果变量 A 增加，那么引起变量 B 也增加。此时，可以认为社会系统中的 A、B 两个变量之间的因果关系是正极性的。第二种情况却恰恰相反，变量 A 引起变量 B 的反方向变化，即变量 A 减少，那么引起的变量 B 反而增加。但是，如果变量 A 增加，那么引起变量 B 减少，此时社会系统中的 A、B 两个变量之间的因果关系是负极性的。针对上述存在两种情况，社会系统中的 A、B 两个变量之间的因果关系可以用因果链表示成：$A \xrightarrow{+} B$ 或 $A \xrightarrow{-} B$。

由此可以直观地看出，系统动力学中的因果关系仅仅是一种逻辑关系，并没有计量和时间上的意义。

2.1.3.2 反馈回路

在明确了因果关系之后，为了科学厘清社会系统内部各变量之间的信息流等反馈关系，还应该进一步研究社会系统内部各因果关系的反馈环。通常情况下，任何一组系统中原因和结果的相互作用关系就会形成相应的反馈回路。

依据系统动力学的理论，社会系统内部各因果关系的反馈回路是有极性的，而极性取决于反馈回路上因果链的积累效应。由于社会系统中各个变量之间的因果关系有着正极性与负极性之分，这代表了因果关系的两个变量的影响方向，且仅仅是一种逻辑关系，并没有计量和时间上的意义。因此正极性和负极性因果链的个数决定了因果链的积累效应。其中负极性因果链的个数对整个系统的因果链的积累效应起到决定性作用。通常来说，如果有奇数个负极性因果链，则积累效应是负反馈回路。如果社会系统中各因果关系链的总效果反映出的是负反馈回路，那么该反馈回路具有自我调节的作用，在系统偏离稳定状态时能不断修正和调整系统的行为从而回归到稳定状态。相反，如果是偶数个负极性因果链，或不存在任何的负极性因果链，也即全都是正极性因果链，则该社会系统反馈回路的总效用为正反馈回路。在正反馈回路状态下，当系统偏离稳定状态时，正反馈回路将会导致系统出现不断增长和强化的效果从而偏离均衡状态愈发严重（见图 2－2）。

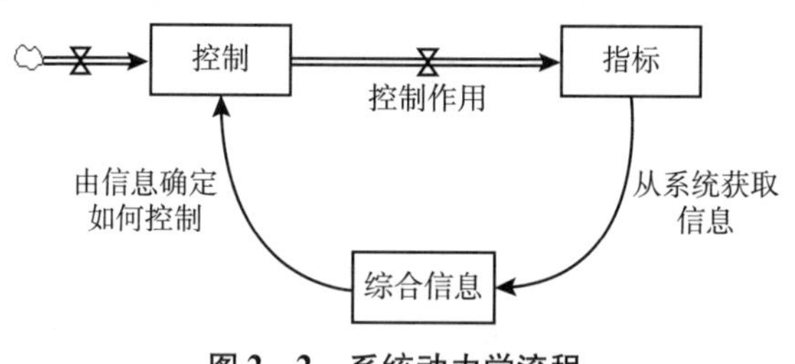

图 2－2　系统动力学流程

2.1.3.3 变量

状态变量、流率变量、辅助变量以及常数这四种变量是系统动力学理论框架中主要的变量要素（见表 2－1）。在因果关系链中这四种变量要素在考虑各因素之间的反馈关系基础上，依据一定次序排列组合形成相应的反馈回路。

表 2-1　　　　系统动力学的变量要素

要素	内容
流（*Flow*）	系统中的活动和行为，通常只区分实物流和信息流
状态变量（*Level*）	系统中子系统的状态，是实物流的积累
流率变量（*Rate*）	系统中流的活动状态，是流的时间变化；在 SD 中，R 表示决策函数
参数量（*Parameter*）	系统中的各种常数
辅助变量（*Auxiliary*）	其作用在于简化 R，使复杂的决策函数易于理解
滞后（*Delay*）	由于信息和物质运动需要一定的时间，于是就带来原因和结果、输入和输出、发送和接受等之间的时差，并有物流和信息流滞后之分

（1）状态变量（*Level*）。当结果累积到一定程度时社会系统中会出现一种状态。因此，为了描述系统的积累效应而使用状态变量，也称积累变量或流位变量。状态变量主要用于反映系统运作的累积结果。当然，社会系统中涉及的不但有物流、资金流，也有信息流，因此，系统内部的物流、资金流以及信息流的堆积，都能够各自形成对应的状态变量。通常，任何具有积累现象的都可以称之为状态变量，如库存量、贮水量、存款量等都可以用状态变量予以表示。但是，为了科学表达状态变量的积累效果，严格的表达格式是必要的。通常，用前次或前期的累积量加上时间间隔与流入流速与流出流速差的积就等于状态变量的累计值。

累积（现在时刻）= 累积（前一时刻）+（流入流速 − 流出流速）×时间间隔

由此表达式能够看出，状态变量具有累积性，该累积值反映从最初时刻到目前为止的累积数。

（2）流率变量（*Rate*）。为了反映流位变量变化速度的变化，系统动力学构建了流率变量，流率变量是可以人为选择和调节的，就像社会系统中的政策决策者可以控制不同的政策工具一样，因此也称决策变量。同时也被称为控制变量、操作变量和设计变量。流率变量的大小不同以及内容不同都会最终影响状态变量的积累效果。状态变量与流率变量两者之间存在一定的数量关系。当时间间隔 DT 足够小时，则当前时刻的状态变量可表述成：

状态变量（当前时刻）= 状态变量（前一时刻）+ DT ×流率变量（前一时刻）

（3）辅助变量（*Auxiliary*）。当流率变量对状态变量的影响渠道与影响方式较为复杂时，从简化社会系统的内部关系上看，可以引入辅助变量。在社会系统中引入的辅助变量能够直观反映流率变量对状态变量的影响渠道与影响方式，因此是构建反馈关系的重要因素。

（4）参数量，也叫常数（*Constant*）。在社会系统中，将不随时间变化而变化的量称为常数。此外，在系统动力学的计算机模拟仿真运行过程中，如果人为设置的某个参数的值保持不变，则此时也将该参数称之为常数。

2.1.4 系统动力学的建模原理与步骤

2.1.4.1 系统动力学的建模原理

结构性建模方法是基于系统动力学的理论框架，通过构建因果关系图和反馈回路图建立相关结构模型。在此基础上，深入考察输入与输出之间的数量关系并由此建立相关的数量方程式以及相应的方程模型。然而，与传统的研究各种社会经济问题的建模方法相比，系统动力学依据系统思考和反馈控制的原理，将系统论、控制论与经济学理论等不同学科相互交叉融合。考虑到社会系统的实际情况，系统分析建立状态变量与流率变量之间存在的数量关系，并考察各变量之间的反馈关系，进而形成一个复杂的流图结构模型。

在上述建模方法与思路下，即使无法全部考虑各变量的独立性，或者不具备所有变量的长期数据，也能通过计算机模拟仿真的方式为社会经济问题的研究提供不同的视角和思路。所以，与传统的经济控制论相比，研究社会系统问题的核心在于双向因果概念（即反馈概念）和反馈系统，同时假定所研究的社会系统不是外生的，而是一个完全或近似闭合的系统。在确定完全或近似闭合的系统之后，继续深入研究该社会系统内部的结构和因果关系，并形成相应的因果关系链以及反馈环，由此最终形成相应的数量方程。

2.1.4.2 系统动力学的建模步骤

从上述系统动力学的理论框架可以看出，系统动力学的核心思想是以一个完全或近似闭合的社会系统为研究对象，通过考察该研究对象内部各个变量之间的反馈关系和明确变量之间的函数关系，进而形成相应的存量流量图，最终借助计算机平台，对系统各变量之间的关系进行模拟仿真实验由此得到系统的长期演化趋势。作为一个严谨的研究方法，其建模步骤如下。

（1）明确问题，确定系统边界。任何一个社会系统都是一个巨系统，要研究清楚与该系统有关的所有问题显然是不现实的。因此，系统动力学建模研究的前提即是明确问题并合理确定社会系统的边界，由此让研究者把握并认识到研究的真正问题以及相关问题的核心与本质。充分认识到研究的真正问题以及相关问题的核心与本质，不仅可以提高研究的效率，同时也可以为后续研究的深入开展创造必要的条件。相反，如果不能清晰地界定社会系统的边界，可能使得研究无法聚焦从而大幅度增加研究的难度，甚至影响后续的深入研究。所以，系统动力学建模的基本要领是首先要明确研究对象的边界，从而剔除与研究目的无关的因素，抓住问题的主要矛盾并由此简化系统。除此之外，为科学确定系统的边界，还需要大量开展文献研究、数据搜集、团队讨论等方式以消除研究者自身的主观思维定式。

（2）提出动态假设。系统动力学假设社会系统是内生的。因此，系统的动态变化或者长期的演变关系都是由于内部因素影响的结果。对于社会系统内部原因和结果的对应关系，需要对动态问题给出一个内生性的解释。而这一解释的合理性有赖于能否从问题来源的角度对问题的动态特征提出可行性假说。一般而言，系统因果回路图的绘制是一个反复斟酌、不断完善的过程，在这一过程中需要根据系统设计及决策规则，不断梳理变量之间的因果关系，合理控制模型范围以提高系统的研究效率。

（3）绘制存量流量图。因果回路图是系统动力学研究社会系统的重要工具。然而，虽然因果回路图能够直观地描述社会系统内部相关变量之间的反馈关系，但这一反馈关系的表示都是定性的，要么是正极性，要么是负极性，缺乏较为精确的量化研究。为此，在确定变量之间因果关系的基础上，进一步通过存量流量图的绘制可以明确各个变量之间的定量关系，从而有利于达到综合采用定性和定量两种方式研究社会系统的目标，因此可以对研究对象进行更准确的研究。

（4）模拟仿真。通过计算机模拟仿真的方式确定社会系统的长期演化趋势是系统动力学模型研究的最终目的，而相应的计算机模拟仿真结果成为政策制定以及国家治理的重要依据，也是预测系统未来发展趋势的主要依据。通过采用系统的存量流量图对社会系统进行定量化研究之后，同时基于输入与输出关系而确定的数量方程，并根据预先搜集、整理的数据资料以确定计算机模拟仿真的初始值，同时确定好模拟仿真的初始时间和步长，则可以开展相应的计算机模拟仿真过程。当然，为了考察输入对输出的动态影响，还可以在模拟过程中不断改变参数和存量流量结构以观察模型的运行结果如何随着参数的变化而变化。

系统动力学的建模步骤，如图2-3所示。

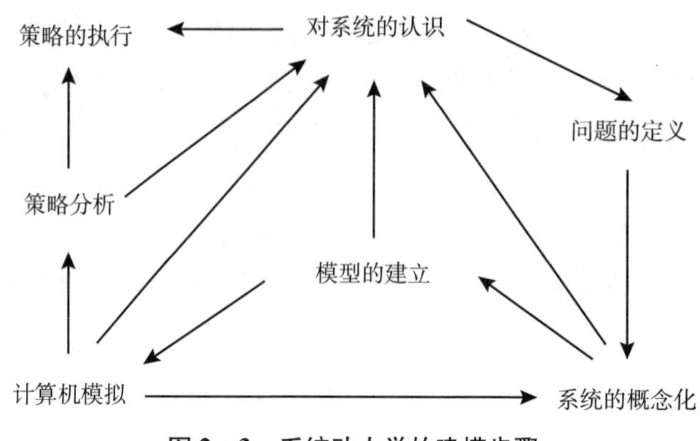

图2-3　系统动力学的建模步骤

一般而言，对社会系统这一复杂巨系统的认识是不断深入的。这其中既需要考察系统的原因，同时也需要考察相应的结果。如果需要在考察因果关系链以及反馈环的基础上，并基于相应的计算机模拟仿真，进而为社会发展提供相应的策略建议，这不仅需要科学考察模型仿真的最终计算结果，毫无疑问还需要充分认识研究对象的系统特殊性，才能真正基于系统动力学研究而提出切实可行的策略建议。只有同时发挥人的主观能动性和计算机的科学性才能进一步理解社会系统的客观规律，进而提高对现实世界的认识。

2.2　互联网金融风险理论基础

由于互联网技术的快速迭代以及传统金融在创新推动下带来的快速转型升级，使得国内的互联网金融自2013年以来获得了快速发展。从互联网金融快速发展的内驱力来看，其重要原因在于传统融资模式对小客户长期存在的排斥现象。互联网金融特别是网络借贷的发展使得众多小型经济体和普通金融消费者的投融资有了新的渠道，从而迅速激活了长期受到抑制的金融需求。然而，在互联网金融快速发展的同时，由于存在门槛低、监管缺位等多重原因，使得与互联网金融有关的风险事件也越来越多地暴露出来，并且给互联网金融行业的健康稳定发展带来巨大挑战。互联网金融风险带来的严重负面效应，不仅在学术界广受关注，同时政府金融监管部门也逐渐意识到互联网金融风险可能带来的严重问题进而寻找应对之策。

2.2.1　互联网金融风险概述

现代网络技术的高度发展使得网络的通达性提高，互联网金融即是将金融业务嫁接到现代信息技术，并利用现代信息技术的通达性将金融业务的服务延伸至网络的各个服务终端，从而实现金融与网络技术的融合并促进金融行业的服务创新，这体现了新兴科技与金融行业的结合。互联网金融的产生源自金融工作者对降低业务成本、精简作业流程的强烈诉求。本质上来看互联网金融依旧是金融，其一旦出现即成为现有金融系统的有益补充。尽管互联网金融属于一种创新型金融业态，但其与传统金融一样，也是在将资源与风险进行跨期配置过程中实现优化配置。特别是，互联网金融借助于网络技术，比传统金融更加具有技术优势和金融信息的对称性，通过新兴技术有效缓解了可能存在的信息不对称程度，因而也有利于降低金融系统的风险，主要体现在以下几个方面。

（1）互联网金融的出现与发展使我国长期存在的金融抑制现象得到了有效缓解。中小企业是我国市场经济的重要主体，中国银行间市场交易商协会的统计数据表明，近年来，中小企业对我国国内生产总值的贡献已超过60%，对国家经济发展至关重要。然而，融资难和融资贵等问题一直是中小企业发展的困扰。据统计，中小企业融资总量中来自金融机构的仅占10%左右。由于中小企业通常存在财务报表不规范、抵质押物缺乏等问题，传统金融机构对中小企业存在“金融排斥”现象，因而长期以来很难有效解决中小企业融资难、融资贵等问题。与传统金融的高门槛相比，互联网金融平台基本上是零门槛，不论资金多少、时间长短，都可以直接接入到互联网金融平台。因此，互联网金融平台不仅可以吸收大量的社会闲散资金，还能直接应对中小型企业融资需求。于是，传统金融的专业集中化程度因为互联网金融的出现显著降低，甚至大量长尾客户都能够直接进入互联网金融平台。同时，基于互联网金融平台的信用评级以及风险控制等技术也有了根本性的创新。在传统金融中，信用评级大多基于客户财务数据开展。然而，互联网金融平台则将计算机软件取代了传统的评级授信的方法，将客户的软信息以及硬信息综合加以利用，并结合相应风险控制与风险定价等流程对客户进行准确画像。可以看出，发展互联网金融能给予弱势群体更多的自主选择性，进而有效缓解传统金融业务中长期存在的金融排斥现象，大幅减少可能存在的金融掠夺，从而拓宽了传统金融服务的群体，也使得大量的普通客户有了更大的参与金融活动的广度与深度。因此，互联网金融的发展能够使得金融普惠程度得到显著提高。

（2）互联网金融具有较低的交易成本，正外部性显著。与传统金融中大量的人力操作不同的是，互联网金融在实际运作过程中往往更多地实现了实时化、自动化、模型化。无论是信息搜集、风险管理还是市场分析等，通过实时化、自动化、模型化的流程，基本上很少采用人工干预措施。因此，互联网金融不仅金融资源配置效率高，同时交易成本更低。此外，互联网通达性好，无论是社交网、商业网，还是物流网、金融网，都可以基于互联网的接口便捷性地接入到互联网中，从而使得互联网上积聚的内部网络节点数目能够在较短时间内实现几何倍数增加。而梅特卡夫定律表明，网络的总价值与网络中节点数量呈正比关系，即当网络中节点数增多时，该网络的总价值随之上升。因此，当互联网金融中参与者群体数量增加时，不但不会损害原有参与者的利益，反而可以使得网络的整体效用得到优化最终提升所有参与者的福利水平，从而表现出积极的外部经济效应。

（3）互联网金融运行高效，信息透明。与传统的以商业银行为中心的间接融资方式相比，互联网金融平台作为投融资双方之间的桥梁，在保障投融资双方之间的利益和防范金融风险方面承担着重要的职责。保障投融资双方之间的利益和防范金融风险，其基础是投融资双方的财务信息获取程度与准确程度。为达到这一目标，互联网金融平台对参与者有关财务、信用、偏好等方面的信息采用批量处理、自动搜集分析、精确检索等手段，并采用科学的信用评价模型分析出参与者的信用资质及其信用风险的程度，在此基础上对其他金融产品和参与者进行匹配，从而能够有效控制在互联网金融平台上信用风险的发生概率并体现出与传统金融模式相比具有的优势。例如，在传统的商业银行贷款模式中，由于间接融资的特点，决定了无论是储户、银行，还是融资者及监管者之间通常存在较为严重的信息不对称，信息壁垒较高。因此，即使是单个贷款申请者的违约行为和道德风险都有可能会导致银行系统的风险积累进而产生系统性金融风险，甚至威胁整个金融体系的稳定。然而，与传统金融不同的是，互联网金融系统性风险能够得到有效的控制。一方面，由于互联网金融平台上的信用公开程度远高于传统金融，由此透明的信息和趋零的交易成本能够有效降低互联网金融平台上的逆向选择和道德风险，从而降低金融不确定性。另一方面，互联网金融平台在业务模式中，仅仅充当信息中间人的角色，而不提供担保责任。这能够在很大程度上提高互联网金融平台上各个参与者的风险意识，进而采取各种措施去提高借贷双边信息对称度，由此有效防范系统性金融风险的出现。

然而，虽然互联网金融具有上述明显优势，但在现实发展过程中，各种各样的互联网金融风险事件却依然层出不穷，庞氏骗局屡见不鲜，也在一定程度上加剧了金融风险爆发的可能。这其中主要的原因在于，虽然理论上互联网金融平台上信息是完全，公开的，但实际上平台间各个参与者的信息共享尚存障碍，不同平台间的定价水平差异导致套利交易也具有很强的可操作性。除此之外，高效率、低门槛既是互联网金融的优点，但也正是互联网金融的高效率、低门槛特性加快了风险传播速度，风险扩散效应增强。

2.2.2　互联网金融的主要风险点及其成因

2.2.2.1　互联网金融的主要风险点

2007 年，我国第一家互联网金融公司——拍拍贷成立，至今互联网金融在我国已经发展了十几年，在促进金融创新、服务中小企业的融资过程中发挥了重要作用。然而，由于非法集资、平台“爆雷”、跑路甚至诈骗现象的不断出现，使得互联网金融快速发展的过程中也存在一定的风险。互联网金融领域的风险主要集中在以下三方面。

（1）互联网金融的信用风险。信用是金融系统运作的前提和保证。在金融系统运作的过程中，金融业与金融机构作为资金稀缺者与资金盈余者的媒介，在信用链条完善的基础上实现资金由稀缺者向盈余者的流动。在传统金融中，银行等金融机构能够通过抵押担保和线下资质审查等方式对当事人进行信用分析，因而可以较准确地开展信用评级，避免信用风险的出现。然而，不同于传统金融，互联网金融依托于互联网技术，尽管能够大幅度减少经营成本，快速地宣传和推广业务，但线上客户大多缺乏征信记录，没有详细的财务资料和交易记录等信息，也可能未接入中国人民银行征信系统，甚至一些客户利用互联网金融机构的信息不对称骗取资金，造成了严重的信用风险。

（2）互联网金融的流动性风险。传统金融机构一般受到存款准备金制度、存款保险制度以及风险准备金等多方面的严格限制，因此其流动性资金准备充足，通常能够有效应对可能出现的流动性风险问题。然而，互联网金融机构通常防范和化解流动性风险的资金不足，加上缺乏相应的流动性风险应对机制，其流动性风险敞口较大。除此之外，由于互联网金融监管制度不够完善，互联网金融机构运作不规范、非法集资、期限错配以及资金池等现象一直较为突出，加之互联网金融通常覆盖了大量的中低收入人群、老年群体，这些客户的抗风险能力较弱而外部性较强，一旦出现支付困难，由此所导致的从众心理和“蝴蝶效应”非常突出，因而积累的流动性风险敞口较大。

（3）互联网金融的信息技术风险。互联网金融建立在互联网技术的运用之上，因而网络信息安全性成为互联网金融顺利发展的重要基础。然而，一方面，互联网金融平台拥有庞大的数据库，集中了所有客户的信息，一旦数据被泄露、窃取、篡改将严重损害客户权益。即使是由于网络自身系统缺陷与运行故障，也将使得客户无法按时提现和资金清算。另一方面，系统的安全运行有赖于密钥管理和加密技术。但在密钥管理和加密技术方面的漏洞极易导致基于互联网的病毒感染和网络黑客攻击，一旦据此非法盗取客户资金、篡改账户信息，则将对互联网金融平台及其客户的权益造成更大的破坏。

2.2.2.2 互联网金融风险的成因

虽然互联网金融领域的风险表现不一，但究其原因上看，其主要根源于微观、中观和宏观三个层面的问题。

（1）在微观方面。一是消费者的金融知识缺乏，风险防范意识低。我国相关法律明确规定，不允许通过承诺回报、保本保息等方式引诱投资者。但是，部分投资者却依然心存侥幸，对低风险高收益等明显违背金融产品特性的投资没有应有的警惕。例如，作为曾经在互联网金融领域知名的“e租宝”互联网金融平台①，其提供的金融产品收益率基本维持在9%～14.2%之间，这样的收益率都远超同期理财产品的收益水平。加上“随时赎回、低风险高收益”的承诺，在一年之内即吸引了接近100万人的投资，金额超过500多亿元，投资者遍布全国。二是互联网金融平台本身运作不规范，不按照规定充分揭示其产品信息与风险信息，甚至无故停业导致投资者提现困难甚至无法提现等都引致互联网金融风险的不断爆发。

---

① e租宝.［EB/OL］. https://baike.baidu.com/item/e租宝/16638771?fr=aladdin.

（2）在中观方面。互联网金融协会的功能发挥有待加强。国内的互联网金融在 2013 年进入到快速发展阶段后，在初期的两年多都是处于“野蛮”生长的状态，该阶段的监管相对滞后，频繁发生风险事件。2015 年 12 月 31 日，经国务院批准的国家级互联网金融行业自律组织——中国互联网金融协会成立，它是互联网金融风险治理中的一个重要机构。该协会的首批会员有 425 家，包含的金融机构种类众多，基本上涉及了大多数种类的国内金融机构，既包括银行、证券、保险等传统金融机构，也包括互联网支付等新型金融机构。很显然，在经过一段时间“野蛮”发展的互联网金融领域，互联网金融协会的建立对于保护行业合法权益、规范从业机构市场行为、引导行业规范健康发展意义重大。然而，在首批会员单位中，虽然包含的金融机构种类繁多，但结构却不够平衡。例如，在互联网金融协会的会员组成中，商业银行等传统金融机构在互联网金融协会的会员组成中的占比高于 30%，但具有互联网金融行业典型性的网贷平台占比不到 10%，其他业态的互联网金融形式也非常有限。这种不平衡的会员结构使得真正的互联网金融企业在互联网金融协会中的代表性不够，也难以在这样的框架中真正实现风控协同、数据整合、行业交流以及行业自律的基本目的。

（3）在宏观方面。一是现有监管机制存在不足，跨区域的监管协同机制不够高效。与传统金融相比，互联网金融凭借其网络的高度通达性，能够在全国甚至全球范围内广泛开展网络化经营，这使得互联网金融的跨区域经营既是其基本特征，也是重要的竞争优势。然而，现有的监管机制在跨区域协同、信息共享与实时监测等方面仍然存在不足。二是相关法律法规仍需进一步完善。现有的有关互联网金融的法律法规还存在边界不清晰以及层级不高等问题，在法律领域的权威性还不够。互联网金融业务具有很强的交叉性，而我国现有法律法规大多还是遵循分业监管的基本原则，这容易导致在对互联网金融的监管过程中，由于互联网金融交叉业务的发展而使得对互联网金融的监管出现空白，从而影响了互联网金融监管的效力和效果。即使相关部门适时出台了相关的法律法规，如《非金融机构支付服务管理办法》，但这只是中国人民银行颁布的部门规章，法律层级较低，因而对非法互联网金融活动的威慑力度和惩罚力度相对不足。

2.2.3　互联网金融风险的性质

互联网金融作为一种全新的金融业态，由于拥有的特殊优势，在出现后即在国内外都呈现快速发展态势。互联网金融不仅仅是金融交易模式的创新，对促进传统金融业务的网络化和解决长期以来中小微企业融资难和贵的问题同样意义重大。然而由于风险隐患层出不穷，国家随后出台了大量的法律、法规和行业准则以规范互联网金融的发展，但互联网金融风险事件仍然频发，这与互联网金融风险的性质有密切关系。

2.2.3.1 风险表现形式的隐蔽性

长期以来，我国对传统金融中银行、证券、保险等相关机构及其业务的规范是相对严格的，有着相当明确的法律、法规和行业准则。虽然随着金融业本身的快速发展，这些法律、法规和行业准则有时落后于现实，但总体上看，现有的法律、法规等对传统金融业中的相关金融机构以及相关金融业务都有了较为完整、全面的界定和约束，对不同金融业务内容实施的监管主体及其相关处罚规则都较为明确。但是具体到互联网金融领域，则存在法律法规适用上的问题。由于现有的法律条文适用对象都是传统金融机构和相应的金融业务，无论是在参与主体上，还是在参与业务内涵上，互联网金融与传统金融都存在巨大的差异，这使得法律法规适应上存在不匹配。特别是，对于部分众筹融资平台以及销售服务平台，在很长时间内在法律上以及工商注册登记上都只是一般的科技信息企业，而没有在法律上明确为金融企业，因此法律地位不明或者法律地位缺失。而法律地位不明或者法律地位缺失带来的结果是挂着科技信息企业的牌子却从事着与持牌金融机构相重叠的业务活动，这对金融机构而言是一种不公平竞争，同时在客观上也逃避了监管，这些机构的经营风险无法被监管机构识别，因而在风险上具有隐蔽性，并且这种风险上的隐蔽性主要从以下四个方面体现出来。

（1）非法集资行为的隐蔽性。第三方支付、P2P 网络借贷、众筹融资、网络小贷以及互联网保险等构成了互联网金融多种业态，其中 P2P 网络借贷非法集资风险最为严重。按照最高院《关于审理非法集资刑事案件具体应用法律若干问题的解释》（2010 年），对非法集资的认定标准进行了明确，包括：第一，未经有关部门依法批准或者借用合法经营的形式吸收资金。第二，通过各种形式的途径，如媒体、推介会、传单、手机短信等，向不确定的广大人群开展各种宣传活动。第三，向出资者提供还本付息或者给付回报的承诺，这些回报的形式有时是确定的，如货币、实物、股权等方式，有时也是不确定的。第四，资金来源的对象是不确定的社会公众。然而，虽然在法律层面上对非法集资的界定是明确的，但由于在互联网金融领域法律法规的缺失，国内在很长时间内对 P2P 网络借贷在准入机制、规范标准和监管主体等各方面都缺乏法律层面上的明确界定。因此，法律层面上的缺失使得很多P2P网络借贷平台具有逃避监管的空间，并能够利用法律法规中的漏洞开展资金池业务。在资金池业务下，P2P网络借贷平台首先把从各个当事人处募集的资金归集到自己名下，再以平台的名义将资金出借给融资平台筛选出的资金借方，这种资金池模式在业务本质上即是商业银行的存贷款业务，只是其中的媒介是不受监管的P2P网络借贷平台而不是受到严格监管的商业银行。很显然，P2P网络借贷平台的资金池业务模式完全符合如前所述的非法吸收公众存款的法律规定，然而，由于互联网金融是一种创新的金融业态，P2P网络借贷平台的资金池业务也是一种政策擦边球的模式，因此在实际司法实践操作中，很长时间内都很难将其认定为违法行为。

（2）非法公开发行股票行为的隐蔽性。传统上来说，股权融资是一种受欢迎的融资方式。与P2P网络借贷平台的快速发展相比，虽然股权众筹业务近些年来发展相对缓慢，但也开始受到较大程度的重视与关注。然而，由于股权众筹是一种基于互联网的全新融资模式，有关股权众筹的各项配套规定尚不完善，为此在股权众筹领域出现了很多违法行为。长期以来只有关于传统股权融资方面的法律规定，例如，我国《证券法》第九条对证券发行的条件规定得非常具体，即“公开发行证券，必须符合法律、行政法规规定的条件，并依法报经国务院证券监督管理机构或者国务院授权的部门注册；未经依法注册，任何单位和个人不得公开发行证券”。同时，对证券的公开发行作出具体的规定。除此之外，在具体的法律执行上，对“擅自发行股票、公司、企业债券罪”的具体内涵以及相应的构成要件，我国《刑法》和2010年《最高人民法院关于审理非法集资刑事案件具体应用法律若干问题的解释》明确规定了主管部门批准、发行对象和发行数额等内容。

例如，成立于2012年6月的美微传媒，起初是一家采取商业电视节目进行网络营销的企业①。但后来，美微传媒开始以会员卡销售为名目，实质上实施的是对美微传媒原始股份的投资，并明确为消费者购买的每张会员卡对应于100股的股份。最终在该众筹项目终止时，涉及的消费者人数达到1193人，远超法律规定的200人的人数限制。为此，第一，美微传媒在互联网平台开展了以股权为对价而进行的融资活动，这在法律上已

① 美微传媒案例分析［EB/OL］. https://ishare.iask.sina.com.cn/f/339CAgt2qzQ.html.

经触犯了“未经国家有关主管部门批准，以转让股权等方式变相发行股票即视为非法公开发行股票”的规定。第二，由于互联网的高通达性，对平台上所有潜在投资者公开，因此极易超过200人的限制。第三，由于参与互联网平台的当事人都完全依赖于平台的资料与信息，彼此之间不存在相应的联系和接触，因而大都属于“不特定对象”。由此，基于以上的三点特征，实践过程中，众多众筹平台的实际运作中容易出现涉嫌非法公开发行股票的行为，甚至直接涉嫌非法公开发行股票。在法律法规相对不完善的同时，在众筹领域的监管手段相对滞后，监管信息的相对稀缺，这些都使得互联网金融企业更容易借助于互联网金融的创新从事违法经营活动。

（3）信息披露不完善导致风险隐蔽。一直以来，无论是消费者还是金融监管部门，对于传统金融业的风险管理与控制都极其重视。其中，保护消费者利益以及防范金融风险的重要途径即是严格而明确的信息披露制度和要求。在完整的信息披露制度和要求下，所有可能影响消费者投资决策的信息都需要向社会进行公开。然而，与传统金融的信息披露要求所不同的是，长期以来，有关互联网金融领域的信息披露机制相对滞后，即使有相关的信息披露要求，对公开信息的完整性、真实性以及准确性等方面的监管也不够完善。为此，广大投资者和消费者在参与互联网金融活动过程中，在信息披露要求不严格而导致的信息不对称情形下，对于投资对象的基本情况、收益情况、风险情况甚至产品构成等都有可能了解的不充分，甚至对于平台在投融资过程中应具有的责任与义务关系也不甚了解。这些缺乏足够信息的广大投资者和消费者在面临“暗箱操作”的项目运作过程中通常难以充分了解存在的风险情况，因而必然难以真正做到项目投融资过程中的理性决策。因此，在此情况下，信息披露不完善导致广大投资者和消费者面临着很大的潜在风险。

（4）互联网金融运作中的虚假宣传导致产品风险隐蔽。虚假宣传在任何的商业交易中都不被允许。在金融领域，由于金融交易的虚拟性以及风险的传染性，虚假宣传则更是被严格禁止，在这方面具有较为完整的法律法规。例如，《证券投资基金销售管理办法》明确规定，在进行证券投资基金等销售活动时，任何的金融机构必须规范销售。如果在证券投资基金等销售活动过程相关的金融机构具有片面报道和违规承诺等行为，在此基础上具有误导金融消费者的后果，这将受到《证券投资基金销售管理办法》等法律法规的处理。

然而，相对于新兴的互联网金融业，由于满足了长尾客户的现实金融需求，社会大众对其参与热情很高，甚至部分缺乏基本金融知识的人群也高度参与互联网金融活动。这都为互联网金融行业出现不规范的甚至是虚假的宣传提供了土壤。例如，有的互联网金融产品仅仅宣传其收益达到同期活期存款利率的几十倍，而与该产品相关的产品属性以及与之相关的风险情况却不向消费者予以明确。这明显是违规的。除此之外，有的互联网金融平台仅仅是通过商业银行为其进行支付清算服务，但在对外宣传过程中却使用委托、代理、托管等用词，以此向消费者传递产品安全可靠的虚假信息。很明显，在互联网金融领域各种形式的不规范和虚假宣传已经极大地误导了消费者对互联网金融产品的选择，使得消费者对相应的互联网金融产品风险程度以及风险类型产生误判，进而可能据此作出错误决策，最终出现不同程度上的损失。

2.2.3.2　风险爆发后果的严重性

金融风险具有高度的破坏性，因而，无论是微观的金融企业本身，还是宏观的金融监管机构都对金融风险极其重视，并将守住不发生系统性风险底线作为金融风险防控的重中之重。为此，传统金融机构都采取各种手段以防范化解金融风险甚至对金融风险开展相应的预警工作，以力图把风险可能造成的损失降到最低。正是由于具备长期的金融风险应对实践以及相应的预警方案，因而即使在特定时刻出现风险的爆发，其所造成的影响和损失是可控的，对金融体系稳定所造成的冲击也是相对有限的。然而，互联网金融的行业属性具有特殊性，互联网金融风险的特征与传统金融风险也有较大差异。因而，与防范传统金融的系统性风险相比，防范化解互联网金融的系统性金融风险难度要大得多，这主要是由于以下三个方面的原因所决定的。

（1）互联网金融中长尾客户的特性加大了风险爆发后果。与传统金融相比，在实践运用过程中的互联网金融，体现出了门槛低、交易快捷、成本低廉等多方面的优势，因而一经出现，广大普通投资者和消费者便纷纷加入互联网金融业务的实践中，所以互联网金融具有普惠金融的基本特征。因此，互联网金融的客户大多数是在原有传统金融系统中受到排斥的中小投资者，他们人数众多，所从事的行业也千差万别，但基本上是资金总量少，金融风险意识薄弱，风险承受力较低。互联网金融本质也是金融，具有金融风险的基本要素。因此，一旦涉及众多客户的某个互联网金融企业发生互联网金融风险事件，例如，违法经营、虚假宣传、平台“爆雷”、诈骗跑路等，其所影响的家庭数量巨大，涉及的人群众多，涉及的金额也大，因此其引发的社会后果可能比传统金融更为严重，对金融体系的系统性冲击也更严重。

（2）资金管理不规范为“跑路”提供可能。一般而言，金融业作为经营货币的行业，其对资金的安全性管理历来要求非常高，无论是在内部规章制度上还是业务流程上、无论是自身对资金进行管理还是委托其他第三方开展资金的存管，都是以安全性作为前提的。因此，传统金融行业对资金的管理较为规范，风险控制能力突出。即使在特定的情况下出现一定形式的风险，金融机构也可以凭借自身良好的信用或者充足的资本，及时解决相应的资金安全问题并充分保障投资者和消费者的利益。

然而，与传统金融不同的是，互联网金融企业资金池业务存在巨大的风险，可能对投资者和消费者的利益构成较大的威胁。因此，为保障投资者和消费者的利益，通常不允许互联网金融企业直接管理客户资金，而是需要通过第三方机构进行存管。但是在互联网金融长期发展进程中，部分互联网金融机构并未按照规定及时建立相应的资金托管制度，继续以各种形式管理投资者和消费者的资金，这使得客户资金被挪用和被占用的风险始终存在。即使有部分互联网金融企业根据法律法规要求建立了第三方存管制度，但实际上互联网金融平台自有资金与客户资金在一定意义上是难以进行清晰地划分的，这就为互联网金融平台挪用或者占用客户资金成为可能，平台“携款跑路”的风险依然突出。

而在第三方支付中，为了维护客户的资金安全与客户利益，法律法规要求第三方支付机构需要将客户的备付金存入商业银行的专用账户，无论是商业银行等金融机构，还是互联网金融平台，都不允许挪用或者使用客户的备付金，也不能将其当作借贷资金。但是在实际业务中，部分第三方支付机构无视规定，将客户的备付金与自有资金混合在一起而进行各类投资和使用，一旦投资出现损失，客户的资金安全性将得不到可靠保障。

除此之外，在传统金融中有一种重要的制度设计，即存款保险制度。这一制度的存在使得传统金融参与者的资金安全在制度上有了可靠的保障，其所引发的挤兑风险得到有效的缓解。但在互联网金融领域，类似的制度设计还需要继续不断地完善，以在互联网金融企业出现资金链问题时，“携款跑路”现象也能得到有效的避免，如此在较高水平上保障投资者与消费者的利益。

（3）互联网金融流动性风险的频发及其较高的风险传染性加大了风险爆发后果的影响范围。如前所述，与传统金融相比，互联网金融具有门槛低、交易快捷、成本低廉等多方面的特点，除此之外还具有较高流动性以及较高收益率的优势，因而深受广大普通投资者和消费者的欢迎。然而，从经济金融规律上看，较高流动性以及较高收益率两者之间通常是存在一定的矛盾和冲突的。一般而言，流动性较好的资产，其收益率通常较低。相反，收益率较高的资产，其流动性一般较差。互联网金融的高流动性与高收益率，要么说明经济金融理论存在一定局限性，要么说明互联网金融产品存在“虚假繁荣”的可能性。事实上，从互联网金融的实践以及出现的诸多风险事件上看，当互联网金融平台客户出现集中申请提现时，为了维护平台的运作，只有兑现前期做出的高额回报的承诺。然而，高额收益的来源并非是投资本身所获得的，而是通过与其合作的基金公司垫资的。由此可以看出，互联网金融平台能否继续呈现“虚假繁荣”，其主要依赖的是基金公司的资金实力，一旦出现互联网金融平台的客户大量挤兑的现象以至该基金公司出现资金链断裂的情况下，平台的破产、倒闭甚至跑路现象就难以避免。

更为甚者，由于互联网金融与传统金融存在各种渠道的联系，一旦互联网金融平台出现相应的流动性风险，将会通过互联网金融与传统金融的联系渠道而传递到传统金融机构，有时甚至存在乘数效应而使得风险放大，由此影响整体金融市场的稳定进而不利于守住不发生系统性金融风险的底线。

2.2.3.3　业务形态畸变引发风险的不确定性

互联网金融的各种业态，如第三方支付、P2P网络借贷平台、众筹融资等，无论在交易方式还是融资模式上与传统金融业相比都具有较大的差异。然而，从总体上看，互联网金融业仍然是从传统金融业衍生而来的，与传统金融业并无本质上的区别，因而必然也符合金融发展的一般规律，互联网金融领域的风险也与传统金融风险一样具有客观必然性。

然而，在2013年之后，我国互联网金融开始进入了“野蛮”发展的阶段，发展速度快但市场规范和监管没有及时跟上，互联网金融风险有了一定程度上的暴露。但是，互联网金融风险的来源除了部分核心互联网金融机构引致的以外，大量的互联网金融风险还是来自互联网金融“畸变”而出现的其他非正规性金融业务。在某种程度上可以认为，这些“畸变”的业务形态并不是独立的业务形式，而是从互联网金融的一些业务模式二次衍生出来的其他业务模式，其风险构成和传统意义上的金融风险有很大不同。其中最为核心的问题是，这些由互联网金融的业务模式二次衍生出来的“畸变”业务，其业务组成及业务形式本身具有不确定性，因此由其引发的互联网金融风险构成和风险特征没有规律，风险是否发生以及风险的严重程度也就无法预测。这样的风险一旦发生而要进行及时处置的难度也就极大。这种没有具体规律，也无法科学预测以及不能进行科学处置的“畸变”业务风险显然对金融体系的稳定构成严重的威胁，对经济和金融的稳定和发展具有很大的危害。在互联网金融发展过程中存在的主要“畸变”业务形态有以下三种形式。

（1）网贷黄牛。获取利益是任何金融交易的根本目的。在互联网金融的 P2P 网络借贷这一业态中，其本质是利用互联网金融平台的媒介功能，将符合条件的投资者和需求者双方撮合到一起。然而，作为一个开放的金融交易平台，双方的交易价格完全市场化，这使得 P2P 网络借贷平台上的利率差异较为常见。网贷黄牛即是从 P2P 网络借贷这一互联网金融业态中衍生出的一种畸形业务模式。网贷黄牛这一畸形业务模式的基本思路是利用在 P2P 网络借贷平台上固有利率差异，在市场中不断地寻找利率低买高卖的机会，从而通过低买高卖而获得利息差额收益的行为。

在具体交易模式上，由于在网贷平台上拥有债权的客户可以凭借其所拥有的债权为基础，继续在互联网金融 P2P 网络借贷平台上以质押的方式发起新的借款，而通常这些拥有债权的借款人信用水平较高，其重新获得借款时需要支付的利率水平也较低。网贷“黄牛”可以以略高于这一利率水平的价格而将这些资金买入，之后再以更高的利率水平而将其重新出借给其他具有资金的客户。由此而来，无论是重新发起新的借款的客户，还是 P2P 网络借贷中的网贷“黄牛”，都在这一交易中获得了相应的差额利润。但从金融体系稳定的角度出发，由于这种重复质押的交易具有较大的杠杆效应，任何一笔交易出现资金链问题，都有可能产生连锁反应，风险将同样以杠杆效应的方式得以放大，因此网贷“黄牛”这一畸形业务模式极易造成平台系统的风险爆发，严重时甚至可能引起整个金融体系的动荡并由此触发系统性金融风险的发生。

（2）P2P 网络借贷进行股票配资。在互联网金融创新中，P2P 网络借贷平台最为重要的功能即是为资金的供求双方提供交易的机会。一方面，这为广大的小额资金的投资者提供了机会；另一方面，也为大量在受到传统金融排斥的中小微企业等提供融资渠道。但是，互联网金融市场与资本市场存在密切的联系。因而，在资本市场具有较好的投资机会时，缺乏资金的资本市场投资者完全可以利用 P2P 网贷平台来进行融资，获得融资资金之后投资到资本市场而获得更大收益。很显然，这项利用 P2P 网贷平台来进行融资投入到资本市场的业务并没有法律进行约束和限制，因而处于"灰色地带"。从互联网金融平台的角度上看，这种具有高杠杆特征使股票配资能够比一般业务获得更加丰厚的收益回报。然而，由于我国股票市场的风险一般较为突出，一旦市场行情发生波动，与投资者的判断趋势出现差异，将很可能使得投资者无力在股票市场获得收益，甚至可能损失惨重而无法偿还具有高杠杆特征的网络借贷资金。由于互联网金融 P2P 网贷平台另一端联系着的是大量小额资金的投资者，一旦参与股票配资的当事人不能按时根据借贷规则对这些小额资金的投资者给予支付，将给 P2P 网贷平台带来冲击甚至引发社会的不稳定。

（3）违规担保。2010 年 3 月，由中国人民银行、财政部等 7 个部委联合发布的《融资性担保公司暂行管理办法》对融资性担保活动进行了相应的规范。根据《融资性担保公司暂行管理办法》的规定，如果需要从事融资担保的业务，则相关机构不仅必须先获得相应的牌照，对其担保的责任余额在数量上也有了具体的要求，即其担保的责任余额不能超过机构净资产的 10 倍。然而，在众筹融资方式出现之后，由于监管的漏洞，实践过程中很多未得到批准开展融资性担保业务的互联网众筹平台实际上已经从事了融资性担保业务。因此，由于未按照《融资性担保公司暂行管理办法》的规定规范融资性担保业务，互联网众筹平台的这种行为可能已经涉嫌违法。违规担保的业务虽然可能增加了众筹平台的经济收益，但毫无疑问也增加了平台自身的风险等级。

2.2.4 互联网金融风险性质引致的监管困境

自 2013 年以来互联网金融在我国的快速发展，既有金融业内在发展的客观需求，也与初期互联网金融监管的缺位有密切的关系。总体而言，在互联网金融飞速发展的过程中，我国政府部门对互联网金融的态度从鼓励发展转变到严格监管。从 2014 年在政府层面首次明确提出要"促进互联网金融健康发展"，再到 2016 年的中央政府工作报告中提出要"规范发展互联网金融"，以及到 2018 年的中央政府工作报告中，进一步明确和强调要"对互联网金融进行金融监管"。毫无疑问，政府的相关文件在顶层设计上为规范发展互联网金融、防范化解互联网金融风险起到了重要的推动作用。但从实践效果上看，持续、严格的监管并没有从根本上化解互联网金融风险，这其中既有监管制度不完善的原因，也有互联网金融风险特征引致的监管困境的原因。总体上看，互联网金融风险性质引致的金融监管困境主要表现在三个方面（如图 2 -4 所示）。

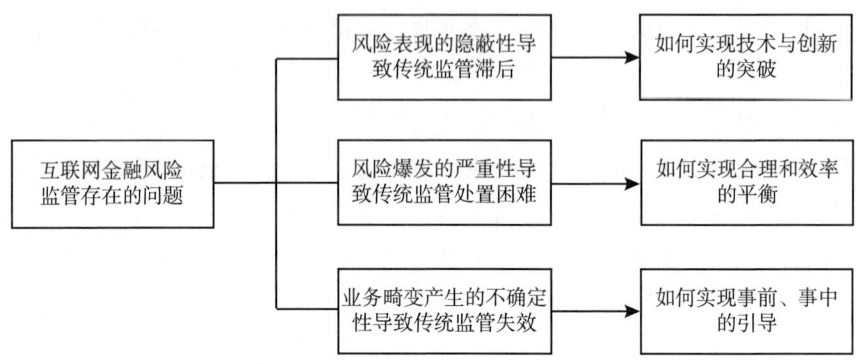

图 2 -4　互联网金融风险监管存在的问题

2.2.4.1　互联网金融风险表现的隐蔽性导致传统监管滞后

在对传统金融的监管中，由于传统金融的业务模式相对固定，其风险演化的规律也较为清晰，因此对传统金融的监管相对来说较为有效。然而，在一定程度上，互联网金融的风险表现具有隐蔽性，如果国内的金融监管机构继续按照原来对传统金融的监管思路，则由于监管机构无法及时获取互联网金融经营企业与平台的真实数据而无法准确判断其风险状态。特别是，由于在法律法规制度建设方面的滞后，互联网金融领域某些具有高风险的业务未能被金融监管机构充分的识别出来。因此，在互联网金融的监管实践中，通常都是风险得到明显的暴露或者引发的社会后果较为严重时，监管的力量才进行介入。这使得在互联网金融的长期发展中，对互联网金融风险的监管基本上处于滞后的状态，从而无法对其进行有效的识别、预测与管理。

2.2.4.2　互联网金融风险爆发的严重性导致传统监管处置困难

与传统金融相比，互联网金融具有门槛低、交易快捷、成本低廉等多方面的特点，除此之外还具有较高流动性以及较高收益率的优势，因而深受广大普通投资者和消费者的欢迎，即使在传统金融中受到排斥的长尾客户在互联网金融中也能进行充分的参与。因此，从参与主体的数量上看，互联网金融参与主体的规模要远远大于传统金融参与主体的规模。一旦发生互联网金融风险事件，大量风险承受能力较差的投资者受到的损失往往是致命性的，因而后果往往极其严重。因此，在现实环境中可以看到，一旦发生互联网金融风险事件，金融监管部门往往要承受巨大的舆论压力。但由于在法律法规制度设计上往往滞后于实践，因此当出现互联网金融企业“跑路”、平台“爆雷”等事件时，金融监管部门也常常处于被动局面，无法有效保护消费者权益。

2.2.4.3　互联网金融业务畸变产生风险的不确定性导致传统监管失效

如前所述，随着互联网金融的业务模式二次衍生出来的“畸变”业务不断出现，这会导致许多不确定风险的出现，这些风险属性往往与传统金融风险的属性有着显著差异。如果在对互联网金融风险进行监管过程中不考虑到这些风险属性可能存在的差异，那么毫无疑问将导致“畸变”风险出现前，相应的监管机构及其监管手段很难对这些“畸变”风险进行有效监测与预防。所以，互联网金融业务“畸变”产生风险的不确定性会造成传统监管无效。

2.3　系统动力学在互联网金融风险研究中的适应性

与传统金融系统不同，由于网络技术带来的高度通达性，使得互联网金融系统形成了一个高度开放而又呈现非线性特征的复杂系统。正是由于互联网金融系统的复杂性，使得其风险演化与传染过程体现出多样性、层次性、变异性、运动性等特征。如果要对这一具有多样性、层次性、变异性、运动性等特征的复杂系统进行深入研究与分析，则传统研究方法将难以全面揭示互联网金融风险的演化机制，也不能深入考察互联网金融风险的基本规律。相反，利用系统动力学方法，在深入分析影响互联网金融风险因素及其因果关系的基础上，可以继续通过构建因果关系图等科学研究反映各影响因素之间关系的系统动力学模型，并且对互联网金融风险的演化机制进行实证检验与分析，从而更准确把握互联网金融风险的演化规律并提出更具科学性与操作性的相关建议。

2.3.1　互联网金融风险的混沌特征及其系统动力学特性

2.3.1.1　互联网金融风险的混沌特征

（1）混沌理论。大量的实证研究表明，互联网金融风险事件呈现多发态势，众多影响因素造成互联网金融风险爆发与演化愈加复杂。然而，互联网金融系统不同于传统金融，具有层次性、多样性、变异性、运动性等特点，如果继续采用传统的金融风险管理理论对其开展研究，将难以对互联网金融风险做出科学阐释和有效预测，在此基础上也就无法对互联网金融风险进行有效的管理。互联网金融市场是一个混乱和非线性的复杂系统（乔海曙和李颖，2014）。因此，可以基于混沌理论以及相应的非线性动力学理论去分析研究具有特殊特征的互联网金融市场风险。

假设 V 是一个紧度量空间，而且连续映射 $f: V \rightarrow V$ 是混沌的，则可以根据三个条件来判断系统 V 的稳定性。一是对初始值的敏感性。如果对任意的 $x \in V$ 和 $\varepsilon > 0$，存在 $\theta > 0$ 以及在 x 的 ε 领域内的 y 和自然数 n，使得 $d[f^n(x), f^n(y)] > 0$；二是拓扑传递性。对于紧度量空间 V 中的任意 X 与 Y，存在 $f^k(X) \cap Y \neq 0$；三是 f 的周期点集在 V 中密集。在实证研究中一般采用 Lyapunov 指数判断系统发散和收敛特征并由此判别经济系统是否存在混沌性。如果 Lyapunov 指数大于 0，则经济系统呈现混沌状态。如果 Lyapunov 指数小于 0，则经济系统呈现稳定状态。而若 Lyapunov 指数等于 0，那么经济系统对应于稳定的边界。

假设对第 t 期互联网金融风险系统进行分析的数据和信息来源于上一期 $t-1$，其中 x_t、y_t 和 z_t 分别为互联网金融系统在风险产生、风险传染与风险控制阶段的风险值，一般可以认为 $x_t < y_t$，$y_t > z_t$，$z_t < z_{t-1}$。同时假设第 t 期互联网金融风险产生阶段的风险 x_t 主要受上一期三个阶段的共同影响，即 x_t 可以表示为函数式：$x_t = f(y_{t-1}, z_{t-1}) - qx_{t-1}$，其中 α 为第 $t-1$ 第一阶段的风险程度，而且假设 $f(y_{t-1}, z_{t-1}) = y_{t-1}z_{t-1}$，因此可以得到：

$$x_t = y_{t-1}z_{t-1} - qx_{t-1} \tag{2-1}$$

由此类推，第 t 期互联网金融风险传染阶段的风险主要受 $t-1$ 期风险传染阶段 $f(x_{t-1}, z_{t-1})$ 以及 βy_{t-1} 的共同影响，其中 β 表示风险传染阶段系统风险的程度，即：

$$y_t = x_{t-1}z_{t-1} - \beta y_{t-1} \tag{2-2}$$

而第 t 期互联网金融风险控制阶段的风险主要受到 $t-1$ 期风险控制阶段风险 $f(x_{t-1}, z_{t-1})$ 以及 γz_{t-1} 的共同影响，其中 γ 表示互联网金融风险控制阶段的系统风险程度，即：

$$z_t = \gamma z_{t-1} - x_{t-1}y_{t-1} \tag{2-3}$$

联立上述式（2-1）、式（2-2）和式（2-3）可得：

$$\begin{cases} x_t = y_{t-1}z_{t-1} - qx_{t-1} \\ y_t = x_{t-1}z_{t-1} - \beta y_{t-1} \\ z_t = \gamma z_{t-1} - x_{t-1}y_{t-1} \end{cases} \tag{2-4}$$

对式（2 -4）连续区偏微分，可得相应的偏微分方程：

$$\begin{cases} \dot{x}_t = yz - (q+1)x \\ \dot{y}_t = xz - (\beta+1)y \\ \dot{z}_t = (\gamma-1)z_t - x_y \end{cases} \tag{2-5}$$

（2）混沌与互联网金融风险的关系。如前所述，互联网金融具有不确定性、隐蔽性与严重性的性质。从发生的原因上看，互联网金融风险既有可能来自内部因素的迭代和叠加，也有可能来自外部因素的冲击。然而，从矛盾的主要方面看，互联网金融系统的内在不稳定特性是互联网金融市场风险的根源所在。尽管外部因素也会对互联网金融系统构成冲击，但总体上看，外部的扰动只是互联网金融风险发生的条件。

作为非线性动力学系统中复杂的运动现象，在不同的参数组合下，式（2 -5）所描述的互联网金融风险系统中具有丰富的动力学行为，该系统呈现出显著的混沌运动状态，从而表明互联网金融风险极易由平稳状态进入失控的非平稳状态，由此对国民经济体系构成严重的破坏作用。

2. 3. 1. 2　互联网金融风险的系统动力学特性

从方法论上看，反馈控制理论是系统动力学方法的理论基础，并基于互联网金融市场的波动、变化及其不可预测性，采用计算机仿真技术手段，以对这一非线性的互联网金融复杂系统进行定量化研究。互联网金融风险则具有动态性、传染性与延迟性和非线性的基本特征，因而符合系统动力学的相关要求。

（1）互联网金融风险的动态性。互联网金融风险在演化过程中具有明显的动态特性。由于市场的变化和不可预测性，当某一项互联网金融产品的金融风险得到相应控制的时候，相应的互联网金融风险要素就会发生改变，同时会根据市场的变化又组成新的互联网金融风险要素，所以它很重要的一个特征是互联网金融风险要素持续变化和重构的动态性。同时，互联网金融风险管理是一种动态管理，因此需要建立监管的动态合作机制、协调机制和监管体系等。毫无疑问，之所以对互联网金融风险进行动态管理以及动态协调等，其中的根源在于互联网金融风险的动态性。由于系统动力学这一应用工具正好具有相应的动态性特点，这使其在解决互联网金融风险问题时具有较高的适应性。

（2）互联网金融风险的传染性。互联网金融风险积聚速度快，金融脆弱性强。之所以与传统金融不同而体现出较为明显的金融脆弱性，其主要的原因在于以下两个方面的问题。其一，较高的网络通达性和较低的进入门槛导致互联网金融上的参与者具有一定程度上的缺陷。网络技术的高度通达性使得互联网金融的多网交织，能够将不同理念、不同偏好以及不同风险特质的参与者统一到同一个互联网金融平台上。但与此同时，这些参与主体通常又是处于有限理性的状态。互联网金融平台的众多参与者通常又是资金量较小的客户，因而其风险识别能力和承担能力均较弱，这些参与者一旦遇到市场波动，极易出现盲目从众。众多参与主体同时作出的非理性决策会破坏市场均衡，使其处于失衡状态，这将诱发金融泡沫并在系统内迅速蔓延，加剧了金融市场的脆弱性。一旦金融泡沫破裂，极易引发系统性金融危机。然而，只要互联网金融产品收益率一直处于较高水平，根据“代际遗忘”解释，即使之前不断出现了互联网金融风险事件，平台“爆雷”频出，但这样的风险问题会在互联网金融市场的高速发展中迅速被淡化。互联网金融企业为了增强自己的竞争力，在没有考虑风险累积影响的情况下将审慎放贷的制度规则置若罔闻，并不断向顾客提供大量贷款。总体而言，互联网金融的发展给我国金融市场的稳定性带来了严峻挑战，对系统性金融危机的发生也造成不良影响。其二是技术制约。互联网金融的发展需要有相应的技术作为支撑。然而，大数据技术虽然对互联网金融业务开展中的客户画像、科学定价等提供了有力的技术保障，但其中可能存在的技术障碍以及系统安全性等也是互联网金融风险产生的重要原因。

首先，互联网金融业务中存在一定程度上的技术壁垒。任何参与主体科学进行金融投融资决策的前提是掌握充分的信息。然而，由于个人参与者的信息搜集能力可能相对缺陷，信息搜集的手段也相对有限，因而在数据搜集与分析、交易决策制定方面毫无疑问通常是处于弱势地位的。其次，互联网金融企业要能够在较短时间内获得足够多的信息支持，就必须要高度依赖信息技术。但是，任何再发达的信息技术也难以保证在信息处理过程中每一个信息挖掘、传输以及处理节点的准确处理。在数字社会不断发展过程中，信息体量急剧扩张。而且，这些巨量信息中本身又可能具有一定的内部联系机制。因此，在具有相互联系关系的巨量信息中会迅速扩散并放大任意一个节点的风险行为。同时，由于互联网金融基于的网络技术本身具有复杂性和虚拟性，一旦出现风险事件，则会造成非常严重的后果，同时加大风险预防和控制的难度，最终可能会诱发系统性金融风险。再其次，互联网金融信息量庞大的属性使得其对数据的要求和依赖程度比传统金融更高，然而，互联网金融的发展不仅需要结构化金融数据，同时也必然需要半结构和非结构化数据，这些数据的共同存在对有效判断参与者的风险程度进而有效防范化解互联网金融风险至关重要。然而，这些数据目前在互联网金融内部的共享程度低，协同使用的障碍多，安全隐患大。

因此，互联网金融风险的高度传染性加剧了互联网金融系统的复杂程度，要减少不确定性因素的影响，最终实现互联网金融风险的有效控制，必须有能解决这种复杂性问题的工具和手段。

（3）互联网金融的延迟性和非线性。互联网金融风险是存在延迟性的。由于互联网金融的各个节点和环节在地域上是分散的，使得互联网金融风险在产生、发展、积聚与传染等方面都存在一定程度的时滞效应，并且互联网金融风险本身也是动态变化的，风险要素多变且不确定性程度高，因而可能导致延迟时间更长，加剧了互联网金融风险管理的难度。而且，互联网金融系统作为一个复杂的非线性系统，其内在各子系统以及子系统内部各因素之间，都可能与传统研究的线性假设不同，因而存在的非线性关系也增强了互联网金融风险的复杂性。因此，要科学分析互联网金融系统及其互联网金融风险的基本规律，则要充分考虑互联网金融复杂系统内部各要素之间相互作用、相互影响。

由上述分析可知，由于互联网金融系统非线性的复杂特征，以及互联网金融风险具有的动态性、传染性、延迟性、非线性等系统动力学特性，因此系统动力学的方法和理论适用于互联网金融风险问题的研究与分析。

2.3.2　系统动力学与互联网金融风险的本质联系

根据系统论的基本观点，任何系统都是一个有机的单元体。系统动力学理论基础则正好是系统论，并认为系统是由相互影响、相互联系的基本单元有机联结在一起的一个整体。而系统的形成原理，主要是为了各个组成单元能共同完成某一目标或实现某个功能。根据系统动力学理论，在实现某一目的或某个功能过程中，其内部反馈结构是影响内部行为的主要因素。

具体到互联网金融这一复杂的系统，其存在的互联网金融风险本身就相当于一个复杂巨系统，基本上可以看成是由政策法律风险子系统、监管覆盖风险子系统、个体认知风险子系统、信用违约风险子系统等组成的，系统各要素之间不断相互耦合、相互联系，是一个产生并不断发展的过程。

除了风险整体规模偏大和产生过程较烦琐之外，互联网金融风险的系统性和复杂性还体现在市场投资主体的风险感知、因果关系方面和监管主体的风险治理方面。在判断互联网金融风险产生过程中的因果关系时，其复杂性可能使投资者产生时间和逻辑上的分割，进而难以认识到风险的系统性。

互联网金融中的相关风险因素、风险事件、风险主体、风险客体、风险表征构成了互联网金融风险的基本模块。这些模块共同作用所形成的互联网金融风险不仅影响了互联网金融市场的稳定发展，同样也会对整个金融市场产生负面的冲击。

基于维护互联网金融市场稳定发展的需要，互联网金融的监管方在认知风险规律和感知相关风险基础上，必然会通过建立各项规章制度对互联网金融风险进行管理。然而，互联网金融风险管理的结果同样存在一定的不确定性。一方面，由于监管层可能存在监管失误等原因导致新的风险要素的出现，诱发风险事件；另一方面，则可能是风险监管导致互联网金融风险得到有效的控制，互联网金融风险管理也具有明显反映系统动力学特征的反馈过程。系统动力学与互联网金融风险的逻辑关系，如图 2－5 所示。

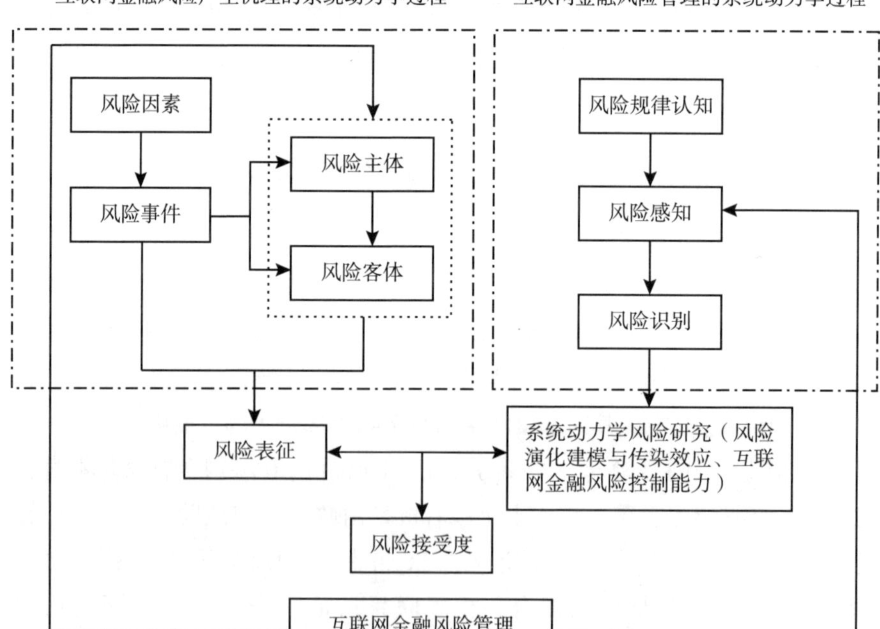

图 2－5 系统动力学与互联网金融风险的逻辑关系

2.3.3　系统动力学研究互联网金融风险的优越性

社会系统是系统动力学的一个重要应用领域，其范围非常广泛，凡是与人类社会活动（包括经济活动）相关的系统都属于社会系统。互联网金融风险是对互联网金融系统进行的风险评价与风险分析，这属于社会系统的范围，因此也可以运用系统动力学的方法来开展研究。结合社会系统的特点，与传统的研究方法相比，系统动力学在研究互联网金融风险方面存在下面几个优越性。

2.3.3.1　解决时间延迟性

如前所述，在一个有机的社会系统中，存在时间上的延迟是其普遍现象。因此，从社会系统中的时间延迟现象及其内在规律变化角度科学认识社会系统具有重要意义。而系统动力学模型配套了相关延迟函数，在解决系统延迟问题上具有鲜明的优势。因此，为了科学研究社会系统中的这一时间延迟现象，可以采用系统动力学中所设置的延迟函数。系统动力学中所设置的延迟函数能够在原因和结果之间设置延迟，从而通过计算机仿真模拟的方式对结果的解释更为合理，能够更准确地把握社会系统未来发展过程中可能存在的发展趋势及其演化特征，这一点超越了很多一般的模型方法。

鉴于系统动力学具有能够通过设置的延迟函数进而在原因和结果之间设置延迟的这一特点，以这一理论为基础建立的互联网金融风险研究系统能很好地解决延迟，进而更好地揭示系统的演化规律。

2.3.3.2　有效地反映系统内部因果关系的完整性

社会系统中任一现象的出现都不是孤立的，而是具有一定的因果关系的。作为社会系统中的互联网金融系统，其存在的互联网金融风险的出现本身也不可能是孤立的现象，而同样也是有因果关系的。对于互联网金融这样复杂的系统来说，要科学研究其内在规律，则不仅仅要分析其内部结构，也要分析其外部逻辑上的关联。但由于互联网金融的系统边界大，系统内部存在各个子系统，各个子系统内部之间也存在相互发生动态的因果反馈关系。如前所述，这些反馈关系通常又是复杂的非线性关系。因此，要按照传统研究方法来刻画这些复杂的非线性关系并且以数学解析模型来描述系统，这显然是难以实现的。但是，系统动力学则能够依据可能的信息，甚至是不完整的信息，将这些复杂的因果关系利用仿真的方法在计算机上实验，从而更科学地呈现互联网金融风险可能的演化趋势。

2.3.3.3 解决系统内部因素之间的非线性关系

由于系统内部各个子系统之间有着互相发生动态作用的各种因果反馈关系，为了科学探索系统可能存在的基本规律，系统动力学运用系统思考和反馈机制在系统内部要素之间建立了复杂的关系，特别是传统研究方法中难以逾越的非线性关系，系统动力学也能够发挥重要的作用，因而系统动力学有利于解决互联网金融风险系统内部要素之间的非线性关系。

综上所述，由于基于系统论的系统动力学理论及其相应的研究方法在解决系统内部要素之间的复杂性、完整性和非线性等方面具有特殊优势，因此运用系统动力学方法探索互联网金融系统及其风险演化规律是十分合适的。

2.4 互联网金融风险演化的动力学机制

从演化理论看，互联网金融风险的演化既来自内部因素作用，也受到外部因素的作用，内外因素共同推动着互联网金融风险的演化过程。在这一过程中，推动互联网金融风险演化变迁的动力因子主要有市场化机制、自组织机制与政府调控机制。

2.4.1 市场化机制

互联网金融以用户为中心，实现了互联网金融的平台化与场景化，与传统银行相比具有低成本、高效率和缓解信息不对称的特殊优势。然而，我国互联网金融信用体系尚不够完善，由此出现一些阻碍市场信用活动顺利发展的因素：一是互联网金融的虚拟化程度高，在完全的市场机制下使得有些金融交易真实性难以考察；二是互联网金融客户未完全采取实名制，在身份认定上的缺陷对交易双方的信息安全缺乏保护机制；三是互联网金融平台的资金池业务长期存在，使得近年来互联网金融平台挪用客户资金甚至卷款跑路现象突出，导致互联网金融客户蒙受巨额经济损失。除此之外，在互联网金融的一些产品，如“理财通”等，通常不受投资范围的限制且是短期的，而资金管理方为了获得更高收益将资金投入到私募基金、房地产等固定且长期限的领域。在期限错配下，一旦遭遇到投资者的集中撤资，流动性风险将迅速增加。加上互联网金融平台缺乏资本金约束，也没有信用担保等风险分担机制，使得投资者与互联网金融平台之间的信任关系非常脆弱，在遭遇风险时容易出现投资者挤提和管理方跑路现象。

2.4.2　自组织机制

从系统论的观点看，自组织是指在没有外部干预下，系统通过和外部的能量与信息交换而不断降低自身的熵含量，并且具有自行从无序的初态向稳定有序的终态、由简单逐渐演化为复杂的趋势，这是系统自适应、自发展功能不断提高的过程。互联网金融系统具有开放、动态特征，本身具有自适应、自组织功能。在互联网金融系统中，各业态、各主体共同构成了系统的基本网络，他们之间的互相竞争与协同关系共同推动着互联网金融不断从低级向高级进行演化。然而，在这一开放系统中，互联网金融的低门槛特征使得风险极易由外向内进行传染。同时，各业态之间也在不断发生相互作用，其对高收益的共同追求促使高风险的业态得到快速扩张，低风险低收益的业态则对投资者和管理方缺乏吸引力而受到抑制。因而，互联网金融系统的自组织机制使得风险不断向内传导以及内在积聚，导致互联网金融风险也处于不断演化之中。

2.4.3　政府调控机制

规避监管是金融创新的基本动力。互联网金融作为一种金融创新，在一定程度上是对严格的金融监管作出的必然反映。然而，在市场化机制以及自组织机制下，互联网金融风险的演化不利于金融体系的稳定，因而政府部门不得不采取动态调控措施以约束金融机构的互联网金融创新行为，而互联网金融机构出于规避监管的需要进一步在产品、市场、组织形式等方面开展创新，由此形成了金融创新与金融调控不断交替上升的过程，呈现“调控—创新—调控”的循环重复博弈。在政府的市场准入监管、业务运营监管以及市场退出监管有效时，将能够实现互联网金融风险可控的目标。然而，由于政府监管自身的缺陷或者制定监管法律法规的滞后，特别是面对互联网金融这种金融创新时，政府调控未能适应互联网金融的发展水平及风险动态变迁等，使得监管部门难以有效捕捉互联网金融风险，政策措施也缺乏前瞻性，因而导致了互联网金融风险的不断集聚。

2.5　本章小结

社会系统具有大系统、因果关系、原因与结果的时空特性以及非线性特性的特点，因此，这对科学解决社会系统问题构成了一定的挑战。而在方法论上，要科学、深入地了解及解决社会系统这些错综复杂的问题，虽然传统的研究方法，如经验或者直观感觉等具有一定的应用价值，但却是远远不够的。要把握社会系统问题的科学本质，特别是由于社会系统存在的非线性特性，则需要使用系统动态模拟的方法。只有借助这种系统动态模拟的方法才能在把握社会系统科学本质的基础上寻找到解决问题基本思路。如前所述，社会系统本身是个大系统，不仅系统边界很大，而且该系统内部的各个因素之间还存在着非常复杂的因果关系，并且形成了性质不同的正因果关系环与负因果关系环。由此看来，在社会系统这一大系统面前，凭借人的直观与经验既不能科学确定这一社会系统边界，对系统内部存在的复杂因果关系环的性质也难以确定。因此，对社会系统进行科学的研究必须要采用人的直观与经验之外的其他科学方法。系统动力学的发展促进了系统研究方法及计算机动态模拟的运用，这对消除人的直观与经验的局限性具有重要意义，因此，系统动力学一经出现即在社会系统的研究中发挥重要作用。

总体上，系统动力学在处理复杂系统问题时有其非常鲜明的特点和优势，尤其是解决高阶非线性动态的系统问题，在数据比较缺乏、用一般数学方法很难求解的时候，可以借助系统动力学仿真技术和原理以及计算机技术的辅助获得所需要的主要信息。

互联网金融充分发挥现代信息技术便捷、互联网广泛分布的优势，以此延伸金融业务服务的广度和深度。互联网技术助力金融服务创新，是现代科技与金融服务融合发展的体现，它的出现一方面反映出金融参与者对精简业务流程、降低业务成本的强烈诉求，另一方面对打破金融垄断，缓解金融抑制具有重要推动作用，且正外部性显著。但互联网金融风险突出的隐蔽性、严重性、不确定性等属性以及传播速度快、监管难度大、交叉传染强的特征引致了监管不适用性。

由于互联网金融风险具有动态性、传染性、延迟性和非线性特征，因而互联网金融风险具有相应的系统动力学特性。结合社会系统的特点，与传统的研究方法相比，系统动力学在研究互联网金融风险方面具有解决时间延迟性、有效地反映系统内部因果关系的完整性、解决系统内部因素之间非线性关系的优越性。因此，系统动力学已经被公认为是研究复杂系统行为的主要方法之一，在互联网金融风险管理中运用系统动力学的方法也是可行的。本章最后从市场化机制、自组织机制和政府调控机制这三个方面深入分析了互联网金融风险的动力学机制，系统阐释了推动互联网金融风险演化变迁的动力因子。

第3章　互联网金融风险系统的边界

互联网金融风险具有系统性、复杂性、开放性等特点。系统性是指互联网金融具有其所属系统所具有的最明显的特征，也可以称作整体性和相关性。复杂性是指互联网金融风险系统中不同要素之间相互协调的复杂性以及风险系统要素整体所具有的复杂性。而开放性是指互联网金融风险具有双向开放性，一方面，该系统受到周边环境的影响，另一方面，该系统又通过各种渠道与机制对所在环境产生影响。为了更准确把握互联网金融风险系统的特征，需要根据系统动力学理论的思路构建相应的互联网金融风险系统。

3.1　互联网金融风险系统的构建原则

在互联网金融风险评价指标体系构建的过程中，因为互联网金融风险系统存在复杂性，所以需要从多角度、多层面考虑互联网金融风险评价指标体系构建的合理性。

一是科学性。互联网金融风险的识别与度量等问题本身是一个科学问题。在互联网金融风险评价过程中，要构建相应的互联网金融风险评价指标，那么指标的选取及相应的评价方法必须建立在科学性的基础上，才能对互联网金融风险进行客观公正以及科学规范的评价。因此，在互联网金融风险指标确定的过程中，确保指标体系选择与确定的科学性是进行互联网金融风险评价的基础。

二是代表性。互联网金融系统是一个复杂的巨系统，影响该系统风险程度的指标因素在数量上一定是复杂而多样的。然而，从研究方法的简化上看，要把所有的因素都纳入分析框架显然也是不现实的。因此，在系统分析互联网金融的外部环境到内部层次结构基础上，抓住主要矛盾选择有代表性和针对性的风险指标，这对于系统认识互联网金融风险的本质具有重要的指导意义。

三是系统性。互联网金融风险系统不仅复杂，而且内部也具有各种各样的因果关系。一个多层次、多维度的风险评价体系能够在深入分析互联网金融系统内部的基础上对互联网金融评价的总体结构进行层层分解。为此，只有构建一个系统的多层次，多维度的风险评价体系才能在辨析整个互联网金融内部的层次结构基础上设计出真实反映互联网金融风险系统的指标体系。

四是可操作性。在设计互联网金融风险系统指标体系过程中，在真实反映互联网金融风险基本属性的基础上，还应当考虑指标的可操作性，只有选择的指标能够具有较好的可获得性，在一定范围内及时获取，才能确保研究的深入。

五是独立性。作为互联网金融系统内部的因素，各个因素间很有可能存在一定程度上的相关性。如果选择的指标之间具有高度的关联性，则最终风险评价的结果难以保证客观性和科学性。因此，要求在构建互联网金融风险的指标体系中，互联网金融的每一个指标做到覆盖内容的相互独立。

因此，以系统性、动态性、连续性与直观性为规则，以系统动力学为基础对互联网金融风险系统进行边界划分能够有效将关键风险要素进行约简，进而得到具备解释性与系统性特征的规则。同时充分体现系统动力学工具中因果回路图与流图的功能，将选择的关键风险因素纳入相应的因果回路图与风险流图中，实现互联网金融风险分析的动态性。如果对互联网金融风险的动力学模型进行科学赋权，实现互联网金融风险演化的仿真分析，将有利于直观反映互联网金融风险演化的规律。基于系统动力学的互联网金融风险演化分析流程如图 3－1 所示。

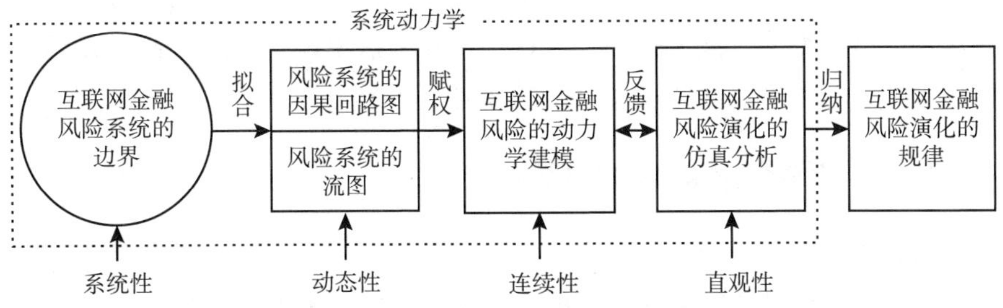

图 3－1　基于系统动力学的互联网金融风险演化分析流程

3.2 互联网金融风险系统的边界确定

互联网金融市场作为一个进行信用交易的场所，无论是融资者、投资者，还是互联网金融平台本身，都可能由于金融交易的不确定性而产生损失。因而分析互联网金融风险不能仅仅从投资者的角度进行，而应该基于系统科学的角度对互联网金融风险合理地分类。

由于金融市场风险的常态性，对其研究也成为学者研究的重点。通常，在研究金融风险过程中有三个频繁出现的词汇，系统风险、系统性风险以及非系统性风险。然而，这三个词汇区分度不明显，甚至有时还容易导致混淆。为此，张亮和许爱萍等（2013）对这三种风险进行了多角度的区别分析，认为系统风险（systemic risk）研究的是宏观风险，具有传染性，例如，经济危机中，一家金融企业的倒闭引起其他金融企业不断倒闭的金融领域系统风险。但是，与此不同的是，张亮和许爱萍等（2013）认为系统性风险（systematic risk）仅仅是属于中观层面上的风险。由于其属于介于宏微观之间的风险，所以对外不具备传染性，其能够影响的范围仅仅能够覆盖单个系统的内部，例如，利率的变化对股市的覆盖。非系统性风险（idiosyncratic risk）的范围则最为狭窄，其影响范围仅仅是系统内部的某个主体，完全是属于微观层面的风险。例如，某上市公司经营问题所引发的个股价格的波动。当前研究现状表明，目前互联网金融还不存在系统风险，因为其涉及整个金融体系，互联网金融风险从现状看并没有那么大的危害性。

传统金融风险种类繁多，常见的有信用风险、市场风险和名誉风险等，可能表现形式不一定相同，但这类传统金融风险在互联网金融中也同样存在。总体上，在如今互联网金融时代下，这些风险往往表现为政策法律法规风险、期限错配风险、个体认知风险、信用违约风险、技术障碍风险、虚拟开放风险、业务操作风险、监管覆盖风险等。

3.2.1 互联网金融的系统性风险

从根源上看，互联网金融系统作为一个复杂的巨系统，其系统性风险主要根源于其所处在的外在环境因素，例如，技术上缺陷、参与主体上的违约行为等，因此该风险属于互联网金融系统的外部风险。在互联网金融系统性风险中对该市场影响最大的风险是政策法律风险，例如，互联网金融平台运作不合规，包括融资者通过发布虚假信息以获取资金支持，互联网金融平台将所筹集到资金挪作他用等等，这些行为都会触碰刑事或导致行政法律风险。

从政策法律风险的风险构成因素上看，其通常由两部分，即政策风险以及法律风险所构成。首先，是政策风险。作为金融业中一种创新的金融业态，互联网金融必然会受到国家互联网金融政策变革及调整的影响。为此，国家互联网金融政策变革及调整所产生的不确定性即为政策风险。其次，是法律风险。根据法律风险的构成不同又分为刑事、行政等方面的法律风险以及民事法律风险。非法集资类、非法经营类、行政违法类等在刑事、行政等方面的法律风险中占较大成分，在互联网金融领域同样也涉及。而民事风险则主要来源于互联网金融中的交易结构所产生并可能引发的集团性诉讼等案件问题。

3.2.2　互联网金融的非系统性风险

非系统性风险即通过系统本身内部以及子系统内部因素对主体可能的影响而产生不确定性的风险，风险来源可能是主体自身，也可能是其他主体。

3.2.2.1　监管覆盖风险

沈丽和林冬冬（2014）在研究中表示，我国的互联网金融发展进程中，对参与主体是否具备应有的资质进行审查的有效制度是缺乏的，现阶段该行业中对互联网金融的约束更多依靠企业自律性，由此表明互联网金融行业已经渐渐游离出我国相关法律法规的监督范围而成为一个灰色行业。曲俊丞（2018）在研究中则表明，与传统金融相类似，在相关的业务和范围上，互联网金融与传统金融是具有一定程度上的重合性的。然而，互联网金融毕竟在交易模式、市场网络等方面突破了传统金融的范畴，如果在对互联网金融进行监管过程中继续采用监管传统金融业务的法律、法规及制度等，将会导致严重的不适应和错位现象。经过最近几年互联网金融的快速发展，虽然相关监管机构及部门也出台了一定的法律法规以加强对互联网金融的监管，但是与快速发展的互联网金融行业相比，法律法规制度等方面仍然难以对互联网金融开展有效的监管。

首先，我国长期以来形成的金融监管框架是分业监管与分业经营。但随着互联网技术开始广泛应用于金融业，使得跨界经营成为绕过监管的重要手段。因此，在新的金融交易模式，如电商系金融下，我国长期以来具有的清晰的分业经营界限以及高度专业化的分业监管模式开始受到互联网金融实践的挑战。互联网金融模式本身也在不断地持续创新中，但与持续创新的互联网金融新模式相比，监管法律与法规等则相对滞后。例如，在所有的互联网金融模式中，第三方支付以及 P2P 网络借贷由于涉及的社会群体庞大，因而受到了更多监管层面的重视。而像网络小额贷款、股权众筹等较为新颖的互联网金融模式，尽管在 2014 年上半年已将它们分类归口于原中国银监会和中国证监会监管，但相应的监管法规建设依旧是当务之急，监管的灰色地带在短期内依旧难以监测并消除。例如，为了有效控制“资金池”乱象，国家现有监管政策坚持任何形式的“资金池”都不许在网贷平台中出现。然而，虽然监管要求各类平台都要接入商业银行进行资金存管，目的是实现投资者、平台与借款者三方之间的资金隔离，但在调研中发现，众多中小平台接入存管银行难度很大。一是接入银行收取的存管费用高。存管费用最低为 100 万元/年，最高的接近 300 万元/年，昂贵的存管费用使得中小平台不堪重负。二是接入银行的合作门槛高。接入存管银行为了防止平台可能存在的“爆雷”风险牵连自身，纷纷从实缴资本、国有资本控股等能体现平台实力的指标上设立高门槛。例如，上海银行规定平台实缴资本门槛是 2000 万元，厦门银行更是规定平台实缴资本门槛为 3000 万元。为此，高成本与高门槛形成的制约机制使得部分中小平台至今无法合规地接入存管银行。①

其次，互联网金融因为其自身的风险交叉属性，与传统金融相比就会有多样化的引发风险的因素，尤其是加上其虚拟性、传播速度快、传播范围广等特性，更加导致监管难以全面监测跟踪并进行识别，进一步加剧了监管的工作难度。

最后，在金融全球化的大背景下，突破地域限制且频繁进行的互联网金融跨国交易也对我国互联网金融监管提出了严峻挑战。

从相应的制度层面上来看，虽然互联网金融自 2013 年开始在我国得到了迅猛的发展，甚至有时还出现“野蛮生长”的现象，但与严格的传统金融监管相比，互联网金融监管仍相对薄弱，与此相关的法律法规监管也

① 网贷之家. P2P 银行存管门槛曝光 国有大行有点高［EB/OL］. https://baijiahao.baidu.com/s?id=1567799950048190&wfr=spider&for=pc.

不够充分，这也在一定程度上成为近几年来我国在互联网金融领域风险事件、平台跑路现象频发的重要因素之一，因而在构建互联网金融风险识别体系中，需要将监管覆盖风险作为其中的一个组成部分。

3.2.2.2　时间价值风险

互联网金融项目成功融资以后，投资者需要等项目取得成功才能获得回报。那么投资者获得回报的期限就不得不延长，还可能一定期限后投资者发现所得回报低于原有的预期，或者项目进展过程漫长，投资者的回报迟迟不得实现。当被投资的互联网金融项目发生问题时，对投资者而言，准确认定和计算损失并提供有效资料举证都难以实现，并且还存在较高的维权时间成本。

3.2.2.3　个体认知风险

互联网金融创新的主要对象是创新型业务技术、交易方式及渠道，同时在金融创新过程中保留了原本金融系统具有的支付清算、价格挖掘和资金融通等基本功能。从金融行业的核心要素资金、风险两方面来说，因为互联网在金融交易可行性方面有所扩展，许多原本无法进入传统金融融资门槛的人群，逐步进入金融服务范畴，但是由于该群体对于风险的识别和防范能力都有欠缺，这会提高发生风险的概率。例如，在网络媒体传播日益扩大的背景下，大学生群体接触新兴媒体较多，比较容易接受新的消费理念，因此部分大学生参与到网贷市场中。然而，由于部分大学生自我管理能力不足、消费观念不够理性甚至错误，使得奢侈品等高端消费品在他们的消费结构中占较大比重，网贷平台的便利性和快捷性使得他们纷纷通过平台进行借款。在对大学生开展的一项调研中发现，有70.2%的大学生参与过实际网贷借款活动，其中40.5%的人有过三次以上的网贷经历，有31.4%的人出现过延期还款①。这表明网贷业务的部分参与者对网贷借款的风险认识还是存在不足的。

3.2.2.4　信用违约风险

互联网金融在本质上仍然是金融，也即是与传统金融一样，其是从事信用活动的行业。而只要是金融交易，那么在金融产品的市场化交易中，资金供给者、资金需求者以及交易平台的信用程度对金融交易的成功率至关重要。因此，资金供给者、资金需求者以及交易平台等方面的信用成为交易能否取得成功的关键（郭世邦，2014），当然也就必然成为互联网金

① 侯嘉昊，刘豪．加大学生网贷消费风险及规避机制的探索［J］．山西农经，2017（7）：109－110.

融能否取得可持续发展以及有效控制风险的核心因素。然而，与传统金融所不同的是，互联网金融在交易环境、交易形式以及参与主体等方面具有很大的特殊性。在交易环境上，互联网金融采用的是第三方交易平台、门户网站等形式。而在交易主体上则基于网络技术的通达性，能够将大量被传统金融排斥的长尾客户纳入客户群体中，并采用虚拟的互联网金融交易形式取代了传统金融中的面对面交易。由此可以看出，互联网金融各相关当事人的信用是交易取得成功的基础，而由于交易的虚拟形式甚至可以认为互联网金融各相关当事人的信用是最为关键的因素。在互联网金融交易中，由信用而衍生出来的风险最为突出的是欺诈风险。根据互联网金融交易中欺诈风险的来源不同又可以分为外部欺诈风险与内部欺诈风险两种形式。在互联网金融交易中，如果第三方交易平台利用自身的信息优势以及资金募集优势，采用盗窃、伪造等一系列违法违规行为，将客户资金据为己有或引致其他类型的资金损失，这些行为属于外部欺诈风险。而诸如发布虚假交易信息，进行虚假承诺，或者违反内控要求等行为都属于内部欺诈风险，它们都与互联网金融行业内部人员的工作相关，例如，开展未授权业务的办理等，在第三方交易平台上开展的违规和不法交易而形成风险。

由此可见，信用违约风险是影响当前互联网金融风险产生的重要因素之一，因而在构建互联网金融风险识别体系中，需要重视信用违约风险在互联网金融风险识别体系中的关键地位。

3.2.2.5 技术应用风险

互联网金融通过依托于现代网络技术，将传统的资金交易嫁接到虚拟的网络之中。特别是在支付领域，随着移动支付等的兴起，无现金社会正逐步展现在现实生活中。但在获得巨大便捷性的同时，人们对信息技术的安全性与稳定性始终存在一定的疑虑，对其可能存在的技术漏洞与风险也抱有警惕。然而，虽然在互联网金融领域中的支付风险依然突出，部分互联网金融企业却心存侥幸，对来自技术方面的风险不够重视，也不能够采取有效的措施对可能存在的技术风险开展有效的评估。对支付过程中频繁出现的非法网站、病毒木马等方面的风险防范手段不足，由此导致的交易资金安全性得不到充分的保障，部分客户的资金遭受到一定程度上的损失。

由上可以看出，由于互联网金融的技术基础是网络技术，一旦这种虚拟的网络技术无法确保金融交易的安全性，那么资金的安全性在互联网金融交易中是不容易得到保障的。例如，由网络或计算机自身不可逆的缺陷以及技术不成熟造成的停机、出错等，通过病毒等人为破坏手段造成的网络软硬件瘫痪而导致信息泄露、被篡改等，都有可能造成资金被截留或被盗取。同时，在互联网金融交易中，资金供求双方对资金转移过程中的资金安全性高度关注。然而，在互联网金融的支付实践过程中，与此相关的密钥以及相应的TCP/IP协议是否能始终保证其安全性，这对互联网金融的长期健康发展以及充分保障当事人的合法权益都至关重要。除了互联网金融中资金本身的安全性，交易信息的安全也至关重要。如果在互联网金融活动中，关键的交易信息在传输过程中安全性无法得到保障而导致非法盗取、篡改以及泄露风险的话，这必然对当事人造成严重的负面影响。据《2020年中国互联网网络安全报告》中的相关数据，当年我国在互联网上由于访问钓鱼网站而受到的拦截次数高达3.9亿余次。在互联网支付中，钓鱼网站诈骗、木马病毒盗窃、信息泄露事件层出不穷，有近85%的网民遭受过各种技术风险事件的影响。此外，虽然我国互联网金融发展速度极快，在规模、速度上都属于全球领先，然而，在相应的技术支撑上却较为匮乏，不仅缺乏自主知识产权的技术，甚至很多互联网金融机构的内部技术都需要高度依赖国外支持。这种金融领域的软硬件设施高度依赖国外产品和服务对保证我国未来的互联网金融安全与信息安全非常不利。

（1）互联网技术装备风险。是指由于中心化服务器处理计算能力不足，短时间一旦指令过量导致服务器无法满足平稳运行计算，进而引发终端运行出错的风险。例如，在2017年11月，最大的比特币交易平台服务中断，同时一些在线交易所发布延迟报告，这引起了投资者的恐慌和羊群效应，导致严重的比特币抛售现象，结果就是Coinbase和Bitfinex等平台交易指令过量形成拥堵，用户无法登录和网页运行缓慢，用户的操作指令挤压无法操作，比特币短时间内暴跌了20%以上，造成巨大的资产蒸发损失。与此同时，互联网金融市场中与期货、股票、货币市场挂钩的产品一旦遇到如上述市场的极端行情，发生用户同一时间拥挤交易，造成短时间内指令操作过量，部分互联网金融的服务器无法满足如此庞大计算的操作，用户的操作指令积压，得不到立刻执行，更会引起用户的恐慌心理最终造成巨大的金融风险。

（2）互联网技术使用风险。是指由于互联网技术发展速度过快导致技术使用太过于便捷或者使用者错误理解使用方法，反而会产生一定负面影响的风险。随着互联网技术不断更新发展，互联网金融公司的技术应用也随之不断地升级，人们对其应用场景进行多元化发展。在直接通过手机短信验证、二维码、Wi-Fi、手机 APP 和网银支付方便操作的背后也会隐藏许多风险。如手机被盗或丢失，导致用户的账款受到威胁以及用户对于新的技术不了解而操作不当造成的损失。支付技术过于便捷也是“双刃剑”，甚至有时用户碰到手机按键，或者家中的小孩、老人操作不当都可能导致用户造成损失。因此，需要在便捷性与安全性两者之间寻找到相对的平衡。虽然基于网络便捷性的互联网金融，用户体验非常重要，但是从安全性角度出发，还是需要继续对技术进行优化甚至再造以保证客户使用过程中的安全性。一旦因为产品设计有缺陷、技术支持不到位和操作说明无法令投资者理解而造成投资者产生损失，最终依旧是投资者的利益和公司的声誉受到损害。

（3）互联网技术选择风险。现代互联网技术的发展既是快速的，又是多元的。因此，从互联网金融的技术选择上看，在众多互联网技术中选择最合适自身的技术，能够对其未来发展产生深远影响。一旦选择了落后发展方向的技术，必定会直接或间接引发互联网金融风险。例如，互联网金融公司在面对新技术的利用选择时也会存在风险，因为整个互联网技术发展十分迅速，如果选择不当，会直接影响到客户以及投资者对公司发展的信心，而信用又是金融的生命力，信用的缺失可能会引起严重的风险事件；同时，选择落后发展方向的技术会使该机构竞争力明显不足，以至于可能会导致公司潜在客户大量的流失，最终被市场所淘汰；如果中国互联网金融整体技术相对落后于世界水平，那就会导致整个互联网金融行业失去竞争力，进而阻碍甚至破坏中国互联网金融的发展进程。

技术是互联网金融区别于传统金融的重要标志，特别是网络技术是互联网金融发展的基础。然而，与此同时，技术领域存在的不确定性也成为互联网金融风险的一个重要来源，一旦互联网金融业在互联网技术装备、互联网技术使用和互联网技术选择等方面符合要求，则能继续推动互联网金融的快速发展。与此相反，如果互联网金融业在互联网技术装备、互联网技术使用和互联网技术选择等出现误差，则可能直接导致互联网金融行业技术风险的出现进而影响该行业的稳定，从而不利于互联网金融行业在未来的持续健康的发展。为此，将互联网金融中技术应用风险纳入风险指标体系对客观评估其风险具有现实应用价值。

3.2.2.6 虚拟开放风险

互联网金融的开放性使得金融交易带来了一个全新的信息共享渠道，但互联网金融“虚拟性”的特点也给金融市场判断交易者资质、所提供的信息真伪带来难度，因而很容易在互联网金融活动中引发“逆向选择”和“道德风险”。例如，在虚拟的互联网金融市场交易中，投资者会根据行业金融产品的平均价格来确定自己的预期购买价格，但因为信息的不对称，可能会出现“低质量”金融服务机构驱逐“高质量”金融服务机构的现象；同时，在互联网金融交易中部分不良客户可能会利用自身信息的隐蔽性，进行类似于网络洗钱、网络欺诈等不利于互联网金融机构服务的操作，影响互联网金融市场公平。而且，从金融交易的角色上看，互联网金融平台属于资金供给者与资金需求者双方之间的交易媒介，其基本功能是资金周转。例如，在现实生活中常见的第三方支付以及电子商务中的电商系金融等大多属于此。然而，由于网络的虚拟性，互联网金融平台长期以来也不像传统金融受到的严格监管那样，其所受到的监管要远远宽松。因此，在监管不规范或者缺失的情形下，一旦互联网金融平台在资金周转过程中采用资金池的方式，将很容易出现期限错配情形，严重情况下甚至可能发生流动性缺乏以及“卷款跑路”等风险事件，导致风险指数加大。与此同时，互联网金融的虚拟性特征也可能给部分违法犯罪分子盗取客户账户、伪装客户交易等非法活动提供便利，不仅给客户资金安全性造成影响，严重时甚至给互联网金融行业带来信用危机。此外，与传统金融的历史积淀相比，互联网金融发展时间很短，这使得管理方法不够成熟、业务产品存在一定缺陷、互联网金融领域的人才供给还存在错位。因此，这使得无论在理论上还是在实践上互联网金融出现风险都具有较高的概率。

据此，虚拟开放风险在互联网金融发展过程中十分常见，将其作为互联网金融风险的重要来源是合理的。

3.2.2.7 业务操作风险

互联网金融涉及的参与主体既有来自平台外部的当事人，也有来自平台内部的当事人。因此互联网金融中的操作风险可以分成外部人和内部人两类。在对互联网金融公司的产品进行投资时，外部投资者可能会因为产品创新过快，使得该投资者对其产品的风险判断不到位，只聚焦于收益而不了解背后的风险机制，或者对操作技术生疏而致使交易反映的不是其真实意愿的行为进而导致损失。

无论是传统的金融服务还是互联网金融，业务操作风险都难以绝对地避免。然而，传统金融服务中的业务操作风险主要来自员工对业务不熟练、操作规程不科学等。但与此不同的是，互联网金融的业务操作风险具有很大的特殊性。互联网金融业务操作风险主要来自大数据的经营以及参与主体、账户使用、流程规范上对网络系统的依赖，以及电子货币的安全性等方面。模型构建和信息数据的整合及定量分析是当前互联网金融风险控制的关键核心，但是因为平台数据获取内容主要是基于互联网金融服务业务的交易数据，所以数据维度单一，同时实际操作中还难以避免导致数据失真的诸如“刷信用”“改评价”的行为，使得在预防和控制互联网金融大数据风险的过程中操作存在“有偏”隐患；互联网金融环境下的操作一般都是客户在自有互联网工具上实现，如果具体的操作不规范或发生失误操作，可能会造成预期之外的损失。同时由于互联网交易系统本身所具有难以避免的设计、安全性以及运行稳定性方面的缺陷，也可能导致在进行互联网金融业务时发生操作风险；互联网金融还有可能发生因为初期在投资者心中没有树立良好的信用而导致在没有良好的信用环境下开展金融业务的风险；由于互联网金融的时效性和扩散性等特点，一个小数点的操作失误就可能带来无法挽回的巨大损失（如金融机构历史上的“乌龙指”事件），而且在互联网媒介作用下信息的传播速度会非常快，操作风险会很快扩散并导致声誉发生风险。

内部人风险的典型例子是 2016 年 6 月玖富资产发生的重大财务风险案件[①]。玖富的个别员工因工作原因离职，其利用手中的客户资源，以原公司的名义发送操作短信使得客户将借款和还款利息打到其私人账户，最后携款私逃。这种内部人操作风险直接造成了互联网金融公司和客户双方的巨大财务损失。而作为互联网金融公司的内部人员，每天经手财富金额巨大，员工的个人职业道德和素养时刻都在经受考验，所以在诱人的巨额利益面前无法保证每个人都不会铤而走险。资本的逐利性是无可厚非的，但是资本对利润的攫取不能出现对法律、法规的践踏以及其损害他人利益。尤其是在互联网金融公司中，从业人员职业道德和素质是十分关键的。业内人员可能会为了个人或者公司的利益进行违规操作，不顾公司的内部控制制度，导致公司存在巨大的经营风险和声誉风险。内部人风险有的表现为内部人非故意的操作失误导致公司和投资者利益受损。但由于内

① 加盟惹的祸？离职员工侵吞玖富还款资金［EB/OL］. 和讯网，http://news.hexun.com/2016-06-15/184414413.html，2016-06-15.

部员工存在信息优势，利用信息不对称可以获得高额收益，那么按照经济人的假设定理，他在投机成本不高的情况下，就有很大的动机去进行人为操作进行高风险的投资或者套取利差等，这就会扩大互联网金融公司的风险。有些互联网金融公司的内部人员可能会通过侵犯客户的隐私权进而泄露客户的信息去牟利，这会影响客户对公司的信用评价，容易造成客户的流失，导致公司声誉受损，最终严重损害公司整体利益。因此互联网金融往往有着鲜明特点的内部人风险。

3.2.2.8　期限错配风险

从互联网金融方面来看，它的投资期限与负债期限呈反向关系，投资期限较长而负债期限较短，且负债到期后无法及时还款的概率较大，因而会引发流动性不足的问题，这就是期限的错配风险。目前来看，互联网金融体系中几乎所有机构都存在着一定的金融错配风险，对比余额宝类产品来说，因为余额宝类产品的投资者对流动性需求更高，需要能够随时取回资产，因此流动性风险会随之增加。然而部分互联网金融产品不仅能够不受时间局限进行赎回，而且收益率比余额宝类产品更高，在某种程度上吸引了更多经验较少的投资者。与此相反，经验相对丰富的投资者则对此抱有更谨慎的态度。一般情况下，互联网金融理财产品投资期限相对较长，但是其长期资产与短期负债匹配度却不高，一旦债务到期，自然会产生无法偿还的风险，即为期限错配风险。互联网金融风险系统的结构如图3－2所示。

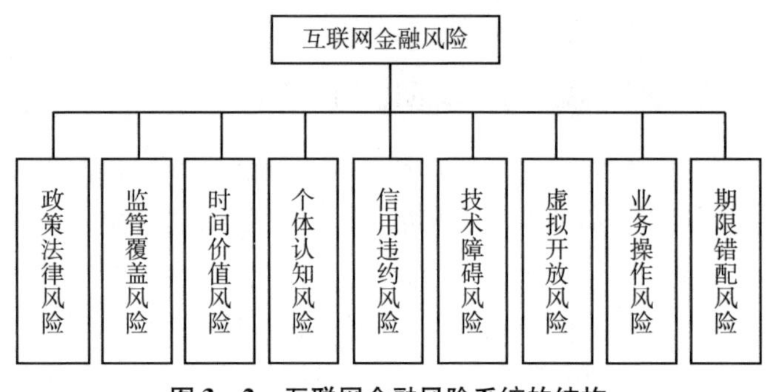

图3－2　互联网金融风险系统的结构

根据图3－2所示的互联网金融风险系统的构成，并根据本研究建模的目的，将表3－1中列示指标划入金融风险系统的界限内。

表3-1　　互联网金融风险系统的边界

一级指标	二级指标	三级指标
互联网金融风险	政策法律风险	政策风险
		法律风险
	监管覆盖风险	跨界风险
		行业交叉
		跨国交易
	时间价值风险	回报偏差
		举证难度
	个体认知风险	个人防范能力
		受骗经历
		受骗次数
		成功交易次数
	信用违约风险	市场欺诈率
		平台信用
	技术障碍风险	装备错误
		技术使用缺陷
		技术选择错误
	虚拟开放风险	虚假身份
		伪装交易
	业务操作风险	错误授权
		操作失误
	期限错配风险	即时赎回
		高收益误导

3.3　互联网金融风险系统的因果回路图和流图构建

3.3.1　互联网金融风险形成的因果回路图

互联网金融系统是复杂的巨系统，其内部的风险关系也非常复杂，在正确确定互联网金融风险系统边界的基础上，继续科学确定内部诸多要素之间的影响关系是深入分析互联网金融风险演化规律的前提。这些复杂的影响关系既包括各因素之间的彼此影响关系，也包括这些因素对系统输出结果的影响关系。在系统动力学技术中，这种各因素之间的彼此影响关系以及这些因素对系统输出结果的影响关系统称为反馈回路。为了直观地表示系统复杂的反馈回路，系统动力学主要采用因果回路图的方式予以表达。因此，互联网金融系统中的各因素及风险之间是属于典型的因果关系，采用系统动力学中的因果关系分析，并借助因果回路图基础上构建相应的互联网金融风险的演化模型，这对于科学认识互联网金融风险的客观规律具有重要意义。根据这一基本思路，系统动力学在面对互联网金融风险这一研究对象时，为了科学确定互联网金融风险的演化规律，在用因果回路图确定各变量之间因果联系的基础上，进一步通过流图确定系统输入与输出之间的数量关系，并最终通过计算机仿真的方式对互联网金融风险的演化趋势进行分析。

因果回路图分析法被系统动力学应用于分析复杂的系统内部各要素之间影响关系。因果关系有正相关与负相关两种，正相关用“＋”表示，负相关则用“－”表示。由于反馈回路中的因果关系都是相互的，因而很难界定谁是因、谁是果。但由于系统内存在反馈回路，因此当系统内某一因素的变化间接或直接影响另一因素并导致其发生改变后，被影响的因素状态的改变又会通过某种特定的反馈回路影响前一因素状态并使其发生变化，这就完成了一个因果反馈回路。所以，系统动力学内部反馈回路的一种鲜明特征就是两种因素互为因果。由于互联网金融风险是由九大子系统及其相应因素组成的，因此分析这些因素之间的因果关系是建立系统模型的基础。为此，将九大子系统变量进一步细化并相互连接起来，形成了互联网金融风险系统的因果回路图，如图 3－3 所示。

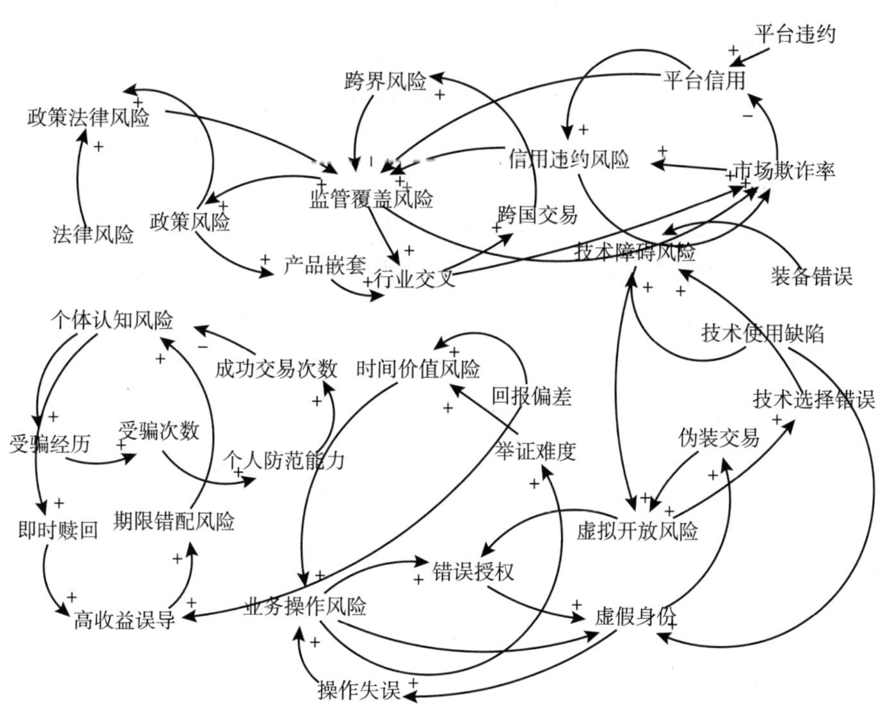

图 3－3　基于系统动力学的互联网金融风险因果回路

3.3.2　互联网金融风险因果循环的逻辑框架

从图 3－3 互联网金融风险因果回路图可看出，互联网金融风险系统不仅包含的因素复杂，各因素之间存在的因果关系也极为复杂。在互联网金融风险这一复杂的动力学系统中，需要进一步对各风险因素进行识别，并科学分析这些风险因素会引起哪些风险，并科学界定这些因素之间可能存在的因果关系，从而为风险控制打下基础，因此有必要对图 3－3 中的核心风险，即监管覆盖风险、信用违约风险、个体认知风险、虚拟开放风险等风险进行因果追踪分析并得到原因树状图，以满足进一步的风险评估的需要。

3.3.2.1　监管覆盖风险的诱因识别

利用因果树结构，分析监管覆盖风险反馈模型得到监管覆盖风险因果树，如图 3－4 所示。

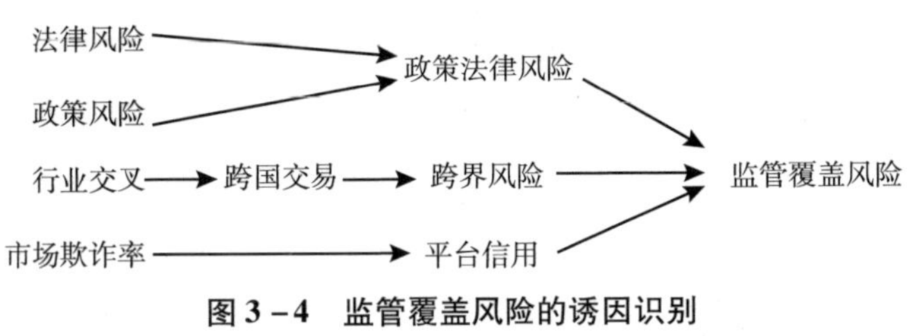

图 3－4　监管覆盖风险的诱因识别

通过分析因果回路图以及因果树，可以看出影响监管覆盖风险的指标主要包括政策法律风险、跨界风险和平台信用。第一个指标和第二个指标与监管覆盖风险呈正相关关系，第三个指标与监管覆盖风险呈负相关关系。其中，在政策法律风险指标中，法律风险与政策风险越大，政策法律风险越高，导致监管难度越大，也越容易出现监管真空，从而增加了监管覆盖风险，因此法律风险和政策风险与监管覆盖风险呈正相关关系。与传统的分业金融业务不同，互联网金融的行业交叉特征非常明显，因而行业交叉程度越高，跨国交易也愈发容易，跨界所带来的多变复杂性也更加显著，从而导致监管覆盖风险突出，故第二个指标与监管覆盖风险也呈正相关关系。此外，由于互联网金融的虚拟性特征，信息不对称导致的市场欺诈活动频繁，从而导致市场参与者对平台信用的认可度更差，因此，该指标与监管覆盖风险呈负相关关系。

3.3.2.2　个体认知风险的诱因识别

通过分析因果树的层次结构以及个体认知风险反馈模型，得到个体认知风险的因果树，如图 3－5 所示。

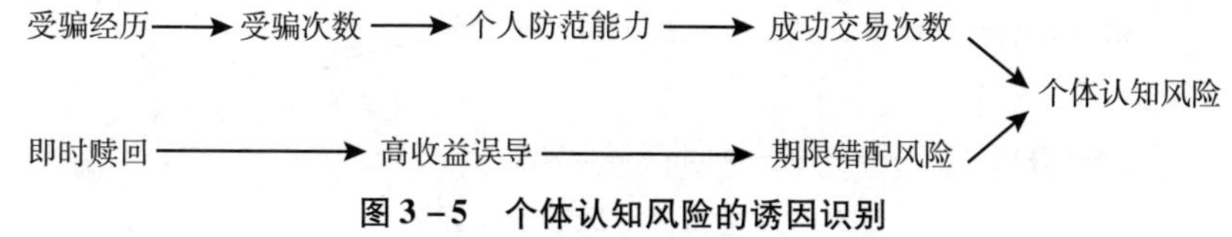

图3－5　个体认知风险的诱因识别

分析上述因果回路图以及因果树发现，影响个体认知风险的主要包括交易中存在的期限错配风险与个体经历的成功交易次数。受骗经历这一个指标与个体认知风险呈负相关关系。然而不同的是，即时赎回这一个指标与个体认知风险则呈正相关关系。其中，在个体交易中受骗经历与受骗次数越多，个体积累的经验越丰富，因而个人防范能力就越强，在此基础上的成功交易次数将越多，从而有效防止了相应的个体认知风险。然而，期限错配风险也和个体认知风险交织在一起。个人参与者基于追求高收益的原因，更偏好于具有即时赎回功能的互联网金融产品，由此导致资金来源与资金运用中的期限错配风险。因此，该期限错配风险指标与个体认知风险呈负相关关系。

3.3.2.3　信用违约风险的诱因识别

分析因果回路图以及因果树如图3－6所示。发现影响信用违约风险的指标主要包括市场欺诈率与交易中存在的监管覆盖风险。第一个指标，即市场欺诈率指标与信用违约风险之间呈正相关关系。一般而言，如果在互联网金融交易中经历的市场欺诈越多，平台的信用水平则下降，在此基础上形成的信用违约风险增加。同时，第二个指标监管覆盖风险与信用违约风险也呈正相关关系。然而，监管覆盖风险也和信用违约风险交织在一起。由于互联网金融业务的交叉性导致互联网金融的监管出现真空，在监管缺位的背景下，市场欺诈行为得不到及时处罚，市场欺诈现象不断出现，从而导致互联网金融交易中的信用违约风险增加。

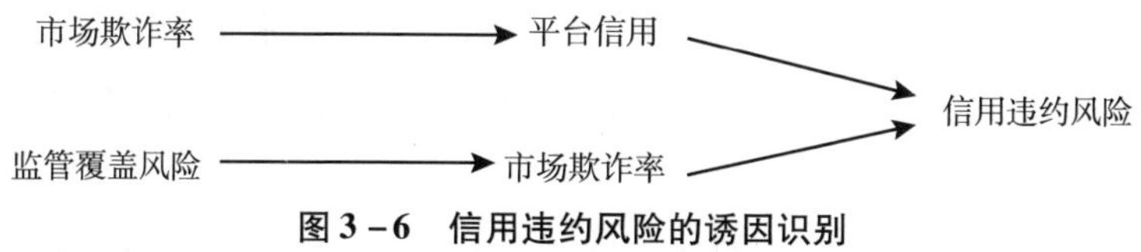

图3－6　信用违约风险的诱因识别

3.3.2.4　虚拟开放风险的诱因识别

结合对因果树结构以及虚拟开放风险反馈模型的分析，可以得到虚拟开放风险因果树，如图3－7所示。

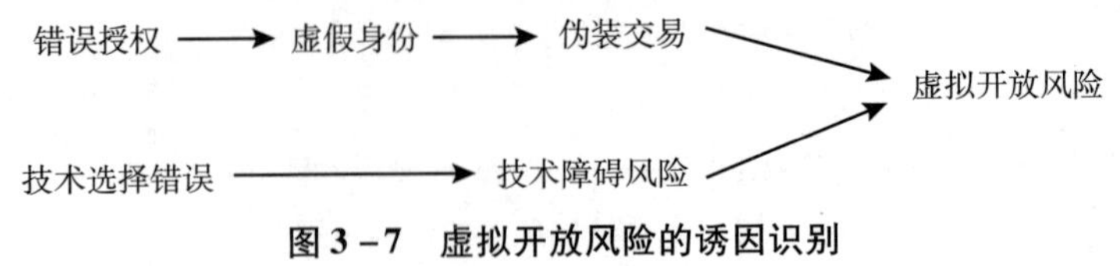

图 3-7 虚拟开放风险的诱因识别

结合因果回路图以及因果树可以看到，影响虚拟开放风险的指标主要包括错误授权和技术选择错误等。这两个指标都与虚拟开放风险呈正相关关系。其中，在互联网金融交易中，错误授权的可能性越高，导致具有虚假身份的人通过伪装交易获取利益的可能性越大，从而增加了互联网金融中的虚拟开放风险，因此错误授权与虚拟开放风险呈正相关关系。此外，互联网金融高度依赖技术要素的参与，如果在互联网金融交易中采用的技术出现错误，使得技术障碍风险越大，互联网金融交易越难以顺利完成，出现的安全漏洞就越大。因此，该指标与虚拟开放风险呈正相关关系。

3.3.3 互联网金融风险的反馈回路

在上述因果回路图可以看出，监管覆盖风险、个体认知风险、信用违约风险、虚拟开放风险等风险之下的各种细分风险充斥于互联网金融系统中的每个环节，风险与风险之间或多或少地存在直接或间接的因果关系，这些因果关系又会对互联网金融中的参与者产生重要影响并延伸引发更多类型的互联网金融风险。在 SD 模型的目标之下，需要深入分析它们之间互相依赖、互相制约关系并由此确定模型的反馈回路。

3.3.3.1 有关监管覆盖风险的反馈回路

（1）监管覆盖风险→市场欺诈率→平台信用→监管覆盖风险。

（2）监管覆盖风险→行业交叉→跨国交易→跨界风险→监管覆盖风险。

这两个回路分别反映了市场信用与跨界交易对监管覆盖风险的影响。主要体现在随着市场欺诈行为的上升，导致平台信用水平的下降，进而影响整个互联网金融市场的信用水平，从而增加互联网金融监管的难度以及增加监管覆盖风险。此外，在分业监管模型下的跨界经营也构成互联网金融监管覆盖风险演化的重要路径。这样就形成了互联网金融监管覆盖风险演化的动态过程。

3.3.3.2 有关个体认知风险的反馈回路

（1）个体认知风险→受骗经历→受骗次数→个人防范能力→成功交易次数→个体认知风险。

（2）个体认知风险→即时赎回→高收益误导→期限错配风险→个体认知风险。

这两个回路分别反映了个体经历对个体认知风险的影响，主要体现在随着受骗经历和受骗次数的增加，互联网金融交易的参与个体将会不断积累经验，从而提高个人风险防范的能力并增加成功交易的次数，进而降低互联网金融的个体认知风险。此外，个体认知风险还和期限错配风险交织在一起。由于交易者个体认知能力的相对有限性，极易导致市场波动时产生即时赎回的情形，从而增加相应的期限错配风险。这样就形成了个体认知风险演化的动态过程。

3.3.3.3　有关信用违约风险的反馈回路

信用违约风险→市场欺诈率→平台信用→信用违约风险。

信用违约风险的反馈回路反映了市场违约行为对信用违约风险的影响。当市场欺诈行为严重时，会引起市场参与主体对平台信用水平的怀疑，从而增加互联网金融交易中的信用违约风险。这样就形成了信用违约风险演化的动态过程。

3.3.3.4　有关虚拟开放风险的反馈回路

虚拟开放风险→错误授权→虚假身份→伪装交易→虚拟开放风险。

在互联网金融交易中，通过互联网金融平台的交易双方不像传统金融的现场交易，因此也就无法通过虚拟的网络空间来绝对准确地确认双方的合法身份，因为网络另一端的交易者很可能是虚假的。因此在互联网金融交易中对当事人而言存在一定的信息盲区。对交易对手信息的缺乏很可能直接导致交易受阻、资金被骗，损失惨重。运用系统动力学反馈回路能够直观反映出互联网金融在实际虚拟网络交易中可能对参与者造成的风险与影响。当存在错误授权时，会导致虚假身份人通过伪装交易的方式获取经济利益，从而增加互联网金融交易中的虚拟开放风险。这样就形成了虚拟开放风险演化的动态过程。

3.3.4　互联网金融风险的系统动力学流图

为了清晰地表达互联网金融风险系统内不同因素之间相互影响的因果关系，系统动力学的因果回路图能够科学、直观地反映系统内部各变量之间的因果关系以及反馈结构。但是，这种各个变量之间因果关系的反馈结构仅仅属于对系统内部发生变化机制的定性描述，对于各个因素对互联网金融风险系统的输入与输出关系则难以得到有效反映。由此，为了准确反映各因素彼此影响的程度以及对系统状态的影响，系统动力学在因果回路图的基础上继续采用系统动力学流图予以描述。

一般而言，系统动力学流图中包括的变量主要有状态变量（*Level*）、流率变量（*Rate*）以及辅助变量（*Auxiliary*）三大类。如果系统中一个变量随着时间的推移而不断得到积累，则这个变量属于状态变量。而如果系统中的一个变量随着时间的推移不断流入状态变量进而引起状态变量的变化，则这一变量属于流率变量。如果有其他变量影响流率变量，那么该变量就被称为辅助变量。以商业银行存款为例，存款属于状态变量，那么每年的利息应属于流率变量，而影响利息的利率就属于辅助变量，如图3－8所示为互联网金融风险的系统动力学流图。

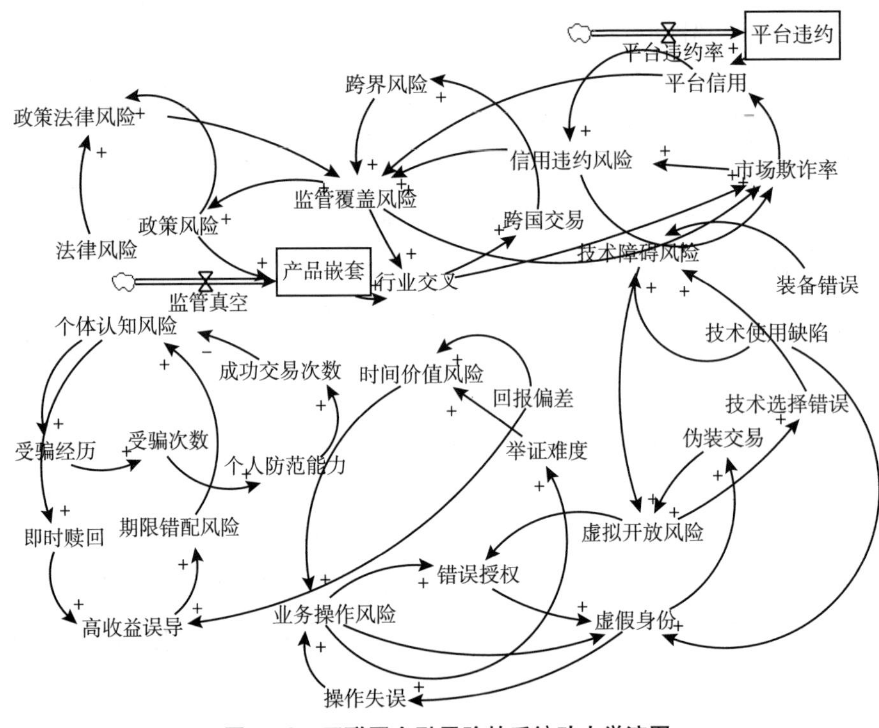

图3－8　互联网金融风险的系统动力学流图

3.4　本章小结

互联网金融市场的融资者、投资者、网络平台都存在参与互联网金融活动而发生损失的可能性，因而需要基于系统科学的角度，以科学性、代表性、系统性、独立性、可操作性为原则，合理确定互联网金融风险的边界范畴。互联网金融时代，从系统动力学的边界划分上看，互联网金融领域的风险主要包括九大风险内涵，这其中主要包括监管覆盖风险、政策法律风险、个体认知风险、信用违约风险、技术障碍风险、虚拟开放风险、业务操作风险、期限错配风险以及时间价值风险等。

在确定了系统的内部边界之后，互联网金融这一巨系统内部，各个变量之间以及输入与输出之间都具有复杂的因果关系。为此，本书进一步采用系统动力学的因果回路图对互联网金融系统内部诸多要素之间的关系开展定性分析。互联网金融系统内部诸多要素之间的关系同时也是各影响因素对系统输出结果的影响关系。因此，通过系统动力学工具以确定各变量之间的因果联系，这样的思路既能科学确定互联网金融风险的基本规律，又能使模型系统相对简单化。

本书认为，互联网金融风险是个复杂的动力学系统，各子系统之间，各风险因子之间相互影响，一个风险因子可能不仅仅影响一类风险，还可能影响多种风险，因此就需要对各风险因素进行识别，分析这些风险因素会引起哪些风险，并且对监管覆盖风险、个体认知风险、信用违约风险、虚拟开放风险等进行因果追踪，得到各自的原因树状图，以便满足进一步风险评估的需要。为此，本书对因果回路图中的变量进行了追根溯源，生成原因树状图，充分确定不同风险的诱因，在 SD 模型的目标之下，深入分析它们之间互相依赖，互相制约关系进而确定模型的回路。

为了进一步明确各元素之间的数量关系及其对系统状态的影响程度，本书将相应的因果回路图转换成专业的系统动力学流图，从而在定性地描述了系统内部变化机制的基础上，综合分析不同因素之间的影响程度以及各影响程度对整个系统输出值的综合影响。

第4章　互联网金融风险演化的动力学建模与仿真

自然界和社会界都是属于复杂的巨系统。为了实现这些巨系统的优化与控制，系统科学为其提供了整体解决方案。具体到社会系统中的互联网金融风险系统，采用系统科学的分支，即系统动力学，能够基于互联网金融风险系统边界确定及模型构建的基础上，运用相应的计算机模拟仿真的技术，可以从互联网金融风险系统动态模拟的角度为深入考察互联网金融风险演化规律提供关键的技术与方法。

4.1　边界风险因子值及权重估计

4.1.1　边界风险因子值的确定

作为定性分析和定量分析的工具，在使用系统动力学时必须对所建模型的边界进行界定，即需要找出模型的边界点并对其进行赋值或者赋予一定权重，这是对模型进行仿真的基础。为了科学确定互联网金融风险的边界，本书采用专家打分法以及通过历史数据收集来获得边界点的取值。

根据表3－1互联网金融风险系统动力学边界确定可以发现，边界点主要因素有：政策风险、法律风险、跨界风险、行业交叉、跨国交易、回报偏差、举证难度、个人防范能力、受骗经历、受骗次数、成功交易次数、市场欺诈率、平台信用、准备错误、技术使用缺陷、技术选择错误、虚假身份、伪装交易、错误授权、操作失误、即时赎回、高收益误导。对于互联网金融风险系统中各风险因子的边界值，通常情况下主要采用专家打分法的方式予以确定。

本书在研究中邀请了 6 位金融行业与互联网金融业内人员对风险因子进行打分，对专家所反馈数据进行整理得到如表 4－1 所示结果。

表 4－1　　互联网金融风险因子各因素得分

风险因子	专家 1	专家 2	专家 3	专家 4	专家 5	专家 6	综合得分
政策风险	0.5	0.3	0.2	0.5	0.4	0.3	0.4
法律风险	0.2	0.4	0.3	0.4	0.5	0.4	0.4
跨界风险	0.6	0.6	0.5	0.5	0.6	0.5	0.6
行业交叉	0.5	0.5	0.6	0.5	0.4	0.5	0.5
跨国交易	0.2	0.3	0.3	0.2	0.4	0.4	0.3
回报偏差	0.4	0.5	0.4	0.3	0.6	0.5	0.5
举证难度	0.5	0.5	0.4	0.3	0.4	0.4	0.4
个人防范能力	0.5	0.6	0.6	0.5	0.4	0.5	0.5
受骗经历	0.3	0.4	0.6	0.4	0.3	0.4	0.4
受骗次数	0	2	2	1	0	3	1.3
成功交易次数	3	5	4	6	4	3	4.2
市场欺诈率	0.2	0.4	0.3	0.4	0.2	0.4	0.3
平台信用	0.3	0.2	0.4	0.3	0.3	0.3	0.3
装备错误	0.2	0.2	0.1	0.3	0.2	0.2	0.2
技术使用缺陷	0.3	0.3	0.3	0.2	0.3	0.2	0.3
技术选择错误	0.2	0.2	0.1	0.3	0.2	0.2	0.2
虚假身份	0.5	0.6	0.5	0.5	0.4	0.6	0.5
伪装交易	0.6	0.6	0.5	0.7	0.5	0.6	0.6
错误授权	0.3	0.3	0.3	0.2	0.4	0.3	0.3
操作失误	0.2	0.2	0.3	0.2	0.1	0.2	0.2
即时赎回	0.4	0.5	0.4	0.4	0.5	0.4	0.4
高收益误导	0.8	0.7	0.8	0.6	0.7	0.7	0.7

4.1.2　赋权方法的选择

一般情况下，在构建有关互联网金融风险的系统动力学模型之前，确定上述互联网金融风险系统动力学边界点相应的权重系数为开展进一步具体研究打下了基础。对风险要素的重要性水平进行权重的赋值是风险研究中的一个重要步骤。权重能够体现某个指标在整体评估中的关键程度，以权重系数量化表示。根据不同的权重确定原理，在实证研究中有关权重系数的确定方法一般是分成三类。根据模型计算中权重加权的思路不同，第一类是“功能驱动型”主观加权法，第二类是“差异驱动”客观加权法，第三类是综合集成赋权法。其中综合集成赋权法能够综合反映主客观信息，即能够同时具备“功能驱动型”主观加权法、“差异驱动”客观加权法两种方法的优点，所以该方法应用较为广泛。无论是主观赋权法还是客观赋权法，都涉及风险因素与权重两个变量。为此，假定主观赋权法中，其风险因素采用 X_i 作为代理变量，与之对应的主观权重为 p_i；在客观赋权法中，风险因素 X_i 的客观权重为 q_i。因此，为综合反映出风险因素 X_i 在互联网金融风险模型中的综合权重，通常情况下可以由以下计算公式而得出：

$$w_i = k_1 p_i + k_2 q_i \tag{4-1}$$

在此基础上，需要进一步确定 k_1 和 k_2 的值。该指标的综合评价值为：

$$\eta_j = \sum_{i=1}^{n} w_i x_{ji} = \sum_{i=1}^{n} (k_1 p_i + k_2 q_i) x_{ji},\ j = 1, 2, \cdots, n \tag{4-2}$$

同时，令，

$$\sum_{j=1}^{m} \eta_j = \sum_{i=1}^{n} \sum_{j=1}^{m} (k_1 p_i + k_2 q_i) x_{ji} \tag{4-3}$$

由权重的含义，在 $k_1 > 0$，$k_2 > 0$，且 $k_1^2 + k_2^2 = 1$ 的情形下，根据拉格朗日定理可得相应的 k_1 与 k_2 的值，k_1 与 k_2 的计算公式分别为：

$$k_1 = \frac{\sum_{i=1}^{n} \sum_{j=1}^{m} p_i x_{ji}}{\sqrt{\left(\sum_{i=1}^{n} \sum_{j=1}^{m} p_i x_{ji}\right)^2 + \left(\sum_{i=1}^{n} \sum_{j=1}^{m} q_i x_{ji}\right)^2}} \tag{4-4}$$

$$k_2 = \frac{\sum_{i=1}^{n} \sum_{j=1}^{m} q_i x_{ji}}{\sqrt{\left(\sum_{i=1}^{n} \sum_{j=1}^{m} p_i x_{ji}\right)^2 + \left(\sum_{i=1}^{n} \sum_{j=1}^{m} q_i x_{ji}\right)^2}} \tag{4-5}$$

在由上述公式确定 k_1 与 k_2 的基础上可进一步确定各个因素的权重系数 w_i。

4.1.3 权重系数的确定

在采用综合集成赋权法过程中，根据之前所述，要获得相应的权重需要对互联网金融风险系统中的主观因素进行赋权之外，与此同时，还需要采用相应的熵值法对互联网金融风险系统中的客观因素进行赋权。而在进行赋值计算时，需要注意部分风险影响因素有可能缺少客观赋值，那么此时还是要通过主观赋权法来计算权重。

4.1.3.1　G_1 法确定主观权重

对于主观赋权的 G_1 法，主要是针对互联网金融风险系统中的主观因素，采取专家访谈的方式，根据专家自身的经验以及相关知识对其打分和赋权。以个体认知风险为例，由于个体认知风险的风险因素由个人防范能力（x_1）、受骗经历（x_2）、受骗次数（x_3）、成功交易次数（x_4）四个方面组成，第 i 因素的权重为 p_i。假设专家 1 给出相应的重要性排序是：

$$m_2 = \frac{p_1}{p_2} = 1.1,\ m_3 = \frac{p_2}{p_3} = 1.2,\ m_4 = \frac{p_3}{p_4}$$

在此基础上，继续计算：

$$m_2 m_3 m_4 = 1.452,\ m_3 m_4 = 1.32,\ m_4 = 1.1$$

$$\sum_{j=2}^{4} \prod_{i=j}^{4} m_i = 4.347$$

由此可得：

$$p_4 = \frac{1}{1 + 3.653} = 0.215$$

$$p_3 = p_4 \times m_4 = 0.226$$

$$p_2 = p_3 \times m_3 = 0.267$$

$$p_1 = p_2 \times m_2 = 0.292$$

同理，根据其他专家所反馈的评分重复上述计算流程，可以得到相应的权重系数并取平均权重值。G_1 法确定的个体认知风险权重系数如表 4 – 2 所示。

表 4 – 2　　G_1 法确定的个体认知风险权重系数

变量名称	专家 1	专家 2	专家 3	专家 4	专家 5	专家 6	p_i
个人防范能力	0.215	0.231	0.223	0.218	0.233	0.227	0.225
受骗经历	0.226	0.228	0.231	0.236	0.241	0.238	0.233
受骗次数	0.267	0.253	0.247	0.256	0.255	0.259	0.256
成功交易次数	0.292	0.288	0.299	0.290	0.271	0.276	0.286

因此，可以据此确定个人防范能力（x_1）、受骗经历（x_2）、受骗次数（x_3）、成功交易次数（x_4）的权重分别为0.225、0.233、0.256和0.286。

4.1.3.2　熵值法进行客观赋权

根据表4-1专家对边界风险因子值的确定，在此基础上，采用熵值法对相关风险因素进行客观赋权，计算结果如表4-3所示。

表4-3　　熵值法确定的个体认知风险权重系数

项目	个人防范能力	受骗经历	受骗次数	成功交易次数
专家1	0.5	0.3	0	3
专家2	0.6	0.4	2	5
专家3	0.6	0.6	2	4
专家4	0.5	0.4	1	6
专家5	0.4	0.3	0	4
专家6	0.5	0.4	3	3
$\sum_{i=1}^{6} x_{ij}$	3.1	2.4	8	25
q_j	0.215	0.232	0.253	0.300

4.1.3.3　综合集成赋权法确定最终赋权

在个体认知风险子系统中，在确定主观权重 p_i 和客观权重 q_j 基础上，根据式（4-4）和式（4-5）可以确定 k_1 和 k_2：$k_1=0.658$，$k_2=0.532$。

与此同时，根据公式 $w_i=k_1p_i+k_2q_i$，可以确定个人防范能力（x_1）、受骗经历（x_2）、受骗次数（x_3）、成功交易次数（x_4）等四个因素总的权重，最终可得：

$$w_1=0.262,\ w_2=0.276,\ w_3=0.303,\ w_4=0.348$$

进行标准化处理后，可得：

$$w_1'=0.220,\ w_2'=0.232,\ w_3'=0.255,\ w_4'=0.293$$

同理，可得互联网金融风险其他子系统中各个影响因素的权重，计算结果如表4-4所示。

表4-4　　权重系数值

互联网金融风险子系统	风险因素指标	权重
政策法律风险	政策风险	0.653
	法律风险	0.347
监管覆盖风险	跨界风险	0.413
	行业交叉	0.386
	跨国交易	0.201
时间价值风险	回报偏差	0.733
	举证难度	0.267
个体认知风险	个人防范能力	0.220
	受骗经历	0.232
	受骗次数	0.255
	成功交易次数	0.293
信用违约风险	市场欺诈率	0.262
	平台信用	0.738
技术障碍风险	装备错误	0.322
	技术使用缺陷	0.378
	技术选择错误	0.300
虚拟开放风险	虚假身份	0.657
	伪装交易	0.343
业务操作风险	错误授权	0.563
	操作失误	0.437
期限错配风险	即时赎回	0.254
	高收益误导	0.746

4.2　互联网金融风险演化的动力学模型构建及仿真概述

4.2.1　互联网金融风险演化的动力学模型构建

动力学仿真模型的基础是动力学方程，结合上述各风险因子及变量的赋值可以建立各风险所对应的系统动力学方程。将表4-4中各个风险因素的权重带入到系统动力学模型中，可以得到互联网金融各个子系统的动力学方程式。

政策法律风险 =0.653 × 政策风险 +0.347 × 法律风险

监管覆盖风险 =0.413 × 跨界风险 +0.386 × 行业交叉 +0.201 × 跨国交易

时间价值风险 =0.733 × 回报偏差 +0.267 × 举证难度

个体认知风险 = −0.220 × 个人防范能力 −0.232 × 受骗经历 −0.255 × 受骗次数 −0.293 × 成功交易次数

信用违约风险 =0.262 × 市场欺诈率 −0.738 × 平台信用

技术障碍风险 =0.322 × 装备错误 +0.378 × 技术使用缺陷 +0.300 × 技术选择错误

虚拟开放风险 =0.657 × 虚假身份 +0.343 × 伪装交易

业务操作风险 =0.563 × 错误授权 +0.437 × 操作失误

期限错配风险 =0.254 × 即时赎回 +0.746 × 高收益误导

4.2.2 互联网金融风险演化的动力学仿真概述

利用仿真 Vensim PLE 软件对上述风险因子及动力学方程进行仿真模拟。第一步点击工具栏中的“Equation”选项，依次点击各个风险子系统；第二步在“Type”选项中选择“Auxiliary”选项，将模型中的方程式依次输入到相对应的因素中；第三步将系统边界的估计值输入到软件对应的框域中。第四步在“Type”选项中选择“Constant”，输入该因素的估计值。模型成功建立后，点击“Simulate”选项软件就会进行模拟。值得注意的是，Vensim PLE 软件在模拟之前有自动检查功能，会显示所使用模型中的错误，操作者需要根据软件提示对模型进行进一步修正。在完成所有修正后，可以得出最终的互联网金融风险的系统动力学模型。

系统论的观点表示任何因素的存在都不是各自独立的，而是因素之间是相互联系、相互影响的。为此，在互联网金融风险系统中，根据系统动力学构建的动力学模型中各个风险因素也不会是相互独立的，而是构成了一个在相互联系、影响关系基础上的完整系统。因此，在进行模拟时，通常不能随意改变因素之间影响程度，因为改变系统中任意一个因素都可能对系统整体产生重大影响。同时，在进行模拟时发现，一旦改变某一因素的赋值，系统中的其他风险因素赋值也可能随之发生变化，这也体现了系统内不同因素之间存在相关性 。作为一种动态行为研究，根据系统动力学建立模型进而对风险控制策略进行仿真模拟，准确来说就是对所建模型中的因素进行仿真模拟，研究并分析不同风险因素之间的相关性及其对系统整体风险的影响程度，依据风险控制策略目标和原则来调整系统中对应因素的赋值，并代入模型中得出结果，由此观察风险控制效果，最终判断该策略对控制互联网金融风险是否有效。

4.3　互联网金融风险演化的动力学仿真分析

系统动力学的仿真原理是在系统动力学软件中，根据互联网金融风险系统内部各因素之间的因果关系建立起相应互联网金融风险系统的系统动力学模型。在建立起相应的系统动力学模型之后，输入系统中各风险因素边界的估计值及其相应的方程式，再根据各变量之间所确定的输入输出关系而获得互联网金融风险演化的动力学仿真模型流图（如图4-1所示）。在建立起互联网金融风险演化的动力学仿真模型流图之后，利用系统动力学软件中的模拟功能，即可以得到互联网金融总体风险的变化趋势情况，同样也可以获得互联网金融风险系统中各个风险子系统的相关信息。例如，政策法律风险、监管覆盖风险、时间价值风险、个体认知风险、信用违约风险、技术障碍风险、虚拟开放风险、业务操作风险以及期限错配风险等随时间变化的演化趋势图。

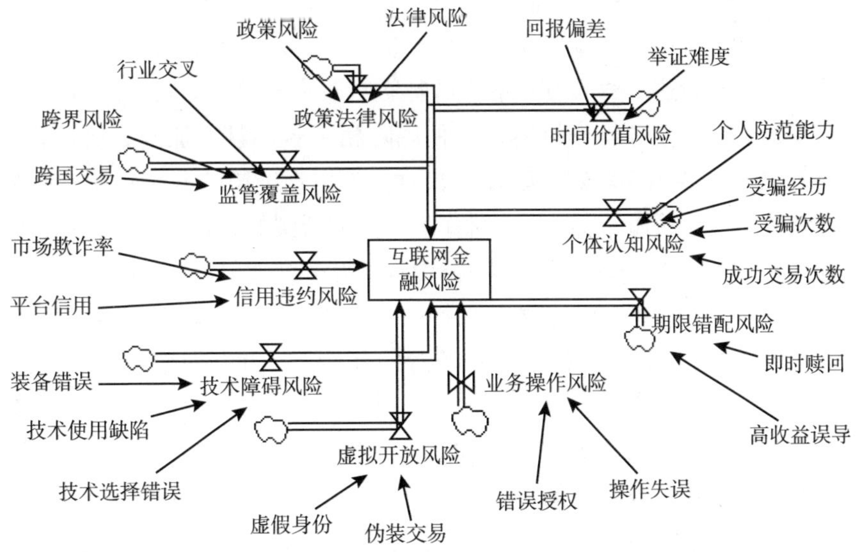

图4-1　互联网金融风险演化的动力学仿真模型流图

4.3.1　互联网金融风险系统的总体演化趋势

从图4－2可以看出，在互联网金融风险系统中，互联网金融风险的总水平随时间而逐渐增加，并且增加的速度在不断加快。在发展的前期，互联网金融的风险总量相对较小且处于隐藏状态，但之后随着各种风险因素的逐渐暴露，互联网金融领域的风险积累在发展的后期阶段将有着较大程度的增加。

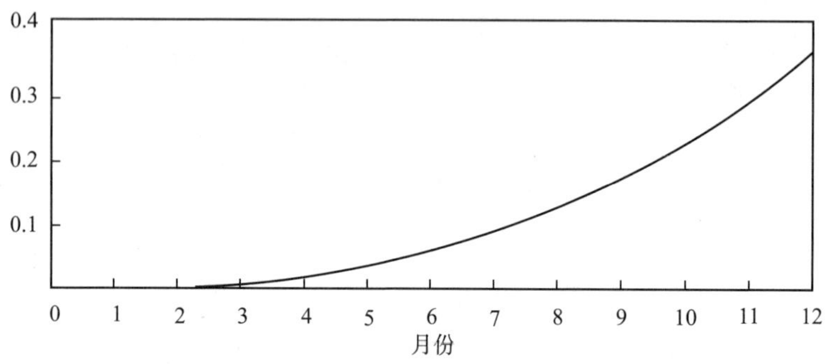

图4－2　互联网金融风险系统的总体演化趋势

在互联网金融风险子系统，即政策法律风险、监管覆盖风险、时间价值风险、个体认知风险、信用违约风险、技术障碍风险、虚拟开放风险、业务操作风险、期限错配风险，由图4－3可以直观地发现，其中，政策法律风险、监管覆盖风险、时间价值风险、个体认知风险、信用违约风险与期限错配风险这六种风险对系统风险影响较为显著，而技术障碍风险、虚拟开放风险、业务操作风险这三种风险相对较小且增加较为缓慢。在2013年之前，我国互联网金融发展相对较为缓慢。2013年之后则进入快速发展的轨道。然而，互联网金融作为一种创新型的金融业态，相比传统金融，其交易模式、交易主体等各方面都具有非常大的差异，因此在发展初期，实际上并没有专门的政策法律对互联网金融进行有效的监管，监管真空的情形随之出现。在缺乏有效监管的环境下，互联网金融野蛮生长、乱象频出，平台“爆雷”与“跑路”等风险事件频发。随着时间的推移，互联网金融领域的风险逐步引起了相关部门的重视并开始将互联网金融风险纳入监管范畴，因而政策法律风险经历一个逐步下降到快速下降的过程，监管覆盖风险则由上升转向下降的过程。同时，作为一种金融创新，开始阶段的高收益诱惑吸引了大量的投资者进入互联网金融领域，但是由于大多数投资者都是属于不成熟的、长期投资理念缺失的投资者，快进快出的投资模式使得平台的时间价值、个体认知风险与期限错配风险显著。而且，监管的缺失导致互联网金融领域没有进入门槛，平台运作也没有规范，大量平台通过资金池的方式欺骗、非法攫取投资者资金，直接增加了平台的信用违约风险。如前所述，互联网是互联网金融业务得以有效开展的技术基础。没有可靠的互联网技术则互联网金融的发展必然面临各种技术障碍风险与业务操作风险问题。相对而言，互联网金融发展中具有一定的区域性与地域性，国外投资者参与国内互联网金融业务的规模相对较小，为此虚拟开放风险相对并不显著。

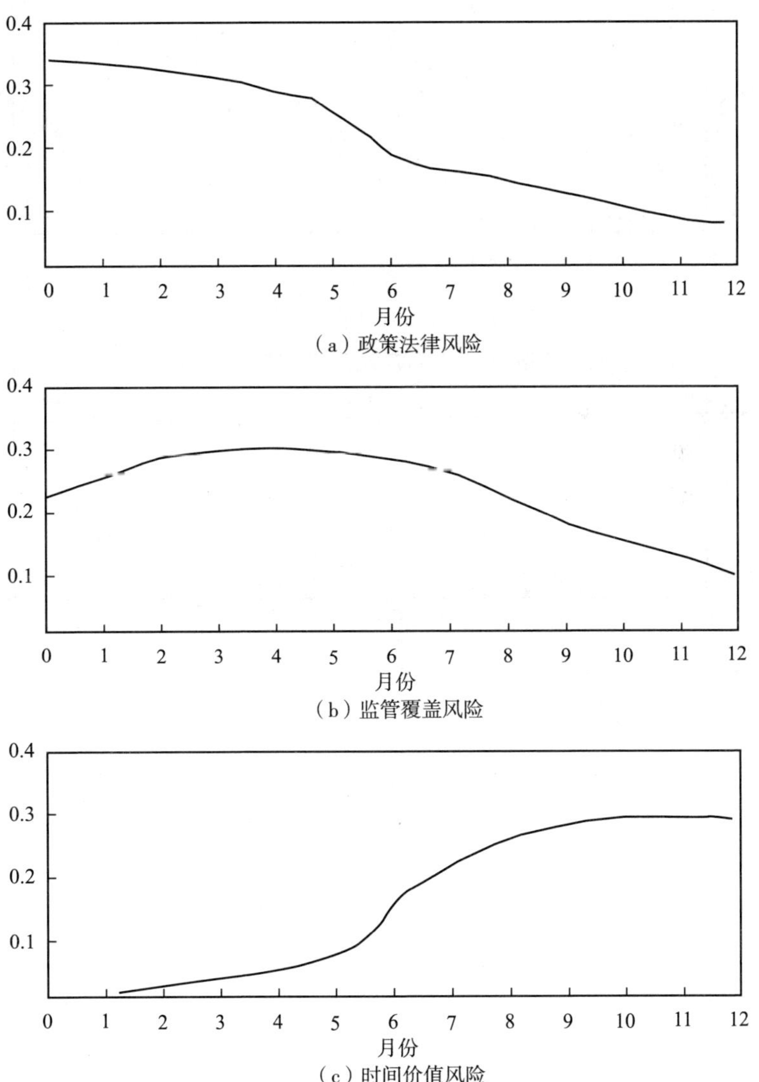

（a）政策法律风险

（b）监管覆盖风险

（c）时间价值风险

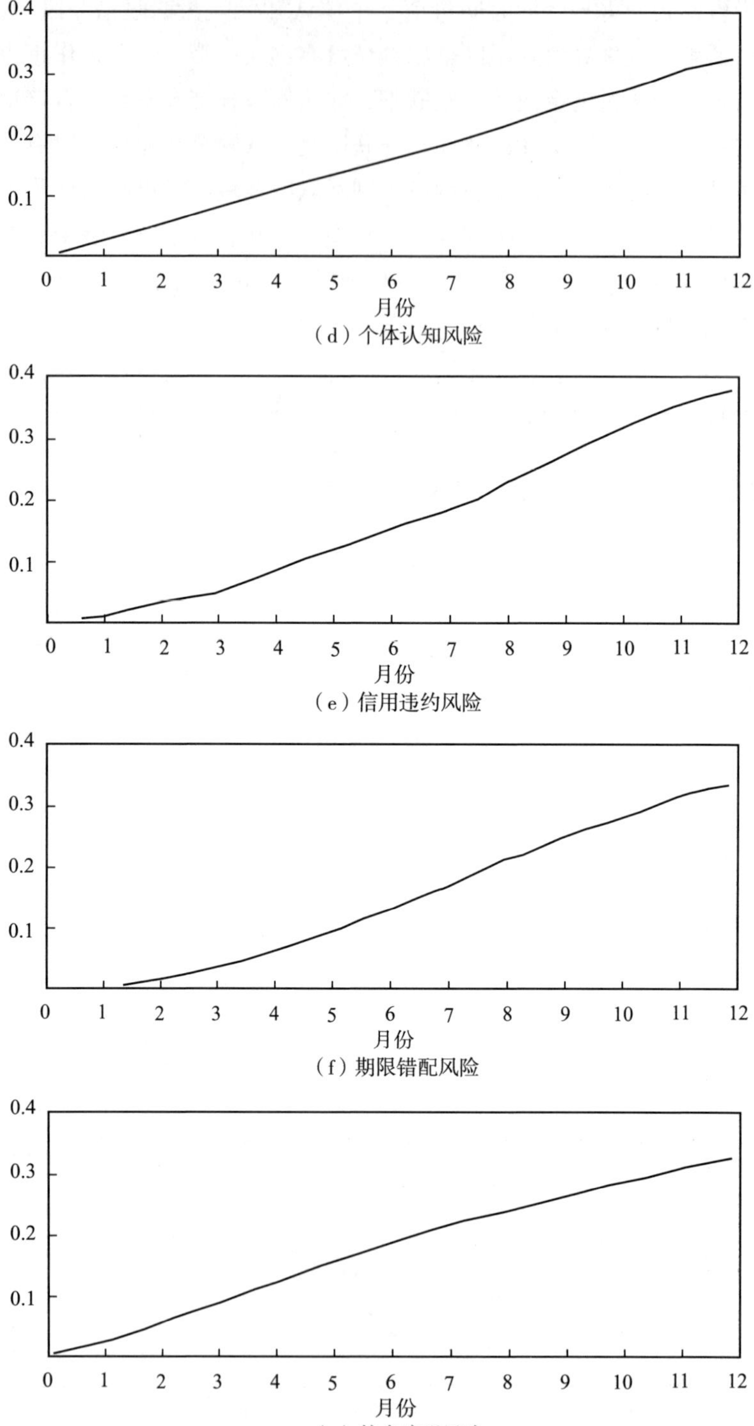

（d）个体认知风险

（e）信用违约风险

（f）期限错配风险

（g）技术障碍风险

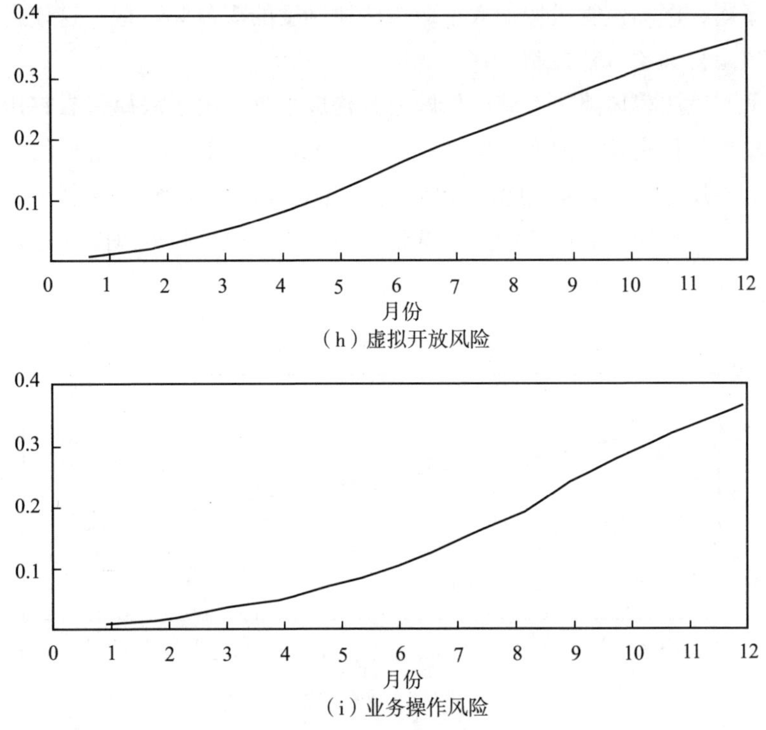

（h）虚拟开放风险

（i）业务操作风险

图 4－3　互联网金融风险子系统对互联网金融风险系统的影响

4.3.2　互联网金融风险子系统的演化趋势

4.3.2.1　政策法律风险子系统的演化

在互联网金融风险的政策法律风险子系统中，由图 4－4 可以看出，由于互联网金融高速发展的前期，在监管方面不像传统金融那样具有严格规范的法律法规，而是存在一定程度上的政策法律滞后现象。因而可以看出，在发展初期，政策法律风险相对较高。但随着互联网金融风险事件的

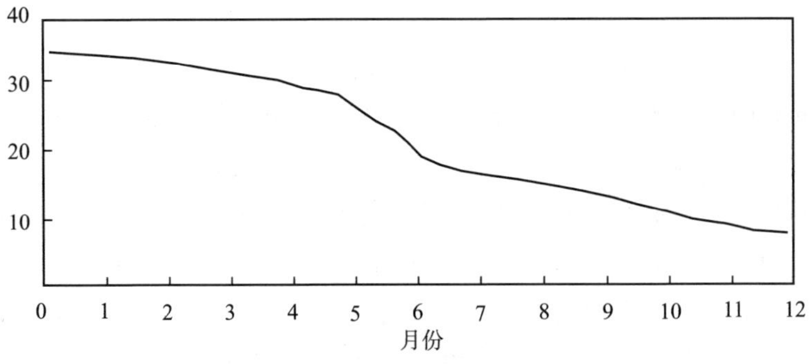

图 4－4　政策法律风险变化趋势

频繁暴露，国家监管机构加大了政策法律制度的规范和完善，这使得政策法律风险得到了有效控制。

从政策法律风险子系统的风险要素构成来看，由于法律因素在短期内具有较大的稳定性，因而从图 4－5 可以看出，法律风险在较长的时间内不变。相反，由于政府的相关政策能够针对互联网金融领域存在的各种问题进行灵活地针对性地制定与调整，因而能够使得政策风险在较短时间内下降。

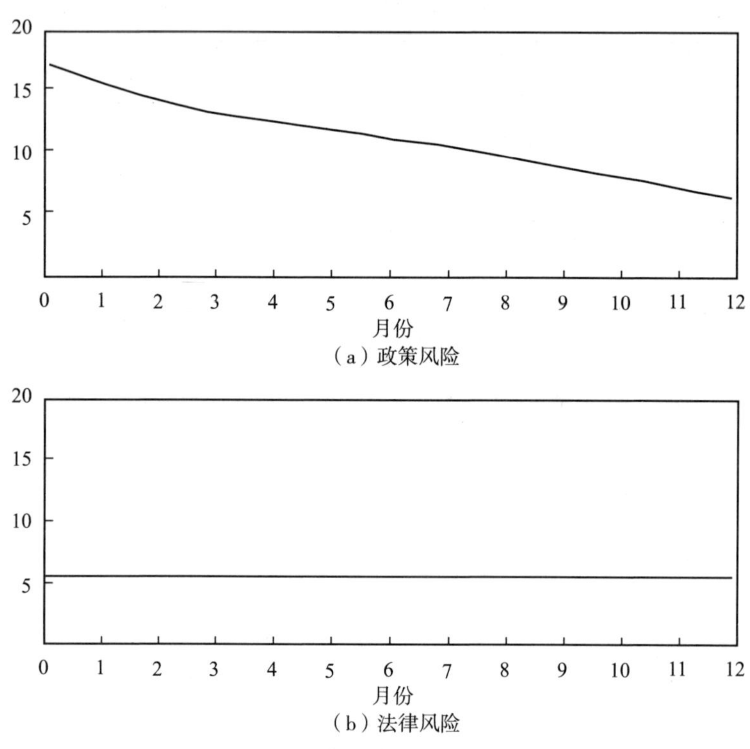

图 4－5　政策法律风险因素的影响

4.3.2.2　监管覆盖风险子系统的演化

互联网金融的本质是金融，而在金融活动中核心是信用交易。因此，由于信用交易而出现的金融风险在互联网金融领域也是必然的。为了保证互联网金融的稳定发展需要严格的监管措施。然而，由于原有的监督措施都仅适用于传统金融模式，在互联网金融这一创新型的金融业态中监管则相对缺乏，使得监管覆盖风险处于较高水平。之后，随着相应的监管措施不断完善监管覆盖风险将趋于下降（如图 4－6 所示）。

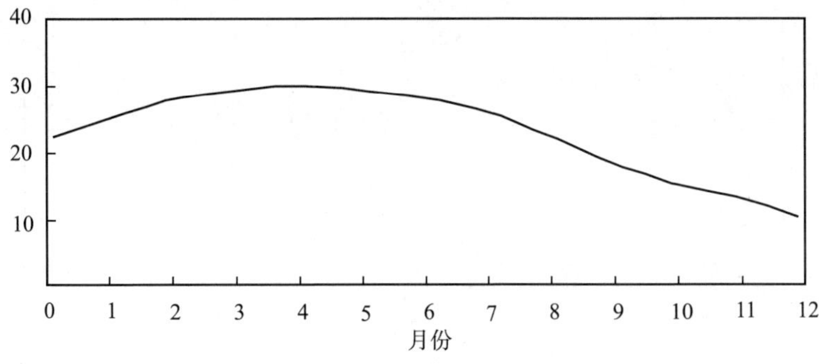

图4－6　监管覆盖风险变化趋势

从图4－7所示的监管覆盖风险因素影响来看，由于目前互联网金融领域的跨国交易还相对有限，因而跨国交易带来的风险相对较为稳定且处于较低水平上。近年对互联网金融的穿透式监管也使得跨界风险已经有了明显的下降。然而，由于互联网金融领域的创新不断出现，使得行业交叉现象越来越突出，以致互联网金融风险不仅没有得到有效控制，反而有了较大程度的上升。

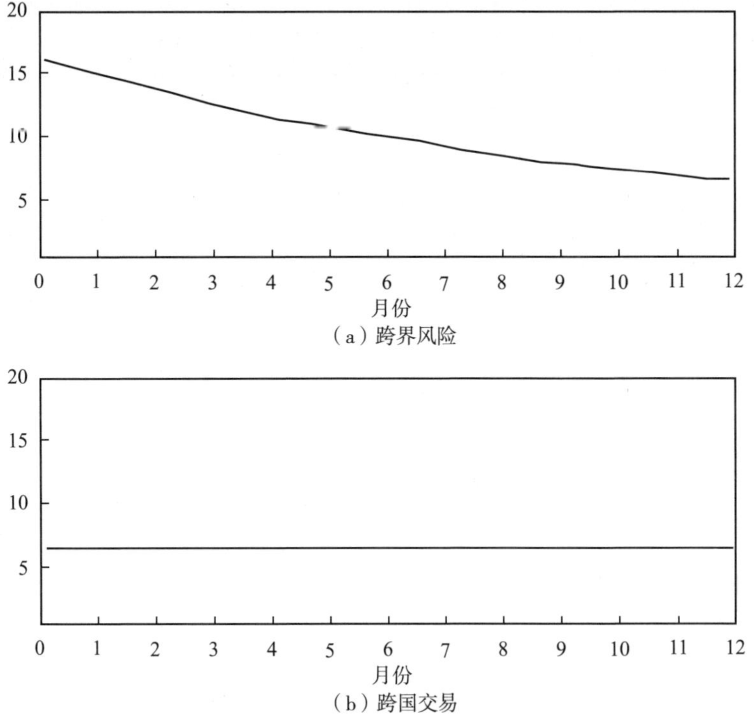

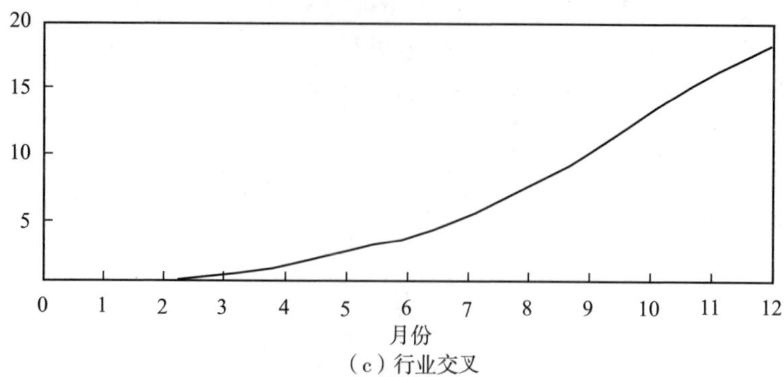

（c）行业交叉

图4-7 监管覆盖风险因素的影响

4.3.2.3 时间价值风险子系统的演化

互联网金融项目成功融资以后，投资者需要等项目取得成功后才能获得回报。那么投资者获得回报的期限就不得不延长，还可能一定期限后投资者发现所得回报低于原有的预期，或者项目进展过程漫长使得投资者的回报迟迟不得实现。当被投资的互联网金融项目发生问题时，对投资者而言，准确认定和计算损失并提供有效资料举证都难以实现，并且还存在较高的维权代价和时间成本。所以在其发展初期，互联网金融时间价值风险相对较小，但随着其发展推移，时间价值风险将有着显著的上升趋势（如图4-8所示）。

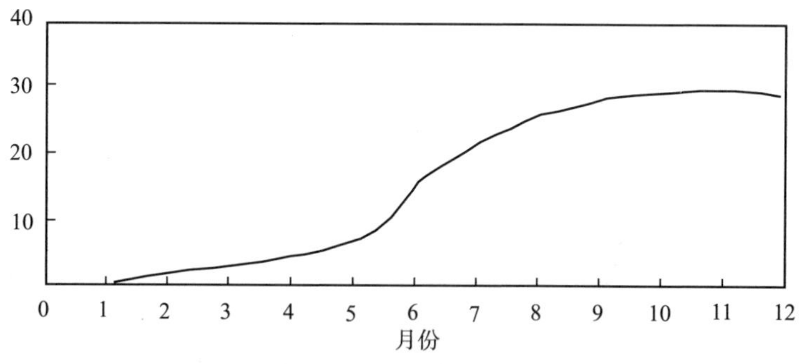

图4-8 时间价值风险变化趋势

时间长度与不确定性大小通常是成正比的。时间越短不确定性越小，而时间越长则不确定性越大。图4-9表明，在初期，由于时间相对较短、不确定性较小，因而回报偏差与举证难度带来的时间价值风险较小。但是，如果时间期限越长，投资者对损失的认定和计算难度会提高，提供资料举证的成本和时间成本也很高，最终导致后期时间价值风险上升较快。

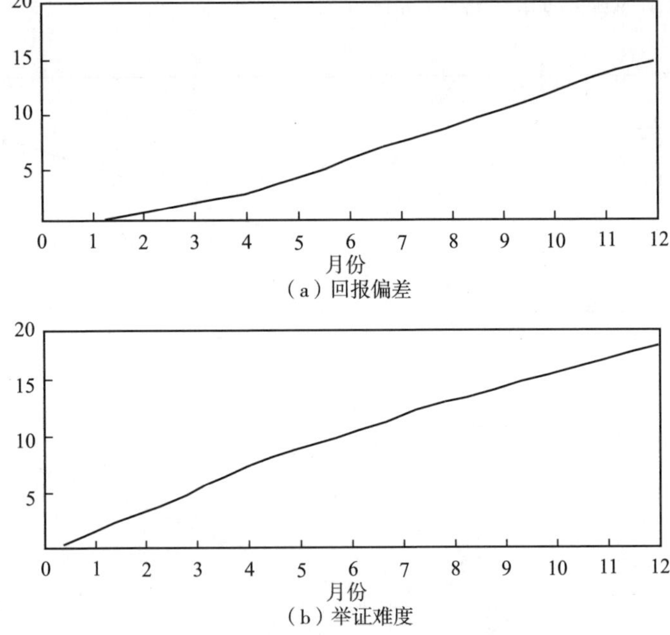

图4－9 时间价值风险因素的影响

4.3.2.4 个体认知风险子系统的演化

互联网金融利用网络的高度通达性，使得传统金融中常见的金融排斥现象在互联网金融中能够得到有效的缓解，大量在传统金融模式下的长尾客户能够利用网络终端进入平台，然而自身对风险的防范与识别能力欠缺的问题也提升了风险水平（如图4－10所示）。

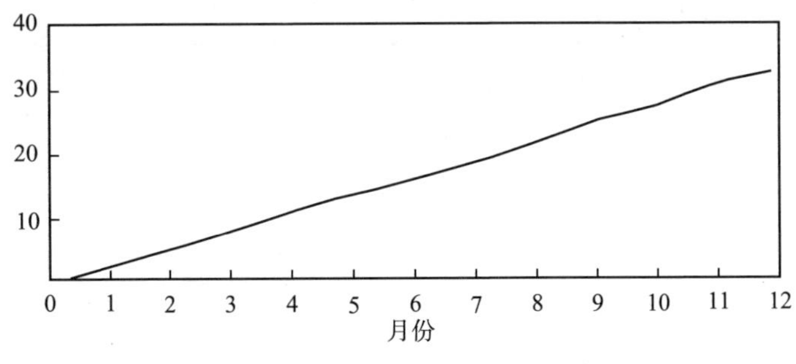

图4－10 个体认知风险变化趋势

从个体认知风险的影响因素上看，在初期的风险总体上处于相对较小的水平，而随着互联网金融的发展，越来越多的参与者投入到互联网金融领域，因而在个人防范能力、受骗经历、受骗次数和成功交易次数四个维度都表现出风险增加的趋势（如图4－11所示）。

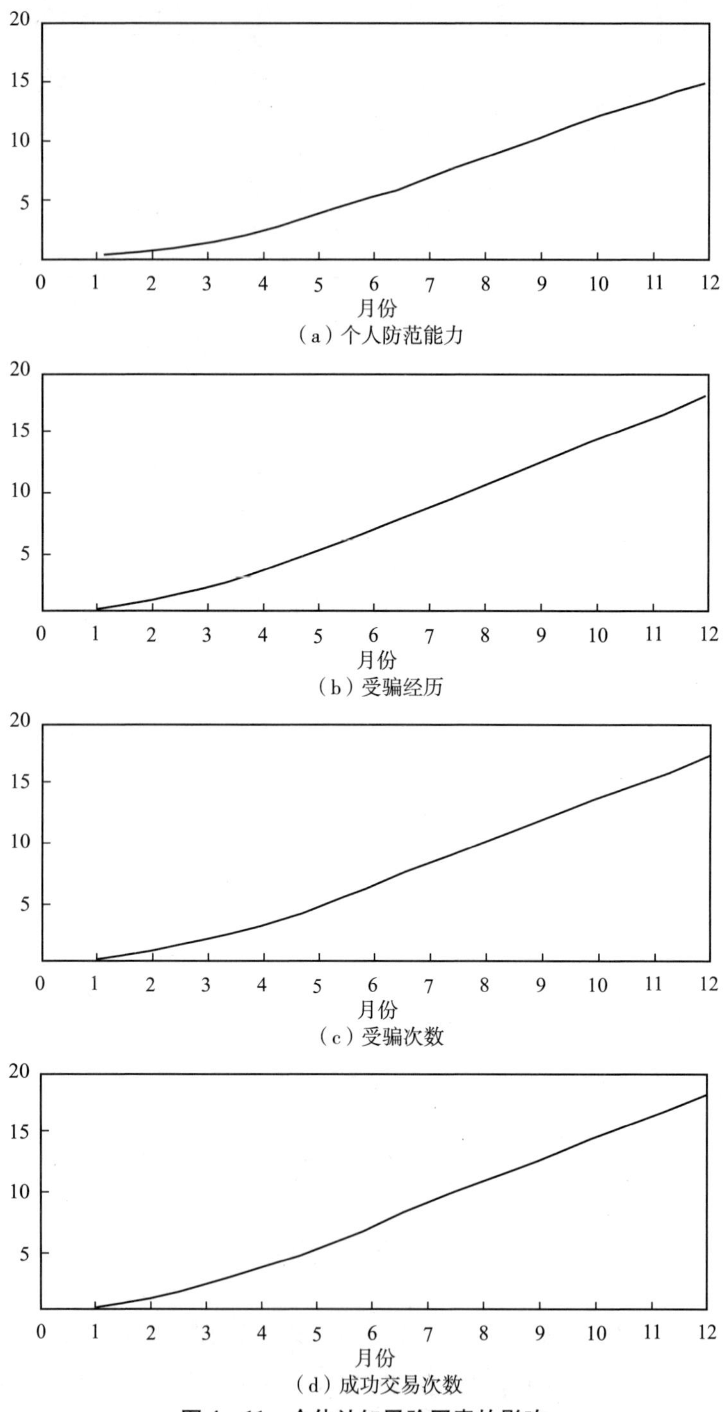

（a）个人防范能力

（b）受骗经历

（c）受骗次数

（d）成功交易次数

图4－11　个体认知风险因素的影响

4.3.2.5　信用违约风险子系统的演化

互联网金融的本质是信用交易，这与传统金融业的本质并无差别。因此，对于信用因素而言，不论是传统金融，还是互联网金融，都是交易能否取得成功以及金融业是否能够得到可持续发展的核心因素与关键因素。但是，与传统金融所不同的是，互联网金融的交易环境不需要投融资双方的直接面对面，而是通过虚拟网络进行。因此，互联网金融交易中双方的信用水平比传统金融中更为重要，甚至成为互联网金融交易成功的基础。但是从图 4 – 12 中可以看出，虽然我国目前已经建立了对互联网金融监管的基本框架，但由于多层面因素的共同影响，互联网金融交易中所面临的信用违约风险还是较为突出的。

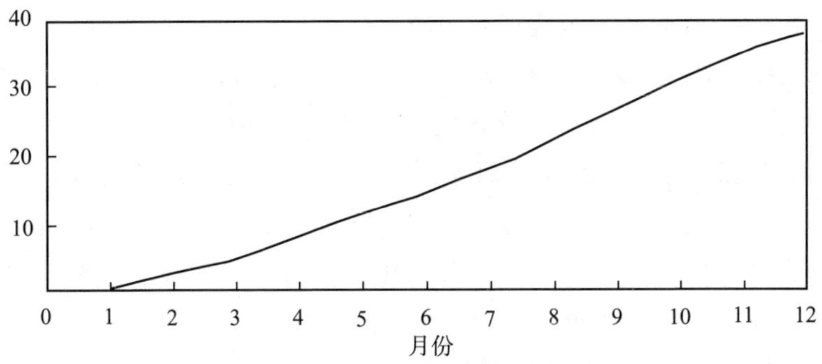

图 4 – 12　信用违约风险变化趋势

从信用违约风险的构成来看，在对互联网金融进行严格监管的背景下，大量信用水平不高的互联网金融平台被挤出市场，总体上平台信用有了一定程度上的提高，然而由于互联网金融的门槛较低，平台信用的提高速度较为缓慢。与此相反，互联网金融领域中市场欺诈率带来的风险增加则非常显著（如图 4 – 13 所示）。

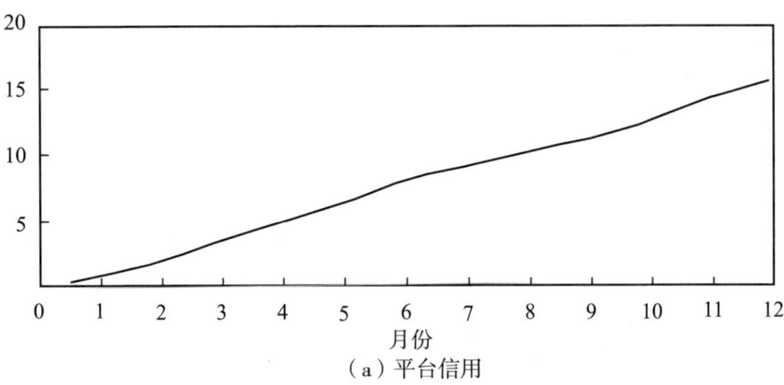

（a）平台信用

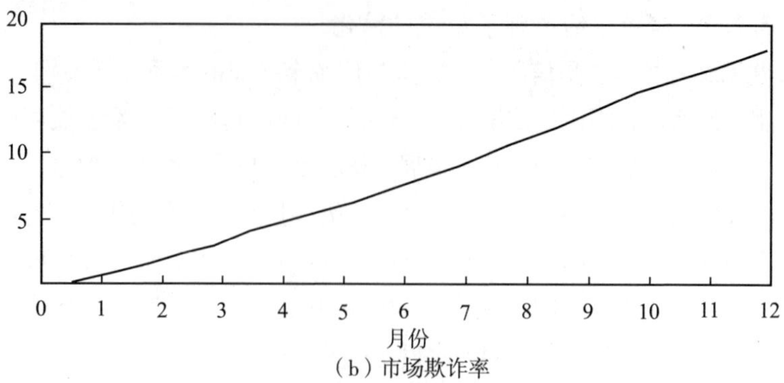

（b）市场欺诈率

图 4 – 13 信用违约风险因素的影响

4.3.2.6 技术障碍风险子系统的演化

网络技术是互联网金融得以出现并获得发展的基础。如果互联网金融交易中的网络技术不可靠，那么通过互联网金融平台所开展的投融资活动将由于资金安全无法得到保障而受到极大限制。但是，互联网技术具有虚拟性，一旦技术存在一定的漏洞或者某种程度上的缺陷，将可能被人利用而直接导致交易出现风险，由此甚至可能影响互联网金融整个行业的发展。与此同时，相较于其他风险而言，由于互联网技术具有相对的稳定性，因而，虽然技术障碍风险有了一定程度的上升，但总体上上升程度较为有限（如图 4 – 14 所示）。

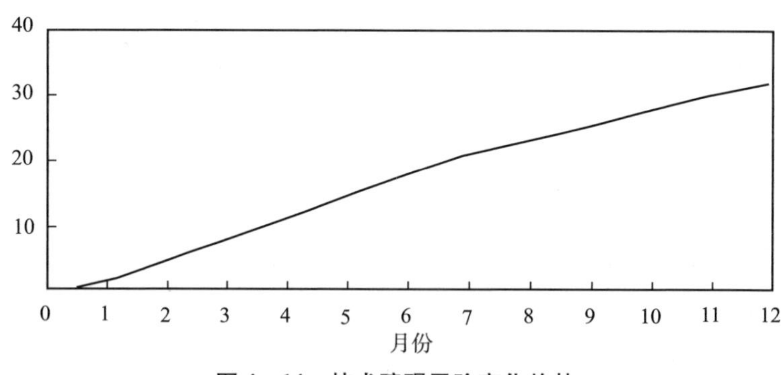

图 4 – 14 技术障碍风险变化趋势

与技术障碍风险变化趋势相一致，其风险构成因素中装备错误、技术使用缺陷与技术选择错误三个方面虽然都有一定程度的上升，但总体上在互联网金融领域内技术因素所导致的风险来源较为有限（如图 4 – 15 所示）。

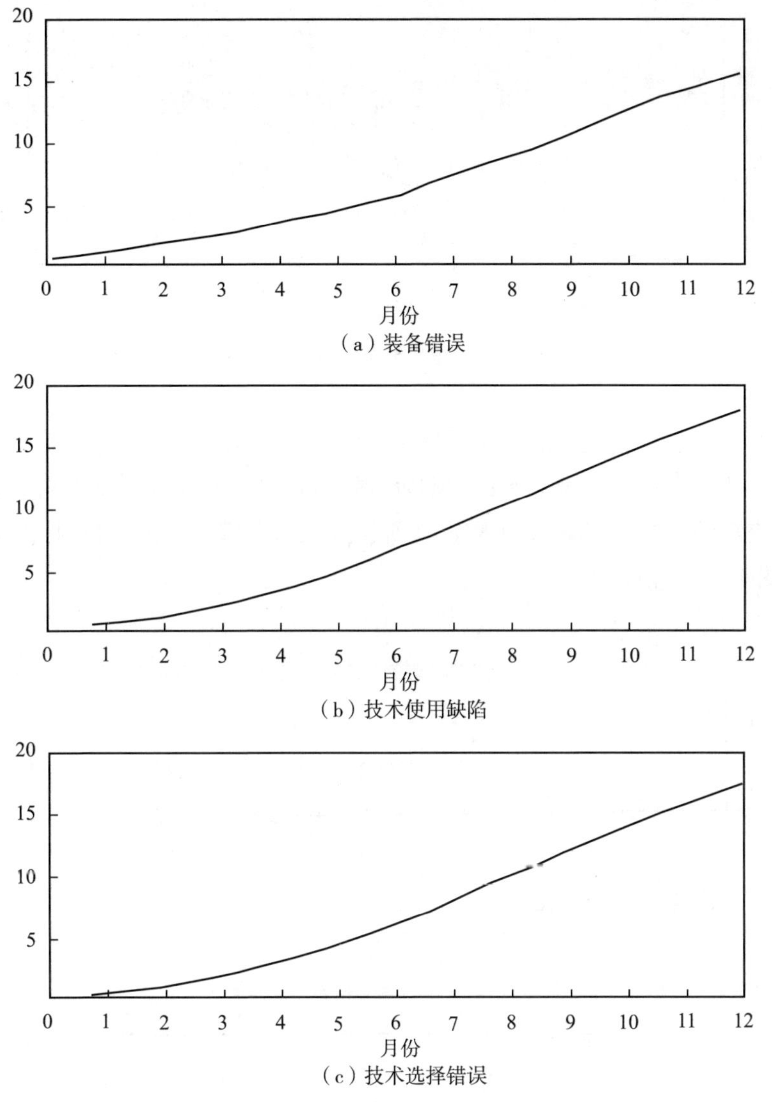

（a）装备错误

（b）技术使用缺陷

（c）技术选择错误

图 4－15　技术障碍风险因素的影响

4.3.2.7　虚拟开放风险子系统的演化

互联网金融的开放性给市场参与者提供了一个崭新的信息共享渠道，同时，其“虚拟性”特点也给判断交易者资质、准确分析市场中的数据带来困难，“身份造假”“伪装交易”等问题也会显露出来。从图 4－16 的虚拟开放风险变化趋势可以看出，随着互联网金融的发展壮大，虚拟开放风险有了较为明显的上升。

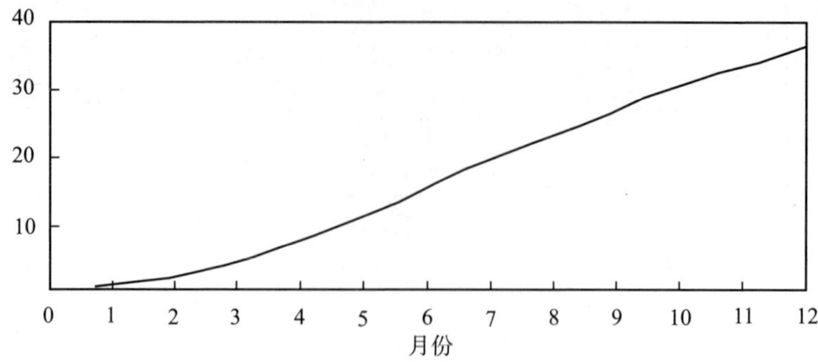

图 4－16　虚拟开放风险变化趋势

与伪装交易相比，由于互联网金融市场参与者开始一般都较为谨慎，因而一般虚假身份风险来源在初期阶段较为有限，但随着交易者对互联网金融交易的规则等越来越熟悉，其所引发的虚假身份风险问题快速上升（如图 4－17 所示）。

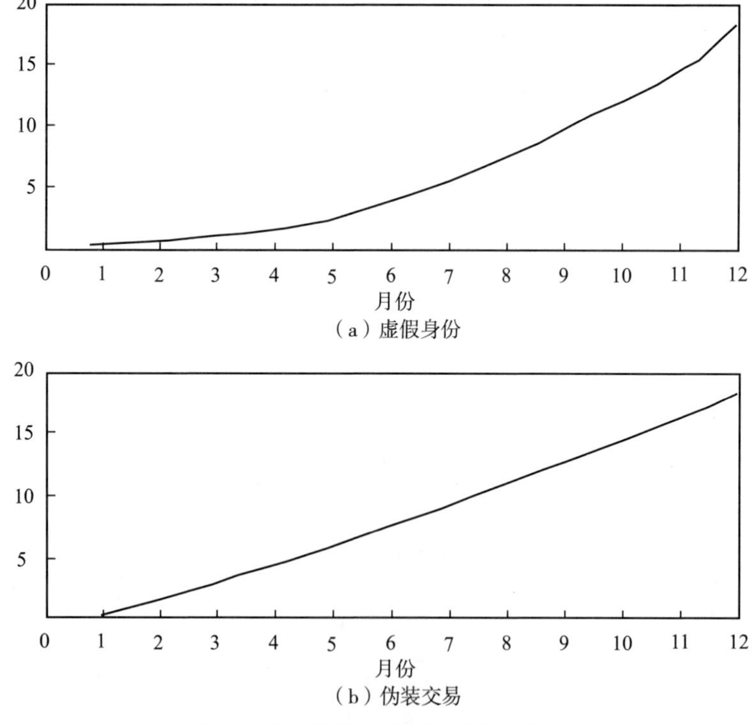

图 4－17　虚拟开放风险因素的影响

4.3.2.8　业务操作风险子系统的演化

与传统金融服务比较而言，互联网金融业务具有多重风险属性，诱因可能是大数据经营或操作主体发生变换，也可能是金融账户的授权使用不规范、操作流程设计不合理、操作系统对网络系统的依赖度过高、真假电子货币识别效果较差等。总的来说，随着互联网金融业务的发展，业务操作风险以较缓慢的速度在上升（如图 4－18 所示）。

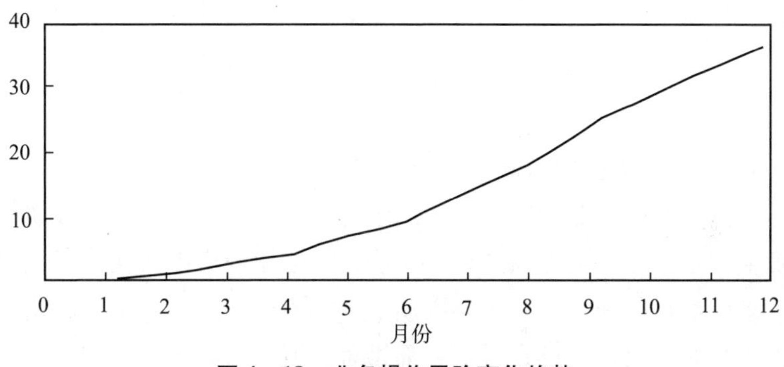

图 4－18　业务操作风险变化趋势

从图 4－19 所示的业务操作风险的影响因素也可以看出，随着互联网金融业务的发展，从错误授权与操作失误两个方面所引致的风险都有了一定程度上的上升。

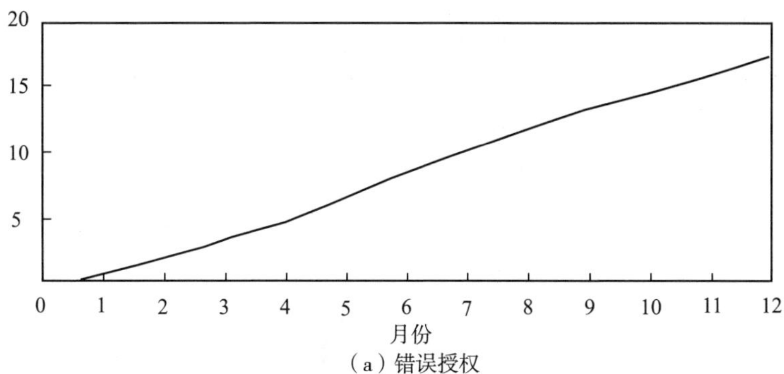

（a）错误授权

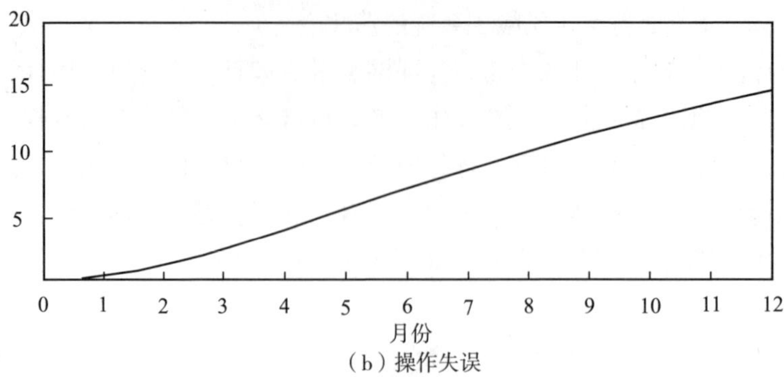

（b）操作失误

图 4－19 业务操作风险因素的影响

4.3.2.9 期限错配风险子系统的演化

互联网金融的投资期限与负债期限通常是呈反向关系，即投资期限较长而负债期限较短，且负债到期后无法及时还款的概率较大，因而可能会引发流动性不足的问题，最终导致期限错配风险。从趋势上看，由于开始阶段无论是对于投资者还是融资者都相对谨慎，因而出现的期限错配风险较为有限。但随着互联网金融的发展，市场参与者的非理性行为导致期限错配风险快速增加（如图 4－20 所示）。

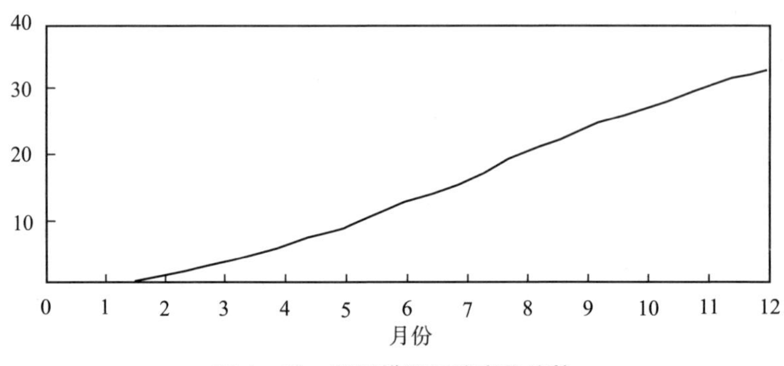

图 4－20 期限错配风险变化趋势

从期限错配风险的来源上看，由于投资者的避险心理，即时赎回风险自一开始就有较大程度上升。而对于高收益误导所引致的风险而言，由于谨慎原因，投资者一般开始较为保守，因而导致的风险相对较小，一旦投资者适应了互联网金融的交易方式，则引致的期限错配风险呈现出快速增加的趋势（如图 4－21 所示）。

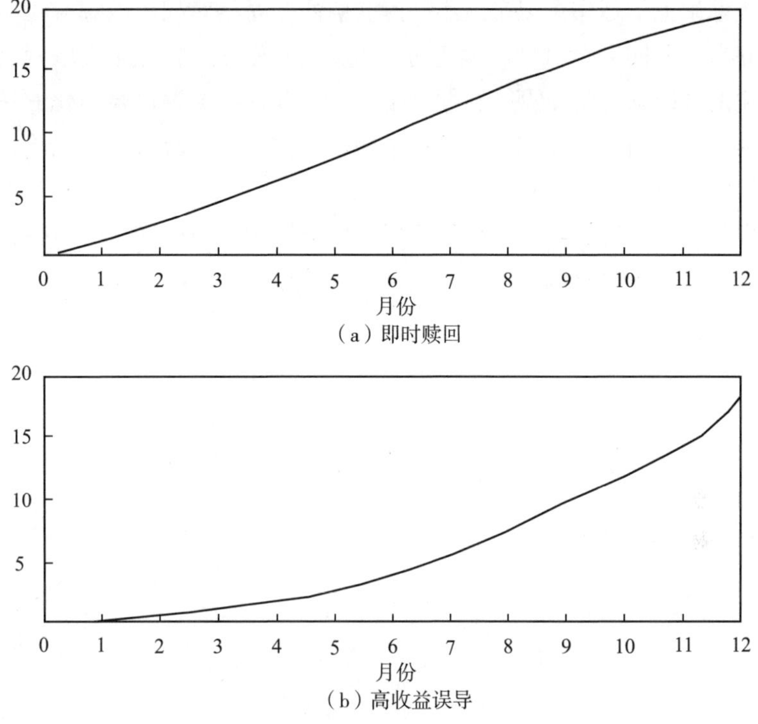

（a）即时赎回

（b）高收益误导

图4－21　期限错配风险因素的影响

4.4　本章小结

无论是自然界还是社会界都属于复杂的巨系统。为了实现这些巨系统的优化与控制，系统科学为其提供了整体的解决方法。具体到社会系统中的互联网金融风险系统，采用系统科学的分支，即系统动力学，能够基于互联网金融风险系统边界确定及模型构建的基础上，运用相应的计算机模拟仿真技术，可以从互联网金融风险系统动态模拟的角度深入考察互联网金融风险演化规律。

系统动力学是定性分析和定量分析相结合的工具，在使用系统动力学时必须对所建模型的边界进行界定，即需要找出模型的边界点，并对其进行赋值或者赋予一定权重，这是对模型进行仿真的基础。由于综合集成赋权法既能够反映主观信息，也能反映客观信息，因而能够综合“功能驱动型”“差异驱动”主、客观两种加权方法各自的优势，因而本章在专家问卷调查基础上，运用可以确定不同因素两两之间相对权重的综合集成赋权法，并考虑不同金融风险因素之间互相影响的程度，构建了互联网金融风险演化的系统动力学模型。在此基础上，对互联网金融风险演化的系统动力学模型进行仿真，得到了互联网金融的总体风险、政策法律风险、监管覆盖风险、时间价值风险、个体认知风险、信用违约风险、技术障碍风险、虚拟开放风险、业务操作风险以及期限错配风险的变化趋势图，从而为系统把握各个风险随时间变化的演化规律提供了基础。

第 5 章　互联网金融风险的动力学演化机理

互联网金融是一个由众多因素彼此影响的复杂系统。在这一复杂系统中，各个因素之间的因果关系是动态的，从而导致由此引发的互联网金融风险也处于不断的动态变化之中。作为互联网金融风险系统内部组成部分的各个子系统，彼此之间也同样具有复杂的因果关系并处于不断的动态变化中，这其中任一因素和子系统的变化都有可能导致互联网金融风险系统总体上的调整。在这些复杂的动态关系中，应用系统动力学考察互联网金融风险的演化机理，有利于清晰刻画各个风险因素之间错综复杂的关系。

5.1　互联网金融风险动力学演化的基模分析

互联网金融风险是一个内部因素相互依存并制约的复杂系统，依据互联网金融的核心风险，即监管覆盖风险、个体认知风险、信用违约风险、虚拟开放风险这四个子系统中关键变量之间互相影响的效应与趋势，并利用彼得·圣吉在《第五项修炼——学习型组织的艺术与实务》一书中创建的系统基模分析技术，运用 Vensim PLE 软件模拟绘制互联网金融风险系统基模图，可以将互联网金融风险分为监管覆盖风险基模、个体认知风险基模、信用违约风险基模、虚拟开放风险基模四种风险基模，并结合考虑我国互联网金融的具体情况，能够刻画出互联网金融系统内不同风险因素之间的反馈环作用。

5.1.1　监管覆盖风险基模

在图 5 - 1 中，左边正反馈环是关于互联网金融风险因素导致监管覆盖风险的增强环路，而监管覆盖风险的增加反过来又将为互联网金融风险的强化提供条件。另外，由于互联网金融市场的网络化特征，互联网金融领域的跨国交易非常频繁。跨国交易与跨界交易交织在一起，从而使互联网金融风险的监管难度不断增加，这进一步提升了互联网金融的监管覆盖风险。右边负反馈环是关于互联网金融市场欺诈的高企，在市场参与者理性预期的作用下，导致互联网金融平台信用水平下降，从而加剧互联网金融的监管难度，由此导致监管覆盖风险的提高，使得互联网金融风险难以得到有效控制，将不利于互联网金融市场的后续融资。

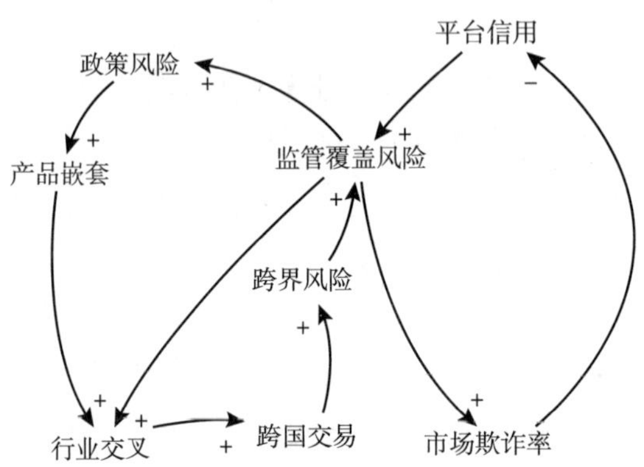

图 5-1 互联网金融风险的监管覆盖风险基模

5.1.2 个体认知风险基模

在图 5-2 所示互联网金融风险的个体认知风险基模中，左边正反馈环表示互联网金融市场上的个体投资者不断通过即时赎回的方式以实现更高的收益水平，导致互联网金融平台存在短期资金来源和长期资金运用的期限错配风险，由此增加互联网金融的个体认知风险。右边一个负反馈环

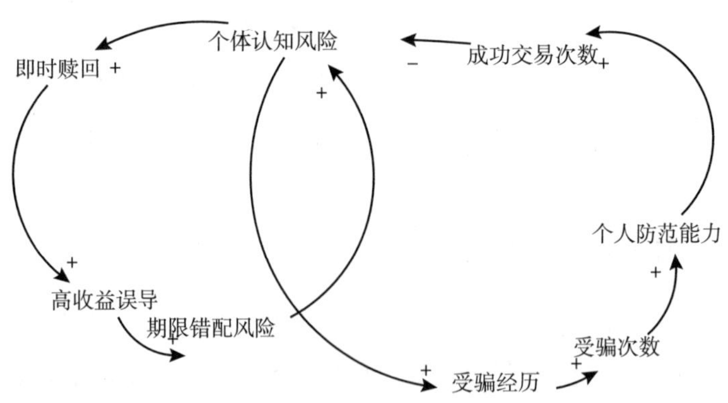

图 5-2 互联网金融风险的个体认知风险基模

表示由于互联网金融市场上的个体投资者在不断增加的受骗经历和受骗次数中，可以相应地积累相关业务经验从而提升自己对互联网金融风险的防范能力，最终能够在互联网金融的实践中提高成功率，由此使得个体认知风险下降。

5.1.3　信用违约风险基模

图5-3所示的互联网金融信用违约风险基模中由左右两个反馈环共同构成。其中，在左边的反馈环可以看出，由于传统金融的发展历史较长，对传统金融的监管措施相对较为完善。但是，互联网金融的发展历史还较为短暂，与其相关的监管措施还不够完善，效果也还不明显。因此，与受到严格监管的传统金融不同，互联网金融领域的监管在一定程度上还存在监管空白的现象，因而监管覆盖风险较大。在互联网金融市场的利润目标驱使下，部分参与者更是不断采用行业交叉的方式推动了市场上欺诈行为的发生，使得互联网金融市场的信用降低，引起信用违约风险增加并由此形成一个恶性循环。右边反馈环表示互联网金融市场的欺诈行为越猖獗，将导致市场上的绝大多数参与者越怀疑互联网金融平台的安全性，从而降低了互联网金融平台的信用水平，同时相对提高了信用违约风险，最终也促使形成一个恶性循环。长此以往将会导致互联网金融市场的信用违约风险突出。

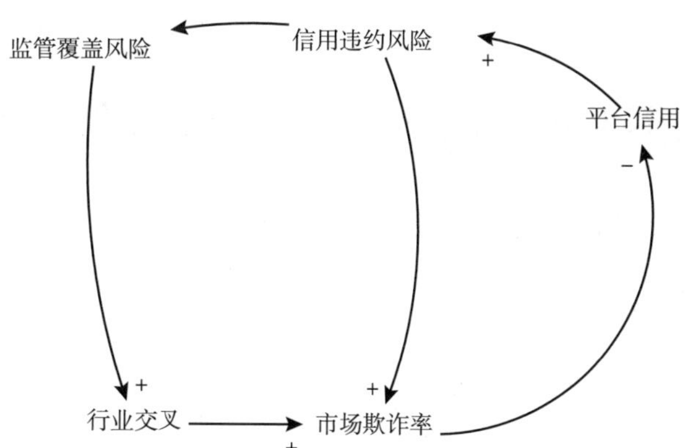

图5-3　互联网金融风险的信用违约风险基模

5.1.4　虚拟开放风险基模

图5-4所示为互联网金融的虚拟开放风险基模。左边反馈环表示互联网金融市场作为一个虚拟市场，交易者身份的确定是进行正确交易的前

提。然而，由于互联网金融交易完全依赖于互联网完成，容易出现虚假身份的交易者并出现错误授权的情形，由此虚假身份者可以通过虚拟的网络完成相关交易，导致互联网金融的虚拟开放风险较为突出并形成一个恶性循环。同时，互联网金融的虚拟开放风险也和技术障碍风险交织在一起。互联网金融平台交易的安全性有赖于正确的技术选择，如果存在技术选择错误的情形，将使得互联网金融平台出现技术障碍风险，导致虚拟的网络交易风险上升，这也将形成一个虚拟开放风险的恶性循环，不利于互联网金融市场的稳定。

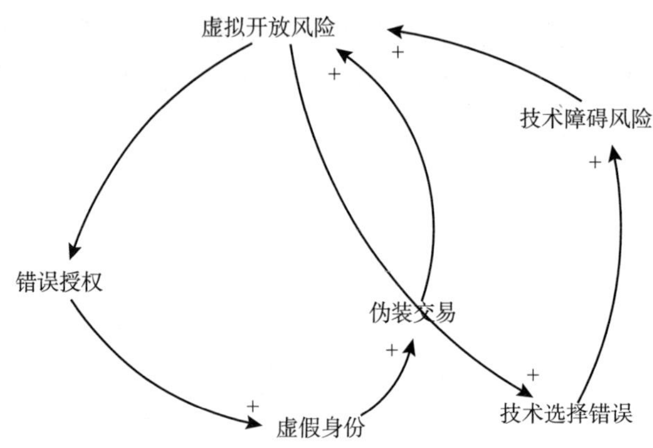

图5-4　互联网金融风险的虚拟开放风险基模

5.2　基于系统动力学的互联网金融风险演化机理

互联网金融风险系统是不断演化发展的动态系统。在这一复杂系统中存在众多的不确定性，例如，互联网金融的跨期交换、互联网金融的信用违约互换、互联网金融中的长尾客户、互联网金融平台的中介角色以及互联网金融中网络虚拟特征等方面都有可能最终演化为互联网金融风险。

5.2.1　互联网金融的跨期价值与互联网金融风险演化

作为金融交易与网络技术相结合的一种创新的金融业态，不仅有在传统金融下的互联网衍生模式，例如，网络保险、电子银行、手机银行等，还有层出不穷的全新金融模式，例如，第三方支付、网贷、P2P网络借贷平台和股权众筹等，未来也可能随着金融业和网络技术的进一步发展而衍生出其他新的金融模式。

在所有的互联网金融模式中，P2P 和股权众筹一般认为影响面较广且较为特殊。从互联网金融风险角度上看，在 P2P 和股权众筹这两种模式中，投资者与融资者双方通过互联网金融平台的媒介作用实现了直接的融资活动。由于互联网金融平台在其中仅仅充当交易媒介的作用而无须承担与投融资相关的金融风险，其既不需要像银行贷款那样计提风险准备金，与资本市场上的直接融资模式也具有很大差别。因此，有部分学者认为应当将“互联网金融”模式看作出独立的第三种金融模式，并且互联网金融在更高水平上将金融交易采用无金融中介和无金融市场的形式开展，从而构造了一种全新的金融交易场景。然而，需要指出的是，即使互联网金融从表面上看与银行贷款和资本市场直接融资具有很大差别，也确实是为我们提供了一种全新的金融交易场景，例如 P2P 网络借贷平台和股权众筹平台在一定程度上被看作是为投资者和融资者双方提供信息进而撮合交易的信息中介，但是其功能远不仅仅如此，因为除此之外还需要加工信息、构建渠道、信息甄别与交互等。因此，这些相关平台的出现在本质上并未颠覆金融产品的内核，传统金融和互联网金融的业务与功能在根本上并没有太大差别，后者只是前者在运营模式和服务范围上随着金融科技发展作出的延伸变化。

由于互联网金融只是传统金融行业在运营模式和服务范围上随着金融科技发展作出的延伸变化，所以两者的核心还是金融，在本质上都是无差别的。既然互联网金融核心也是金融，所以任何一种互联网金融模式都必然会体现出其跨期价值交换和信用交换的本质。在该模式下的金融活动过程中，互联网金融平台自身不需要承担由跨期价值交换和信用交换活动中可能出现的风险，但并不意味着风险就平白无故地消失了，只是在互联网金融交易中，这些相关风险的承担者是投资者而非互联网金融平台。也正是因为互联网金融平台在金融交易中具有传递风险的可能，因此与传统金融监管一样也必须将互联网金融平台纳入金融监管框架并对其进行严格监管。

5.2.2　互联网金融平台的金融中介角色与互联网金融风险演化

严格意义上讲，国外互联网金融平台的角色仅仅是信息中介。这一信息中介的角色使得互联网金融平台只需要为投资者和融资者双方提供信息，不需要进行信息加工，也不需要进行信息的分析与研究。然而，从中国的互联网金融实践来看，互联网金融平台的作用则更加的广泛，在作为信息中介为投资者和融资者缓解信息不对称的同时，有时还需要为投资者的投资安全性提供担保，甚至也需要像商业银行一样要求融资者在融资过程中提供一定的抵押物。例如，拍拍贷的模式在国内是最接近信息中介的，但是其也同样依据融资者的相关信息而开展相应的评级工作，以此作为投资者的参考。很显然，这一模式与传统商业银行的信贷业务并无本质上的区别。而国内互联网金融平台中宜信和陆金所这两家最主要的业务是开展信贷资产证券化工作，这在一定程度上起到了创造货币债权的功能。然而，根据金融中介理论，互联网金融平台在本质上应该是不同于商业银行这样的货币中介的，所以“非法集资”的现象不应该发生在互联网金融平台。但是，由于我国互联网金融发展的不规范以及监管的相对滞后，某些互联网金融平台会受利益驱动，其开展的业务模式会向商业银行靠拢甚至重合，为此除了作为信息中介，还要承担金融中介的角色，这不仅是对传统金融形式、业态和机制上的改变，某些风险也继承了传统金融的风险，甚至还具有传统金融通常所不具有的技术风险等。因此，这些互联网金融平台成为各类风险高度集聚的场所，但却不具备或者缺乏商业银行风险拨备的对冲机制等方面的严格风险管理体系，由此导致互联网金融系统中的技术风险、操作风险、信用风险、流动风险、市场风险都非常突出，即使是某些经营合规的互联网金融机构，在这些多重风险的冲击下也可能出现“跑路”或者倒闭的情况。

5.2.3 互联网金融的长尾特征与互联网金融风险演化

传统金融中的金融机构，如商业银行等，由于规模较大，具有很高的固定成本，因此通常对那些资金总量小、盈利水平低的小客户采取“金融排斥”的政策。这一政策导致两个后果：一方面，传统金融机构不得不采取激烈的竞争政策对大客户进行营销，而传统金融机构的盈利水平不仅没有上升，反而下降了；另一方面，在我国经济体系中起着重要作用的大量中小企业，由于传统金融机构的“拒贷”政策而不得不采用内部融资的方式，有时会选择民间借贷，无奈之下甚至是高利贷，这不仅不利于中小企业经营环境的改善，也不利于稳固我国经济长期健康发展的基础。在严重的供求矛盾驱使下，互联网金融一经出现，便受到了传统金融机构长期所

“排斥”客户，也即长尾客户的欢迎。然而，任何事物的出现都有其特定的两面性。互联网金融服务于不被传统金融机构看好的广大长尾人群，在满足这些具有长尾特征客户的金融服务需求，特别是满足广大中小企业金融服务需求方面具有特殊而重要的作用，但也会引发长尾风险。而长尾投资者一般是金融知识技能较为不足、资金量较小、风险承受能力低的中小客户，一旦互联网金融市场出现一些异常事件，这些客户在行为上极其容易出现从众现象。因此，互联网金融服务的长尾客户不仅仅可能出现长尾风险，严重时甚至也可能出现“羊群效应”从而引起互联网金融市场上的混乱与动荡。

因此，虽然互联网金融平台能够借助于自身信息搜集、信息处理的优势，以及组织与运营的专业化优势，并通过网络服务的无界性，大幅降低平台自身的边际成本与金融服务价格，由此成为传统金融占主导的市场中的“草根金融”模式，提高经济金融体系中普惠金融的份额，但与此有关的风险也不容忽视。

首先，互联网金融的长尾风险会导致金融风险的负外部性增加。虽然在理论上互联网金融能够提供多样化、个性化的金融产品，这能够满足中小客户的金融服务多样性需求，并且有能力将其生产可能性边界向外拓展，但是在庞大交易量的背后是大量风险承受能力低、资金量小的客户。这些客户一旦出现损失，不仅仅带来的是其资产数量上的减少，而且还可能对其家庭、工作甚至身体健康上造成非常大的负面影响。这与传统金融的机制与制度设计上的保障差别巨大。在传统金融上，客户的产品选择具有多样性。如果客户是风险偏好者，可以选择期货、期权、股票等较高风险产品进行投资；而如果客户是风险规避者，则有银行存款、国家债券等稳健的金融产品进行选择。即使在金融市场化过程中也存在商业银行破产倒闭的现象，但存款保险制度以及拨备覆盖要求等方面的制度设计使得这些传统金融参与者的风险总体上是可控的，即使出现风险事件，通常也不会对社会造成较大的负外部性。

然而，与传统金融所不同的是，一旦互联网金融风险爆发，即使有担保机构能够为互联网金融平台提供担保，但如果担保机构破产，则实际上互联网金融交易中的交易者是无法得到像传统金融客户那样的保障的。因此，互联网金融风险的出现对底层民众的冲击会非常大，由此引致的负外部性也就较高，例如，引起群体事件甚至引发社会动荡。即使在政府的干预下使得大量互联网金融机构成为“大而不能倒”时，这也不是互联网金融风险消失了，而仅仅是政府的干预与背书压制了互联网金融风险爆发的时间，但这可能最后成为系统性金融风险的触发点，从而最终降低我国金融体系以及金融市场的效率，更不符合我国守住不发生系统性金融风险底线的政策。

其次，长尾特征导致能够约束风险的市场机制缺失。一般情况下，市场上的参与者都具有风险厌恶的基本特征。在传统金融市场中，由于专业的金融中介机构能够通过利用自身的信息优势为双方参与者提供信息支持，从而缓解投资者与融资者在金融交易中的信息不对称，并且能够依据自身的风险承受能力理性地选择金融产品。例如，假如自身风险承受能力低，就选择风险水平低的金融产品，从而发挥市场机制的作用降低风险。然而，互联网金融市场中大量的参与者是金融知识缺乏、风险防范能力较低的弱势群体。同时，由于单个投资者资金总量小且分散，自身对互联网金融平台及其金融产品进行监督的动力不足，只是通过平台的介绍或者跟随互联网金融平台上的其他投资者的选择，由此导致规避市场风险的机制缺失。

最后，长尾特征容易引发“羊群效应”，进一步扩大了风险在市场中的传播速度与广度。如前文所述，互联网金融的出现使得长期被传统金融“排斥”的长尾客户群体有了更多参与金融活动的机会。但是，这些长尾客户又往往是缺乏相应投融资知识的群体。缺乏金融知识可能导致两方面的不利后果：一方面，缺乏金融知识的参与者通常对信息的辨识能力不足，无法鉴别市场上的虚假信息，由此可能成为互联网金融市场上的噪声交易者；另一方面，由于知识的缺乏而导致无法独立作出投融资决策，通常情况下只有从众而采取跟随策略，进而形成“羊群效应”。一旦互联网金融市场上出现非理性信息，将通过网络的传播而加重长尾客户的情绪传染，甚至可能在很短时间内出现互联网金融风险的爆炸式增长与集聚，由此放大了互联网金融市场的不稳定性。

5.2.4 互联网金融的网络性与互联网金融风险演化

在网络技术快速发展的基础上，互联网与金融的有机融合成为互联网金融出现的契机。因而基于网络的经济形式也必然受到网络经济中的外部性、正反馈效应以及垄断性市场结构的影响。

（1）互联网金融交易中存在的网络外部性与正反馈效应不仅使得交易规模在短期之内可以迅速扩大，也加剧了互联网金融风险的集聚与演化。

一方面，在互联网的网络中，信息的传播速度极快，而任何一个参与者都成为该网络中的一个节点。随着这些节点数量的快速增加，这能够导致互联网金融交易所依托的金融数据与金融信息的传播以指数化方式快速增长。因此，这使得互联网金融参与者数量与互联网金融平台的资源迅速增加，所吸引的融资项目也必然大幅增加，互联网金融平台的价值也就必然增加，盈利机会越多，正反馈效应就越显著。另一方面，在互联网金融参与者以及互联网金融规模在短期内获得快速发展的同时，互联网金融平台的风险控制能力却没有得到有效提升。例如，在开放的互联网金融服务网络中，服务器遭受黑客攻击、客户账户被入侵导致资金被盗等风险突出，这也使得互联网金融发展过程中体现出比传统金融具有更大的技术风险。

（2）与传统金融相对充分的竞争市场结构不同，互联网金融的网络外部性及所存在的正反馈效应使得互联网金融能够在短期内获得较大的市场垄断权，而这一市场垄断权的存在虽然可以在一定程度上提高平台服务的效率，但同时也增加了金融风险水平和金融体系脆弱性。同时，在网络外部性和正反馈效应下获得的互联网金融平台垄断能力与传统金融的垄断能力存在较大的差异。一方面，在传统金融市场中，交易者在得到金融服务的同时，实际上也存在较大的服务黏性。如果交易者需要转移到其他金融机构则需要付出较大的迁徙成本。然而，由于互联网金融本身就是通过虚拟的网络进行交易，金融消费者只要几秒钟就能找到更加适合自己需求的互联网金融交易平台，从而快速完成资金的跨平台交易。在这种情况下，如果互联网金融企业仍像传统金融机构那样谋取垄断利润，则必然会在短期之内面临大量客户流失的情况。另一方面，互联网金融企业的垄断能力同样来自创新的驱动，创新能力越强的互联网金融企业具有的垄断能力也越强。然而，在不断的技术创新进程中，任何一个互联网金融企业都面临着技术选择缺陷的风险。如果传统金融机构出现了技术选择缺陷的风险，则很可能仅仅是降低了其金融服务的效率，或者是提升了金融服务的成本，一般情况下不会导致生存出现问题。但互联网金融企业则不同，一旦其面临着技术选择缺陷的风险，则影响了其生存的基础。因此，互联网金融企业在对垄断能力的追求过程中，由于不断地对技术进行选择和创新同样存在较大的风险。

5.3 互联网金融风险对系统性金融风险的演化

互联网金融风险系统作为一个动态开放的系统，由于存在相异风险间的转化以及传统金融风险转移等方面的原因将会导致互联网金融风险向系统性金融风险进行演化。

5.3.1 相异风险间的转化及对系统性风险的演化

通过对单个风险的分析可以发现，互联网金融各类风险并不是孤立存在的，相互之间具有紧密的联系，甚至可以通过一定条件进行转化并最终形成系统性风险。在互联网金融规模还不能与传统金融规模比拟时，互联网金融自身风险加上传统金融风险、再加上互联网金融风险对传统金融风险的连锁反应，共同构成了系统性风险。在互联网金融规模本身具有系统重要性时，则自身也将可能引起系统性风险。

（1）信用风险、声誉风险和流动性风险的转化。在互联网金融市场上，由资金需求方引起的单体信用风险的发生，会由于资金链的断裂和信息的传播，形成更多违约，演化成互联网金融行业的信用危机，同时影响行业声誉。这可能由此引起资金供给端的大规模流动性需求，并通过大规模赎回、抽逃资金的方式造成互联网金融行业流动性紧张，进而给系统性金融风险带来隐患。特别是在资金供给者的资金是从传统金融机构融资的情况下，这将会增加传统金融的信用风险，并造成整个金融行业的信用危机和流动性不足，更可能引起系统性金融风险。转化路径如图 5 –5 所示。

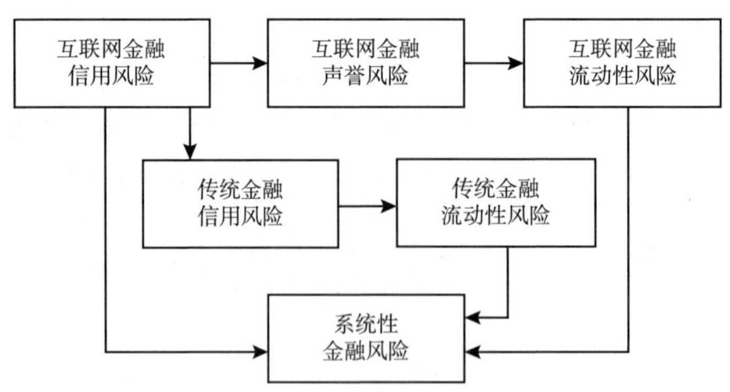

图 5 –5　信用风险、声誉风险和流动性风险的转化路径

（2）科技风险、操作风险、声誉风险和国家风险的转化。互联网金融中的科学技术对提高金融交易的效率以及降低金融服务的成本至关重要。然而，任何技术都不可能是完美的，甚至有可能存在一定的安全上的漏洞。对于内部人而言，如果利用科技漏洞有机可乘，则容易形成操作风险，操作风险本身也会由于人的道德风险引起系统中断或失灵，二者相互转化，最终给互联网金融整个行业及其内部企业的声誉造成影响，严重的情况下甚至可能由此而引发流动性风险。同时科技的相对落后将使得互联网金融企业寻求他国帮助，并在科技应用和信息技术上受制于他国，引起互联网金融的国家风险。如果内部人由于利益驱动出卖国家信息，则操作风险将加速国家风险产生甚至对系统性风险造成影响。转化路径如图5－6所示。

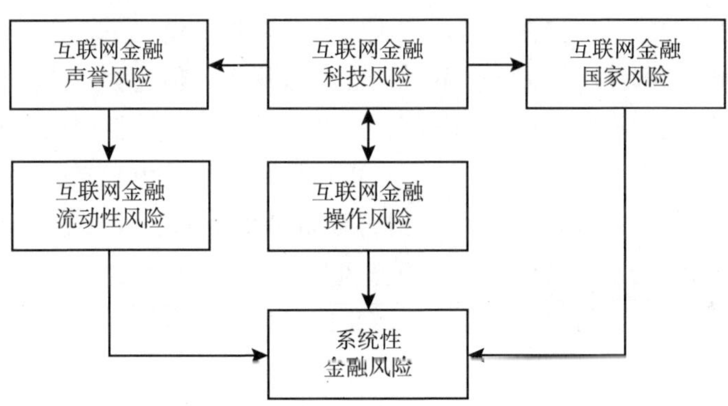

图5－6　科技风险、操作风险、声誉风险和国家风险的转化路径

（3）政策风险、市场风险和信用风险的转化。金融业是经营信用的行业，因而其中隐含的风险很高。为此，从理论上看，为了保持金融业的稳定必然需要对其进行严格的监管。然而，政策的规范和制定通常又落后于金融业的发展，这导致监管在一定程度上存在滞后性。因此，政策缺失不仅仅会由于监管缺位而引起行业混乱，甚至可能由此引起系统性风险。除此之外，除了政策的缺位会导致金融风险，实际经济生活中政策的变动也有可能在一定程度上引起市场的变动。由于金融业的运行对政策高度敏感，一旦政策发生变化，则很可能而导致互联网金融行业的市场波动，进而可能引起市场参与者履约能力发生波动而引起信用风险。如上文所述，互联网金融信用风险通过自身及与流动性风险的转化形成向系统性风险的传导路径，并与传统金融市场风险共同增加系统性风险。转化路径如图5－7所示。

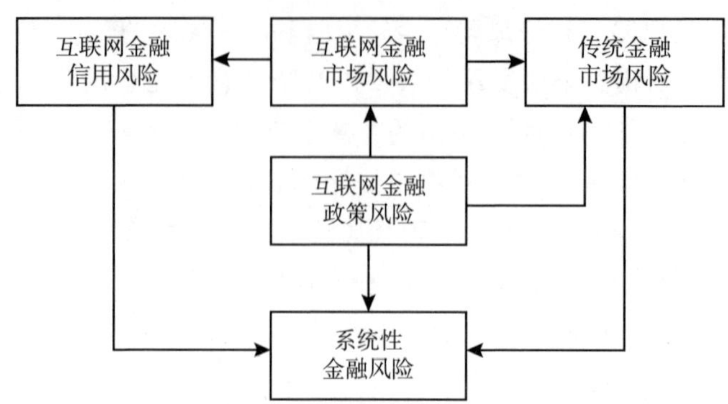

图 5－7　政策风险、市场风险和信用风险的转化路径

（4）法律风险、操作风险、国家风险和信用风险的转化。如前所述，与互联网金融的快速发展相比，互联网金融领域法律法规的制定通常具有一定程度上的滞后性。在法律法规不完备或缺失的情况下，违法与合法的界限不明晰。即使不断完善了相关的法律法规等，但违约、违法成本很低的情况实际上并没有得到根本扭转。为此，操作风险、信用风险和国家风险可能由此衍生。从风险转化上看，操作风险主要是由于互联网金融平台内部的不完善，被内部人利用而损害投资者的利益，这极容易引起“长尾”客户对平台的不信任而导致声誉风险甚至国家风险进而引发流动性风险，由于对系统性风险产生影响。转化路径如图 5－8 所示。

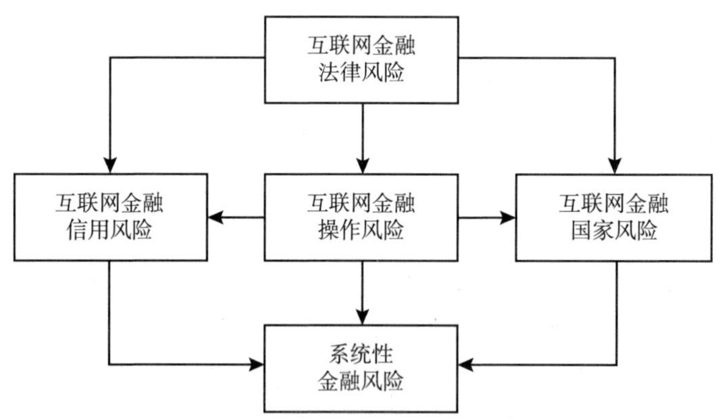

图 5－8　法律风险、操作风险、国家风险和信用风险的转化路径

（5）科技风险、政策风险、战略风险和声誉风险的转化。科技选择错误和国家政策不明朗及偏差均可能导致战略失误而引发声誉风险，进而通过声誉风险向系统性风险传导增加系统性风险隐患。科技风险和政策风险对系统性风险也具有传导作用。传导路径如图 5－9 所示。

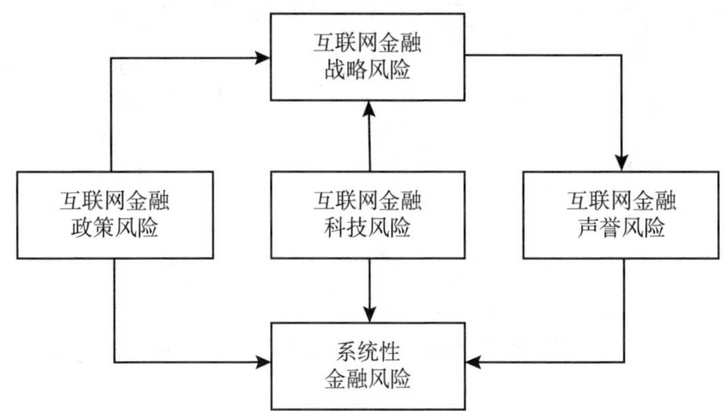

图 5－9　科技风险、政策风险、战略风险和声誉风险的转化路径

5.3.2　传统金融风险转移对系统性风险的演化

互联网金融内部各因素之间复杂的关联关系使得互联网金融内部的各类风险具有转移的可能性。然而，与很多金融风险的性质一样，互联网金融风险的传染性也非常强，也可能将其内部的金融风险通过各种传染渠道传染至传统金融风险进而对系统性金融风险造成影响。由于互联网金融具有通达性高、方便快捷等优势，这使得互联网金融和传统金融在彼此竞争过程中能够大规模地把资金从传统金融机构中分流出来，并形成集聚优势。随着网络技术以及金融科技的快速发展，这种互联网金融对传统金融的部分替代已经成为现实。然而，与此同时，原来与传统金融有关的金融风险也必然随着这种替代关系的深化而使传统金融风险转移至互联网金融领域，从而增加互联网金融风险的水平。不同金融领域风险的转移将使得互联网金融自身的风险水平增加。在互联网金融尚不成熟的阶段，如果发生大量的资金转移，一方面使这部分资金处于高风险、无监管状态，另一方面随着资金的流失，传统金融对资金管控能力下降，作用和影响力也将下降。然而，互联网金融作为一种创新的金融服务业态，虽然拥有超大规模的长尾客户，但实际上其与传统金融开展全面竞争的能力与实力都还不够，也缺乏传统金融所拥有的强大的政策背景和经济基础。因此，互联网资金流动将与传统金融机构流动性紧张共同对金融体系的系统性风险造成强大冲击。其风险传导路径如图 5－10 所示。

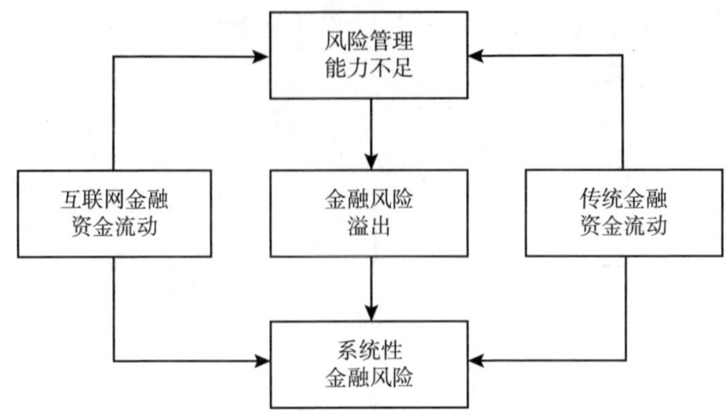

图5-10　传统金融风险转移对系统性风险的传导

5.4　本章小结

互联网金融风险系统内各因素相互制约、相互依赖，关系较复杂。依据监管覆盖风险、个体认知风险、信用违约风险、虚拟开放风险四个子系统中关键变量之间的关系及其动态变化趋势，本书首先利用系统基模分析技术绘制出互联网金融风险系统基模图，主要包括监管覆盖风险基模、个体认知风险基模、信用违约风险基模、虚拟开放风险基模，进而结合我国国情，刻画出该系统内不同的反馈环作用。

在充分把握互联网金融风险系统的内部反馈作用后，本书分别从互联网金融的跨期价值与信用交换本质、互联网金融平台的金融中介角色、互联网金融的长尾特征以及互联网金融的网络性等四个方面深入考察了互联网金融风险的系统动力学演化机理。

同时，本书的研究表明，互联网金融各类风险并不是孤立存在的，相互之间具有紧密的联系并通过一定条件进行转化，最终形成系统性风险。在互联网金融规模还不能与传统金融规模比拟时，互联网金融自身风险加上传统金融风险、再加上互联网金融风险对传统金融风险的连锁反应共同构成了系统性风险。在互联网金融规模本身具有系统重要性时，自身也将可能引起系统性风险。为此，本书分别从相异风险间的转化及对系统性风险的传导、传统金融风险转移对系统性风险的传导两个维度考察了互联网金融风险对系统性金融风险的演化，从而对互联网金融风险的系统动力学演化规律有了更深刻的把握。

第 6 章　互联网金融风险演化的效应检验

互联网金融风险传染过程具有多样性、层次性、变异性、运动性等特征，并成为一个开放、非线性的复杂系统。互联网金融风险传染机制可以运用系统动力学的研究方法构建相应的动态模型，并着重对跨期时变特征、“蝴蝶效应”与“金融错配”效应等进行实证检验与分析，从而有利于全面揭示互联网金融风险的传染机制。

6.1　互联网金融风险的“跨期时变”特征

信息化和网络化时代的到来使得互联网的广泛使用成为第三次技术革命的主要标志。与传统方式相比，金融机构与互联网企业可以基于互联网技术实现更高程度上的资金融通、在线支付和信息传递，并在此基础上发展了互联网金融业态，例如，网络借贷、众筹、第三方支付等。然而，作为普惠金融体系的关键构成部分，互联网金融在蓬勃发展并为经济增长提供有力支持的同时，在金融改革深入推进的关键时期，互联网金融领域的违法违规事件不断出现，特别是在加强金融监管、规范金融市场过程中，一些问题越来越多地暴露出来。2013 年 6 月 13 日，互联网金融领域中的典型代表余额宝正式上线。这一金融业态的出现迅速对原来传统金融体系中的投融资群体产生了众多影响。传统金融体系中，商业银行等金融机构出于成本、收益与风险之间的匹配关系，长期把小微企业及众多社会大众等排斥在服务群体之外，由此形成了金融行业的“长尾效应”。而余额宝出现之后，大量的民间资本可以通过在线方式匹配给传统的“长尾”群体，因而在投融资双方之间具有更高的匹配效率，资源配置更加快捷。但是，随之而来大量的风险事件告诉我们，与其他的金融创新类似，互联网金融创新同样是一把“双刃剑”。互联网金融在给金融行业注入活力的同时也带来了各种各样的潜在和现实风险，但由于互联网金融风险具有立体化和关联性特征，因而互联网金融风险将很可能溢出并引致金融市场特别是资本市场的风险出现跨期时变的特征。

信息不对称是金融市场的常态。与传统金融相比，互联网金融作为多维度和多层面的创新，最大的优势则是能够借助大数据减少投融资双方之间的信息不对称，从而在提高金融效率和服务质量的同时提升风险管理质量，降低金融交易风险。但也有学者提出，互联网金融对传统金融的“挤出效应”将蚕食传统金融的利润空间，加大传统金融的风险偏好从而加大其破产风险。由此看出，目前对于互联网金融对传统金融风险的溢出效应及其机制的研究结论并不完全一致，那么互联网金融究竟对传统金融市场风险的影响是什么？互联网金融的发展是否改变了传统金融市场的风险特征？这些问题的回答对于如何发挥互联网金融的作用、传统金融如何与互联网金融有机融合以及促进金融系统的稳定发展提供了重要的理论与现实方面的指导。

6.1.1 跨期时变模型的构建

经济学作为一种理论，其推导论证过程通常是建立在一系列假设的基础之上，而作为现代金融学最重要基石的资本资产定价模型，主要假设跨期条件下资产系统性风险系数 β 具有稳定性，因而历史的 β 系数能够反映现在和未来的系统性风险，那么在均衡竞争的资本市场中，能够通过分散投资以消除非系统性风险。然而，资本资产定价模型（CAPM）提出之后，国内外很多学者不断质疑 β 系数具有跨期稳定的强假设。布卢姆（Blume）最早通过实证检验证明 β 系数跨期时变的存在性，从而指出了CAPM的理论缺陷，之后国内外学者从不同视角进行的大量实证研究都支持了 β 系数具有跨期时变特征的研究结论。这些研究结论直接撼动了CAPM的理论基础，在一定程度上限制了CAPM对现实经济金融领域的解释力。当前，在互联网金融这一金融创新不断深化发展的背景下，金融领域的风险来源与风险特征更具特殊性，因而更需要考察互联网金融对金融市场跨期时变特征的影响。

6.1.1.1 理论分析

CAPM开创性地采用 β 系数来刻画金融市场的系统性风险，其主要思想具体描述为：

$$E(R_i) = R_f + \beta_i [E(R_M) - R_f] \tag{6-1}$$

其中，$E(R_i)$ 和 $E(R_M)$ 分别表示资产 i 和市场组合的期望收益率，R_f 为无风险收益率，β_i 为资产 i 的 β 系数，表示系统性风险。根据夏普（Sharpe）和林特尔（Lintner）对 β 系数的定义，β_i 作为资产 i 的 β 系数，在统计上定义为资产 i 与市场组合两个收益率之间的协方差与方差之比，即：

$$\beta_i = \frac{\mathrm{Cov}(R_i, R_M)}{\sigma^2 R_M} \tag{6-2}$$

很显然，在式（6－2）中如果资产 i 和市场组合的期望收益率 R_i 和 R_M 保持稳定，则 β_i 是一个与时间无关的常数，即跨期条件下资产系统性风险系数 β 具有稳定性，不具有跨期时变的特征。

6.1.1.2 β 时变系数的设定

在金融市场实际运行过程中，资产 i 和市场组合的期望收益率未必总是保持稳定，而可能是随时间变动的变量，因而通常采用一个单指数模型用以描述资产 i 和市场组合收益率之间的数量关系，即：

$$R_{it} = \alpha_i + \beta_i R_{Mt} + \varepsilon_{it},\ \varepsilon_{it} \sim \mathrm{iid}\ N(0, \sigma^2) \tag{6-3}$$

其中，R_{it} 为第 i 个资产在 t 时刻的收益率，β_i 是回归模型的斜率，表示资产 i 的收益率与市场组合收益率之间的差异程度，α_i 为第 i 个资产特有的收益率水平（它反映市场收益率为 0 时，第 i 个资产收益率的大小）。因此，利用相关数据对式（6－3）反映的系统性风险即 β 系数进行回归，则可以获得资产 i 的 β 系数 β_i，且 β_i 是一个与时间无关、具有跨期稳定特征的不变系数。然而，CAPM 在实际运用过程中，大量的实证检验表明 β 系数跨期稳定性的假设具有局限性，不能反映金融市场的时变特征。为此，借鉴施韦特（Schwert，1990）的研究成果，对式（6－3）进行相应修正，即：

$$R_{it} = \alpha_i + \beta_{it} R_{Mt} + \varepsilon_{it},\ \beta_{it} = \beta_i + \frac{\delta_i}{\sigma_{Mt}^2} \tag{6-4}$$

与式（6－3）比较可以看出，式（6－4）的区别在于引入了具有时变特征的 β_{it}，其由两部分所构成，第一部分 β_i 是一个与资产 i 有关、与时间 t 无关的常数项。在第二部分中，δ_i 反映了资产 i 的系统性风险与市场组合的变动方向，正号表示方向相同，而负号表示方向相反。σ_{Mt}^2 表示市场组合在时间 t 的波动，是一个与时间有关的变量，因此第二部分是一个时变量。所以，式（6－4）刻画了资产以及资产组合随时间而变化的动态风险。

6.1.1.3 β 时变系数的检验

判断 β 系数稳定性主要有 ADF 检验法和 Chow 检验法两种方法。与 ADF 检验法相比，Chow 检验法可以对时间序列分成两个甚至多个不同区间，通过分组检验并和整体估计进行差异比较从而确定 β 系数的稳定性，故能更好地达到预期效果。如果分组检验和整体估计之间的差异较大，则表明 β 系数不具有稳定性，从而具有时变特征。

众所周知，2013 年 6 月 13 日余额宝正式上线后发展异常迅速，截至 2017 年第二季度具有 3.25 亿元的存量客户和 1.43 万亿元的资产净值①，其规模已经远超国内吸储实力排名第一的招商银行。所以，以余额宝为代表的互联网金融的发展很可能对整个金融市场投融资模式和运行方式、甚至对金融市场的风险结构等产生重要而深远的影响。因此，可以在样本期内利用 Chow 检验法，对 2013 年 6 月 13 日相邻两期的 β 系数进行检验，判断式（6－4）的结构在 2013 年 6 月 13 日是否发生变化，从而确定 β 系数的稳定性和时变规律。

为了检验式（6－4）中的 β 系数在 2013 年 6 月 13 日是否发生时变，相应的原假设和备择假设如下：

$$H_0: \beta_1 = \beta_2 = \beta$$

$$H_1: \beta_1 \neq \beta_2$$

$$\text{统计量 F} = \frac{SSR - SSR_1 - SSR_2}{(SSR_1 + SSR_2)/(N + M - 2A)} \sim F(A, N + M - 2A) \quad (6-5)$$

式（6－5）中，SSR_1、SSR_2 分别为以 2013 年 6 月 13 日为界的前后两个时间序列中（各自有 N 和 M 个数据）的残差平方和，两个时间序列的自由度分别为 $N-A$ 和 $M-A$。β、SSR 和 $N+M-A$ 则分别为完整时间序列的 β 系数、残差平方和以及自由度。因此，如果在一定的显著性水平下，F 值大于临界值，则可以拒绝原假设 H_0：$\beta_1 = \beta_2 = \beta$，接受备择假设 H_1：$\beta_1 \neq \beta_2$，说明以 2013 年 6 月 13 日为界的前后两个时间序列不属于同一个回归模型，各自的 β 系数不一致，因而存在时变性特征。反之则反是。

6.1.1.4 数据来源与指标构造

长期以来，我国形成了以间接金融为基础的金融体系，银行业在金融体系中具有绝对的控制地位②。互联网金融的本质仍是金融。因此，互联网金融作为一种新型的金融资源配置渠道，在金融业范围内，主要对银行

① 源自天弘基金公布的《余额宝货币市场基金报告（2017 年 2 季度）》。

② 根据 Wind 的数据，截至 2016 年底，商业银行资产占金融业资产的 85% 以上。

业有集中的冲击和替代作用。故以下选择 A 股上市的商业银行作为金融指标，计算收益率是以上市商业银行的收盘价为基础。为了便于计算，以下数据频次为周数据，并构造相应的商业银行周收益率指标 R_{Mt}，如下：

$$R_{Mt} = \ln \frac{T\text{周银行收盘价格}}{(T-1)\text{周银行收盘价格}} \tag{6-6}$$

银行业收盘价格数据来自 Wind 数据库。为了实证研究的需要，将整个样本期分成 2012 年 2 月 6 日至 2013 年 6 月 12 日和 2013 年 6 月 13 日至 2017 年 12 月 30 日两个样本周期。

6.1.2　互联网金融风险“跨期时变”特征的检验

β 系数表明的是样本银行相对于整个资本市场而言所面临的风险大小。以下运用 Eviews 6.0 依次对 16 家上市银行的单指数模型进行 β 系数稳定性检验和 β 系数估计。表 6-1 和表 6-2 是以下关于 β 系数的主要检验结果。其中，表 6-1 为单个股票 β 系数稳定性的检验结果。根据统计量 F 的基本定义，在 5% 显著性水平下，要能够使得原假设 H_0：$\beta_1=\beta_2=\beta$ 成立，即如果以 2013 年 6 月 13 日为界的前后两个时间序列属于同一个回归模型的话，则 Chow 检验的 F 值必须小于临界值 6.535。而表 6-1 的结果显示，任何一个样本银行的 F 值都远远大于临界值 6.535，这说明原假设 H_0：$\beta_1=\beta_2=\beta$ 不成立，故接受备择假设 H_1：$\beta_1\neq\beta_2$，所以 2013 年 6 月 13 日为界的前后两个时间序列不属于同一个回归模型，两个时间序列的 β 系数不具有稳定性。

表 6-1　　β 系数稳定性的检验（F 值）

股票名称	统计量 F 值	股票名称	统计量 F 值
宁波银行	116.3	平安银行	78.5
中信银行	89.4	中国银行	47.8
中国建设银行	83.8	光大银行	89.6
中国工商银行	58.9	交通银行	76.9
中国农业银行	64.2	北京银行	108.6
兴业银行	116.7	南京银行	98.5
招商银行	98.3	民生银行	86.8
华夏银行	102.6	浦发银行	93.2

表 6-2 表示的是单指数模型 β 系数估计结果。16 家上市银行 β 系数的伴随概率都是 0.0000，这说明所有银行 β 系数的估计值都具有显著性。

其中，除了平安银行的β系数接近1以外，其他银行则分成了两大部分，一部分是以中国工商银行、中国农业银行、中国银行、中国建设银行、交通银行为代表的全国性大银行，这5家银行的β系数均小于1，其中工商银行的全样本区间β系数是最低的，只有58.9，说明这5家银行的系统性风险低于资本市场平均风险，风险相对较小。另一部分则是宁波银行等10家股份制银行，它们的β系数均大于1，而中国民生银行的全样本区间β系数是所有样本银行中最大的，为1.5129，检验结果表明这10家银行的系统性风险要高于资本市场平均风险，因而风险相对较大。这其中可能的原因是互联网金融除了在支付、负债和资产端对传统银行构成较大冲击之外，还具有比商业银行等具有更高的客户黏性，更懂得如何获取客户和流量，因而对银行业产生了较大影响。然而，相较于中小银行，大型商业银行无论是在风控能力上，还是资产定价能力上都体现出较显著的稳健性，因此，受到互联网金融的影响和冲击都要显著地小于其他银行。

表6-2　国内上市银行的β系数

股票名称	β系数			伴随概率
	样本区间1 2012年2月6日～2013年6月12日	样本区间2 2013年6月13日～2017年12月30日	全样本区间 2012年2月6日～2017年12月30日	
宁波银行	1.1380	1.5642	1.2356	0.0000
中信银行	1.2315	1.3265	1.2673	0.0000
中国建设银行	0.6748	0.7853	0.6863	0.0000
中国工商银行	0.5638	0.5981	0.5745	0.0000
中国农业银行	0.7832	0.8769	0.8356	0.0000
兴业银行	1.3428	1.2358	1.3176	0.0000
招商银行	1.1165	1.2387	1.1876	0.0000
华夏银行	1.2683	1.5631	1.4375	0.0000
平安银行	0.9867	0.9986	0.9897	0.0000
中国银行	0.6854	0.7647	0.7423	0.0000
光大银行	1.4323	1.5643	1.5141	0.0000
交通银行	0.8763	0.8964	0.8876	0.0000
北京银行	1.2376	1.3658	1.3014	0.0000
南京银行	1.2683	1.3527	1.3216	0.0000
民生银行	1.3278	1.5672	1.5129	0.0000
浦发银行	1.1683	1.3652	1.3328	0.0000

此外，以下选取 2013 年 6 月 13 日余额宝上线日期作为 Chow 检验的突变时间点。表 6 - 2 中样本区间 1 和样本区间 2 的检验结果进一步验证了表 6 - 1 的结论，即 2012 年 2 月 6 日至 2013 年 6 月 12 日与 2013 年 6 月 13 日至 2017 年 12 月 30 日两个时间序列的 β 系数不具有稳定性，具有跨期时变的特征。此外，除了兴业银行之外，其他 15 家样本银行全样本区间的 β 系数均大于样本区间 2，这说明随着余额宝等互联网金融产品的上线，商业银行的一部分资金已经较明显地流出到其中，商业银行的资产和负债业务受到了一定的挑战，从而改变了商业银行 β 系数的稳定性，增加了上市银行的系统性风险。

为此，基于 β 系数的单指数模型以及 CAPM 定价模型，并运用互联网金融发展迅猛的样本期间数据，对互联网金融因素冲击下的资本市场 β 系数变化开展研究，并以此为基础深入考察资本市场系统性风险的变化规律。相应的研究结果表明，在互联网金融迅速发展的外部冲击下，资本市场系统性风险发生了显著变化。在互联网金融风险溢出效应作用下，资本市场 β 系数具有明显的跨期时变特征，也即资本市场的风险出现了显著变化。同时，由于互联网金融具有很强的获取客户和流量能力，客户黏性高，在互联网金融的冲击下，传统银行的资产业务、负债业务以及结算业务等都受到了巨大的影响。但相比于中小银行而言，大银行由于具有较为突出的风险控制能力以及资产定价能力，在受到外部的互联网金融冲击时体现出更为显著的稳健性。

金融是国家的核心竞争力。在金融回归本源、服务实体经济发展过程中，防范金融风险的重点是金融安全工作。随着金融业的发展和互联网金融等金融创新的兴起，传统金融已经受到了深远的影响，甚至金融市场的风险结构和风险特征也都发生了相应变化。一方面，为了促使金融更好地服务实体经济，应该继续加强金融监管，建立我国金融安全防线和风险应急处置机制，在保护互联网金融等创新的同时，需要进一步实施严格的穿透性监管，改变以往机构监管的理念，转向以功能监管为核心的监管模式，建立常态化、全覆盖、立体式互联网金融风险监管制度化长效机制。另一方面，互联网金融与传统金融两者互有优势，可以相互补充、共同发展促进合作。同时，传统商业银行等金融机构要在互联网金融背景下统筹成本和效率，完善地方网点布局，突出自身核心优势，例如，在风控方面和资产定价方面，进一步完善金融安全防线，以促进经济金融社会的健康发展。

6.2 互联网金融风险的“蝴蝶效应”

作为一种金融创新以及一种全新的金融业态，互联网金融的出现不仅仅拓宽了金融的外部边界，也极大地丰富了金融的内涵，使得金融的生态环境更加多元化、网络化。随着金融模式的变革，金融业的风险与机遇也发生着重要的变化。例如，以影子银行为代表的互联网金融的发展，给金融业带来了新的活力，但与此同时，影子银行带来的风险也更加凸显，影子银行风险的传染效应也更加复杂化，使得金融业整体风险变得更加复杂和难以控制。为此，在互联网金融发展的过程中，能否有效控制影子银行风险等，对于在新的形势下保持金融体系的稳定具有重要的意义。

6.2.1 互联网金融风险“蝴蝶效应”的诱发机理

互联网金融在现代金融科技的支撑下，通过运用大数据、云计算等先进技术，将传统的金融交易模式纳入一个自由、开放、共享的虚拟网络中。一方面，这能够显著降低金融的服务门槛，有效推动普惠金融的发展，提高金融服务的效率；另一方面，风险也更多地呈现出偶发性、敏感性、不可预见性特征，甚至单一风险因素所可能引发的风险传染效应也显著增加。因而，互联网金融及其风险存在显著的“蝴蝶效应”特征。

6.2.1.1 互联网金融事件的敏感性与奇异吸引子

与传统金融中普遍存在的高进入门槛以及金融排斥现象不同，互联网金融凭借其网络的高度通达性，能够低门槛，甚至零门槛地吸引广大的潜在客户群体，因此，在信息和资源通过网络快速传播的过程中，受众面非常广泛，各参与主体之间的学习效应与示范效应也非常突出。作为经营信用的行业，金融业在资金融通的过程中体现出多元的风险来源，因而金融业既与广大民众的生活密切相关，其行业又具有高风险的特征。而随着互联网技术与金融业的耦合形成的互联网金融作为一种新的金融业态，在互联网技术的高度通达性过程中，金融的风险性与敏感性容易无限扩大形成“蝴蝶效应”的奇异吸引子。从特征上看，奇异吸引子能够对特定事件的发生体现出高度的敏感性和自我复制能力。一旦在互联网金融发展过程中，如果存在这一奇异吸引子，则能够通过这一奇异吸引子的自我复制和自我生长特性，在极短的时间内将不利事件迅速放大并演化成为互联网金融风险甚至系统性金融风险。一般而言，由于互联网金融的受众面广以及网络的高度通达性，互联网金融领域的一些负面信息能够在互联网上迅速扩散从而体现出奇异吸引子的特征。因此，互联网金融业务广泛存在奇异吸引子。例如，网贷平台的“爆雷”风险以及可能存在的提现危机，都可能引发剧烈的市场信任危机。虽然目前在严格的金融监管下，互联网金融领域奇异吸引子的敏感性和自相似性并没有凸显，但随着未来互联网金融领域的扩展，新的业务模式的再度出现，各领域之间的交叉互动程度上升，互联网金融的奇异吸引子数量也可能不断增加，并由此带来互联网金融风险的复杂化程度不断上升。

6.2.1.2　互联网金融业务跨市场运作与正反馈机制

由于互联网金融的高度通达性，无论是实体经济领域，还是虚拟经济领域，都和互联网金融产生密切联系。互联网金融在有效推动经济金融快速发展的同时，也承担着联结货币市场、信贷市场、资本市场等的作用，实现资金流、信用链在多个市场的流转延伸。但与此同时，与互联网金融相关的不确定性也显著增加。相较于传统金融，互联网金融虽然能够更有效地缓解信息不对称问题，但由于在身份识别、信用评价上仍然存在一定的障碍，使得互联网金融中的信息不对称与信息传播失控问题仍然成为一种重要的难点，甚至在互联网金融开放共享的生态环境下极易形成风险的“蝴蝶效应”正反馈机制。从互联网金融风险的产生机理上看，对互联网金融风险构成正反馈机制一般需要具备以下三个方面的条件。一是在互联网金融中，具有跨界特征的业务存在风险联动与溢出效应。这使得单一风险事件的出现将能够通过联动与溢出效应进行跨市场传染与风险累积，由此增加风险控制的难度。二是“羊群效应”下的体系内传染。由于金融业的产品与服务通常具有较高的同质性，不同金融机构的业务模式相似性强，这使得金融机构受到同一风险事件的扰动时，极易形成“多米诺骨牌效应”而使得风险在极短的时间内放大。三是具有“长尾效应”形成的广大客户群体。长尾客户群体规模大，但抗风险能力普遍较弱，一旦在互联网上出现某些负面消息时容易跟风而使得风险扩散为群体性“踩踏事件”。因此，在“28 法则”的“长尾效应”的影响下，互联网金融风险“蝴蝶效应”的正反馈机制容易发挥作用。

6.2.1.3　互联网金融风险事件的几何扩散与分形迭代

由于互联网金融的各项业务共生于开放共享的复杂网络系统中，在高度相似的业务范畴下，其可能存在的风险点与控制缺陷也具有共同的趋势。一旦在互联网中出现高度敏感性的奇异吸引子时，这些奇异吸引子将在互联网生态环境自相似过程中使得风险不断累积，并基于互联网金融风险具有的正反馈机制，使得风险在多层嵌套、相互加强、彼此迭代中通过多元传染渠道向外快速扩散，进而引发整个互联网金融体系的动荡。但需要注意的是，互联网金融风险在向外快速扩散过程中还体现出分形迭代的变化而使得风险管理的难度进一步增加。例如，温州民间借贷危机爆发就具有鲜明的分形特点。在温州民间借贷市场中，一个公司信用违约通过自相似过程中的不断强化而蔓延扩展到整个借贷链条的信用危机，由于缺乏有效的遏制手段和风险隔离策略使得整个民间借贷链条快速断裂，进而演化为区域性民间借贷危机，甚至有可能由此而引起系统性金融风险的爆发。

6.2.2 互联网金融风险“蝴蝶效应”的实证检验

6.2.2.1 方法选择

互联网金融风险系统的特征决定了在研究互联网金融风险过程中容易出现内生性和异方差性等突出问题，因而使用传统的检验方法研究互联网金融风险的传染性问题时可能存在一定的难度。而向量自回归（VAR）系统在检验金融风险的传染性时能够较好地解决上述问题，因而回归过程中其参数稳定性的检验结果往往更加可靠，对互联网金融风险传染的动态特征能够更加精确地刻画，因此能够更加科学地把握其传染规律，进而更能体现出其研究结果的普适性。

作为一个分析经济系统规律的重要模型，向量自回归模型（vector autoregressive model，VAR）自1980年由西姆斯（Sims）提出以来即受到广泛的关注。从原理上看，VAR将经济系统的所有经济内生变量，全部都纳入一个由多方程联立的系统中，并且，为了描述各个变量之间的动态联系，VAR模型中各方程均采用了内生变量对模型的全部内生变量的滞后值进行回归。由于向量自回归模型不以经济理论作为建模的基础，因此，即使经济理论不完善，只要能够在建模过程中合理界定变量的边界以及自回归的滞后阶数，同时在应用过程中它无需对变量做任何先验性约束，即能够较好地避免经济理论的缺乏对统计推断的限制性影响，由此在一种非理论性的模型基础上更多地以统计数据本身的规律说明经济现象的本质。

在一个经济系统中存在两个具有某种联系的时间向量 $y_{1,t}$、$y_{2,t}$，如果仅仅考虑其中的任意一个变量而不考虑另外一个，即 $y_{1,t}=f(y_{1,t-1},$

$y_{1,t-2}$，…）、$y_{2,t}=f(y_{2,t-1}, y_{2,t-2}, \cdots)$。此时将无法捕捉经济系统内在两个变量随时间而变化的动态逻辑关系。依据VAR模型的建模思路，可通过联立方程建立起两个变量间的关系。此外，VAR模型既能综合考虑多种经济变量，还具有相应的独特分析功能，例如，能够通过采用格兰杰（Granger）因果关系检验的方法考察若干变量之间的因果关系，以及通过脉冲响应（impulse responses）分析在其中一个随机扰动项的一个标准差冲击对整个系统产生冲击的影响等。而且，VAR模型在考察两个变量之间的动态关系过程中不是建立在参数估计的基础之上，而是与基于参数估计的传统检验方法不同，也不需要考虑可能存在的内生变量和异方差性等问题。正是因为VAR模型具有这些优点，因此在金融风险研究中，其比较适合运用于探索各个主体之间存在的金融风险传染效应规律。

对金融风险的探索通常重点在于确定其传染的可能性。而在研究两区域、两微观主体之间可能存在的金融风险传染性过程中通常采用格兰杰因果关系的变化进行分析。一般而言，如果两个区域、两个微观主体之间不存在金融风险的传染性，则其风险代理变量$y_{1,t}$、$y_{2,t}$不存在格兰杰因果关系。反之，如果存在金融风险的传染性，则其风险代理变量$y_{1,t}$、$y_{2,t}$存在格兰杰因果关系。如果通过格兰杰因果关系检验判断出$y_{1,t}$、$y_{2,t}$之间存在风险的传染性，则需要进一步深入探索两个变量之间的动态特征以刻画金融风险随时间波动的动态特征。这需要采用脉冲响应分析的方法。脉冲响应用于衡量随机扰动项的一个标准差冲击对内生变量当前和未来取值的影响。例如，为了衡量$y_{1,t}$对于来自$y_{2,t}$的一个单位冲击所作出的反映，此时可以采用脉冲响应分析的方法动态地描述此时$y_{2,t}$对于$y_{1,t}$所产生冲击的强度、方向以及该冲击所持续的时间长短。

（1）格兰杰因果检验。

从回归模型的建模思路上看，在计量经济学中的回归分析本质上是研究两个变量之间的依存性问题。但是，由于经济系统中一个变量的变化既可能是某一个变量波动的结果，也可能是其他多个变量波动影响的结果。为此，若要得出一个变量与另一个变量之间存在因果关系，则需要通过一定的方式拒绝该变量不是其他变量发生变化的原因。与此同时，从该变量变化的原因上看，还必须要拒绝其他变量不是该变量变化的原因。为了给因果关系确定一个合理的定义，格兰杰从预测的角度将上述因果关系称为格兰杰因果关系。在此基础上，将基于该因果关系定义下的用于检验多个变量之间因果关系存在性的检验称之为格兰杰因果关系检验。

假设存在两个时间序列的变量 x_t 和 y_t，并且每一个变量的预测信息均已包含在该变量之中。检验要求估计以下的回归：

$$y_t = \sum_{i=1}^{q} \alpha_i x_{t-i} + \sum_{j=1}^{q} \beta_j y_{t-j} + u_{1t} \tag{6-7}$$

$$x_t = \sum_{i=1}^{s} \lambda_i x_{t-i} + \sum_{j=1}^{s} \delta_j y_{t-j} + u_{2t} \tag{6-8}$$

其中，u_{1t}、u_{2t}为白噪声过程。

从式（6-7）可以看出，变量 y 是其自身以及另一个变量 x 的若干阶滞后值的函数。而与此同时，在式（6-8）中可以同样看出，变量 x 与其自身以及另一个变量 y 的若干阶滞后值的函数。

对式（6-7），其零假设 H_0：$\alpha_1 = \alpha_2 = \alpha_3 = \cdots = \alpha_q = 0$。

对式（6-8），其零假设 H_0：$\delta_1 = \delta_2 = \delta_3 = \cdots = \delta_s = 0$。

如果 x 代表样本中某一区域的金融风险的代理变量，而 y 为同时期样本中另一区域的金融风险的代理变量。为了考察 x 到 y 的因果关系，也即需要通过实证检验式（6-7）零假设的存在性。如果通过实证检验而最终拒绝存在零假设，则可以认为存在某一区域金融风险 x 到另一区域金融风险 y 的因果关系，也即金融风险具有从 x 到 y 的传染性。相反，如果通过实证检验而最终接受零假设，则表明不存在某一区域金融风险 x 到另一区域金融风险 y 的因果关系，这意味着金融风险不具有从 x 到 y 的传染性。

与此相类似，如果需要通过实证检验确定是否存在金融风险 y 到金融风险 x 的因果关系，也即是否存在金融风险 y 到金融风险 x 的传染性，则此时需要检验式（6-8）的零假设。如果通过实证检验而最终拒绝存在零假设，则可以认为存在某一区域金融风险 y 到另一区域金融风险 x 的因果关系，也即金融风险具有从 y 到 x 的传染性。相反，如果通过实证检验而最终接受零假设，则表明不存在某一区域金融风险 y 到另一区域金融风险 x 的因果关系，这意味着金融风险不具有从 y 到的 x 传染性。

（2）脉冲响应函数。

脉冲响应函数（impulse response function，IRF）的主要功能是为了考察变量 x 对另一个变量 y 的当前和未来取值的影响，以及影响的正负方向和调整的时滞问题，采用变量 x 的随机扰动项一个标准差冲击（新息）对另一个变量 y 的综合影响。如果在格兰杰因果关系基础上确定变量 x 对另一个变量 y 具有因果关系，则可以进一步采用脉冲响应函数的方式确定金融风险 x 的随机扰动项一个标准差冲击（新息）对另一个变量金融风险 y 彼此影响的动态交互过程。

如果一个 p 阶向量自回归（VAR）模型：

$$Y_t = A_1 Y_{t-1} + A_2 Y_{t-2} + \cdots + A_p Y_{t-p} + BX_t + \varepsilon_t \quad (6-9)$$

其中，X_t、Y_t 是由内生变量组成的 k 维向量，p 是滞后阶数。A_1，A_2，…，A_p，B 为要被估计的系数矩阵，ε_t 为 k 维扰动向量。

式（6－9）也可改写为：$(I - A_1 L - A_2 L^2 - \cdots - A_p L^p)\ Y_t - BX_t = \varepsilon_t$。

假定 VAR(p)可逆，则可以得到向量移动平均模型（VMA）：

$$Y_t = C + \sum_{s=0}^{\infty} \Psi_s \varepsilon_{t-s} \quad (6-10)$$

其中，C 是常数向量，Ψ_s 为系数矩阵。

从上述式（6－10）可以看出，在构建的向量移动平均模型中其系数矩阵 Ψ_s 的第 i 行第 j 列表示的基本含义为，变量 j 随机扰动项一个标准差冲击（新息）冲击对变量 i 的 s 期脉冲响应的情况。由此可以得出，一旦在格兰杰因果关系基础上确定变量 x 对另一个变量 y 具有因果关系，那么即可以通过脉冲相应函数来刻画某区域金融风险 x 的标准化新息冲击对另一区域 y 所产生脉冲响应的正负方向，以及调整的时滞和稳定过程。

6.2.2.2　实证分析

（1）样本与数据选择。

传统理论认为，如果能够在全国范围内实现金融市场的一体化，则此时金融资源能够在全国范围内按照效率原则进行均衡配置，与金融资源配置相关的金融风险也不会出现区域集聚的现象。然而，曹源芳等（2012）的研究表明，即使市场障碍能够消除并在全国范围内形成一定程度上的一体化市场，但由于信息、特别是非标准化信息，所导致的信息不对称在金融市场无法完全消除，完全的无摩擦市场在现实中难以实际存在。由此导致的则是金融资源无法在全国市场内进行均衡配置，与金融配置相关的金融风险也由此在全国范围内的各区域具有差异性，出现金融风险的时间与程度上的不一致进而引起金融风险在各区域之间的传染效应。这是由于一旦某地出现金融风险或者金融危机的时候必然引起其金融市场上的相关指标或者变量（如该区域银行的股票在资本市场上的价格）的明显波动，在考察这一波动的传染效应时，基于 VAR 模型来度量各个区域之间的风险传染性具有很强的适用性，王认真（2011）、曹源芳（2012）得出了相似的研究结论。在考察各个区域之间的金融风险传染性过程中，本部分选择的样本主要是上市城市商业银行风险作为区域风险的代表。其主要基于以下三个方面的原因：一是长期以来我国以商业银行为主导的间接融资的金融体系；二是商业银行的相关数据的相对易得；三是在国家的法律法规框架下，城市商业银行的经营相对集中于本地，因而城市商业银行的经营活动通常都具有高度的区域性特征。城市商业银行前身是20世纪80年代初成立的城市信用社。城市信用社成立的初衷是为当地城市和当地中小企业的发展提供专业和特色化的金融服务。因此，自成立之初，城市信用社的经营地域就被严格限制在所在城市或者所在省份。之后，随着金融市场的逐步完善和开放，对城市信用社以及后来的城市商业银行经营地域的行政干预有了一定程度上的松动，城市商业银行的跨区域限制有所放开。但从总体上看，虽然城市商业银行的跨区域经营有了较大的自由度，在各种主客观因素的制约下，国内各家城市商业银行区域外分行不仅成立时间普遍较晚①，在开设区域外分行的城市商业银行中，其外地分支机构的业务量通常占比也相对较低，城市商业银行的业务投入以及利润来源主要还是高度集中在本地。由此看来，与金融资源有关的金融风险也就通常集中在本地为主。因此，本部分基于以下两个方面的假设，深入考察中国城市商业银行之间的风险传染性的特征以及国际金融危机前后这一风险传染特征可能的变化。一方面，次贷危机以及之后随之演变而来的国际金融危机是我国商业银行体系金融风险的重要来源。次贷危机以及国际金融危机的爆发对银行体系风险的传染性产生了显著影响。另一方面，作为一个有效市场，金融市场对金融风险具有高度的敏感性，任一风险事件的出现以及风险因素的变化都将迅速反映在金融市场价格的波动上，金融风险与金融价格波动具有高度相关性。因此，基于数据可得性，利用样本银行的股票市场收益率指标以衡量金融风险的传染性，

$$r_t = (\ln p_t - \ln p_{t-1}) \times 100\%$$

式中，r_t 为某样本银行在 t 时间的股票收益率。与此同时，p_t 为该样本银行在 t 时间的股票收盘价，p_{t-1} 则为该样本银行在 t 时间的开盘价。

基于数据可得性的原因，现以北京银行、南京银行和宁波银行三家A股上市城市商业银行作为研究对象。由于北京银行、南京银行和宁波银行的业务都相对集中于北京、江苏及浙江三个区域，因而这三家银行所可能带来的金融风险都相对基于在北京、江苏及浙江这三个区域。假设北京银行、南京银行和宁波银行这三家银行的日收益率指标分别为 R_{BOB}、R_{BON}、R_{BONB}。

基于数据可得性的原因，现使用现有三家A股上市城市商业银行即北京银行、南京银行和宁波银行作为北京、江苏及浙江三个区域的代表，各

① 例如，南京银行成立于1996年，但其省外分行成立时间普遍较晚，南京银行现有的三个省外分行中，上海分行2008年6月开业、北京分行2009年5月开业、杭州分行2010年3月开业。

自日收益率指标分别以 R_{BOB}、R_{BON}、R_{BONB}表示。由于在金融危机之后无论国际还是国内的金融风险都有了一定程度上的变化，因而在研究国内金融风险问题时也必须合理确定金融风险发生变化的时间范围。一般而言，学界普遍认为次贷危机在美国国内的爆发时间为 2007 年 8 月，但在初期，其国际破坏力尚未完全显现，对中国国内金融市场的冲击也相对有限。然而，以 2008 年 10 月 9 日美国一只规模为 120 亿美元的货币市场基金因无力赎回而清盘以及美国政府签署总额高达 7000 亿美元的金融救市方案为起点，国际货币市场的波动开始进入了剧烈波动的阶段。自此，原来仅限于美国资本市场上金融风险开始传染到美国货币市场并通过货币市场的高度流动性迅速溢出到全球货币市场。作为全球货币市场的重要组成部分，中国货币市场也难以独善其身。因此，此时国际金融风险对中国金融市场的传导开始显性化。为此，可以 2008 年 10 月 9 日作为时间序列的变点，在其之前国内金融风险相对较小，该时间序列为稳定期。而 2008 年 10 月 9 日之后，在国际金融市场风险对国内市场的传导下，国内金融风险进入到相对较高期，此时时间序列为风险期。为此，本部分样本期间选择为 2007 年 9 月 19 日至 2009 年 12 月 31 日，其中稳定期数据样本总量为 252 个，风险期数据样本总量为 302 个。股票收益率等指标数据来源于国泰安数据库。分析软件为 Eviews 5.0。

（2）单位根检验。从单个银行的收益率指标上看可能是平稳的时间序列，但在对时间序列进行回归以及进一步开展相应的格兰杰因果关系检验和脉冲相应分析过程中，其需要满足的前提条件是各时间序列保持严格平稳。因为，如果在有的时间序列不具备严格平稳的基础上开展回归分析，则很可能出现“伪回归”的结果，此时研究结论不再具备稳健性，甚至回归结果出现虚假的情况。

在统计上看，如果时间序列存在时变特征，这在一定程度上部分表明该时间序列存在非平稳的特征。如上所述，在时间序列具有非平稳特征下是无法对其直接进行格兰杰因果关系检验以及脉冲相应分析的。因此，在对相应的时间序列进行回归之前，一般都需要通过对时间序列进行单位根检验以判断原序列的平稳性。当根据相关的判断规则确定原序列为非平稳序列时，可以对该序列进行一阶差分甚至二阶差分的方法以消除单位根。当通过差分的方法将原序列转换为平稳序列之后，则此时可以应用有关平稳时间序列的方法来进行相应研究。表 6 - 3 表示的是采用单位根检验法（ADF）对原有时间序列所进行的平稳性判断。

表 6-3　ADF 检验结果

项目	稳定期			风险期		
原序列	ADF 值	(c, t, p)	结论	ADF 值	(c, t, p)	结论
R_{BOB}	-17.08128***	(c, 0, 0)	平稳	-19.88106***	(c, 0, 0)	平稳
R_{BON}	-16.63646***	(c, 0, 0)	平稳	-19.35359***	(c, 0, 0)	平稳
R_{BONB}	-16.11562***	(c, 0, 0)	平稳	-21.07902***	(c, 0, 0)	平稳

注：*** 表示 ADF 检验的 Mackinnon 值在 1% 置信水平下显著。

从表 6-3 可以看出，北京银行、南京银行和宁波银行三家银行的收益率指标 R_{BOB}、R_{BON}、R_{BONB}均在 1% 的置信水平上拒绝原有时间序列存在单位根的原假设，因此，接受原序列为平稳序列的备择假设，也即可以确定原有时间序列均为平稳时间序列，服从零阶单整即 $I(0)$过程。

（3）格兰杰因果检验。

根据前述式（6-7）、式（6-8）的定义，为了检验是否存在某一区域金融风险 x 到另一区域金融风险 y 的因果关系，也即确定是否存在金融风险从 x 到 y 的传染效应，需要在格兰杰因果关系检验的基础上，进一步确定式（6-7）、式（6-8）的零假设。如果实证检验的结果拒绝零假设，则式（6-7）、式（6-8）确定的 x 到 y 具有金融风险的传染效应。反之，如果实证检验的结果接受零假设，则式（6-7）、式（6-8）确定的 x 到 y 具不具有金融风险的传染效应。表 6-4 表明的是基于 VAR 的格兰杰因果关系检验结果。

表 6-4　基于 VAR 的格兰杰因果关系检验

项目	稳定期			风险期		
	R_{BOB}	R_{BON}	R_{BONB}	R_{BOB}	R_{BON}	R_{BONB}
R_{BOB}	—	0.41741	1.07386	—	1.46760*	1.91159**
R_{BON}	76.0347***	—	0.24289	416.821***	—	4.71347***
R_{BONB}	102.07***	32.1501***	—	143.784***	1.59418**	—

注：***、**、* 分别代表在 1%、5%、10% 显著性水平上存在因果关系。

从表 6-4 可以看出，在 2007 年 9 月 19 日至 2008 年 10 月 9 日之间的稳定期，北京银行、南京银行、宁波银行三家银行之间存在三个单向因果关系。但是在这三个单向因果关系中，最为显著的是北京银行。可以看出，北京银行对南京银行、宁波银行都存在 1% 显著性水平上的单向因果关系。这主要是北京作为全国的金融机构总部所在地，其在全国的总体地位非常突出①，金融资源的集聚效应显著，无论从金融资源的集聚能力看还是从金融风险的溢出水平上看，其都居于重要的独特地位。然而，与此不同的是，南京银行、宁波银行则对北京银行均不存在相应的格兰杰因果关系。而且对于宁波银行而言，其对南京银行以及北京银行也均不存在相应的格兰杰因果关系。

与此同时，从表 6 – 4 可以看出，在 2008 年 10 月 9 日至 2009 年 12 月 31 日之间的风险期，由于国际金融危机的冲击，国内各区域之间的金融风险也不断扩散与放大，风险关系也呈现出复杂化的趋势。在北京银行、南京银行、宁波银行三家样本银行中存在有三对双向因果关系，且每家银行都显著地受到另外两家银行的影响。这表明在国际金融危机的冲击之下，金融风险在商业银行体系内部开始具有复杂的传染效应，三家银行之间均为彼此的格兰杰原因，也即此时金融风险体现出显著的金融风险交叉传染效应。而在这三家样本银行中，宁波银行表现最为特殊。因为在 2007 年 9 月 19 日至 2008 年 10 月 9 日之间的稳定期，宁波银行对其他银行均无显著的风险传染关系。然而，进入到 2008 年 10 月 9 日至 2009 年 12 月 31 日之间的风险期，宁波银行则对另两家银行具有显著的传染效应，是北京银行、南京银行的格兰杰原因。

仅仅研究各个商业银行之间的格兰杰因果关系还不足以完全把握金融风险之间的传染特性。为了更准确探索某个银行对另一个银行的当前和未来取值的影响，以及影响的正负方向和调整的时滞问题，需要进一步考察风险传染的动态特性，为此，采用该银行的随机扰动项一个标准差冲击（新息）对另一个银行的脉冲响应函数以开展深入分析。

（4）脉冲响应分析。

脉冲响应分析的方法可以确定某个银行对另一个银行的当前和未来取值的影响，以及影响的正负方向和调整的时滞问题，因此能够较好地呈现风险传染过程中的动态特征。在本部分的研究中，通过脉冲响应分析是能

① 新技术的发展固然会对金融活动产生一定的影响，但技术只是众多影响因素中的一个，不能过分夸大技术因素对传统区位的影响，物理距离只是交融交易的影响因素之一。交易双方的距离与信息的不对称密切相关，物理距离近，则信息不对称所造成的空间效应就小；反之，物理距离远，信息不对称就大，则风险就大，特别是非标准化信息的存在对信息不对称影响较大。非标准化信息是和当地的风俗传统、具体的经济特征等当地化的、不可以通过惯常媒体的信息，如小道消息等。这些非标准化信息无法通过先进的技术与网络进行传播，因为对该信息的理解有赖于相应信息的文化背景、风俗传统等，离开了这一特定地区，相异的文化背景、风俗传统将很难对该信息进行准确的解释（曹源芳，2012）。因此对于金融机构、金融部门或者金融参与者，如要尽可能地减少由于这些非标准信息所导致的信息不对称，就应该尽可能地接近信息源。因此人们的金融活动无法真正摆脱地理因素的制约。

够确定 R_{BOB}、R_{BON}、R_{BONB} 中任一变量对另一个变量的今后取值的影响，以及影响的正负方向和调整的时滞问题。为此，在构建 VAR 模型基础上运用脉冲响应分析方法，计算一个标准差大小的 R_{BOB}、R_{BON}、R_{BONB} 新息冲击分别对彼此的影响，可以得到影响的正负方向和调整的时滞长短。为了考察脉冲响应冲击规律在稳定期与风险期的异质性，本部分运用脉冲响应分析考察了北京银行、南京银行、宁波银行三家样本银行在稳定期和风险期的风险传染特征。图 6－1、图 6－2 分别报告了三家银行在两个时期的脉冲响应图。

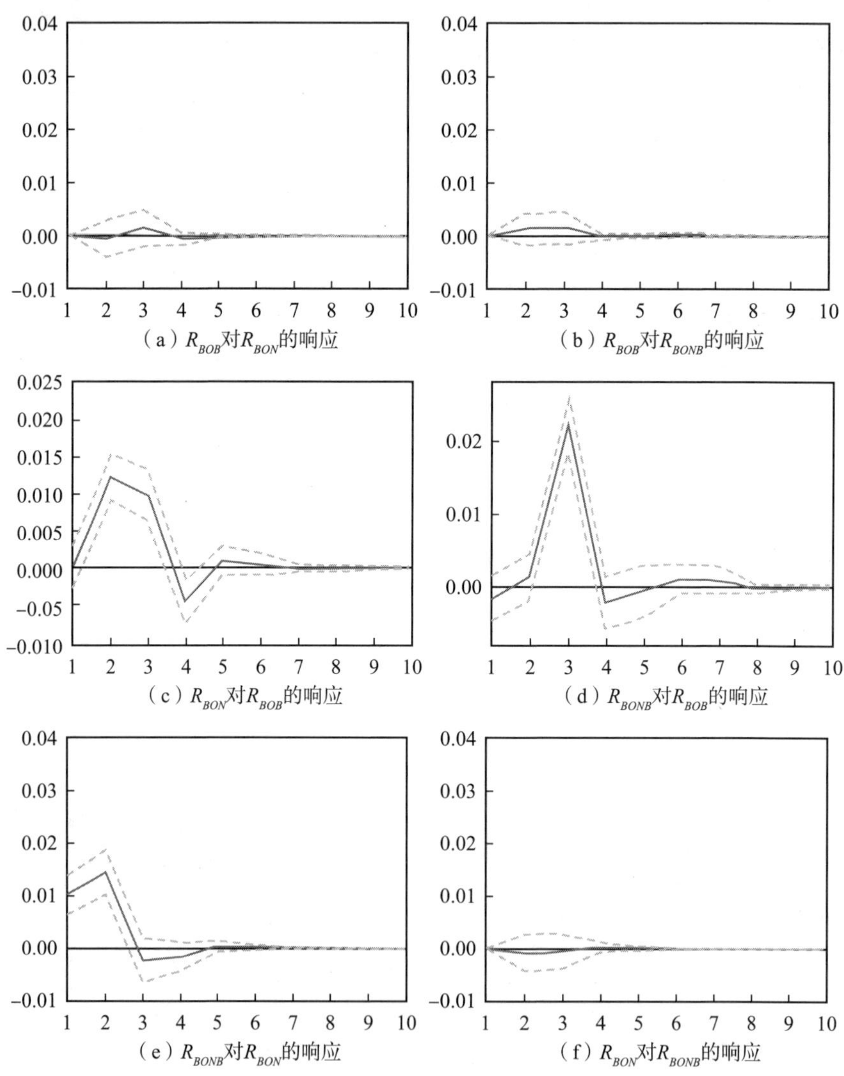

图 6－1　稳定期脉冲响应图

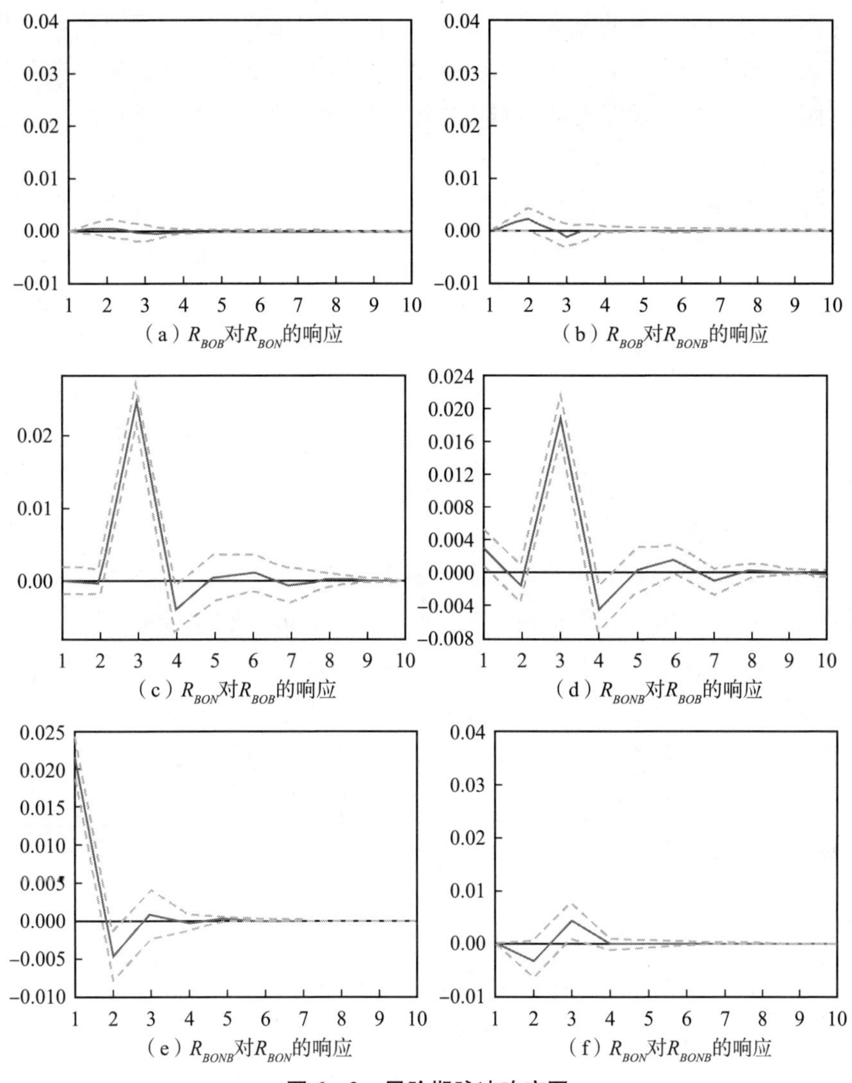

图 6－2　风险期脉冲响应图

在图 6－1、图 6－2 报告的三家样本银行在两个时期的脉冲响应图中，主要体现四个方面的基本特征：

（1）在稳定期，南京银行、宁波银行两家银行对北京银行的冲击表现相对平缓，而且存在冲击的持续时间相对有限，基本在 4 天内即结束。这表明这两家银行对北京银行的风险冲击与传染效应相对有限。但在风险期，这两家银行对北京银行的冲击持续时间没有太大变化，依然在 4 天左右，但此时的冲击响应程度却只有平稳期的 50% 左右。

（2）无论是平稳期还是风险期，北京银行对南京银行、宁波银行冲击响应都表现得较为显著，持续时间也较长。可以看出，在平稳期，北京银行对南京银行、宁波银行冲击响应持续时间约为 7 天，而在风险期，该持续时间则延长到了 10 天左右。另外，从响应程度上看，南京银行对来自北京银行的冲击响应在两个时期都比较显著，但在风险期，该冲击响应则比平稳期剧烈得多，大致要高出 200% 左右。并且该冲击具有较为明显的前瞻性，可以看出，在冲击的前 3 天，它的响应即体现出显著增加的趋势。但与此不同的是，在平稳期和风险期，宁波银行对来自北京银行的脉冲响应方向发生了变化。同时，在平稳期，北京银行对宁波银行的冲击在负的方向上，而在风险期，该冲击的方向则体现在正的方向。因此，上述分析表明，无论是平稳期还是风险期，北京银行对南京银行、宁波银行均存在较强的风险传染效应。

（3）从总体上看，南京银行对宁波银行的冲击在两个时期具有较大的异质性。可以看出，在平稳期，南京银行对宁波银行的冲击是正向的且在第 2 天即迅速就达到峰值。该冲击在达到峰值之后即迅速下降并在 6 天后保持相对稳定。但是风险期，宁波银行对来自南京银行的冲击立即作出激烈的正向响应且峰值出现在第 1 天。在这之后该响应则迅速向反方向进行调整并在第 2 天即达到谷值。可以看出，此时南京银行对宁波银行的冲击持续时间大约是 6 天，在第 6 天后该冲击基本消失。因此，这表明南京银行对宁波银行总体上均存在较强的传染效应。

（4）宁波银行对南京银行的冲击在不同的时期也具有不同的特征。可以看出，在平稳期，宁波银行对南京银行的冲击程度几乎可以忽略不计，而相应的冲击持续时间也相关有限，基本上在 5 天之后影响即消失。然而，在风险期，南京银行对宁波银行的冲击响应程度则显著上升，这表明在风险期，宁波银行对南京银行的风险传染效应更加显著。

由于全球金融市场的一体化程度有了很大的提高，其中某个市场的风险事件将可能通过各种渠道使得金融风险在全球范围内进行快速地传染，并由此对全球经济产生严重的负面冲击。这一点已经被理论界和实务界所验证。与此相类似，随着国内一体化金融市场的形成，金融风险在国内也具有同样的风险传染机制，甚至使得该风险能够引起国内金融市场的剧烈波动。本部分的研究表明，在国际金融危机的冲击之下，通过格兰杰因果关系和脉冲响应函数实证结果表明，虽然在平稳期和风险期两个阶段，金融风险在中国国内各区域间的传染效应存在一定程度上的差别，但从总体上看，在国际金融危机的冲击之下，格兰杰因果关系检验和脉冲响应分析的结果都表明国内各区域之间的金融风险关系错综复杂，金融风险在各区域间交叉传染效应非常显著。

然而，还需要指出的是，虽然上述研究利用格兰杰因果关系检验和脉冲响应分析总结了国内金融市场上的金融风险传染规律，但由于本部分的研究尚未纳入其他更多具有重要影响力的因素，并且由于数据可得性的潜在原因以及研究区域的相对有限性，其他还有很多区域尚未纳入研究的基本框架之中，因此本部分虽然得出了较为直观、可靠的研究结果，但未来还需要进一步深入开展研究以更精准地把握在外部金融风险的冲击之下各区域之间金融风险的传染规律。

6.3 互联网金融风险与金融错配效应

6.3.1 金融错配的基本含义

金融错配是指金融资源未能按照效率原则配置到实体经济的有效产出之中，反而配置到低效率部门和高风险行业，由此导致金融资源配置的“非理性”或者“错配”。伴随着社会再生产能力的提升以及国内外需求的相对萎缩，金融错配的现象愈发严重。首先，产能过剩带来的生产利润率下降，引致具有垄断能力的商业银行普遍不愿通过信贷方式将金融资源配置到生产部门，反而将货币资金在金融体系内部进行“体内循环”。其次，拥有货币资金的实体经济企业则由于生产的萎缩无法将资金运用到再生产过程中，不得不将资金“逆循环”到金融体系或者房地产领域中，从而出现金融资源的“脱实入虚”现象。最后，政府对金融体系的控制力使得企业的所有制性质必然会影响到其获得资金的难易程度与资金成本，导致大量效益差、效率低的国有企业无法通过市场出清而成为“僵尸企业”；相反，大量民营企业则面临着严重的融资约束不得不转向民间借贷、地下钱庄等非正规金融市场，因而金融错配问题严重。近年来中国金融体系存在的“体内循环”“脱实入虚”“僵尸企业”等金融错配现象已严重冲击宏观经济并加大了出现金融错配风险的概率。

作为 21 世纪以来最重要的金融业态创新，互联网金融的发展是一把“双刃剑”。一方面，互联网金融具有加强竞争和降低成本的显著优势，在增强金融普惠性和满足更广泛群体金融服务需求等方面弥补了传统金融的不足。另一方面，互联网金融的快速发展动摇了传统金融生态的基本格局，也极大地改变了金融业的运行模式以及资金的运行方向，使得金融资源从实体经济逆循环到金融体系有了更快捷和成本更低的渠道，也导致实体经济“失血”速度加快，金融资源的“体内循环”与“脱实入虚”现象愈发严重，由此互联网金融引致的金融错配风险更加凸显。当前，金融错配风险既是当前全球金融体系面临的重要风险之一，也是系统性金融风险的重要来源。为引导和规范互联网金融发展，以 2015 年 7 月中国人民银行等十部委发布的《关于促进互联网金融健康发展的指导意见》为标志，互联网金融进入了强监管阶段。但总体上看，从互联网金融这一视角研究强监管下金融错配风险的文献较为鲜见，有关金融错配风险是否收敛问题也未有相关的实证结论。

有鉴于此，本节基于强监管的背景探讨了互联网金融发展对金融错配风险收敛性的影响，其边际贡献在于：第一，拓宽了互联网金融风险的研究范畴。以往文献虽然对互联网金融风险进行了大量的研究，但研究主题并不丰富，大多集中于互联网金融风险的微观部分。以下通过理论与实证检验将互联网金融风险拓展到宏观金融资源配置部分，有助于全面认识互联网金融风险的机理，从而深化了互联网金融经济后果的相关研究。第二，部分文献虽然涉及“脱实向虚”“体内循环”等金融错配问题，但从互联网金融角度考虑由此带来的金融错配风险的文献却较为鲜见。以下通过构建包含互联网金融的金融错配风险局部均衡模型，为金融错配风险的研究提供了一个新的研究视角，丰富了金融错配风险领域的研究文献。第三，互联网金融在一定程度上是有益的金融创新，但以下的研究表明，即使处于强监管下，互联网金融对金融错配风险仍然存在负面的影响，因而必须全面认识互联网金融对金融资源配置的负面作用。

6.3.2 互联网金融风险引致金融错配的逻辑机理

6.3.2.1 逻辑机理

互联网金融引致金融错配风险的机理可以分为两类：一类是实体经济通过互联网金融实现金融资源的“脱实向虚”（图 6 – 3 中的路径①表示）；另一类是金融业自身通过互联网金融渠道实现金融资源的“体内循环”（图 6 – 3 中的路径②表示）。互联网金融引致金融错配风险的机理如图 6 – 3 所示。

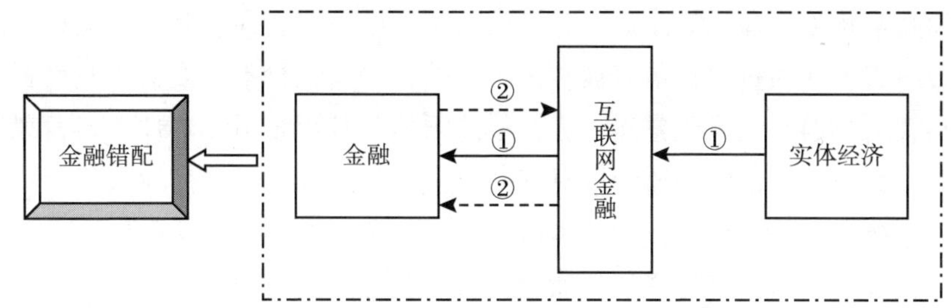

图 6－3　互联网金融影响金融错配风险的逻辑机理

近年来，由于内部实体经济运营环境以及外部出口受阻等方面的原因，本应配置到再生产环节的资金开始通过各种渠道“脱实入虚”。一方面，实体经济企业一般主要以产品生产与服务为主业，投入多、周期长，特别是在市场化进程中，实体经济企业存在人工成本、税收成本负担较重的情形。与金融市场回报率相比，实体经济企业的投资回报率相对较低，因而实体经济企业有“脱实入虚”的内在主观动机。另一方面，由于消费升级以及出口受阻等外在原因，实体经济企业的生产受到一定程度上的抑制，扩大再生产短期内难以实现，存在的资金闲置现象（如企业的银行存款）较为突出。为了实现必要的资金回报，实体经济企业客观上需要通过各种渠道将资金运用到金融市场。这是实体经济企业“脱实入虚”的外部客观动机。然而，根据“挤出效应”理论，如果实体经济企业的大量资金“脱实入虚”错配到金融市场，这既导致金融市场出现“虚假繁荣”风险，也使得企业在研发创新等方面的支出严重缺乏，因而未来可能出现竞争力下降的经营风险，甚至可能由于金融市场的剧烈波动导致实体经济企业资金链断裂，由此出现严重的财务风险。

从金融体系结构来看，我国间接金融与直接金融之间的结构一直不够合理，商业银行在金融体系中占据有绝对的支配地位。如果商业银行的金融资源出现错配，则必然会威胁宏观经济稳定并引致相应的金融错配风险。在“影子银行”的提法出现之前，金融资源在商业银行内部的自我循环最主要表现在同业业务。随着宏观环境及监管环境的变化，同业业务衍生出理财等业务形式，并且在模式不断创新的同时，通过互联网金融渠道衍生出的各类同业业务导致背离实体经济以及“资金空转”等问题越来越严重，部分同业业务开始沦为纯粹的监管套利工具，由此不断积累金融错配风险。其一，同业业务虽然不同于传统的存贷款，不直接影响信贷数量，但会直接影响货币流通速度，因而同业业务导致的金融错配削弱了中央银行对货币闸口的控制能力并导致信用过度膨胀风险。其二，通过互联网金融渠道，大量银行信贷被转移出表外，进而银行不需要再为其计提资本与拨备，但一旦风险暴露，银行依然需要为其承担最终责任，经营风险极大。其三，为了绕开监管层对资产负债表的监管，部分商业银行通过互联网金融渠道将资金配置到原本被禁止的行业与领域，但这些较高风险的业务实际上并未在银行资产负债表内得到充分的反映与揭示。为了守住不发生系统性金融风险的底线，近年来，金融监管部门密集出台了一系列政策措施，着力促进互联网金融的金融错配风险实现收敛。

6.3.2.2　局部均衡模型设定

以下借鉴拜伦和肯尼（Baron & Kenny，1986）、戴国强和方鹏飞（2014）关于金融风险的模型设定，并结合顾海峰和杨立翔（2018）、黄贤环等（2018）对实体经济资金"脱实向虚"风险的度量模型，构建互联网金融强监管背景下金融错配风险的局部均衡模型，模型设定如下：

（1）在市场经济条件下，无论是实体经济企业还是商业银行都以利润最大化作为资源配置决策的目标。为此存在一个代表性的实体经济企业，其资产负债表为：$CA+FA=DE+K$。其中，CA 为货币资金为代表的流动资产，其数值取决于实体企业回报率 r_s 与金融市场回报率 r_m 之间的差值；FA 为企业的固定资产；DE 为企业的负债，其负债形式为银行贷款；K 是企业资本。同时，一个代表性的商业银行，其资产负债表为 $R+L=D+E$，其中：R 为存款准备金并且 $R=kD$，D 和 k 分别是银行存款与存款准备金率（$0<k<1$）；r_e 为资本的利率成本。L 为银行贷款总量，r_l 为银行贷款利率，$D-L$ 为商业银行通过互联网金融渠道脱离银行体系的货币总量，$D-L$与 r_m-r_l 成正比，即 $D-L=\psi(r_m-r_l)$，$\psi>0$。

（2）银行通过互联网金融渠道脱离银行体系的货币总量取决于金融市场回报率 r_m 银行与贷款利率 r_l 的差异。同样，实体企业通过互联网金融渠道脱离的货币总量取决于金融市场回报率 r_m 与实体企业回报率 r_s 之间的差值。

（3）假定银行存款利率为 r_d。由于《存款保险条例》的实施以及政府对商业银行隐性担保，可以将存款利率等同于无风险利率。考虑到存款准备金的存在，1 个单位存款的真实成本为$r_d/(1-k)$。据此可以得出 1 个单位贷款资金的收益为 $\gamma=r_l-r_d/(1-k)$。根据追求利润最大化商业银行的假设可知 $\gamma>0$。同样，假设实体企业的资产收益率为 r_a，因此实体经济企业 1 个单位贷款获得的收益为 $\beta=r_a-r_l$，同样，根据理性人的假设，$\beta>0$。

（4）互联网金融 IF 的快速发展为金融资源的跨界流动提供了便利。商业银行之所以将大量货币资金配置到信贷资产之外，其根本原因在于对收益的追求，因此可以认为信贷资产收益率的不断下降使得银行具有更大激励参与互联网金融业务，即$\partial\gamma/\partial IF<0$。同理，对于实体企业而言，如果其获得的资产收益率对金融市场的收益率不具有比较优势，则具有动力去参与互联网金融业务，即$\partial\beta/\partial IF<0$。

（5）由于抵押的存在，商业银行信贷资产的风险权重为零。互联网金融市场则是一个自由交易且无抵押的市场，其风险程度取决于商业银行对金融服务实体经济等监管政策的执行程度。若商业银行严格执行相关监管政策，则风险程度较小。反之，若商业银行疏于相关监管政策的执行，则风险承担大。假设商业银行对监管政策的执行需要付出相应的管理成本，则管理成本与“脱实入虚”的业务量以及与风险都呈负相关关系，并且具有严格凸性和二阶连续可导的特征，因此可以设定管理成本为 $\sigma q^2/2$，σ 为大于 0 的管理成本系数。同理，实体企业资金“脱实入虚”也需支付相应的管理成本，该管理成本越高，风险承担也越大，设定实体企业对“脱实入虚”资金的管理成本为 $\lambda p^2/2$，$\lambda>0$。

由此，在忽略不良贷款和及信贷资产管理成本情形下，可得商业银行的利润函数及其约束条件为：

$$\pi_b=\max\left[(D-L)\times r_m+r_l\times L-\frac{r_d(D-R)}{1-k}-r_e\times E-q\right] \quad (6-11)$$

$$\text{s. t.}\begin{cases}R+L=D+E,\ R=k\times D(0<k<1)\\ \gamma=r_l-\dfrac{r_d}{1-k},\ \dfrac{\partial\gamma}{\partial IF<0}\\ D-L=\psi(r_m-r_l),\ \psi>0\end{cases} \quad (6-12)$$

同理，可得实体企业的利润函数及其相应的约束条件：

$$\pi_s=\max[CA\times r_m-DE\times r_l+(DE-CA)\times r_s] \quad (6-13)$$

$$\text{s. t.}\begin{cases}CA+FA=DE+K\\ \beta=r_a-r_l,\ \dfrac{\partial\beta}{\partial IF<0}\\ CA=\rho(r_m-r_s),\ \rho>0\end{cases} \quad (6-14)$$

6.3.2.3　模型求解与研究假设

（1）在引入互联网金融的情形下，商业银行在资源配置过程中需要在放贷和互联网金融两种业务中进行决策，其核心在于综合资金成本的基础上实现利润最大化。为此，根据上述假设，式（6－11）可以整理为：

$$\pi_b = \max\left[\frac{-\sigma q^2}{2} \times r_m + r_l \times \frac{\sigma q^2}{2} - \frac{r_d(-q)}{1-k} - r_e \times E\right] \tag{6-15}$$

银行执行相关监管政策的力度同样需要服务于自身利润最大化的经营目标，因此$\frac{\partial \pi_b}{\partial q}=0$。由式（6-15）可得银行执行监管政策的最优努力水平 q^* 为：

$$q^* = \frac{r_d}{\sigma(1-k) \times (r_m - r_l)} \tag{6-16}$$

从式（6-16）可以看出，在 r_d、σ 与 k 为外生变量的情况下，金融市场利率与贷款利率的差异（$r_m - r_l$）越大，银行执行金融服务实体经济等监管政策的积极性 q^* 越小，因而金融错配风险较大。为此，提出如下假设：

假设 H1：其他条件不变的情况下，互联网金融规模越大，金融错配风险越无法收敛。

假设 H2：在其他条件不变的情形下，互联网金融利率与信贷利率差异越大，金融错配风险越无法收敛。

（2）对于实体企业的利润函数式（6-13），根据上述假设，可以将其整理为管理成本的函数，即：

$$\pi_s = \max\left[\frac{\lambda p^2}{2}(r_m - r_s) + p \times (r_s - r_l)\right] \tag{6-17}$$

作为理性人，实体企业在主业生产及互联网金融之间的投资决策同样服务于利润最大化目标，因而$\frac{\partial \pi_s}{\partial p}=0$，为此式（6-17）对 p 求偏导并令其等于0，可得实体企业的最优决策 p^* 为：

$$p^* = \frac{r_l - r_s}{\lambda(r_m - r_s)} \tag{6-18}$$

从式（6-18）可以看出，在 λ 为外生变量的情况下，实体企业执行相应监管政策的努力水平与实体企业与金融市场之间的平均回报率差值（$r_m - r_s$）成反比，（$r_m - r_s$）越大，则实体企业越有动力不执行相关监管政策而更有意愿参与互联网金融活动，故面临的金融错配风险较大。为此，提出如下假设：

假设 H3：其他条件不变的情况下，互联网金融利率与实体经济企业的回报率差值越大，金融错配风险越无法收敛。

6.3.3 金融错配效应的实证研究

6.3.3.1 样本与数据来源

本节借鉴黄群慧（2016）基于产业视角实体经济划分的基本框架，将实体企业界定为除金融业和房地产业以外的相关企业。同时，由于互联网金融自2013年以后在中国得以快速发展，为统一数据口径，样本区间为2013年9月至2018年10月。为满足研究的需要对原始数据作相应处理：第一，剔除金融业与房地产业相关数据；第二，剔除异常数据；第三，剔除相关数据缺失的样本。经过上述处理后，以下共获得525个有效样本值，其中互联网金融规模及其利率数据来源于网贷之家，其他数据来源于国泰安CSMAR数据库。

6.3.3.2 变量选择

（1）被解释变量。

金融错配风险（*Risk*）。有关金融风险的度量指标主要有以下三类：第一，收益波动性指标。收益波动性指标主要用于度量微观单位面临的经营风险，收益波动性越大，则相应的金融风险越大。第二，*Z*指数。*Z*指数是阿尔特曼在1968年提出的用于预测企业财务风险的指标，通过*Z*指数的预警可以区分破产企业与非破产企业。然而，由于*Z*指数更多地侧重于财务危机的考察，因而不符合研究目标。第三，β系数。β系数起源于资本资产定价模型，其主要功能是特定资产（或者是资产组合）受宏观经济、市场情绪等整体性因素影响而发生的系统风险度量。由于β系数能够有效捕捉金融风险对外部冲击的敏感性，是现有研究中使用比较广泛的方法，因而以下借鉴罗党论、廖俊平和王珏（2016）等的研究，采用互联网金融增速与固定资产投资增速的β值对金融错配风险进行测度。为了保证结果的稳健性，以下分别采用CAPM模型、ARMA模型和GARCH模型来估计相应的β值。

（2）核心解释变量。

互联网金融发展（*IF*）。互联网金融是商业银行等传统金融机构与企业基于互联网技术以实现资金融通、支付清算等服务的新型金融业态。2013年以来，互联网金融的信息优势与渠道优势带来资金流动便利的同时，也给传统银行以及实体企业的经营造成了较大冲击。然而，按照“高风险-高收益”的逻辑，随着互联网金融规模的扩大，大量金融资源从金融系统和实体经济中游离出来并由此导致“资金空转”与“脱实入虚”

的现象，使得实体经济系统“融资难、融资贵”的积弊长期难以破除，金融错配风险也越来越凸显。为此，以下将互联网金融规模的对数作为核心解释变量。同时，大量金融资源从金融系统和实体经济中游离出来的本质是资金的“逐利性”，不同市场的收益率差异成为“体内循环”与“脱实入虚”的重要诱因。为此，以下将互联网金融市场与信贷市场利率之差 *RML*（即 $r_m - r_l$）、互联网金融市场与实体企业收益率之差 *RMS*（即 $r_m - r_s$）作为辅助解释变量。

（3）控制变量。

第一，在宏观经济层面，选取工业增加值增长率作为宏观经济环境的替代变量。稳定的宏观经济环境既有利于实体经济企业获取稳定的价值回报，也有利于商业银行信贷业务的发展，从而弱化“资金空转”与“脱实入虚”等错配现象，继而降低金融错配风险。本部分采用月度国有工业生产总值月度增长率（*IVARATE*）作为衡量宏观经济环境的指标。

第二，货币政策环境层面，本部分拟采用狭义货币供应量（M1）的月度增长率（*M1RATE*）作为货币政策的代理变量。首先，货币政策会影响商业银行的可用资金量，因而会对其在信贷与互联网金融业务方面的决策产生影响；其次，货币供应量虽然是一种数量型的货币政策工具，但货币供应量同样会引起价格（即利率）的变化；最后，商业银行的信贷资金投放仍然是以企业活期贷款为主，因而采用狭义货币供应量（M1）比广义货币供应量（M2）更能真实衡量货币政策的状态。

第三，在宏观审慎政策层面，本部分控制了常见的宏观审慎政策相关变量。考虑到数据的可得性和可操作性，选取逆周期资本监管政策、流动性监管政策与拨备政策，并依次以银行业资本充足率（*CAR*）、银行业流动性比例（*LIQR*）与银行业拨备覆盖率（*PROCR*）作为代理变量。当上述指标提高，则表明宏观审慎政策趋严。

为了避免变量可能存在异常值的干扰，相应变量均在1%水平上进行缩尾（winsorize）处理。各变量定义如表6－5所示。

表6－5　　变量定义与说明

变量类型	变量名	变量定义
被解释变量	*β-CAPM*	互联网金融发展过程中出现的“资金空转”与“脱实入虚”风险程度，采用互联网金融增速与固定资产投资增速的 β 值对金融错配风险进行测度。统一以 *Risk* 表示
	β-ARMA	
	β-GARCH	

续表

变量类型	变量名	变量定义
解释变量	*IF*	互联网金融规模的对数（月度）
	RML	互联网金融市场与信贷市场利率之差（月度），$RML = r_m - r_l$
	RMS	互联网金融市场与实体企业收益率之差（月度），$RMS = r_m - r_s$
控制变量	*IVARATE*	国内工业生产总值月度增长率
	M1RATE	狭义货币供应量（M1）的月度增长率
	CAR	银行业资本充足率
	LIQR	银行业流动性比例
	PROCR	银行业拨备覆盖率

6.3.3.3　描述性统计及相关系数矩阵

表6－6是相关变量的描述性统计结果。其中，在金融错配风险方面，*β-CAPM*、*β-ARMA*、*β-GARCH* 的均值分别为1.2562、1.3464与1.2781，都大于1，这表明金融错配风险已经较高。资金价格方面，与实体企业的回报率及银行信贷回报率相比，互联网金融市场的平均利率水平分别是银行贷款利率与实体企业收益率的14.22倍和7.19倍，这表明互联网金融市场对银行及实体企业资金具有强大的“虹吸”效应，由此银行及实体企业资金基于“逐利”本质不断地向互联网金融市场流动，这是近年来融资难、融资贵现象难以得到有效治理的重要原因。尽管如此，*β-CAPM*、*β-ARMA*、*β-GARCH* 的标准差约为其均值的2.84倍、2.88倍和2.87倍，初步表明近几年强监管政策的实施并未实现金融错配风险的收敛。相反，r_m、r_s 和 r_l 各自标准差与其均值的比值分别为9.03、21.66和3.59，这直观上可以看出实体企业收益率的波动性是极大的。这也可以从另一层面解释实体企业资金“脱实入虚”既有“逐利”本质也有“避险”需求，这为未来进一步探究实体企业资金“脱实向虚”的动因与治理逻辑指出了研究方向。

表6－6　　变量描述性统计结果

变量	样本量	均值	标准差	最小值	中位数	最大值
IF	525	8.8323	0.1994	7.1365	8.6803	10.0723
β-CAPM	525	1.2562	3.5693	0.8756	1.2327	2.1252
β-ARMA	525	1.3464	3.8760	0.9023	1.2896	1.9851

续表

变量	样本量	均值	标准差	最小值	中位数	最大值
β-GARCH	525	1.2781	3.6722	0.9232	1.3284	2.0252
RML	525	0.0036	0.2917	0.0014	0.0032	0.0093
RMS	525	0.0062	0.3178	0.0021	0.0056	0.0096
r_m	525	0.7862	7.0985	0.1227	0.8977	2.7054
r_s	525	0.1093	2.3675	0.0646	0.1067	0.2535
r_l	525	0.0553	0.1985	0.0456	0.0502	0.0651
IVARATE	525	0.1283	0.2668	0.0954	0.1262	0.1685
M1RATE	525	0.0987	0.5384	0.0392	0.1053	0.2504
CAR	525	0.1083	0.2173	0.0863	0.1167	0.1358
LIQR	525	0.3087	0.3657	0.2851	0.3125	0.4966
PROCR	525	1.6982	0.2602	1.5503	1.7054	1.8063

表6－7为主要相关变量的相关系数矩阵。其中，金融错配风险（*β-CAPM*、*β-ARMA*、*β-GARCH*）与互联网金融发展（*IF*）都在1%水平显著正相关，同时金融错配风险与 *RML* 及 *RMS* 都在1%水平显著正相关，初步表明互联网金融发展程度越高以及互联网金融市场上的利率越高，金融错配风险越不能收敛。相反，如果能采取措施大力发展实体经济，有效提高实体经济回报率，则金融错配风险能实现收敛。这一结论与2017年7月召开的全国金融工作会议“服务实体经济是防范金融风险根本举措”的判断是完全一致的。

表6－7　　主要变量相关系数矩阵

变量	*IF*	*β-CAPM*	*β-ARMA*	*β-GARCH*	*RML*	*RMS*	*IVARATE*	*M1RATE*	*CAR*
IF	1								
β-CAPM	0.532***	1							
β-ARMA	0.613***	0.765***	1						
β-GARCH	0.546***	0.658***	0.863***	1					
RML	1.324***	1.217***	0.984***	0.832***	1				
RMS	1.542***	2.127***	1.356***	0.983***	0.782***	1			
IVARATE	－1.685***	－0.784***	－0.672***	－0.786***	－1.287***	－2.183***	1		
M1RATE	2.328***	0.726***	0.891***	0.962***	－1.763***	－2.329***	1.892***	1	
CAR	2.785***	0.870***	0.923***	0.674***	0.791***	1.672***	3.452***	－3.218***	1

注：表中为Pearson相关系数；*、**、***分别表示在10%、5%和1%水平上显著。

6.3.3.4　互联网金融发展与金融错配风险

根据前述理论分析，为了研究强监管下互联网金融发展是否能实现金融错配风险的收敛，拟构建式（6－19），并使用OLS回归方法将互联网金融发展对金融错配风险进行回归，回归结果报告在表6－8中。*cons* 为常数项。

$$Risk_t = cons + \alpha_1 IF_t + \alpha_2 IVARATE_t + \alpha_3 M1RATE_t + \alpha_4 CAR_t + \alpha_5 LIQR_t + \alpha_6 PROCR_t + \varepsilon_t \quad (6-19)$$

表6－8　　　　互联网金融发展与金融错配风险的回归结果

变量	β系数		
	(1)	(2)	(3)
	β-CAPM	β-ARMA	β-GARCH
IF	0.2365*** (5.94)	0.3385*** (4.63)	0.2276*** (5.54)
IVARATE	−0.1132*** (−4.67)	−0.2176*** (−6.75)	−0.1769*** (−5.57)
M1RATE	0.6329*** (7.52)	0.6788*** (5.58)	0.5653*** (6.37)
CAR	−0.3261*** (−6.28)	−0.3632*** (−5.76)	−0.1986*** (5.31)
LIQR	0.1156*** (5.38)	0.1068*** (4.67)	0.0867*** (4.32)
PROCR	−0.6048*** (−5.36)	−0.5639*** (−7.64)	−0.6742*** (−5.87)
cons	0.3372*** (3.76)	0.2146*** (4.68)	0.1656*** (4.23)
R^2	0.8832	0.7646	0.7968

注：表中 *、**、*** 分别表示在10%、5%和1%水平上显著；括号内为t值。

表6－8列（1）~列（3）分别报告了β-CAPM、β-ARMA、β-GARCH对互联网金融发展 *IF* 的回归结果。从表6－8列（1）看出，当互联网金融发展（*IF*）的系数为正值，且在1%的水平下显著。这表明互联网金融发展（*IF*）越大时，金融错配风险（β-CAPM）越大，而且当互联网金融规模扩大1%时，金融错配风险增加0.2365个百分点。很显然，当全社会

金融资源既定时，互联网金融对实体经济的挤出效应越严重，则实体经济融资难融资贵问题将更加突出，因而不利于宏观经济的稳定，金融错配风险不能收敛。列（2）和列（3）中互联网金融发展（*IF*）的回归系数也同样支持了上述结论。因而，互联网金融发展规模越大，金融错配风险越不能实现收敛，故研究假设 H1 得以成立。

6.3.3.5 互联网金融发展、利率差异与金融错配风险

为了进一步研究互联网金融发展是否通过利率差异而对金融错配风险产生影响，我们继续构建如下中介效应式（6－20）~式（6－23），通过对这四个模型依次检验回归系数，以检验假设 H2 和假设 H3，由此探究互联网金融对金融错配风险的影响路径。

$$Risk_t = cons + \alpha_1 IF_t + \alpha_2 IVARATE_t + \alpha_3 M1RATE_t + \alpha_4 CAR_t + \alpha_5 LIQR_t + \alpha_6 PROCR_t + \varepsilon_t \tag{6-20}$$

$$RML_t = cons + \gamma_1 IF_t + \gamma_2 IVARATE_t + \gamma_3 M1RATE_t + \gamma_4 CAR_t + \gamma_5 LIQR_t + \gamma_6 PROCR_t + \varepsilon_t \tag{6-21}$$

$$RMS_t = cons + \mu_1 IF_t + \mu_2 IVARATE_t + \mu_3 M1RATE_t + \mu_4 CAR_t + \mu_5 LIQR_t + \mu_6 PROCR_t + \varepsilon_t \tag{6-22}$$

$$Risk_t = cons + \rho_1 IF_t + \rho_2 RML_t + \rho_3 RMS_t + \rho_4 IVARATE_t + \rho_5 M1RATE_t + \rho_6 CAR_t + \rho_7 LIQR_t + \rho_8 PROCR_t + \varepsilon_t \tag{6-23}$$

这里的式（6－20）与之前的式（6－19）一致，故回归结果相同。式（6－21）是用来考察互联网金融发展（*IF*）和互联网金融市场与信贷市场利率之差（*RML*）的关系，式（6－22）则考察互联网金融发展（*IF*）和互联网金融市场与实体企业回报率之差（*RMS*）的关系。在式（6－23）中，*IF* 为解释变量，而 *RML* 和 *RMS* 则为中介变量。与此同时，为了综合反映互联网金融发展（*IF*）对金融错配风险影响的总效应，可以由式（6－20）中的系数 α_1 进行表示。式（6－21）和式（6－22）的系数 γ_1 和 μ_1 分别表示互联网金融发展（*IF*）对 *RML* 和 *RMS* 的影响。在控制了中介变量 *RML* 和 *RMS* 后，互联网金融发展（*IF*）对金融错配风险（*Risk*）的直接效应可以由式（6－23）的中系数 ρ_1 进行表示。而与此同时，在控制了解释变量互联网金融发展（*IF*）后，*RML* 和 *RMS* 对金融错配风险（*Risk*）的间接效应则此时可以由 ρ_2 和 ρ_3 则进行表示。这其中的统计学含义是，如果式（6－20）中系数 α_1 显著、式（6－21）中系数 γ_1 显著、式（6－22）中系数 μ_1 显著并且式（6－23）中系数 ρ_2、ρ_3 显著，则表明中介效应显著。

中介效应模型的检验结果报告在表6－9中。在表6.9A部分的列（1）为式（6－20）的检验结果，该结果与表6－8的列（1）一致。A部分的列（1）的检验结果表明，互联网金融（*IF*）对经*CAPM*模型调整后的金融错配风险（*β-CAPM*）的系数为0.2365。可以看出，该指标显著为正。显著为正的指标说明在强监管背景下，在互联网金融快速发展过程中金融错配风险出现了发散的趋势。列（2）是式（6－21）的回归结果，互联网金融发展（*IF*）对金融市场与信贷市场利率差异（*RML*）的回归系数为0.1154，显著为正，这表明互联网金融市场越发展，越容易挤压信贷市场的空间，从而提高了互联网金融市场与信贷市场利率差异（*RML*）。列（3）则是式（6－22）的回归结果，互联网金融发展（*IF*）的系数0.2566，显著为正，表明互联网金融发展（*IF*）提高了金融市场与实体经济回报率的差异（*RMS*）。列（4）为式（6－23）的回归结果。可以看出，*RML*、*RMS*的回归系数分别为0.2276和0.8742，而且都在1%的水平下显著，这说明互联网金融市场的利率越高以及信贷市场利率、实体经济回报率越低会导致金融错配风险的上升，无法实现金融错配风险收敛。但通过对比表中列（4）和列（1）可以发现，虽然互联网金融发展（*IF*）的系数都是正值，且都在1%的水平下显著，但相应的系数值已经由0.2365下降为0.1036。该系数值的显著下降可以表明，在我国金融市场上，互联网金融发展（*IF*）对金融错配风险（*β-CAPM*）影响的中介效应显著。此时，从具体的影响机制上看，互联网金融发展（*IF*）对金融错配风险（*β-CAPM*）的影响有一部分是通过市场利率差异（即*RML*和*RMS*）来实现的。表6.9B部分中的相关回归结果也支持了上述结论。而且，综合考察互联网金融发展（*IF*）对金融错配风险（*β-GARCH*）的回归结果，本部分得到的研究结论也基本一致。因而可以得出，互联网金融发展（*IF*）影响了互联网金融市场与信贷市场利率差异（*RML*）和互联网金融市场与实体经济回报率的差异（*RMS*），进而增加了金融错配风险，无法实现金融错配风险的收敛。因此验证了假设H2与假设H3。

进一步地，在表6.9A部分的列（4）中，虽然三个自变量（*IF*、*RML*、*RMS*）对金融错配风险（*β-CAPM*）均有着显著性的影响，但通过比较可以发现，互联网金融市场与实体经济企业的回报率之差（*RMS*）对金融错配风险的影响是互联网金融市场与信贷资产的回报率之差（*RML*）、互联网金融发展（*IF*）的3.84倍和8.44倍。表6.9B部分的列（4）中的

表 6－9　互联网金融发展（*IF*）通过 *RML*、*RMS* 对金融错配风险（*Risk*）的中介效应

变量	A：β-CAPM				B：β-ARMA			
	(1)	(2)	(3)	(4)	(1)	(2)	(3)	(4)
IF	0. 2365 *** (5. 94)	0. 1154 *** (3. 96)	0. 2566 *** (5. 54)	0. 1036 *** (6. 12)	0. 3385 *** (4. 63)	0. 2176 *** (5. 17)	0. 1547 *** (4. 13)	0. 1352 *** (4. 68)
RML				0. 2276 *** (3. 76)				0. 1253 *** (5. 36)
RMS				0. 8742 *** (4. 76)				0. 6217 *** (4. 36)
IVARATE	－0. 1132 *** (－4. 67)	－0. 1896 *** (－5. 38)	－0. 1769 *** (－5. 57)	－0. 2562 *** (－4. 38)	－0. 2176 *** (－6. 75)	－0. 1875 *** (－5. 25)	－0. 2216 *** (－4. 89)	－0. 3218 *** (－3. 54)
M1RATE	0. 6329 *** (7. 52)	0. 5318 *** (6. 76)	0. 5653 *** (6. 37)	0. 4218 *** (4. 65)	0. 6788 *** (5. 58)	0. 3276 *** (4. 64)	0. 1326 *** (4. 76)	0. 6539 *** (6. 13)
CAR	－0. 3261 *** (－6. 28)	－0. 4538 *** (－5. 89)	－0. 1986 *** (－5. 31)	－0. 2361 *** (－4. 58)	－0. 3632 *** (－5. 76)	－0. 6538 *** (－4. 89)	－0. 7684 *** (－5. 90)	－0. 5421 *** (－5. 64)
LIQR	0. 1156 *** (5. 75)	0. 1687 *** (4. 96)	0. 0867 *** (4. 32)	0. 0537 *** (4. 97)	0. 1068 *** (4. 67)	0. 1654 *** (5. 86)	0. 1785 *** (4. 74)	0. 2317 *** (4. 69)
PROCR	－0. 6048 *** (－5. 36)	－0. 4376 *** (－6. 32)	－0. 6742 *** (－5. 87)	－0. 6463 *** (－7. 71)	－0. 5639 *** (－7. 64)	－0. 7345 *** (－5. 72)	－0. 6237 *** (－4. 93)	－0. 5638 *** (－4. 59)
cons	0. 3372 *** (3. 76)	0. 3147 *** (3. 58)	0. 1656 *** (4. 13)	0. 2317 *** (3. 86)	0. 2146 *** (6. 65)	0. 3321 *** (5. 37)	0. 2216 *** (5. 62)	0. 5487 *** (5. 13)
R^2	0. 8832	0. 7663	0. 7968	0. 7832	0. 7646	0. 7758	0. 7235	0. 8638

注：表中 *、**、*** 分别表示在 10%、5% 和 1% 水平上显著；括号内为 t 值。

数据也支持了上述结论，这充分说明，当前中国金融错配风险的实质并非互联网金融本身，也非互联网金融市场的高收益，而是由于实体经济收益率过低，从而导致大量资金“脱实向虚”进入互联网金融市场。如果能够提高实体经济企业的回报率 r_s，金融错配风险将显著收敛。同时，实体经济企业在对资金配置进行决策时，“逐利”不是其唯一目标。近几年互联网金融市场能够带来的回报率虽然较高，但其中蕴含的风险总量却极大，众多的“爆雷”事件也时刻提醒互联网金融市场参与者需要警惕相应的不确定性。因而，如果在实体经济领域能够获得较为合理的回报率，这将会促使实体企业对互联网金融市场采取更为谨慎的态度进而减少对互联网金融的参与度。这也再一次证明，当前中国防控金融风险、守住不发生系统性金融风险底线的根本在于发展实体经济，服务实体经济是防范金融风险的根本举措。

促进经济平稳健康发展和守住不发生系统性金融风险的底线是经济工作的核心内容，对金融资源的“体内循环”“脱实入虚”进行有效纠偏是金融服务实体经济的重要抓手。作为一种新的金融业态，互联网金融在资金融通、信息搜集等方面具有比较优势，但由此带来的金融错配风险不可忽视。因此，在管理层不断强化互联网金融监管的背景下，如何实现金融错配风险的收敛，是新时代经济与金融高质量发展的关键。

本节首先分析了互联网金融快速发展背景下金融错配风险形成的主要机理，其中一类是实体经济通过互联网金融实现金融资源的“脱实向虚”，而另一类是金融业自身通过互联网金融渠道实现金融资源的“体内循环”。其次，在深入阐释互联网金融引发金融错配风险逻辑机理的基础上，系统构建了对互联网金融开展强监管背景下综合纳入商业银行、实体企业与互联网金融业务在内的金融错配风险局部均衡计量模型，并基于相应的样本数据实证研究强监管政策下互联网金融发展对金融错配风险的影响路径与影响程度。相应的实证研究结果表明：

（1）互联网金融本身以及相应市场的回报率对金融错配风险是否收敛都有显著性的影响。由于互联网金融具有网络的高度通达性以及低进入门槛，使得其可以通过互联网渠道的“虹吸”效应快速将金融资源从金融系统和实体经济企业抽走资金。这使得实体经济发展所需的资金更加难以为继的同时，却有大量的金融资源游离在虚拟市场中，金融错配现象愈发严重，因此强监管并未实现金融错配风险的收敛。

（2）虽然多重因素都对金融错配风险有显著影响，但影响存在明显的异质性。其中实体经济资金“脱实入虚”所形成的金融错配风险是最值得关注的，要保持我国金融系统的稳定和守住不发生系统性金融风险的底线，其关键和核心在于促进实体经济的健康发展。因此，第一，政府需要继续加强对互联网金融的监管与规范。互联网金融虽然具有一定的资金融通、信息收集等功能，但在互联网金融发展的初期阶段需要发挥政府的管理职能，在监管体系上实施动态监管，消除监管真空，对互联网金融领域的违法违规行为进行及时查处并建立相应的黑名单制度，在此基础上充分发挥市场的优胜劣汰机制以最大限度地防止互联网金融对正常金融与生产经营活动的冲击。第二，商业银行等传统金融机构要确立服务实体经济的经营方向。虽然商业银行等金融机构具有独立的法人地位，但如果不确立服务实体经济的经营方向而继续将金融资源在金融体系“资金空转”与“体内循环”，金融错配风险的发散将最终威胁到商业银行等金融机构自身的稳健经营。第三，坚持把发展经济的着力点放在实体经济上。实现金融错配风险收敛的根本在于发展实体经济。要破解以往“实体经济不实、虚拟经济太虚”的困境，切实将振兴实体经济作为中国经济发展的支点。首先，要着力推动产业升级和创新驱动，不断以创新驱动引领产业转型和产业升级，为实体经济健康发展提供原动力。其次，实体经济发展需要充分的资金支持。为了确保资金流入实体经济，监管层需要进行多部门协同，严禁银行资金违规进入房地产和互联网金融领域。最后，要推进减税降费等工作，既要给予市场经济主体充分的自主权利，又要切实给实体经济降低经营成本，不断提高资金回报率，从而为实体经济发展创造良好条件。

6.4 本章小结

互联网金融风险传染过程具有多样性、层次性、变异性、运动性等特征，其是一个开放、非线性的复杂系统，互联网金融风险传染机制可以运用系统动力学的研究方法构建的一个动态模型，并着重对跨期时变特征、“蝴蝶效应”与“金融错配”效应等进行实证检验与分析，从而有利于全面揭示互联网金融风险的传染机制。

金融市场必然存在信息不对称的问题。而互联网金融相较于传统金融，其可以通过运用大数据等技术打通投资融资双方的信息渠道，有效地减少信息不对称所产生的问题，从而提高金融效率和服务质量，最终达到提升风险管理能力，减少金融交易风险的目的。从这个角度看，互联网金融是多维度、多层面上的创新实践。但也有研究指出，互联网金融会对传统金融产生“挤出效应”和“虹吸效应”，这会导致加大金融资源脱实向虚的便利性，以至于加深金融错配问题的严重性。

互联网金融风险的不断爆发引起了监管部门的高度警惕，并由此开展了密集的监管活动，为了考察互联网金融风险的金融监管绩效，本章首先分析了互联网金融快速发展背景下金融错配风险形成的主要机理，其中一类是实体经济通过互联网金融实现金融资源的“脱实向虚”，而另一类是金融业自身通过互联网金融渠道实现金融资源的“体内循环”。其次，在深入阐释互联网金融引发金融错配风险逻辑机理的基础上，系统构建了对互联网金融开展强监管背景下综合纳入商业银行、实体企业与互联网金融业务在内的金融错配风险局部均衡计量模型，并基于相应的样本数据实证研究强监管政策下互联网金融发展对金融错配风险的影响路径与影响程度。相应的实证研究结果表明：第一，互联网金融本身以及相应市场的回报率对金融错配风险是否收敛都有显著性的影响。由于互联网金融具有网络的高度通达性以及低进入门槛，使得其可以通过互联网渠道的“虹吸效应”快速将金融资源从金融系统和实体经济企业抽走资金。这使得实体经济发展所需的资金更加难以为继的同时，却有大量的金融资源游离在虚拟市场中，金融错配现象愈发严重，因此强监管并未实现金融错配风险的收敛。第二，虽然多重因素都对金融错配风险有显著影响，但影响存在明显的异质性。其中实体经济资金“脱实入虚”所形成的金融错配风险是最值得关注的，要保持我国金融系统的稳定和守住不发生系统性金融风险的底线，其关键和核心在于促进实体经济的健康发展。

第7章　审计治理嵌入互联网金融风险动力学演化的内生逻辑

互联网金融作为与传统金融无论在交易模式还是交易主体等方面都有巨大差异的一种新金融业态，它的出现不仅使得经济社会中大量长尾群体有了金融服务需求的满足，当然在为互联网金融机构甚至我国金融市场的巨大发展创造了广阔空间的同时，也由于互联网金融风险的演化而可能对金融系统的稳定性产生不良的影响，严重的情况下甚至可能会引发系统性的金融风险。所以，为了维持金融体系以及金融市场的长久稳定，金融监管作用的发挥则必不可少。但监管者与被监管者两者之间存在的矛盾也使得双方在不断地动态博弈中寻找平衡。因此为防控互联网金融风险，基于博弈论的理论视角分析互联网金融创新与金融监管之间的关系，在此基础上基于审计在党和国家监督体系中重要地位，探索审计嵌入互联网金融风险系统的内生逻辑对有效防范互联网金融风险和保障金融系统稳定具有重要的意义。

7.1　互联网金融创新与金融风险监管博弈

7.1.1　演化博弈模型理论

随着人类社会的不断发展，必然需要结合相关理论对人类社会中的某些制度、文化甚至是风俗习惯等方面的演化规律与进化过程进行阐释。为此，在生物界的生物进化论基础上发展而来的演化博弈论得到了更多重视，进而逐步成为解释人类社会乃至内部经济规律的重要领域。在研究对象上，演化博弈论假定在特定范围之内的各个成员之间总是存在各种形式的反复博弈行为。而在各个成员之间的反复博弈过程中，由于部分成员在面对复杂的社会经济环境时可能并不总是具备足够信息等方面的原因，其决策可能远不能达到“最优”的程度。为此，我们无法将参与者都视为“经济人”，这时参与者理论的局限性就显而易见了。因此，存在有限理性的情况下，如果基于某些具体的原因导致博弈的当事人在一开始未能找到最优决策，那么为了保证博弈分析的价值，则需要对有限理性下博弈关系进行分析。毫无疑问，虽然博弈当事人由于信息不对称等不可避免的因素无法在最初就看到最优解，然而在反复博弈之后，任何一方都会在不断试错过程中去替代原有策略进而寻找到更好的决策，这一过程的不断循环往复则能够逐渐接近最优均衡位置。如果在反复博弈过程中任何一个成员都会在之前决策基础进行再次决策，即“演化稳定策略”（evolutionary stable strategy，ESS）时，这必然也会促使其他博弈对手进一步改变其博弈策略甚至可能采取退出群体的选择以适用新的博弈循环。因此，在一定程度上看，演化稳定策略（ESS）可以表示在一个群体内部的反复博弈过程中相关成员抵抗其他成员变异策略的负面影响而持续改进其博弈决策的一种稳定状态。

7.1.2　演化博弈模型与博弈过程

7.1.2.1　演化博弈模型

在如今的金融体系中，互联网金融创新活动总是领先于监管行为，即金融监管总能够观察到互联网金融创新的选择，不管是出于监管者或是被监管者的角色，都可以在反复博弈中针对对方的决策而进行“动态博弈”。除此之外，还需要进一步假设群体中各个博弈当事人都知道彼此可以采取的策略种类以及每种策略下彼此的利益得失，因而在反复博弈过程中博弈的所有当事人都是信息完全以及对称的。因此，这种博弈形式也通常叫作“完全信息动态博弈”。

在完全信息动态博弈理论中，为探索动态博弈的基本规律，通常在分析过程中纳入局中人、策略空间和收益矩阵三个基本要素。

（1）局中人。这是完全信息动态博弈过程中的参与者，即主体行为人。在博弈的过程之中，互联网金融机构与对应的金融监管机构承担着局中人的角色。

（2）策略空间。每个参与局中人在整个博弈过程中的策略选择集。对于互联网金融机构而言，有两种策略可供选择：是否创新；同时从监管机构角度来说，也有两种选择：维持原有监管力度或者是加强监管力度。

在互联网金融领域，在监管者与被监管者双方之间的动态博弈过程中，任何一方的策略发生变化既会改变自身的得益情况，也同时会影响到博弈对方的得益情况，具体来说又可以分为以下四种情况：

第一，当互联网金融机构不致力于创新，同时金融监管机构继续维持监管时：此时两者之间的博弈利益得失维持原状，各自的期望收益分别是 $[E(F), E(S)]$。

第二，当互联网金融机构不致力于创新，同时金融监管机构考虑到风险防范的问题，加强了监管力度时：此时金融监管不会对互联网金融机构产生更深远的影响，反之监管机构需要为加强监管付出额外的成本 $E(C)$，此时各自的期望收益分别是 $[E(F), E(S)-E(C)]$。

第三，当互联网金融机构致力于创新，相应的会得到额外市场收益 $E(R)$，同时金融监管忽视了互联网金融选择创新时对市场所带来的额外风险，将会对参与者的利益造成损失 $E(M)$，此时各自的期望收益分别是 $[E(F)+E(R), E(S)-E(M)]$。

第四，如果互联网金融机构以及监管机构双方的选择是创新－监管时，因为监管机构监管力度的加强而导致金融机构会产生损失 $E(N)$，与此同时，监管机构为了防止市场上的参与者利益被损害而由此产生了相应的监管端成本 $E(C)$，此时各自的期望收益分别为 $[E(F)+E(R)-E(N), E(S)-S(C)]$。

（3）收益矩阵。由于博弈当事人都知道彼此可以采取的策略种类以及每种策略下彼此的利益得失，因此收益矩阵即在不同的博弈策略选择下，各博弈方的利益得失情况。在互联网金融创新与金融监管之间的收益矩阵中，根据以上分析，可以得出两者之间的收益矩阵。互联网金融创新与金融监管两者之间的收益矩阵可以如表 7－1 所示。

表 7－1　　互联网金融创新与金融监管之间的收益矩阵

对策与收益		金融监管机构	
		维持监管	加强监管
互联网金融机构	不创新	$[E(F), E(S)]$	$[E(F), E(S)-E(C)]$
	创新	$[E(F)+E(R), E(S)-E(M)]$	$[E(F)+E(R)-E(N), E(S)-S(C)]$

7.1.2.2　演化博弈过程

（1）如果互联网金融机构不致力于金融创新，此时金融监管机构将有两种方案可供选择：维持原有监管力度以及加强原有监管力度。两种策略所对应的预期收益期望如下：$E(S)$、$E(S)-E(C)$。由于 $E(S)>E(S)-E(C)$，因此对于监管者而言，由于维持监管的收益大于加强监管的收益，因此金融监管机构的最优策略是维持监管，即此时的博弈均衡策略为（不创新，维持监管）。

（2）如果互联网金融机构致力于金融创新，此时金融监管机构可供选择的方案和上一种情况一样，即维持原有监管力度和加强监管原有监管力度，两种策略产生的预期收益分别为 $E(S)-E(M)$ 和 $E(S)-E(C)$。

第一，如果 $E(C)>E(M)$，监管机构监管端的成本会大于市场参与者利益所受到的损失，此时 $E(S)-E(M)>E(S)-E(C)$，在这种情况下金融监管机构的最优策略应该是维持原有监管力度，此时的博弈均衡策略为（创新，维持监管）。

第二，如果 $E(C)<E(M)$，监管机构监管端的成本小于市场参与者受到的损失，此时 $E(S)-E(M)=E(S)-E(C)$，这种情况下，互联网金融创新机构的预期收益可以概括为 $E(F)+E(R)-E(N)$。

其一，当 $E(R)>E(N)$ 时，互联网金融机构进行创新所带来的额外收益将会大于监管机构加强监管力度所支付的额外成本，即 $E(F)+E(R)-E(N)>E(F)$。此时，通过创新行为能够为互联网金融机构带来额外收益，虽然受到监管机构的严厉监管，但此时创新依旧是金融机构的最佳选择，博弈均衡策略为（创新，加强监管）。

其二，当 $E(R)<E(N)$ 时，如果由于创新所带来的额外收益小于由于加强监管而额外支付的成本，即 $E(F)+E(R)-E(N)<E(F)$。此时，由于互联网金融创新的结果是带来净损失，因此从理性选择的角度上看，此时互联网金融机构的最优策略是放弃金融创新而选择原有的发展模式。在稳定的预期下，互联网金融的监管机构将监管措施维持在原有的监管水平上而不需要进行改变，即此时的博弈均衡策略为（不创新，维持监管）。

其三，当 $E(R)=E(N)$ 时，如果创新行为为金融机构带来的额外收益等于监管机构加强监管力度所支付的额外成本，即 $E(F)+E(R)-E(N)=E(F)$。此时选择严厉监管虽可以在某种程度上减缓风险发生的概率，但互联网金融机构是否会选择继续致力于金融创新，还需要由其他因素参与决定。

第三，如果 $E(C)=E(M)$，监管机构监管端成本等于市场参与者利益所受到的损失，则 $E(S)-E(M)=E(S)-E(C)$，在这种情况下金融监管机构的最优行为决策可以是维持原有监管也可以是加强监管，此时的博弈均衡策略为（创新，加强监管）或（创新，维持监管）。

通过上述分析，我们可以从中得出：对于互联网金融机构而言，选择金融创新与否将由 $E(R)$ 和 $E(N)$ 的大小决定，即是由创新带来的额外收益与监管机构加强监管后对机构所造成的损失之间的大小比较来决定；对监管机构来说，其也是属于理性人的范畴。因此，从理性人的选择上看，监管机构需要在比较 $E(C)$ 和 $E(M)$ 大小基础上进而做出是否加强监管的理性决策，只要监管成本大于社会公众利益损失则监管机构选择加强监管。

一般情况下，针对互联网金融是否致力于创新，监管机构会选择保护广大公众的社会利益而去决定是否加强监管力度，即 $E(F)+E(R)-E(N)<E(F)$，但这一行为也会打击互联网金融致力于创新的积极性，并产生抑制作用，不利于我国金融市场的发展；但如果采用保守的维持监管策略，又有产生道德风险的可能性。问题的着重点在于如何保持 $E(F)+E(R)-E(N)>E(F)$ 的同时使得 $E(C)$ 和 $E(M)$ 取值尽可能小，即在防范因监管不力而造成道德风险的同时，又不因其严肃监管阻碍我国金融市场发展进程。

7.1.3　互联网金融风险的监管博弈

从经济学理论的角度看，博弈论与制度理论密切相关。比较制度经济学家将博弈引入对制度的分析之中，并且获得了巨大的成功。在博弈规则上又可以分成两大种类：一是正式制度；二是非正式制度。然而，由于正式制度和非正式制度是刚性的，也是在较长时间相对保持不变的。不同的是，博弈参与人则是动态博弈过程中最为活跃的因素，因为其不仅是制度的制定者，同时也是推动制度未来变化的最主要力量。赫尔维茨（Hurwicz，2006）利用纳什均衡研究了博弈规则的实际情形，通过分析均衡策略的可行性，认为能够明确限制社会参与者的规则应该成为一种制度。它是各参与者在技术、资源、社会偏好等一系列环境约束下行动策略纳什均衡的结果。因此，重点是设计出一种能够实现既定社会目标的制度。比较经济学家对制度的定义是：制度是一个能够使博弈各方信念自我维持的系统，其本质是具有高度浓缩的制度均衡博弈路径和固有特征，几乎所有的参与者都认为这一特征与他们的策略选择密切相关。在金融活动过程中，金融交易参与者的策略选择受到制度的影响，同时，制度本身也由于对金融交易参与者的策略具有适用性而不断进行调整。由于互联网金融监管有限理性的存在，互联网金融的快速发展可能导致互联网金融市场及其参与者的理性程度下降，促使制度变迁的主体希望通过限制互联网金融参与者的行为来实现金融市场稳定和经济增长。然而，互联网金融参与者和市场并不一定具有遵守该制度的内在动机。能否形成有效的监管体系，很大程度上是由监管介入后各方力量的博弈来决定的。

闻名于世的“囚徒困境”和“纳什均衡”分析框架可以诠释监管在互联网金融市场中所起到的作用。互联网金融的交易双方在决策中都有诚信和不诚信两个选项，双方均会选择诚信去尽可能地提升交易效率。但是如果一方在交易中选择了不诚信，就可以通过侵犯对方的利益而获得额外收入。由此不诚信就成了双方的最优策略，从而不存在纯纳什均衡。在没有外力介入的互联网金融市场中，会对负面策略形成不利预期，削弱了互联网金融市场整体的力量。因此，互联网金融迫切需要第三方的存在去进行约束，以实现双方都选择诚信的纳什均衡。当一方不强调诚信时，他预判到对方也会采取不诚信的策略来应对。监管的重点应是解决由于一方依赖在信息和技术方面所获得的优势导致的约束无效而对交易效率造成的损失。因为当没有约束使博弈参与者按照机制设定的规则行动时，最优的博弈策略就不会通过自我实施来实现。双方的行为冲突必然导致与预期的不相符，并且浪费社会资源、降低社会效益。

7.1.3.1　互联网金融风险的监管博弈演化

随着博弈理论的发展，作为互联网金融创新与金融监管博弈中的重要参与者，监管者如何提升金融监管的效率以有效应对互联网金融风险成为监管者的重要目标。随着演化博弈理论和重复博弈理论的出现和发展，在采用了博弈论的理论后，监管制度的理论也得以发展。根据哈姆林和亨利（Hamlin & Henry，2012）的研究，进化博弈理论认为当惯例演化时，其适应性的行为将会被选择且得以发展，并在证实其可以有效帮助个体避免选择失误后，用法律条文将之固化；重复博弈的概念是指参与重复博弈多方将身处相同的博弈环境，而由于博弈的可重复性，在当前周期中可观察到本轮其他方的策略并作为下一轮博弈的参考。重复博弈让自身修正博弈策略得以实现，形成子博弈策略均衡。两种博弈观点将各方参与者与反复的博弈策略的选择作为一个整体结构考虑，并对互联网金融监管的产生及其演变产生深远意义。

由于金融监管也可以被视为一种发展均衡，博弈域、技术和参与者的变化是导致纳什均衡的诱发因素。互联网技术在互联网金融领域得以广泛应用，使金融参与者的策略选择范围扩大，改变了传统金融行业、互联网金融企业、投资人和融资人等多方的效用函数，博弈参与者的范围也得以扩展，这使得以往封闭或不明显的交换领域开始与外界扩展的市场进行接触，交易的可能性变多。尤其当监管机构参与博弈时，监管者的效用函数也被迫发生改变，互联网金融监管混合策略均衡也随之改变。如果想通过制度变迁或创新行为来使现有的均衡状态得以改变，以应对多方效用函数的变化，那么理解制度演化的动态性就变得十分重要。作为一种新的正式制度，互联网金融监管在转型过程中，往往会出现参与者思维的混乱和行为预期的异化。只有当制度变迁或创新带来的制度均衡能有效约束参与者的行为，并将监管自身的行为内生化参与博弈，才可以让互联网金融监管成为一种有效实现目标的最优制度。

7.1.3.2　互联网金融风险的监管博弈均衡

由于制度的设计本身也是一个不断完善或者演化的过程，因此在制度设计与制度完善过程中基于演化博弈和重复博弈理论得出监管制度的最优选择，这不仅有利于发现制度变迁的不足，并且对于制度完善从而实现制度均衡都有十分重要的现实意义。互联网金融市场参与者的行为往往会拥有博弈的特点，而作为一种制度安排，互联网金融监管是公众、政府及企业等各方主体力量相互作用的综合结果，抑或说是各方力量博弈均衡的一种外在表现。显而易见，作为经济社会中的一个金融创新，互联网金融既为金融活动提供了更大的活力，同时也蕴含着更大的金融风险。与其他制度一样，互联网金融监管作为国家治理体系中的重要制度，也拥有制度的一般属性。博弈研究方法参考了多种因素，描述存在着利益冲突的结构体中各方因素内生均衡的形成过程。从这个角度来看，互联网金融监管机构作为政府的代表，在制度变迁及其他因素的推动下，其也成为博弈的参与者，其行为应该是内生于互联网金融监管的博弈集合，并且被其他经济主体的战略所制约。实质上这体现了监管的市场化与合理性，互联网金融监管应该要致力于消除互联网金融市场上的因为博弈行为而导致社会无效的策略，规定双方在互联网金融市场上进行博弈的合理策略。这也要求监管机构将行政权力和市场力量在依据市场博弈规律下相结合，并且设计出能在政策出台后获得相应市场变化的制度，以避免政策效果与初衷相背离的结果。与此同时，信息也是演化博弈中的一个需要被纳入考量的重要因素。

互联网金融市场中的参与者往往都会以自身利益最大化作为出发点，试图去获取尽可能多的信息，以便做出最优决策。事实上，他们的决策行为是与大量的信息因素相结合的。然而市场中存在着大量的无效信息，区分信息的真实性需要付出相应的代价。互联网金融监管在博弈分析的同时也要兼顾完全信息和不完全信息，同时也要便利信息，使参与者能够精确预测他人的行为，避免盲目行为。由于现代金融市场的特性，交易双方很难能够直接地了解彼此，互联网技术的应用使信息不对称在交易策略的过程中变得尤为突出。因此，互联网技术在扩展金融交易范围的同时也降低了交易效率和增加了市场萎缩的可能性，这使监管介入的重要性得以凸显，因为监管能够确保互联网金融交易的顺利有效进行。互联网金融从“金融压制”中兴起，但也有可能因为信息的不完全性而混乱无序发展，甚至危及经济市场的健康。这是因为互联网金融交易者不能通过自发的交易行为来固化规则，从而产生了市场的道德风险和逆向选择。监管是为了规范博弈双方获得利益的方式和交易的成本效率，改善以往自发的均衡策略，形成有利于公共目标的博弈策略组合。

需要强调的是，国家依然是互联网金融监管的发起者，因为国家在改善正式制度的方面具有相对的优势。互联网金融监管可以通过制定监管规则、实施监管处罚等方式对违规行为进行处罚。同时，政府应保持政策的一致性和连续性，以巩固并增强市场的理性预期。作为监管者，政府本身是有限理性的，但同时被赋予了很大权力，很容易成为政治家个人或利益集团寻租工具。因此，一方面，如果不按照内生要求将互联网金融监管机制纳入有效的博弈框架，就无法保障其对于市场的约束动力；另一方面，对于作为市场诱导的金融创新，行政力量必须结合市场力量来弥补监管大量非系统性风险行为时所要付出的高成本，以此避免政府和公共资源的浪费。于是，对互联网金融监管进行行政监管是有必要的，但它也绝对不是最合理的。互联网金融监管的制度安排应该是行政力量和市场力量共同作用的混合策略均衡。例如，监管应该发挥裁判和引导的作用，而不是运动员，其目的应是恢复合理的自发秩序，而非实施新秩序，使互联网金融市场化行为趋于完善。行政手段和市场手段不应有严格的界限，对违法行为的判断准则应该统一，但处罚的主体和程度不同。如何能够合理地结合行政监督与市场监督是另一个需要研究的重要课题。互联网金融监管应最大限度地发挥市场监管的约束作用，同时行政监管也应着眼于此，然而这只是更接近互联网金融监管均衡的方式。为了更精确地达到互联网金融监管的效率均衡，还需要降低行政监督的成本，把提高监管效率纳入互联网金融监管的目标，同时从更大范围上完善法治水平、行政执行和监督体制、社会治理和秩序等配套体制机制与补充力量。

7.2 金融监管在互联网金融风险管理中的必要性与国内外实践

7.2.1 金融监管在应对互联网金融风险中的必要性

基于理性人的基本假设，在经济活动中，个人在对经济利益的追求过程中不仅受到“看不见的手”的影响，而且在有效市场假说下，价格可以体现出市场动态均衡过程中的所有市场信息。由此，互联网监管渐渐的呈现一种放任的态度，其重点在于消除产生市场失灵的因素，从而发挥“看不见的手”的功能，避免市场不受监管的现象。具体的表现为：首先，通过运用市场自我约束机制，控制和承担有害行为。其次，对市场上存在问题的金融机构进行破产清算，营造公平公正的环境。最后，不需要对金融创新进行监管，因为市场本身是具有竞争性的，无用价值的金融创新会被淘汰。此外，从价值创造判断的角度而言，政府管制并不是最好的方式。一旦过度干预，必定会限制价值创新。但是，如果互联网金融市场中存在众多的非有效因素，这将导致互联网金融市场有效性受到负面影响，不利于互联网金融市场的稳定发展，由此互联网金融监管的必要性上升。

7.2.1.1 互联网金融可能存在非理性的个人行为

互联网金融业务的投资者主要采用检验资金需求方的个人征信的形式进行贷款发放。互联网金融平台可以揭露资金需求方的信用风险，保障投资的安全性。但这种投资在一定程度上仍然会存在较高的风险。市场上的投资者不能完全识别并规避投资失利。由此可得，互联网金融是存在投资者监管需求的。

7.2.1.2 个人理性，并不意味着集体理性假设成立

互联网金融存在流动性和期限错配风险。假设市场出现波动，投资者更可能会为了规避风险而赎回资金，即理性的个人行为。但是假如有集中兑付的现象出现，就集体行为而言，并不具有理性的性质。21 世纪初，雷曼兄弟破产，美国市场上最大的货币市场基金处境悲惨。对于雷曼兄弟来说，货币市场等于风险敞口，价值低于面值，纵然净亏损小于 5%，也会使投资者恐慌并购回自己的份额，导致货币市场基金行业出现赎回热潮。

7.2.1.3 互联网金融创新可能存有缺陷

就中国的互联网金融平台而言，存在很大差异。一些互联网金融平台

在以共同基金账户的形式管理客户的基金和自有基金之间并无隔离，造成平台负责人携资“跑路”现象出现；目前，大多数互联网金融平台选择这种激进的营销方式，针对个人进行高风险产品投入，但对方无法承担此种风险；同时，也有一些互联网金融平台存在违规经营现象。

7.2.1.4　行为金融学视角下互联网金融监管的必要性

行为金融学包含两个部分：一是运用认知心理学研究个人偏好和行为，并提出理性人与个人行为不一致的假设；二是市场价格水平的不合理和不均衡现象，有效市场假说没有得到认可。从互联网金融监管的角度而言：第一，互联网金融市场上存在的过度投机具有较大的危害性。第二，需要对互联网金融采取必要的市场准入。理性经济人会趋利避害，但金融机构和互联网投资者不具备理性特征，对互联网金融市场设置一定程度上的准入机制成为必然趋势。第三，互联网金融创新为金融发展提供了新动能，但只有对其创新进行规范，才能有利于互联网金融的健康发展。第四，在金融供求关系中，由于金融消费者通常处于信息不对称的不利地位，为此需要设计合理的制度去保护互联网金融消费者的合法权益。第五，需要严格监管互联网金融可能带来的风险。互联网金融业风险可能威胁金融稳定甚至引发系统性金融风险。为此，需要就互联网金融监管机构而言，必须要针对互联网金融行业的特殊性，建立起完善的互联网金融监管制度以实现互联网金融的稳定发展。

7.2.2　国外互联网金融风险监管的实践

欧美发达国家是互联网金融的起源地，因而在监管层面有较为成熟的经验，然而，由于国情的差异使得各国在监管的主体、模式和手段等方面有不同的侧重点，但作为一种客观的金融创新业态，必然有其客观的发展与演化规律。为此，需要在深入比较国外互联网金融监管实践的基础上，完善我国互联网金融监管体系从而促进互联网金融健康稳定发展。

7.2.2.1　美国互联网金融监管实践

美国没有选择出台互联网金融监管方面的特定法律，而是根据网络借贷业务的特点对现有法律法规和监管机构进行了调整，并根据业务发展情况不断地调整现有法律法规和监管体系。对于监管主体，美国的互联网金融监管框架与其联邦制相类似，在互联网金融监管体系方面，采取州联邦协同监管、多职能部门分别监管的框架。州和联邦政府多层次的金融机构共同为互联网金融消费者的权益提供系统全面的保护。

次贷危机爆发后，根据美国证券法，美国证券交易委员会（Securities and Exchange Commission，SEC）将 P2P 贷款产品定义为证券，规定网贷平台需要在美国证券交易委员会注册，并进行与证券经纪商一样严格的信息披露。此外，美国证券交易委员会还重点关注了网络借贷平台是否按照规定披露信息，包括产品期限、利率及到期日、借款人信用报告、贷款用途、工作和财务状况等信息。只要投资者出现资金损失，一旦能提供证据证明平台披露的信息中存在遗漏或错误，就可以起诉并要求赔偿。此外，网贷平台在州的法律法规的要求之下，应该根据具体的要求提交相应的文件资料到所在州的证券部门进行登记。该证券部门根据具体的法律要求对网贷平台是否符合相应的要求及标准进行审核。为了对网贷平台客户的风险进行有效的控制，部分州还对投资者的某些具体财务指标进行了限制以避免过多的低收入群体使用网贷平台。美国 P2P 网贷行业所实行的严格的监管政策在一定程度上规范了行业秩序，保护了投资者的利益。但过度严格的监管程序使得公司成本大幅提升，阻碍了潜在市场参与者，限制了金融创新活动的成长空间，阻碍了行业的未来发展。2010 年，《多德－弗兰克法案》要求美国审计署（GAO）对 P2P 网络借贷行业进行调查，并对现有行业监管方案做出决策，这也成为一个改变监管模式的契机。一年后，美国审计署根据调查结果发布了一份报告。该报告提供了两种监管方案：一是保持现有监管模式；二是将网贷行业的监管责任分配给刚成立的金融消费者保护局，该机构将承担保护双方的责任。然而自报告发表以来，美国监管当局并未对该行业的监管政策做出实质性调整。

7.2.2.2 英国互联网金融监管实践

全球最早的 P2P 网贷平台诞生于英国。作为世界上第一家 P2P 网贷平台，佐帕（ZOPA）公司从一开始就受到英国金融监管当局的严格监测管控。主要由金融行为监管局（FCA）和民间 P2P 行业自律协会（P2PFA）两大监管机构进行监管，在如此监管条件下，英国 P2P 网贷行业的发展势头十分迅猛，同时良好的金融监管环境有效完善了英国 P2P 网贷平台整体的监管体系。主要表现有：一方面，FCA 颁布了行业监管办法对 P2P 平台开展有针对性的监管；另一方面，P2PFA 制定的自律性监管所覆盖的内容十分广泛，涉及进入 P2P 网贷平台市场的资本门槛、客户资金存管、信息披露等重要风险因素。然而，由于互联网金融创新作为一种新事物，并没有立即对其制定专门的监管方案和法律法规，所以在全球范围内直到 2014

年 3 月才出现第一部专门针对网贷行业的法律法规。该部法律是 FCA 颁布的《对于互联网众筹及通过其他媒介发行不易变现证券的监管办法》，也初步构建了对网贷行业进行监管的基本框架。除此之外，P2PFA 在对英国 P2P 平台进行规范的过程中也发挥了重大作用，例如，其发布的《金融协会运营原则》对规范发展互联网金融行业就具有十分重要的价值。但是，从对互联网金融的监管思路上看，为了规范互联网金融的发展，该部法律更多地侧重宏观层面的监管。然而，与之不同的是，《金融协会运营原则》的监管则更多关注于互联网金融的微观层面，即互联网金融企业本身，在具体内含上更多地对 P2P 平台的经营管理提出具体而规范的要求。

在 FCA 的监管框架中，保护金融消费者权益始终是核心。通过风险评估和分析的方式，FCA 就投资者和平台两方列出了潜在风险。第一，从投资者的角度看，问题在于缺乏金融知识和技能储备，没有足够的风险意识和风险抵御能力，这体现在不了解投资项目的基本情况和风险隐患，和过于乐观的平台流动性预测。第二，从平台的角度来看，存在没有对借款方进行职能内的调研和检查、涉嫌欺诈和洗钱、内部管理有漏洞、破产风险以及刻意隐藏风险暴露等问题。为有效防范以上问题的发生以及保护消费者权益，同时也为行业提供适当的发展和创新空间，FCA 监管对客户资金分离、投诉管理、最低资本要求、信息披露等方面给出了相应要求，具体如表 7－2 所示。

表 7－2　　FCA 监管要求

监管内容	具体措施
银行存管资金	客户资金由第三方银行存管；平台只对资金负有尽职调查的义务
投诉管理	平台需依照实际情况自行合理建立投诉处理程序，并在接到投诉后的八周内审查并给出回应；如果投诉人不满意结果，可向金融申诉专员服务公司（FOS）申诉
消费者撤销权	投资者有权在与平台签订贷款协议后的 14 天内无理由解除合同（二级市场可转让流通的贷款产品情况除外）
最低资本要求	最低资本额取最低固定资本要求和动态营运资本两者的较高值（动态营运资本根据公司的借贷余额确定）。最低固定资本从 2017 年 4 月 1 日起为 50000 英镑
信息披露	保证信息的综合性，包含贷款潜在正面和负面的因素。未来可能要求包括的信息披露条目有：预期和实际的违约率；贷款风险评估详情；放贷人保护详情；放贷人解约选项；平台报告义务（必须向 FCA 报告包括资本要求、账户，客户资金状况、投诉程序等）

7.2.2.3 国际互联网金融监管的基本经验

通过对比美国和英国 P2P 网贷领域监管实践可以看出，美、英两国的监管制度总体上是较为完善的，但在监管重点上有不同之处。在监管模式上，美国以 SEC 为主体，多机构为辅共同监管；而英国则以 FCA 和 P2PFA 为核心，相辅相成。在法律法规方面，美国已经将互联网金融纳入现有的监管法律框架，并制定了新的法规来补充覆盖范围；英国颁布了包含交易规则、信息披露标准、投诉管理机制等其他内容的互联网金融行业的特定法规，同时也更加关注该行业的自律，且其行业自律组织对于互联网金融行业的稳健发展也起到了巨大作用。

在监管手段上，由于在互联网金融交易中，消费者通常更多地处于信息不对称的位置，因此也更容易遭受到欺诈或者其他损失的风险。为此，从监管立场上看，美、英两国对互联网金融监管的核心都是保护金融消费者和金融市场参与者的合法利益。例如，美国的消费者权益保护部门的核心功能即是保护交易过程中的交易双方权益不受到侵害，而英国为了保护金融消费者和参与者的利益则建立了一整套保护机制，涵盖了资金监管要求、平台信息披露等信息。同时，美、英两国致力于完善征信系统的举措对整个金融行业起到了信用工具支撑的作用，推动了金融网贷业务的良性发展。信息披露方面，记录了完整个人信用信息的美国公民社会保障号码就打开了对金融机构的开放权限；英国市场化征信公司建立了可以共享的个人信用记录的数据库，同时可以提高机构之间数据共享和合作程度，这有助于促进国家征信体系发展，完善国家征信体系构建。

在监管强度上，英国采取的是“轻监管”的方式，对于 P2P 行业的硬性监管要求比较少，给予行业较多的发展空间；但与英国所不同的是，美国对 P2P 的监管则异常严厉。在美国的互联网金融监管框架中，通常将 P2P 视作为证券进行监管，相关的 P2P 平台需要像证券发行人那样履行极其严格的信息披露与财务安全的要求。当然，互联网金融毕竟是个与传统金融所不同的新兴行业，这种新兴行业的发展具有很大的特殊性，如果不考虑其特殊性而简单地套用传统金融的监管政策，将不利于互联网金融这一新生事物的合理成长，因此，这种监管思路在美国也遭到了质疑和反对。

需要建立健全互联网金融的安全运行体系。从安全运行体系角度来看，它的核心是完善、维护互联网金融运行环境，提高综合财力、人力以及人力运营的效率，并以此营造一个安全的互联网金融环境。致力于互联网金融创新，提高服务器和系统防御力水平。在防火墙的设计和各类权限设置方面，必须有严格和尽量复杂的身份验证才能够安全访问。另外，在互联网金融风险监管中政府所扮演的角色，应该是致力于提升安全运行体系、不断严格对金融数据尤其是财务数据管理要求、制定互联网金融的技术标准、不断优化互联网金融和国内传统金融的融合度，最终达到保障交易安全的目的。

需要建立健全互联网金融业务整体风险管理体系。从互联网金融角度来看，严格的监管是必要的，只有对互联网金融风险进行严格管控，给互联网金融平台对风险的管理能力与水平提出高标准，才能够令之得到较好发展。从互联网金融企业角度来看，没有什么能够比风险管理在企业运行中占据更多的重要性，结合以上两个角度，建立健全互联网金融整体业务风险管理体系是必经之路，同时要时刻进行传统金融机构风险管理的不断探索创新。一个机构的内控制度完善与否能够直接决定其运营的有效性，互联网金融企业也在所难免。为了从根本上实现对互联网金融风险的有效防范，互联网金融企业的内控机制是否完善不仅仅对企业本身，而且对整个互联网金融行业甚至金融体系的稳定也是至关重要的。因此，需要互联网金融企业不断加大金融风险防控力度和水平，不断完善内部规章制度，不断完善内部业务开展流程，以实现风险管理与良性发展的双重目标。从互联网金融风险管理体系的运行角度来看，必须要有充足市场经验且能够应对风险的专业团队。除此以外，要尽可能规避信息不对称产生的风险与威胁，由此才能实现互联网金融风险管理体系的平稳建设。

由于网络技术的高度通达性，使得互联网金融业务在理论上能够实现跨地域与跨国界的开展。因此，现阶段来说，通过网络技术在全球的金融业之间建立起某种程度上的共通关系是完全可行的，这也使得互联网金融的发展能够在理论上超越国家界限而在各国以及各地区之间实行一定程度上的结合，从而推进互联网创新产品能够在全世界范围内得到广泛而迅速地运用，以及互联网金融创新产品在全世界范围内的发展。与国外互联网金融相比，国内互联网金融开始的时间较晚，在应对风险、产品创新方面经验较少，因此可以从互联网金融发展良好的发达国家身上借鉴经验与教训，完善符合我国国情的互联网金融本土化发展。目前来看，互联网金融在我国的发展态势已经普及化，我国在金融信息革命时代抓住了机遇，国家金融竞争力随综合国力稳步提升，同时在全球范围内的资源配置地位不断上升。21 世纪以来，我国不断明确浮动汇率制度，法定货币开始对国际市场实行自由化，金融监管产生的影响范围在国际市场上不断扩大。当然，国际金融竞争给我国金融市场也带来了挑战，但更多的是带来了机遇，尤其给我国在互联网金融监管模式上带来了可以经验借鉴的各种平台。当前我国互联网金融行业发展历程较短，无论是监管经验还是监管技术都存在不足之处。

7.2.3 我国互联网金融风险监管政策的演进

作为一种有别于传统金融的创新，互联网金融的出现改善了我国的金融环境，使得普惠金融在更高层面上得到了发展。然而，互联网金融的本质仍然是金融，其金融风险必然伴随着其发展而发展。因此，在互联网金融发展过程中，如何对其进行有效监管成为政府相关部门关注的重要问题。当然，监管层对互联网金融及其风险问题的认识也有一个逐渐深入的过程。在初期，由于在互联网金融领域的法律法规相对较为缺乏，因此更多的是采用了传统的监管框架和政策法规，但是由于我国长期以来形成的分业经营、分业监管的格局，这种监管思路在实践应用过程中遇到了很多问题，监管效果很不理想。为此，近几年，随着互联网金融的发展，由于监管上存在的漏洞，导致在互联网金融行业中出现的风险事件越来越频繁。因此，政府等相关部门开始从制度设计入手，不断在法律法规方面进行完善，为加强对互联网金融的监管提供法律基础，并据此对相关领域开展了重点整治工作（具体见表 7 – 3）。通过对互联网金融行业的严格监管，虽未完全杜绝风险事件，但总体上还是为互联网金融的正常进行和保护大多数长尾客户的权益起到了重要的作用，也为推动我国互联网金融行业在法律法规的框架之下继续得到快速的发展做出了重要贡献。

表 7 – 3　　互联网金融行业重点整治问题

重点整治业务	具体要求
P2P 网络借贷和股权众筹业务	1. P2P 网络借贷平台不得设立资金池，不得发放贷款，不得自融自保、代替客户承诺保本保息 2. 股权众筹平台不得自筹，应强化对融资者、股权众筹平台的信息披露义务和股东权益保护要求
在互联网场景中的资产管理以及其他金融交叉业务	1. 在未取得金融业务资质的情况下互联网企业不得开办相关的互联网金融业务 2. 未经相关部门批准，不得将私募发行的多类金融产品通过打包、拆分等形式向公众销售 3. 金融机构不得出于逃避金融监管的目的而通过互联网渠道开展资产管理产品嵌套业务

续表

重点整治业务	具体要求
第三方支付业务	1. 为了保障各方当事人的合法权益，非银行支付机构客户备付金账户应开立在中国人民银行或者符合中国人民银行有关规定的商业银行 2. 非银行支付机构客户备付金账户只能开在一家机构以避免变相开展跨行清算业务行为 3. 开展支付业务的机构应依法取得相应业务资质
互联网金融领域广告等业务	互联网金融领域广告不得对金融产品和业务进行不当宣传。在取得相应的金融业务资质之前，互联网金融机构不得对互联网金融业务或公司形象进行宣传

我国当前的金融监管体制通常总结为“分业经营、分业监管”，这是我国在20世纪90年代初期适应当时传统金融的发展趋势以及对较为突出的金融风险所作出的制度性安排，并据此成立了三个相对独立的金融监管机构，分别是银行业监督管理委员会（简称中国银监会）、证券业监督管理委员会（简称中国证监会）以及保险业监管管理委员会（简称中国保监会），加上原有的中国人民银行，从而形成了我国比较完整的“一行三会”金融监管制度。2018年3月，国务院机构改革方案决定中国银监会和中国保监会合并组建中国银行保险监督管理委员会。加上2017年成立的国务院金融稳定发展委员会，至此我国形成了“一委一行两会”的金融监管框架。根据这一金融监管制度，任何金融机构的设立、金融产品的发行与定价、机构内部治理机制以及风险管理制度等都由其具体进行规范。

毫无疑问，我国金融监管框架的建立与运行对稳定我国金融市场、对加强各类金融机构的风险管理以及维护金融安全等方面都具有重要的现实意义。然而，由于互联网金融是一种有别于传统金融的新金融业态，无论是交易模式还是交易主体等方面与传统金融都具有极大的差异，因此，在我国互联网金融出现的初期，由于有关互联网金融领域的法律法规相对缺乏，我们主要还是采用传统金融相关的法律法规予以监管，由此导致的监管效果不好，对互联网金融难以起到实际的有效监管作用。之后，随着互联网金融的不断发展以及互联网金融风险事件不断出现，我国在立法层面也开始了初步的探索，由此相对于初期的无序发展相比，监管开始更加细致。

21世纪初以来，随着我国网络技术与金融业的结合越来越紧密，有关网络金融业务以及在互联网金融领域的相关法律法规等也都处于不断地完善过程中。例如，中国银监会在2006年制定并颁布施行了《电子银行业务管理办法》。在这部法规中，商业银行适应网络技术的发展而开展电子银行业务有了具体的法律规范。之后，2010 年，中国人民银行颁布了《非金融机构支付服务管理办法》，在支付宝等第三方支付兴起的背景下的有关设立、退出以及风险防控等问题做出了具体规定。在 2013 年后互联网金融行业进入野蛮生长的时期，为此，中国人民银行等机构于 2015 年 7 月出台了《关于促进互联网金融健康发展的指导意见》，对互联网金融的发展过程中的监督主体与监管责任进行了明确规定。在《关于促进互联网金融健康发展的指导意见》中明确规定第三方支付业务归中国人民银行负责监管，众筹融资业务和基金网上销售业务由中国证监会进行监管，互联网保险业务的监管则归中国保监会负责。但对普通老百姓影响最大，风险也是最突出的 P2P 网贷平台的监管，直到 2015 年 12 月《网络借贷信息中介机构业务活动管理暂行办法（征求意见稿）》的颁布才有了具体的法律规定。为有效治理互联网金融领域的乱象和防范化解互联网金融风险，2016 年 4 月，中国人民银行发布了《互联网金融风险专项整治工作实施方案》，在该方案中明确要求各省级政府对互联网金融履行相应的监管职责。同时，为了整治互联网金融平台一直以来都难以有效治理的资金池等问题，也为了充分保护金融消费者的合法权益，针对这些现象，开始对互联网金融平台进行了清理整顿。为了规范各地小额贷款公司违规从互联网金融平台融资的问题，中国人民银行于 2017 年 12 月 1 日发布了《关于规范整顿“现金贷”业务的通知》。与此同时，在 P2P 网络借贷风险日益凸显的情形下，中国银监会于 2017 年 12 月 8 日发布了《关于做好 P2P 网络借贷风险专项整治整改验收工作的通知》，该通知主要在 P2P 网贷平台的整改标准、验收要求以及路线图等方面提出了细致而明确的要求。同时，为了进一步加强监管的有效性，还对网贷平台备案登记工作的具体时间、具体标准以及具体规范等做了完整而细致的规范。与此同时，随着国内外金融形势的变化，通过互联网渠道开展洗钱和恐怖融资的风险日益严峻。为此，为了有效打击通过互联网渠道的洗钱和恐怖融资等违法行为，我国于 2018 年 9 月 29 日公布了关于印发《互联网金融从业机构反洗钱和反恐怖融资管理办法（试行）的通知》，在该通知中，相关监管机构对互联网金融机构有效进行客户身份识别和建立健全反洗钱、反恐怖融资内部控制机制以及防范洗钱和恐怖融资风险等方面进行了规范。2020 年 9 月 16 日，中国银保监会发布《关于加强小额贷款公司监督管理的通知》，规范小额贷款公司经营行为，防范化解相关风险，促进行业健康发展。2020 年 11 月 2 日，中国银保监会等就《网络小额贷款业务管理暂行办法（征求意见稿）》公开征求意见，从业务准入、业务范围和基本规则、经营管理、监督管理、法律责任等方面规范小额贷款公司网络小额贷款业务，统一监管规则和经营规则，促进网络小额贷款业务规范健康发展。2021 年 3 月 17 日，中国银保监会等五部委联合发布《关于进一步规范大学生互联网消费贷款监督管理工作的通知》，进一步规范大学生互联网消费贷款监督管理，切实维护大学生合法权益。

7.3　当前金融监管在应对互联网金融风险演化方面的不足

虽然互联网金融的不稳定性大部分时候是内部风险累积形成的，但是适当的金融监管对于防范互联网金融风险和维护金融稳定至关重要。当前，我国在互联网金融监管存在的不足或问题主要体现在金融监管独立性不足，金融监管部门的前瞻性和预见性不足，金融监管体系不完善等方面。

7.3.1　金融监管机构的独立性不足

根据昆廷和泰勒（Quintyn & Taylor，2002）的研究，由于受到干预和管制俘获等方面的影响，金融监管部门的独立性通常容易受到削弱。监督的独立性不足阻碍了风险识别，同时也延误了监管措施效果，金融风险的逐渐累积，最终形成系统性金融风险，延长了危机解决过程。20 世纪 90 年代中期，委内瑞拉金融危机就是典型的金融监管缺乏独立性造成的。

出于对金融领域进行有效监管的需要，独立性是金融监管的客观要求。然而，从目前看，我国金融监管机构的独立性还有一定程度上的不足。一方面，金融监管部门的官员和国有及国有资本占控股地位或主导地位的金融机构管理层之间的频繁流动，这一“旋转门”现象极易损害监管部门的公信力和权威性。如果金融监管官员意识到正在制定的相关法令和规则会影响到其未来任职所在单位或本人预期利益，则可能会激励其不惜损害国家和公共利益，制定出有利于被监管单位的法令和规则。另一方面，金融监管部门执法人员，特别是机构负责人选聘制度不完善，没有清晰透明的任免规则和任期保证（李伟，2015）。

7.3.2　金融监管前瞻性和预见性不足

我国金融监管的前瞻性和预见性不足主要表现在以下几个方面：一是对相关金融创新业务和产品发展与变化前瞻性和预见性不足。目前来看，中国金融监管机构对于金融业务和产品创新了解不足，缺乏预见性，因此金融监管机构也无法做出和出台具有前瞻性的监管政策和措施。例如，金融监管机构对银行理财产品和信托等影子银行系统的迅猛出现后知后觉，在诸如“刚性兑付”等一系列系统性风险累积起来之后才开始警惕起来。二是相关金融监管的工具不具有前瞻性和预见性，监管技术落后和过时，不能满足有效监管需求。目前，我国金融监管机构用于测试系统性金融风险或者风险评估预测的模型都不够精确和完善。例如，用于测度极端情形下个体金融机构系统风险的压力测试模型不够完善，具体表现为模型假设不合理，模型设定过于简单，模型结果的前瞻性不足，模型预测结果不准确等。另外，也没有建立起来在多个金融机构互相传导的金融风险模型，如 Copula 模型。

7.3.3 监管重复、监管过度和监管不足并存

自 2008 年金融危机之后，混业经营重新成为国际金融体系发展的主流模式，例如，美国著名投行摩根士丹利和高盛都转为综合金融控股公司，它们除了从事投资银行业务外，还从事传统商业银行的吸储和放贷等业务。我国金融混业经营主要有两种模式：一种是以金融控股公司为代表的股权型模式，中信集团和平安集团就是其中的典型；另一种则是以资产管理为代表的契约型模式，华融等四大资产管理公司是这方面的典型。我国金融监管重复、监管过度和监管不足主要表现在以下三个方面：一是混业经营的部分金融集团同时存在监管盲区和过度监管的情况。由于我国金融监管采取分业管理模式，这种监管框架对于采取混业经营的金融集团同时存在监管盲区和过度监管。例如，混业经营金融机构某一业务同时受到某几个金融监管机构过度和重复监管，而存在交叉或者边缘的领域或业务又成为各监管机构的监管盲区。二是金融监管机构对于金融创新产品和创新业务的监管存在不足。金融监管机构特别是基层的金融监管机构对于金融创新产品和业务监管不足主要体现在对创新金融产品缺乏了解，以及对相关的风险认识不足，同时部分金融监管机构可能不能胜任金融监管工作而导致金融监管不足。三是金融监管力量不足，没能实现金融监管全覆盖。例如，有些金融监管机构的县级监管机构只有区区几个人，而负责监督的资金有上千亿元之巨。另外，从整体来说，全国金融监管人数和其所负责的资金严重不成比例，这也导致监管不足。监管重复、监管过度和监管不足的并存，促使金融监管绩效亟待进一步提高。

7.3.4　对互联网金融风险演化及其动力学特性认识不足

互联网金融系统是一个复杂而非线性的动态系统，互联网金融风险的演化和传染过程具有多样性、层次性和运动性特征，传统的研究方法容易忽略系统中各个因素之间的互动联系，大多数从静态而非动态视角反映互联网金融系统的运行状况，因而难以全面科学地考察其演化规律及其非线性关系。与传统方法不同的是，系统动力学强调系统中反馈机制的作用，探索外在现象的内生性本质，因而能够较好地反映互联网金融风险的现实场景并开展预测。然而，现有的监管大多数仍是采用静态的、事后的模式，对互联网金融风险的系统动力学特性认识不足，因而不利于准确把握互联网金融系统的动态演化规律，也难以通过计算机模拟运行检验模型的解释力以对互联网金融风险开展前瞻性的预测，故在互联网金融系统内风险不断积聚并加速偏离均衡状态时，外部监管与控制措施难以有效形成补偿性的负反馈机制，因而未能有效防范互联网金融风险的内部积聚和对外扩散。

7.4　审计治理防范互联网金融风险动力学演化的理论框架

中共十八届四中全会明确将审计确定为我国的八大监督体系之一，并提出审计全覆盖的要求，这也使得审计在金融监管中发挥重要作用具有了制度保障。同时，我国审计也将揭示金融风险、维护金融稳定、维护金融安全和完善金融制度作为重要的审计目标。目前，审计极大地推动了金融监管政策落实，促进了金融机构资金切实支持实体经济，有效地揭示和抵御了区域性系统性金融风险，切实保障了金融消费者的权益和维护金融市场的稳定。

审计之所以能在提高金融监管绩效、防止系统性金融风险和维护金融稳定方面发挥重要作用，这是由审计的性质决定的。审计的独立性决定了国家审计可以超脱目前金融机构和政府部门之间“旋转门”效应，有效地避免了“管制俘虏”和互联网金融监管权力集权化的影响。国家审计的综合性则很好地解决了互联网金融监管前瞻性和预见性不足、金融监管体系不完善、监管法律法规滞后，以及监管不足与重复、过度监管并存等问题，因而审计是防范化解互联网金融风险的重要手段。

7.4.1 审计治理防范互联网金融风险动力学演化的动因

审计伴随着我国国民经济迅速发展和经济体制改革深化而不断变化，特别是2002年以后，我国金融审计进一步将审计目标确定为防风险、促管理、提效益，并开始大力推进计算机技术，由此金融审计进入到风险审计阶段。金融是现代经济的核心，作为金融创新的互联网金融出现，给金融领域提供了新的融资模式，提高了金融效率。然而，互联网金融的虚拟性等特征使得互联网金融领域的风险频发且给社会经济秩序带来了一定的冲击和破坏。审计作为金融监管体系中的重要组成部分，具有综合性强、独立性高等方面的独特优势，更便于实现对互联网金融风险进行跨业穿透和对风险开展综合研判。总体上看，审计嵌入互联网金融风险监管具有法律层面、理论层面与现实层面等三个方面的动因。

7.4.1.1 法律层面

防范包括互联网金融风险在内的金融风险是审计工作的法定职责，审计要在推动打好“三大攻坚战”中要积极发挥作用，就必须打好防范化解重大风险攻坚战。2006年新修订颁布的《中华人民共和国审计法》的第一条即对立法目的有了明确的阐述，即“为了加强国家的审计监督，维护国家财政经济秩序，提高财政资金使用效益，促进廉政建设，保障国民经济和社会健康发展”。金融是现代经济的核心，一旦出现严重的金融风险将对国民经济和社会健康发展构成威胁。因此防范包括互联网金融风险在内的金融风险是“国民经济和社会健康发展”的前提和基础。因而，能否有效发挥审计专业性强、触角广泛、反应快速等方面的独特优势防范化解互联网金融风险，直接关系到我国国民经济和社会健康发展。为此，近年来与审计有关的法律法规中将互联网金融纳入其中的政策文件不断增加。例如，最早提及互联网金融的政策文件是2014年《国务院关于2013年度中央预算执行和其他财政收支的审计工作报告》。2015年审计署将互联网金融作为审计重点，2016年《“十三五”国家审计工作发展规划》中提出重点关注绿色金融、普惠金融、互联网金融等领域。2017年在中共十九大报告中，我国首次提出“三大攻坚战”。作为党和国家监督体系中的重要组成部分，与其他监管形式相比，审计监督具有专业性强、触角广泛、反应快速等优势，因此。在推动打好“三大攻坚战”中，要充分发挥审计职能并且需要将审计嵌入互联网金融风险的监管框架中。

7.4.1.2　理论层面

审计维护经济安全和防范化解金融风险是公共受托经济责任的拓展。政府与社会公众之间存在公共受托经济责任的关系，政府有管理经济事务和向社会公众纳税的权利，但同时也接受社会公众的监督，因而公共受托经济责任是审计产生的基本原因，而且审计功能及其边界也必然随着公共受托经济责任的拓展而不断完善、不断丰富。互联网金融作为一种网络技术与金融业相结合的新金融模式，具有成本低、效率高和风险大的典型特征，如果不能采取措施规范互联网金融的经营行为、不能构建完善的互联网金融监管体系而导致互联网金融领域的风险突出时，将不利于维护经济安全和经济社会的稳定。因而，防范化解包括互联网金融风险在内的金融风险必然成为公共受托经济责任的一项极为重要的内容，我国审计的功能也必然随着公共受托责任内涵的不断深化而得到拓展。

7.4.1.3　现实层面

审计业务范围随着我国金融体制改革与金融业的快速发展经历了从只查金融机构财务开支到揭露金融机构违规经营再到关注金融机构重大风险的三个阶段。随着互联网金融的发展，网络市场的易变性和互联网金融的虚拟性使得我国金融风险又呈现出新的表现形式，互联网金融领域违法手段也更加隐蔽。但是从现实上看，我国互联网金融孕育于宽松监管环境中，互联网金融机构与互联网金融行业往往忽视审计这一关键关卡，盲目从事高风险业务，对互联网金融中占主导地位的影子银行和网络借贷等非传统金融机构的审计开展较少。传统监管模式对互联网金融领域普遍存在的跨业和交叉业务则手段有限，这都在一定程度上导致互联网金融领域的风险较为突出。因此，要更加有效防范互联网金融风险并在此基础上守住不发生系统性金融风险底线，就必须不断扩大互联网金融审计的范围，实现互联网金融审计全覆盖，不仅要关注单一互联网金融机构等微观层面的风险点和问题，更要注意从互联网金融市场整体的角度把握互联网金融领域的风险点，既要揭示风险本身的特征，也要揭示风险背后的制度性因素。因而，将审计嵌入互联网金融风险监管是大势所趋。

7.4.2　审计治理防范互联网金融风险动力学演化理论基础

7.4.2.1　社会嵌入理论

嵌入的概念最早由匈牙利人类学家波拉尼于 1944 年提出，后在 20 世纪 80 年代经美国经济社会学家格兰诺维特系统阐释而形成了相对完整的社会嵌入理论。该理论强调经济活动是一个制度化的社会过程，其实质上涉及人类经济行为嵌入社会行为，市场的原则即价格机制只有在经济领域才会发挥作用。然而，在市场社会下，市场原则的作用范围不断扩大到包括经济、政治、文化等整个社会。在这一客观形势下，人类经济行为嵌入社会行为并进一步嵌入整个经济体系之中。此时，经济活动并不外在于社会环境，也不会固执地坚守其以往的规则和习惯，而是受到嵌入其中的社会关系网络的影响，具体的产业环境、制度变迁等都会影响经济系统运行过程和绩效。互联网金融也是一种创新的经济系统，其发展变化正深刻改变社会，甚至可能脱嵌于社会而不利于社会的稳定发展。为此，需要国家在互联网金融治理方面扮演积极的角色。如果充分利用审计机制的独立性和综合性优势对互联网金融运行进行评价，对互联网金融业中不符合规范的、不利于国家金融安全的风险因素进行呈现，持续对其经营活动进行监督则有利于纠正互联网金融运行中的脱嵌现象从而有效防范化解互联网金融风险。

7.4.2.2 公共受托经济责任理论

公共受托经济责任是基于资源的委托－受托经济责任关系，受托方根据外部环境和受托责任标准的变化，不断发挥主观能动性以更好地履行受托责任。作为亚洲最高审计机关的地区性组织，最高审计机关亚洲组织（ASOSAI）在1985年第三届大会发表的《关于公共受托经济责任指导方针》中赋予公共受托经济责任以明确的含义，即“公共受托经济责任是指受托经营公共财产的机构或人员有责任汇报这些财产的经营管理情况，并负有财政管理和计划项目方面的责任”。受托管理资源的相关机构或者人员，如果其资源或者资金主要由国家或地方提供，则基于资源或者资金的提供而产生了相应的受托经济责任关系，就应该由审计部门对其公共受托经济责任的履行情况开展审计。由此可以看出，作为审计工作的出发点和归宿点，审计既因公共受托经济责任的产生而产生，与此同时，审计也随着公共受托经济责任的发展而不断地得到发展。当出现金融风险而威胁国家金融安全以及经济体系的稳定时，防范化解金融风险必然成为国家实现公共受托经济责任的重要目标之一。作为国家责任的受托人，政府的审计部门通过发挥专业性强、触角敏锐等方面的优势，全面履行公共受托经济责任以充分揭示包括互联网金融风险在内的金融风险情况，这既是公共受托经济责任自身发展的客观需要，也是在新的形势下防范化解互联网金融风险和维护金融安全的现实需要。

7.4.3　审计治理在防范互联网金融风险动力学演化中的主要职能

从防范化解互联网金融风险的视角出发，审计嵌入互联网金融风险监管的职能主要体现在监督职能、监测职能和预警职能等三个方面。

7.4.3.1　监督职能

审计的基本职能是监督，这是审计防范化解互联网金融风险维护金融稳定的核心功能，审计的其他职能如监测职能及预警职能等都是监督职能的分支，是审计监督职能的具体体现。审计通过发挥监督职能，可以持续检查被审计单位在经济活动中是否存在违反国家法律法规等方面的违规情形，是否存在弄虚作假、规避监管的行为，由此查明错误弊端和存在的管理缺陷，进而判断互联网金融机构以及互联网金融领域存在风险暴露情况并在此基础上追究责任人的相关责任。因而，在审计实务中，审计人员通过对互联网金融机构以及互联网金融领域的依法检查和依法评价，充分揭示互联网金融领域中的风险隐患，对管理不规范、风险暴露多的领域提出审计建议甚至审计处罚决定，以防范化解互联网金融风险及缓解其可能对经济金融造成的潜在危害，这都是审计监督职能的具体体现。

7.4.3.2　监测职能

审计组织和审计人员为了有效开展互联网金融风险的审计工作，必须掌握有关互联网金融运行情况的真实、客观信息，这是审计工作的起点。审计人员只有通过对相关信息的深入分析才能了解互联网金融运行的实际情况及其风险程度，进而在此基础上确定审计内容和审计重点。为此，审计人员需要获取互联网金融风险的广泛信息集，这些信息既有来自各微观互联网金融机构的，也有中观互联网金融行业的，同时也有宏观经济整体的。审计人员对这些相关信息开展专业性、系统性和综合性的分析评价，将有助于审计人员发现互联网金融运行的内在规律及风险暴露情况，从而为科学防范化解互联网金融风险提供基础性信息与资料。同时，对于其他监管部门而言，掌握真实、权威和可靠的数据资源也是科学决策的前提。但由于利益冲突的存在，在其他信息采集渠道中有时出现瞒报、虚报等现象，从而可能引起重大决策失误。而与此不同的是，审计人员在审计过程中可以按照“横向数据联系、纵向数据延伸”的思路，将审计触角向“数据端”和“现场端”延伸，以更大程度上堵住瞒报、虚报等情形，这有利于审计部门以及其他监管部门及时、准确掌握互联网金融风险的真实状态和在维护金融稳定中发挥强大的监测作用。

7.4.3.3 预警职能

审计信息具有综合性，而审计凭借其内生性的威慑作用以及发挥独立性的优势，通过对审计信息的分析整理，可以对威胁国家金融稳定的行为进行威慑，防止互联网金融领域可能存在的违法违规意念转化为实际的违法违规行为。通过建立预警指标体系和构建预警模型，可以对审计工作中发现的普遍性、倾向性问题提前发出预警并将这些存在的问题依法行使通报和公布审计结果权，以促使相关机构及时改正以防止互联网金融风险的不断演化。同时，在大量审计调查基础上，对有关互联网金融及其风险方面的信息进行综合、提炼和整理，形成有价值的调查分析报告并提交给相关决策部门，有利于相关部门采取前瞻性的预警措施以及时防范化解互联网金融风险。

7.4.4 审计治理在防范互联网金融风险动力学演化中的特殊优势

7.4.4.1 防范包括互联网金融风险在内的金融风险是审计治理重要目标

维护金融稳定、防范化解金融风险是金融工作的根本性任务。近年来，随着互联网金融的快速发展，由此而引发的互联网金融风险也愈发突出。因此，防范化解互联网金融风险已成为金融工作的重要任务之一。自 2017 年中央提出防范化解重大风险、精准脱贫、污染防治三大战役之后，防范化解金融风险已成为打好三大攻坚战的首要任务，事关国家安全、发展全局，是实现我国经济由高速增长转向高质量发展必须跨越的重大关口。

从国内外的审计治理实践来看，审计的触角广泛、反应灵敏，既承担着防控金融风险的责任，也具有防控金融风险的优势。特别是 2008 年金融危机之后，国内外主要国家在致力于金融监管体系的改革中都不约而同地赋予审计更多的职能，防范金融风险成为各国审计目标的重要内容（见表 7-4）。例如，美国在 2010 年 7 月 21 日出台了《多德-弗兰克法案》。在该法案中明确赋予美国审计署更广泛的审计职权以弥补金融危机过程中暴露的审计缺陷。2018 年 2 月 22 日美国审计署公布的《美国审计署 2018～2023 年战略规划》也将“促进金融体系稳定、提升美国人民福利和维护政府财政安全”作为其金融审计的重要目标。从我国审计的实践来看，例如，《“十三五”国家审计工作发展规划》也明确要求金融审计以“防风险、增效益、促改革为目标”，这进一步表明防范包括互联网金融风险在内的金融风险是审计治理的重要目标之一。

表 7-4　　金融审计目标的国际比较

	金融审计目标	文件来源
美国	稳定的金融体系与消费者权益的充分保护	《美国审计署 2018～2023 年战略规划》
英国	通过审计署对英格兰银行的治理和问责以实现金融稳定的目标	《2016 年英格兰银行与金融服务法案》
中国	防范风险、提高效益、规范管理	《审计署 2003～2007 年审计工作发展规划》
	维护安全、防范风险、促进发展	《审计署 2008～2012 年审计工作发展规划》
	维护安全、推动改革、促进发展	《审计署“十二五”审计工作发展规划》
	防风险、增效益、促改革	《“十三五”国家审计工作发展规划》

7.4.4.2　审计独立性有利于弥补互联网金融风险治理机构的独立性不足问题

审计法对国家审计的独立性给予充分的保障。2006 年新修订颁布的《中华人民共和国审计法》第五条中明确规定“审计机关依照法律规定独立行使审计监督权，不受其他行政机关、社会团体和个人的干涉”。国家审计依法独立行使审计权，可以弥补金融监管的独立性不足，主要体现在以下方面：一是我国国家审计在组织、业务、人事和经费上均有较高的独立性，与金融监管部门和被监管部门皆无利害关系，从而能保证审计机关独立地对金融机构和金融监管部门进行监督和再监督，审计独立性可以有效避免和解决“旋转门”所带来的负面影响；二是国家审计可以对金融监管部门行使监督权进行监督，客观评价监管效率和效果，防止金融监管权力滥用和监管不足，可以促进金融监管部门独立行使监管权，提高监管绩效；三是国家审计可以对金融监管部门和金融机构单位负责人进行经济责任审计，对他们履职尽责情况进行评价，有效防止相关人员的不作为、乱作为、执法不公、徇私舞弊等行为，从而有效地维护金融市场的公平、公正和公开运行机制。

7.4.4.3　审计综合性有利于解决互联网金融风险治理的重复交叉问题

国家审计的综合性主要体现在审计对象的广泛性和审计内容多样性两个方面。一是审计对象的广泛性。根据 2006 年新修订颁布的《中华人民共和国审计法》第二条的相关规定，我国国有资本占控股地位或者主导地位的企业以及相应的金融机构、包括“一行三会”（2018 年机构改革后，“一行三会”调整为“一行两会”）在内的金融监管机构等都是国家审计的对象，这意味着作为金融监管部门的中国人民银行、中国证监会、中国银监会和中国保监会以及作为主要金融机构的银行、证券、基金、保险和信托等单位都是审计机关的审计对象。二是审计业务多样性。随着金融创新的不断出现，金融机构的业务产品也越来越复杂，为了确保金融机构业务的真实性、合法性和效益性，审计机关对银行存贷业务、结算业务、现金收支业务、零售业务、投资业务、非银业务以及资产负债损益情况进行审计，对保险公司的承保、理赔偿付能力和资产管理等业务进行审计，以及对基金公司、信托公司的诸多业务都进行审计。

审计机关的综合性有利于从整体和宏观的角度审视金融监管、发现金融监管体系存在的漏洞，有利于从更高的角度防范金融风险、促进金融的稳定性，有利于发现滞后和过时的监管法律法规。国家审计通过对金融监管部门业务及其依据的法律法规、金融市场实际运行情况和金融机构所开展的业务进行审计，可以指出金融监管中存在的体制性、机制性问题，可以判断某些法律法规是否过时或滞后，可以发现哪些金融业务还没有被纳入监管体系、哪些金融业务被重复和过度监管。通过对金融监管部门和金融机构审计全覆盖以及对金融业务全面扫描发现存在的法律或者法规真空，由此提高金融监管绩效。2013 年审计发现的银行间市场客户利益输送就是典型的例子，由于结构化理财产品属于券商创新业务，并没有相关的监管条款或者规则适用，属于银行、信托、券商业务的交叉地带，游离于“一行三会”的监管框架和政策以外，缺乏明确的依据。但通过审计机关的审计，相关金融机构进行了整改，并出台相应的法规和法令，这极大地化解了金融风险，进而维护了金融市场的稳定。

7.4.4.4　审计前瞻性有利于解决互联网金融风险治理预见性不足问题

相对于常规金融监管部门来说，审计可以部分地解决金融监管前瞻性和预见性不足的问题。一是因为审计能摸清各项金融业务本质，把握金融市场运行规律。审计机关长期奋战在金融监督第一线，且审计监督对象广泛，审计监督周期长、审计监督内容全面，因此国家审计可以很快地摸清金融业各项新型业务或创新业务本质，挖掘出金融市场较为隐蔽的违法违规行为，把握金融市场运行规律，预测和揭示金融市场中的风险。二是审计可以利用自身数据平台、技术分析优势和被审计单位的数据对金融风险做出前瞻性和预见性的判断。目前，审计机关拥有联网审计系统和国家审计数据中心，并且成立了专门的数据预测和分析团队。审计综合利用联网数据和采集的辅助数据并结合日常金融审计实践经验可以做出具有前瞻性、科学性的分析预测，从而能实施有效的风险管理。三是审计可以对金融监管部门的各种分析预测模型进行评价。审计通过对金融监管部门风险管理模型的假设、运行和结论进行评价、检查和对比，建议监管部门完善和改进风险管理模型，由此提高监管部门风险管理的科学性、前瞻性和预见性水平。

互联网金融风险对金融体系乃至整个宏观经济都会产生负面影响。互联网金融风险不仅会对微观的投资人和互联网金融机构产生巨大影响，其引发的风险甚至会影响整个金融体系和宏观经济体系。为充分发挥审计在党和国家监督体系中的重要作用以及加大国家审计对经济社会运行中各类风险隐患的揭示力度，需要在深入阐释互联网金融风险演化规律的基础上，系统揭示审计在防控互联网金融风险中的作用机理（见图7-1），从而有助于国家金融体系的稳定，完善我国的金融服务体系，提高资金配置的效率。同时能够降低我国小微企业的贷款利率，解决中小企业融资难融资贵的问题，促进传统金融业优化升级，更好地促进实体经济的发展，进而有助于增加居民理财投资渠道，增加货币流通速度，促进经济健康发展。

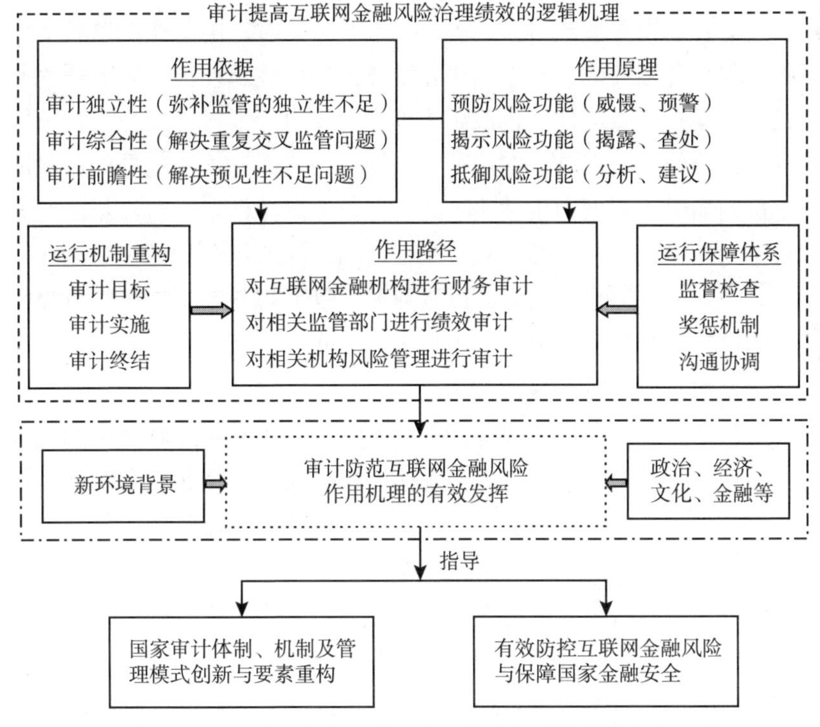

图7-1　审计治理提高互联网金融风险应对绩效的内生逻辑

7.5　本章小结

互联网金融作为与传统金融无论在交易模式还是交易主体等方面都有

巨大差异的一种新金融业态，它的出现不仅使得经济社会中大量长尾群体有了金融服务需求的满足，当然也在为互联网金融机构甚至我国金融市场的巨大发展创造了广阔空间的同时，也由于互联网金融风险的演化而可能对金融系统的稳定性产生不良的影响，甚至可能成为引发系统性金融风险的爆发点。为此，为了维持金融体系以及金融市场的长久稳定，金融监管作用的发挥则必不可少。然而，两者之间存在的矛盾也使得双方在不断地动态博弈中寻找平衡。因此，为防控互联网金融风险，基于博弈论的理论视角分析互联网金融创新与金融监管之间的关系，以及基于审计在党和国家监督体系中重要地位，探索审计嵌入互联网金融风险系统的内生逻辑对有效防范互联网金融风险和保障金融系统稳定具有重要的意义。

互联网金融监管的发起主体依然是国家，因为国家在实施这种正式制度变迁中具有比较优势。对互联网金融监管来讲，可以通过制定监管规则、实施监管处罚等形式对违规者进行惩戒。同时，国家实施监管要保持政策的一致性和连续性，从而固化并增强市场理性预期。但政府作为监管者，其本身具有有限理性，也被赋予了很大权力，很容易成为政治家个人或者利益集团的寻租工具。在这种情况下，一方面，国家主导的互联网金融约束机制如果不根据内生性要求纳入有效的博弈框架，对市场的约束动力就得不到保障。另一方面，对互联网金融这种市场诱导的金融创新，行政力量必须与市场力量相结合，以弥补对大量不具备系统性风险行为监管的高成本性，避免政府和公共资源浪费。因此，对互联网金融监管的行政监管是必要的，但绝不是最合理的。

本章从个人非理性与集体理性等维度分析了政府对互联网金融风险监管的必要性。在监管模式上，欧美发达国家是互联网金融的起源地，在监管层面有较为成熟的经验，但国情的差异使得各国在监管的主体、模式和手段等方面有不同的侧重点。为此，本章详细梳理了我国互联网金融监管政策的演进，深入研究互联网金融的国际成熟监管实践基础上，考察国内金融监管在互联网金融风险治理方面存在不足并从审计独立性、审计综合性和审计前瞻性三个维度深入探索了国家审计嵌入互联网金融风险系统的内生逻辑，从而对我国未来互联网金融风险的审计治理框架与监管模式的建立奠定理论基础。

第 8 章　互联网金融风险审计治理的影响因素与绩效评价

作为党和国家监督体系的重要组成部分，审计在防范化解互联网金融风险中具有特殊的作用与功能。然而，若要将审计的重要作用更好地发挥出来，必然需要努力构建权威高效、集中统一、全面覆盖的审计监督体系，不断聚焦审计重点，不断发挥审计专业性强、触角广泛、反应快速等优势，从而在防控互联网金融风险方面起到有效的监督作用，这既是互联网金融能够平稳发展的首要条件，也是新时代经济高质量发展的必然要求。

8.1　互联网金融风险审计治理的实践

8.1.1　基于互联网的审计业务实践

互联网的到来推动了经济社会的发展，很多领域开始大量引入计算机技术与互联网技术。审计作为完善我国市场运行机制的重要手段，其发展中也越来越多地呈现出借助计算机技术的趋势并由此推动审计创新。

8.1.1.1　金审工程

长期以来，审计的基本职能是以会计账簿为对象，通过对账簿的检查以确定会计信息真实性、完整性和正确性。但是，伴随着计算机技术的快速且不断地发展，以及 1980 年以后计算机技术在各领域得到普及和大规模的应用，这就对原本以查账为主要方法的传统审计职能提出了一定程度的挑战。由于计算机技术的逐步普及，各行各业及其财务管理开始广泛采用计算机、数据库、互联网等现代信息技术，整个社会的会计电算化水平有了快速发展。然而与此同时，会计领域通过计算机作假甚至犯罪的可能性也在增加。因此，只具备传统查账方式的审计人员已无法从客观和真实两方面来披露在计算机技术掩盖下的会计信息失真乃至经济犯罪等一系列问题，审计职能的发挥受到了极大限制。

客观而言，将审计对象信息化，需要审计机关紧跟时代步伐。审计机关部门只有在将计算机技术运用到审计工作中，才能全面且准确地检查审计对象的一切经济活动，并且更好地发挥其监督职能。因此，审计署于1998年开始筹划审计信息化建设，其目的是希望建立一个能够对海关、财政、银行、税务等相关部门和一些国有重点企事业单位的财务信息系统以及对这些数据库进行密切跟踪，且对相关部门和单位财务支出方面，如效益性、真实性、合法性实施审计、监督、管理的国家审计信息系统。此想法在得到国务院的大力支持后，2002年审计署正式开始了金审工程建设项目以适用财务信息化发展的现代趋势。通过在审计工作中大量使用计算机技术，将先前单一的由静态审计向动态审计、静态审计相结合的模式进行改变；由先前的单一的现场审计的方式，转变为远程审计和现场审计相结合；由先前单一的事后审计向事后审计与事中审计相结合进行转变，借此来强化在计算机环境下审计工作在风险防范和查错纠弊这两方面的能力，更好地履行审计监督职能。

8.1.1.2 绕过计算机审计

绕过计算机审计，同时也称之为“电脑外围审计”“跳蛙式审计”。为了判断计算机系统对财务数据处理过程的合理性，审计人员需要对计算机系统的输入数据和输出数据进行分析和比较。如果审计人员可以确定输入的数据是真实、正确和完整的，并且输出的结果也与一般处理过程的结果相符，则可以确定计算机系统的中间处理过程是正确和可靠的，反之则是不可靠的。在这一思路下，审计人员在计算机处理后的业务中随机抽取一部分作为样本，是在原始数据的基础上，独立地测算出与之相对应的数据处理结果，后将此结果与经计算机处理后的结果进行对比，如果二者相符，则说明计算机系统处理的结果是可靠的，反之则是不可靠的。因此，绕过计算机审计的方法操作简单，通过与手工数据处理相比较来判断计算机系统的可靠性，这使得在电算化的初期没有计算机系统基础的审计人员也能完成审计任务。

然而，绕过计算机审计的方法适用范围有限，往往只是在电算化水平较低、仅仅把计算机作为一个单纯计算功能的机器时才有一定意义。在计算机应用和开发水平不断提高的情形下，由计算机完成的任务越来越丰富，中间处理结果也一般不需要再打印出来，最终的输出也可能只有少量的书面文件。因而，在电算化水平不断提高的情形下，如果继续绕过计算机进行审计，则其质量和效率都可能出现问题。因此，需要采用通过计算机审计的方法以更好地履行审计职能。

8.1.1.3　通过计算机审计

与“绕过计算机审计”相对称，通过计算机审计是指审计人员运用多种审计技术，测试计算机系统的处理和控制功能，以此来确定其是否可靠、正确。通过计算机审计的最大优点是将审计功能延伸到计算机系统内部，不仅可以克服电算化系统中审计线索变化带来的相关问题，也可以对输出中发现的问题开展有针对性的分析，从而为审计结论的科学性提供充分、有力的审计证据。除此之外，通过计算机审计直接深入到连接输出和输出的中间控制性环节，能够显著地节约频繁验证输出的人力、物力，为抽样审计应用到计算机系统提供了依据。很显然，通过计算机审计不仅仅需要审计人员具备较为充分的计算机知识技能以及计算机系统的处理能力，同时还需要审计人员能够通过有针对性的分析为做出的审计结论提供充分、有力的审计证据，这对审计人员的素质提出了比以往更高的要求。因此，审计人员只有充分掌握计算机硬件、软件及数据结构等方面的知识，才能对电算化系统的可靠性等进行科学的判断。

8.1.2　互联网金融风险审计治理的现状与案例分析

8.1.2.1　互联网金融风险审计治理的现状

互联网金融在国内的发展时长相对较短，开始时对于互联网金融企业成立的条件没有严格把控，管理与控制相对国外而言还很落后，这使得中小型互联网金融平台成为互联网金融企业的主体部分，规模上的劣势导致互联网金融平台应对市场波动的能力较弱，因而互联网金融风险事件不断爆发。

此外，网络市场处于不断变化之中，加之互联网金融企业有着行业特殊性，这类企业的审计难度和审计风险都远超其他普通企业，社会审计的审计功能难以在互联网金融企业上有效发挥。在具体的实践操作中，除了《企业年度检验办法》《公司法》当中所要求的必须实施社会审计的机构单位外，在权衡风险、成本收益之后，只有极少数互联网金融企业会主动委托会计师事务所进行审计。在企业内部对于成长的渴望和外部监管力度不够的情况下，使得大部分互联网金融企业更倾向于弱化其相应的审计责任，取而代之的是盲目进行业务拓展。但由于监管制度在不断完善，为确保互联网金融企业得以长久发展及有效防控互联网金融风险的双重条件下，要求对互联网金融平台的相关财务信息进行审计并深化审计在互联网金融风险治理中的功能已成为必然趋势。作为一种全新的金融业态，互联网金融在国内得到极速发展的初期就受到了政府的高度重视，例如，互联网金融的有关内容在《国务院关于2013年度中央预算执行和其他财政收支的审计工作报告》，相关的互联网金融监管问题在2014年的政府工作报告中也有所提及，互联网金融也于2015年被审计署列为审计重点对象，但因为互联网金融覆盖范围极其广泛，当中包含海量的数据信息，而审计署在大数据方面的技术还未趋于成熟，所以，国家审计想要实现对于互联网金融领域审计的全面覆盖还需经历一段漫长的过程。现阶段，审计署首要任务是在部分商业银行和国有控股银行当中进行抽样审计和跟踪调查，对这些银行所覆盖的互联网金融业务进行相关的审计与调查。但因互联网金融涉及范围广，更多的是影子银行、互联网金融平台等非传统金融机构在该领域中起主导作用。在互联网金融规模越来越大、平台数量越来越多时，引入审计的规模和数量相对来说要少得多。在2019年度，接受外部专项审计的平台数量仅为123家①，数量相对较少。可见，在互联网金融领域引入审计进行风险管理的平台还较少，由于对审计缺乏正确的认识，即使引入审计的平台也未能充分发挥审计功能，没有对公司整体运营起到实质性帮助。因此，不仅互联网金融的审计覆盖面需进一步扩大，更需要充分发挥审计，特别是政府审计的风险管理功能以维护整体的金融系统稳定。

8.1.2.2 宜人贷平台风险

作为一家在2012年即已成立的国内互联网金融平台，宜人贷在中国互联网金融领域具有举足轻重的地位。宜人贷的运营模式分为两种：一是在线模式，二是离线模式。首先，近年来，随着国家对网贷平台的监管政策越来越完善，出台了一系列的法律法规，使得互联网金融领域的违规平台得到一定程度的治理，但也由于监管政策不确定性，平台难以准确把握业务的合规性从而可能对平台的业绩产生重大不利影响。其次，单一的平台盈利模式风险较高。宜人贷的主营业务是对平台上的投资者与借款人进行撮合，并向借款人根据贷款定价和数量收取相应比例的服务费。长期以来过度依赖单一的中介业务收费，平台的经营风险较大。再其次，宜人贷

① 徐建玲，洪娇，谢昊融．P2P网贷平台风险及外部专项审计重点［J］．财会月刊，2021（5）：99－106.

的资金管控风险较高。由于投资者与借款人之间存在一定程度上的资金期限错配，一旦投资者出现大规模提现，而平台的净现金流入又无法支付投资者的提现金额，这会严重影响平台的财务状况，给平台声誉带来不良影响。最后，平台内控存在一定风险。一方面，宜人贷母公司宜信集团拥有 80% 以上的股份，这种高度集中的股权结构不利于普通持股人有效参与公司的决策，控股股东则对平台经营活动和会计处理等拥有绝对话语权，加大了内部控制风险。另一方面，内部控制制度未能充分识别借贷中的虚假信息。由于平台主要依靠线上方式开展业务，平台上大量客户信息的真实性与完整性与否，对平台运营的安全性和可持续经营都会产生重要的影响。

8.1.2.3　宜人贷审计案例

（1）宜人贷公司审计内容①。为客观把握自身的风险管理情况，宜人贷委托德勤会计师事务所对其贷款关系是否虚构、逾期率的判断以及风险应对措施的有效性等方面开展独立审计。在审计过程中，德勤除了要按照审计程序搜集相关证据之外，还需要根据国家的相关法律法规要求对宜人贷的经营情况进行客观评价。为了确定宜人贷相关贷款的合规性，德勤采用了以下审计方法：一是数据通过测试，即将宜人贷的贷款数据加载到专业审计软件中进行计算和评价；二是对员工进行法律法规知识的考试和面谈，以此调查相关贷款人员对法律法规知识的掌握程度；三是检查数据，即通过重新计算相关贷款的财务数据并将其与行业中其他平台的数据相比较，以确定贷款关键数据的真实性。

（2）德勤的审计策略。首先，为了确定债权关系的真实性，德勤通过对纸质和电子合同文本进行比对，并通过现场和非现场的方式与客户进行调查，以确定借款人身份以及资金流动轨迹的真实性。其次，对逾期率的判断主要基于中国小额贷款信贷联盟确定的逾期 90 天为标准对逾期情况及其风险进行评估。最后，在风险应对措施的有效性方面，德勤主要对宜人贷的信贷评级模型及其贷款结果进行审计，同时对风险保证金提取的充足性以及使用的适当性进行审计。

（3）德勤对宜人贷公司审计存在的主要问题。虽然互联网金融的本质仍然是金融，但与传统金融相比，互联网金融在经营模式以及经营场景等方面都具有独特性，因此互联网金融风险也具有不同的风险内涵与风险表现。然而，德勤在对宜人贷审计过程中的审计内容和审计策略并没有完全

---

①　张弘坤．互联网金融公司的审计研究——以德勤对宜人贷审计为例［D］．天津：天津财经大学，2018．

契合互联网金融行业的发展特征，对其潜在风险和发展趋势仍是采用传统的审计方法，其主要表现为：一是审计重点脱离互联网金融行业的独特性质。在确定审计重点时，德勤仍然按照传统金融的审计思路，将信用风险、操作风险与合规风险作为重点，而互联网金融业务中突出的相关风险，如虚拟交易、技术风险等，却没有在审计内容中得到应有的体现，因而对其风险评价可能存在失真进而导致审计失败。二是未能进行相应的信息披露。互联网金融业务存在突出的信息不对称而使投资者存在巨大的风险。然而，包括宜人贷在内的大多数平台都是有选择性的、间歇性的披露一些信息，未能形成规范性的定期信息披露制度，因而投资者的资金安全性得不到有效保障。三是审计技术相对滞后于互联网金融的发展。对于传统金融的审计，德勤审计技术和方法是可行的。例如，财务报表涉及的相关数据可以通过合同、凭证等实体证据来验证。但是这些方法相对于发展迅速的互联网金融行业却显得相对滞后，审计人员要获取相关数据只能通过在线方式比对电子凭证才能实现，而传统方式却是比较困难的。与此同时，传统审计方法在处理互联网金融行业大数据过程中如何保证审计质量也是一个无法回避的问题。四是传统审计大多注重于财务审计。然而，在互联网金融行业中，除了传统的财务审计之外，其数据的安全性对保证互联网金融可持续发展也至关重要，但是目前传统的审计工作在这方面还较难开展，因此在防范化解互联网金融风险上还有一定距离。最后，在当前对互联网金融的审计中，政府审计、社会审计与内部审计的“三方协同”机制还未建立，特别是政府审计在互联网金融风险防范中的作用尚未完全体现出来。

8.1.3 当前互联网金融风险审计治理的局限性

基于对金融审计的重视，就目前互联网金融而言，审计在其中发挥了一定的作用。但是由于审计资源的限制以及对互联网金融风险系统的动力学特性尚缺乏深入了解，对互联网金融风险审计治理影响因素也未能充分厘清，因而所涉及互联网金融审计范围十分有限，对互联网金融风险的揭示与预警这两项功能很难有充分发挥的机会。而且，审计的主要对象是风控相对较好的商业银行和国有控股银行，所发现的错报和违法违规率整体水平是偏低的。所以，由于审计尚未实现互联网金融领域的审计全覆盖，目前审计对整个互联网金融风险的整体作用仍然相对有限。

互联网金融审计有局限性，其根本原因在于互联网金融企业未对风险控制形成高度重视。互联网是金融风险的高发领域，大部分互联网金融企业未能意识到内控机制的建立和完善的重要性，反而是根据成本收益原则消极地对待社会审计，在企业内部，便会产生风险控制意识较差的企业文化。政府对互联网金融的管理控制力度在不断加大，先前风险控制力度的不足将会加大之后的审计风险和审计难度，因而会进一步限制审计在互联网金融风险防控中职能的发挥。

审计是党和国家监督体系的重要组成部分，其在经济社会中的作用也日趋显著，在防范化解金融风险中的地位也在逐渐提高。在经济新常态下，由高速增长转型为高质量发展是我国经济发展的主要方向，在此过程之中，要确保我国金融体系处于一个稳定的状态和守住不发生系统性金融风险这一底线，对互联网金融开展有效治理和审计功能的发挥必不可少。因此，为了有效地防止和控制互联网金融风险并进一步促进互联网金融的有序、健康的发展，在未来一段时间，仍需要进一步发挥审计专业的优势，诸如专业性强、触角广泛、反应快速，在科学把握审计主体、审计客体以及审计环境的系统动力学因果关系基础上深入揭示互联网金融风险隐患，及时发出预警，最终有效服务国家治理。

8.2　互联网金融风险审计治理影响因素的动力学分析

经济金融化是当代市场经济的重要特征，但随着市场经济在不断发展，金融领域的风险暴露也越来越频繁。作为金融创新的互联网金融，在促进我国普惠金融等发展的同时其潜在的风险也越来越突出。然而，与传统金融所不同的是，一旦互联网金融风险爆发，即使有了互联网金融平台的担保，如果其担保机构自身破产，则实际上互联网金融交易中的交易者是无法得到像传统金融客户那样的保障的。因此，互联网金融风险的出现对底层民众的冲击会非常大，由此引致的负外部性也就较高，例如，引起群体事件甚至引发社会动荡。审计是党和国家监督体系中不可或缺的部分，在防范化解重大金融风险攻坚战中承担着历史重任，需要为经济高质量发展提供坚强保障。但审计功能的发挥程度受审计主体、审计客体和审计环境的共同作用与影响，因而只有深入分析互联网金融风险系统内部之间的关系并将其分解成相互联系的审计主体子系统、审计客体子系统和审计环境子系统，才能在分析各子系统中各要素之间的因果关系反馈回路基础上总结出互联网金融风险审计治理影响因素的系统动力学模型。

8.2.1 审计主体子系统因果关系

审计主体是对互联网金融开展审计的具体执行者，也是审计报告与审计意见的实际披露者，因此，作为审计功能影响因素的子系统之一，其对审计功能的发挥具有最为直接的影响。在新时代，审计工作面临的政治、经济、社会等环境都发生了很大变化，对审计的要求也越来越高。作为审计主体的审计机关，在互联网金融风险审计治理中其审计功能的发挥主要受到多种因素的共同影响，其对应的审计主体子系统的各因果关系如图 8－1 所示。

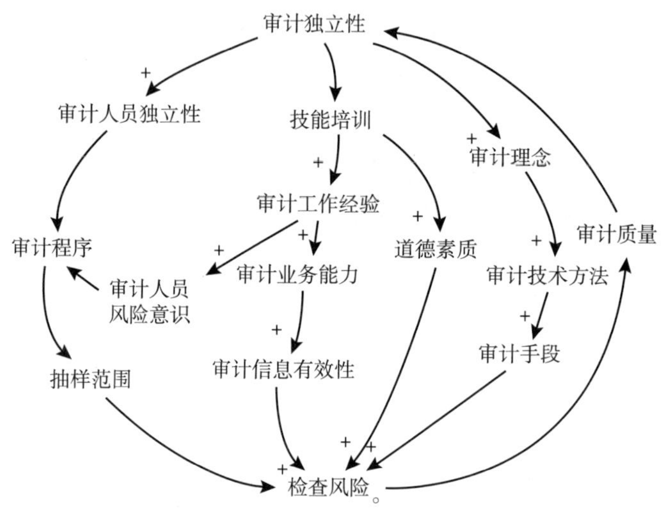

图 8－1　审计主体子系统的因果关系

图 8－1 中，因果关系链中符号“＋”表示箭头两端自变量与因变量两者呈正向关系，因变量随自变量的增加而增加。图 8－1 中主要的反馈回路主要有五条，分别为：①审计独立性→审计人员独立性→审计程序→抽样范围→检查风险→审计质量→审计独立性；②审计独立性→技能培训→审计工作经验→审计业务能力→审计信息有效性→检查风险→审计质量→审计独立性；③审计独立性→技能培训→审计工作经验→审计人员风险意识→审计程序→抽样范围→检查风险→审计质量→审计独立性；④审计独立性→技能培训→道德素质→检查风险→审计质量→审计独立性；⑤审计独立性→审计理念→审计技术方法→审计手段→检查风险→审计质量→审计独立性。

从上述五条反馈回路可以看出，审计主体子系统中影响互联网金融风险审计治理效果的主要因素有：审计独立性、审计人员独立性、审计技能培训、审计程序、抽样范围、审计人员风险意识、审计工作经验、审计业务能力、审计信息有效性、检查风险、道德素质、审计手段、审计理念、审计技术方法等。

8.2.2　审计客体子系统因果关系

审计客体是互联网金融审计的对象。审计客体的内在属性对审计功能的实现具有重要的影响。审计客体子系统的因果关系如图 8－2 所示。

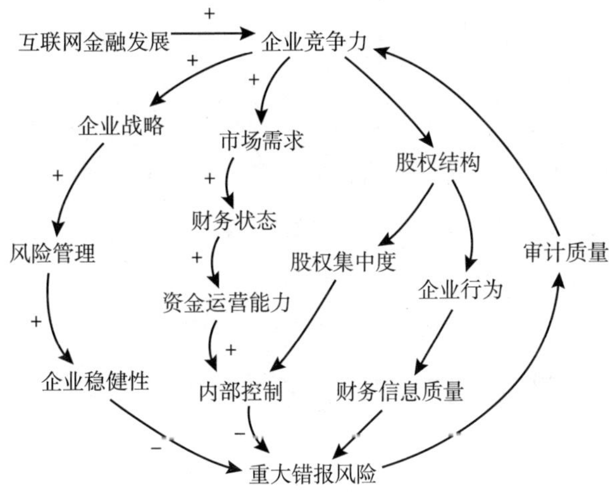

图 8－2　审计客体子系统的因果关系

从图 8－2 审计客体因果关系图当中可以看出，审计客体子系统的反馈回路主要有以下四条，分别是：①企业竞争力→企业战略→风险管理→企业稳健性→重大错报风险→审计质量→企业竞争力；②企业竞争力→市场需求→财务状态→资金运营能力→内部控制→重大错报风险→审计质量→企业竞争力；③企业竞争力→股权结构→股权集中度→内部控制→重大错报风险→审计质量→企业竞争力；④企业竞争力→股权结构→企业行为→财务信息质量→重大错报风险→审计质量→企业竞争力。

上述四条反馈回路可以看出，审计客体子系统中对于互联网金融审计治理效果产生影响的因素主要有：市场需求、企业竞争力、企业战略、股权结构、风险管理、财务状态、资金运营能力、股权集中度、企业稳健性、内部控制、财务信息质量、重大错报风险等。此外，互联网金融行业的总体发展水平也直接影响着互联网金融企业的竞争力。

8.2.3　审计环境子系统因果关系

审计功能需要在一定的法律、市场等环境下才能实现，完善的法律制度和规范的市场活动有利于审计职能的发挥，互联网金融审计环境子系统的因果关系如图 8－3 所示。

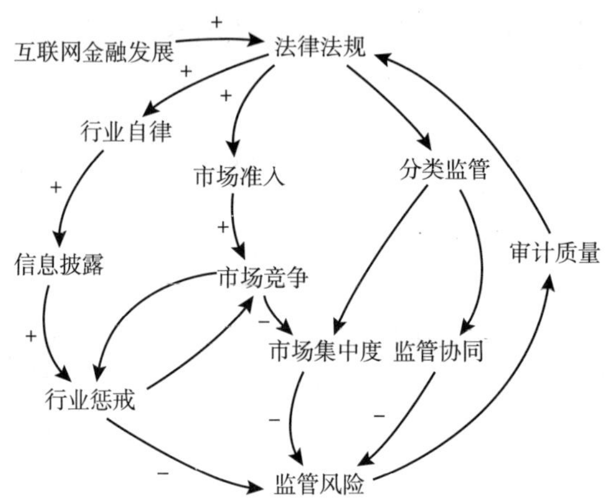

图 8－3　审计环境子系统的因果关系

从图 8－3 中可以看出，互联网金融审计环境子系统中的主要反馈回路有四条，分别是：①法律法规→行业自律→信息披露→行业惩戒→监管风险→审计质量→法律法规；②法律法规→市场准入→市场竞争→市场集中度→监管风险→审计质量→法律法规；③法律法规→分类监管→市场集中度→监管风险→审计质量→法律法规；④法律法规→分类监管→监管协同→监管风险→审计质量→法律法规。

上述四条反馈回路可以看出，在审计环境子系统中，对互联网金融审计功能产生影响的主要因素有：行业惩戒、法律法规、信息披露、行业自律、市场准入、市场竞争、市场集中度、分类监管、监管协同、监管风险与审计质量等。

8.2.4　综合系统动力学模型构建

由于审计职能受到审计主体子系统、审计客体子系统和审计环境子系统的共同影响，因而在分别考察三个子系统的基础上，将其整合到影响审计职能的大系统中，则可以利用系统动力学工具构建涵盖三个子系统的审计职能影响因素的综合系统动力学模型。综合系统动力学模型如图 8 -4 所示。

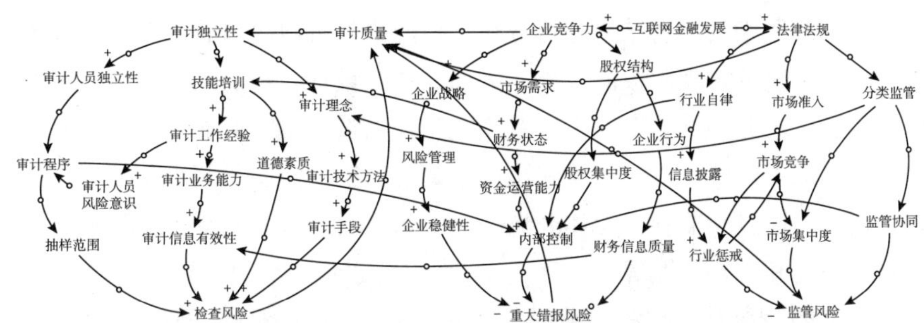

图 8 -4　互联网金融风险审计治理影响因素的综合系统动力学模型

在图 8 -4 中不仅可以看到互联网金融风险审计治理中审计主体子系统、审计客体子系统和审计环境子系统各自内部的关系，还能够清晰地厘清各子系统之间的关系，而且也表明互联网金融风险审计治理功能的影响因素是一个较为复杂的大系统，只有充分把握各个因素之间直接和间接联系的基础上才能有针对性地提出相关建议。

8.3　互联网金融风险审计治理绩效的评价方法

在讨论和判断一个经济制度优劣时，人们需要首先给出评价标准（田国强，2007），只有选择了有效的评价标准，才能够对审计隶属关系进行有效的分析并最终得出恰当的结论（吴联生，2002）。所以，本书提出了以当前审计体制，尤其以国家审计的运行效果作为是否进行改革的评价标准。但是，因为审计体制的运行效果无法直接获得，因此需要借助审计功能绩效的变化趋势间接监测当前审计体制的运行效果，进而判断是否需进行审计体制的改革及其改革路径的选择。

8.3.1　绩效评价传统方法

进行绩效评价的方法由多种，诸如对比分析法、问卷调查与访谈法、数理统计分析法以及层次分析法等。

（1）对比分析法。对比分析法主要通过政策监管措施实施前后所得出的结果进行分析比对。例如，通过政策在实施前和实施后的相关行业的发展指标进行纵向和横向等多维度的对比，以此可判断出政府出台的相关监管政策的实施效果是否有效。

（2）问卷调查与访谈法。问卷调查法指的是通过发放和回收有效的问卷，对回收回来的问卷结果进行分析，以此来评价政府监管政策的实施结果，它所注重的是现阶段的效果。因而，通过设计一些简单又有针对性的调查问卷，对此领域的专业人士及相关工作人员等进行问卷调查，可以从相关群体的主观感受上切实反映出监督管理政策的实施是否取得成效。此外，还可以通过和监管主客体开展一对一访谈的形式，收集整合监管政策的真实情况和现存问题等。

（3）数理统计分析法。数理统计分析法主要指的是因子研究、应用主要因素研究等办法。该方法首先把研究目标进行大类划分和初步的研究判断。此方法是计量评估的主要措施，具有相当高的准确度，且技术性很强，和其他方法相比，该研究方法客观性更强，能够保证评估过程的绝对公平，不会被其他因素影响，所以此方法适用于评估目标间有紧密联系的情况。

（4）层次分析法。层次分析法是一种多方案、多目标决策法，也是一种定性和定量相结合的研究办法。该方法的突出特点是分析过程只需要少量的量化信息纳入多目标决策过程，此外还深入透彻地分析了该决策问题的内在本质、影响因素及各因子之间的相互逻辑关系，因此，它为多目标决策问题提供了相对简单的决策方法。层次分析法量化了决策者过去的经验教训，如果所研究的对象其内部联系过于复杂且又无大量可靠数据参考的情况下，此方法比较适用。但是，这种方法在应用过程中一般会碰到两个难题：一是怎样保证研究内容与实际情况的一致性；二是在对定性的内容量化时怎样保证与实际情况相符。

以上列举的每一种绩效评价方法都在一定层面上反映了一种具体的管理理念和原理，都具备了一定的合理性、科学性，同时又存在着自身的适用条件范围和局限性。对于国家审计功能绩效的研究而言，在这些绩效评价方法当中，存在一些不足。例如，没有可靠的数据；权重赋值易受主观性干扰，从而影响评价的客观性；实施成本过于昂贵；受专家对问题的熟悉度、专家的判断依据及据此形成的专家权威度的影响；未能完全反映先前指标的所有信息、反映结果与原信息存在偏差，从而导致不适宜国家审计功能绩效的评价等等。

审计功能绩效指的是在审计机关实施审计之后，对被审计单位施以强大的压力，督促其进行积极整改、相关的权力机关积极履行其应尽责任，而让审计在国家治理中能够有效地发挥“风险治理”这一功能。审计功能绩效评价是指采用一定的评价方法，选取一定的评价指标、评价标准进行评价，并根据评价结果进行相关决策的过程（靳思昌，2017）。审计功能绩效的评价如若想能够真实地反映其业绩成果，就须构建科学的评价方法。就评价审计功能绩效来说，准自然实验这一方法弥补了其他相关业绩评价方法中的不足之处，能够提高评价结果的可信性。所以，为了应对其他评价方法的不足，基于建立合理评价指标的基础，尝试将准自然实验的模型应用到审计功能绩效的综合分析和评价中，对当前绩效评价方法的不足进行有效的弥补，使得评价的结果更为准确、客观。

8.3.2　准自然实验方法简介

对一项政策措施的效果进行评估，比较常用的计量方法是双重差分法（difference-in-differences，DID），它是在时间维度、个体维度这两个方面进行两次差分，它能够控制那些无法观测的年度共同冲击（如经济危机、另一项政策效应等）和各个体之间无法观测的差异（如历史文化、地貌地势等），进而得到更科学的处置效应（treatment effects）。但处置状态的选择具有随机性是双重差分估算结果无偏有效性的一个重要前提，即无论是处置组（被审计的互联网金融机构或互联网金融业务）还是对照组（未被审计的互联网金融机构或业务）都必须遵循随机决定的原则，否则会带来明显的选择性偏差（selection bias）。在研读有关国家审计的文件资料后，可以得知被审计的互联网金融业务或机构的选择并不是随机的，而是审计机关根据互联网金融业务或机构特征来决定的一个非随机选择过程在相对复杂的经济社会运行态势中，审计署提出要密切关注经济形势的变化，重点将民生、财政、金融、资源环境等方面存在的相对薄弱环节和风险隐患揭示出来，进一步加大对地方金融机构的审计力度，密切关注存在于互联网金融的潜在风险隐患，切实对区域性，系统性金融风险进行防范。除此之外，审计署在《国务院关于2017年度中央预算执行和其他财政收支的审计工作报告》中报告了重点抽查60家“现金贷”机构所存在的风险问题。所以，本书的最优计量方法并不是双重差分法，本书采取的是倾向得分匹配-双重差分法（propensity score matching with difference-in-differences，PSM-DID）。

PSM-DID 方法和传统 DID 线性回归方法相比，其优势在于：第一，倾向得分是基于一系列特征变量估算得出的，从而使得各个方面相似的控制组和处置组能够匹配，构造出一个无限接近于处置组特征的对照组后再进行双重差分，进而消除选择性偏差，从而确保处置组选择的随机性；第二，这是一种非线性参数的估计方法，放松了线性关系的强假设。就本书样本数据特点而言，非线性参数估计的具体优势体现为：第一，因为被审计的互联网金融业务或机构的标准一般是在互联网金融业务方面开展规模较大的机构，采取传统的 DID 线性回归方法，若想将特征变量作为控制变量的正确函数形式，难度较大，但采用 PSM-DID 方法就不必考虑函数形式问题，只要通过平衡性检验，就可以看作是处置组找到了特征近似的对照组，如此，可以确保处置组选择的随机性；第二，被审计的互联网金融机构或业务的标准随年份不同而有所变化（如有的机构在某些年份被审计，但是在其他的年份却没有被审计），与传统的 DID 方法相比，PSM-DID 方法的好处在于选取标准的年度变化可以忽略，因为无论选取的标准随年度发生怎样的变化，在匹配完成之后，处置组始终是与自身特征值近似的对照组进行比较的。

8.3.3　准自然实验法移植审计绩效评价的可行性

对于审计功能绩效的评价，在当前实务界和理论界都还未出现公认的科学评价方法。与此同时，应当用一系列的指标来衡量审计功能绩效评价，当前亟待解决的问题是这一系列体系指标如何进行综合。事实上，评价的难点与审计功能的绩效特征，归纳起来就是信息不确定、信息不完全、影响因素错综复杂且利用的信息不完备、数据相对有限等，典型的实验性是作为评价对象审计功能绩效应具备的特征。审计功能，例如督促整改、完善制度等都是已知的，但仍有更多未知的作用，这就是呈现实验性。所以，对于审计功能绩效的评价，可以移植准自然实验的方法来进行研究。

8.4　审计治理提高互联网金融风险应对绩效的基本假设

近年来，金融风险防控目前已成为金融领域工作的主旋律，以互联网金融为代表的金融创新及其引致的金融风险更是受到社会和监督层的高度关注，而其中最为突出的则是依托于互联网金融发展起来的影子银行业务。影子银行是 2007 年美国次贷危机之后提出的一个新概念，通常定义为游离在监管体系之外，由于期限错配以及信用转换等方面的原因而可能导致系统性金融风险的金融中介体系。但在影子银行的具体形式上，各国有着不同的判断标准。例如，按照美国标准，是指具备放大资金功能和提供信贷的类银行金融机构，如共同基金、信托公司、投资银行等，它们和原有的银行系统有着显著的区别。而《中国金融政策报告（2014）》认为影子银行的主体是那些持有牌照但监督不足的机构与业务。不同于国外的是，始终有传统商业银行机构的大规模参与，是国内以商业银行为主导的金融结构体系导致国内影子银行的一个重要特征。

国内金融机构自 2010 年开展影子银行业务以来呈现出野蛮式的快速发展态势。根据中国银保监会发布的《中国影子银行报告》，2017 年中国影子银行系统规模达到峰值，接近我国经济规模的 120%。所以，影子银行已经成为我国金融体系中一支举足轻重的力量。然而值得注意的是，影子银行的金融风险也在其快速发展的同时不断集聚，而且有出现由于流动性转换、信用杠杆、期限错配和高杠杆等因素引发系统性金融风险的可能①。准确排除风险隐患是保障金融安全的前提。为加强行政监督，使影子银行的相关风险及其造成的负面影响降到最低，《国务院办公厅关于加强影子银行监管有关问题的通知（国办发〔2013〕107 号文）》（以下简称“107 号文”）向社会公布并开始实施。从主要内容上看，107 号文的核心思想是从防范影子银行风险出发，提出要充分发挥金融监管的功能，并从内部控制、风险处置以及风险隔离等三个方面对相关金融机构提出了具体的要求。相应地，作为一项国家治理手段，国家审计通过审计公告制度，能够迅速发现金融领域的不合规行为，纠正金融机构错误的风险偏好，因而具有微观层面的公司治理效应。

107 号文颁布已有多年，国家审计也从 2010 年开始针对单户中央企业进行审计公告，但现有研究并没有考察以 107 号文以及国家审计为代表的监管措施对影子银行监管绩效的差异，对二者在控制银行高风险业务等机会主义行为方面扮演的角色方面也缺乏相应的实证检验。因此，107 号文与国家审计能否有效约束我国影子银行的风险偏好、是否有效防控了影子银行业务风险？这是一个重要且亟待回答的问题。

---

① 2013 年第二季度末国内银行业爆发的流动性危机即是一个典型例证。

现有关于影子银行理论与实证方面的研究主要基于国内外样本，它们从多个角度研究影子银行的风险和监管策略等问题。从方法论上看，它们主要通过各种风险模型，设定差异化的“影子银行风险”代理变量进行面板数据模型回归，进而根据风险估测结果提出理论上的监管框架。然而，值得注意的是，在学界对影子银行风险具有较高程度的共识时，却鲜有研究对监管政策的有效性进行实证性的评价。具体地，107 号文和传统的国家审计措施作为特有的理解政府监管政策与影子银行风险防控效果之间关联的背景，很难说清楚影子银行业务变迁究竟是由于 107 号文的政策效果，还是国家审计的监管效果，抑或又是影子银行受到其他因素（如银行资产安全性与盈利能力）的影响，也就是说，如果有的话，现有文献只能证明 107 号文及国家审计与影子银行风险之间的相关性，而无法形成两者的因果推断，因而需要从实证视角去识别 107 号文和国家审计各自的净效应。

我国影子银行业务主要是商业银行体系内部的业务创新，因而以下的重点是研究 107 号文和国家审计的实施是否降低了商业银行的影子银行业务总体风险以及两者的绩效差异。一般认为，国家审计等监管手段通过公布相应的监管信息，从而建立起社会对监管对象的外部约束，成为推动金融业务稳健的“正能量”（张立民和崔雯雯，2014）。从影子银行业务风险的具体来源上看，本书认为主要有两个渠道导致了影子银行风险的凸显：一是影子银行业务规模，二是影子银行业务结构。为此，可以从影子银行业务规模和影子银行业务结构两个维度对影子银行风险进行测度。然而，由于商业银行业务创新的不断深化，其影子银行业务的内涵和外延也在扩大，为了尽可能地涵盖影子银行的范畴以及考虑数据可得性的原因，本书选取的影子银行业务的代理变量使商业银行非信贷资产。

首先，是影子银行业务规模。与影子银行业务相比，商业银行信贷业务普遍具有抵押、担保等方面的资产保障措施，其风险通常要比影子银行业务的风险更加可控，因而从银行信贷资产配置行为的视角研究银行风险承担情况是合理的。故本书认为，如果 107 号文和国家审计治理能够有效降低影子银行风险，则在商业银行资产结构上能够体现出信贷资产比重的相对提高，影子银行业务的规模相对减小，为此提出研究假设：

假设 H1：控制其他因素时，107 号文的实施导致银行信贷资产业务规模相对增加。

假设 H2：控制其他因素时，107 号文的实施导致银行影子银行业务规模相对减小。

假设 H3：控制其他因素时，国家审计治理导致银行影子银行业务规模相对减小。

其次，是影子银行业务结构。当前，资本充足率和流动性仍是监管层对商业银行监管围绕的两大领域。但是，从商业银行角度看，这些监管恰恰成为其不断“创新”，绕道监管的激励（王家华等，2017），由此导致商业银行非信贷资产业务种类多、范围广。有的业务是出于逃避监管的原因（例如，对受到多重监管的贷款业务转化，使其成为监管相对宽松的应收款项类投资、买入返售金融资产及衍生金融工具资产等），而有的业务则是为了提高流动性的需要（例如，存放同业和同业拆借等）。但不同类型的影子银行业务的风险程度存在一定差异。很明显，第一类业务主要目的是完成信贷资产项目的表内挪移，转化为较少受到监管、甚至不受监管的其他资产科目，这些业务不仅降级了银行的抗风险能力，还增加了金融系统的风险，属于高风险权重的业务。第二类业务主要是在商业银行体系内部的资金配置，虽然较少受到监管，但风险程度低。因此，如果银行将更多的资产配置在第一类高风险权重业务上，则银行有着更高的风险偏好。而如果 107 号文和国家审计治理能有效控制影子银行业务风险，则可能表现为银行在减少第一类业务比重的同时，增加第二类业务的比重。据此进一步提出研究假设：

假设 H4：控制其他因素时，107 号文的实施导致银行高风险权重影子银行业务比重减小。

假设 H5：控制其他因素时，国家审计治理导致银行高风险权重影子银行业务比重减小。

8.5　控制内生性的“准自然实验”双重差分模型设计及实证检验

对于政策效果的评价，比较有效的方法是采用面板数据模型。相较于其他模型，界面维度、时间维度、样本容量更大使面板数据模型所具有的优势，以及对于观测点的分布也不要求严格的独立同分布，这些都有助于提高实证分析各经济变量之间关系的精确度，在估计被解释变量受某些难以度量的因素影响时，其准确性也较高。因此，与国内外已有文献一致，以下采用面板数据模型，在控制其他因素的前提下考察107号文和国家审计在防控影子银行风险上的净效应。

8.5.1 面板数据模型与变量定义

以下主要研究107号文和国家审计对于商业银行影子银行业务的影响，采用的是面板数据回归方法，把代表107号文和国家审计的二值虚拟变量和一组随时间变化的可观测的影子银行业务的控制变量同时纳入模型作为核心解释变量。以下通过手工查阅了国内24家银行2010～2016年对应观察值的面板数据①，这当中包含了五家全国大型商业银行，八家股份制银行，九家城商行，两家农商行。考虑到部分数据缺失无法收集，以下在研究中剔除了某些不完整的数据。具体模型构建如下：

$$Struc_{it} = \beta_0 + \alpha Struc_{it-1} + \beta_1 Superv_{it} + \delta X_{it} + Time_{fixed\_effect} + Firm_{fixed\_effect} + \varepsilon_{it} \quad (8-1)$$

$$Struc_{it} = \beta_0{}' + \alpha' Struc_{it-1} + \beta_2 Audit_{it} + \delta X_{it} + Time_{fixed\_effect} + Firm_{fixed\_effect} + \theta_{it} \quad (8-2)$$

其中，i 表示银行（$i=1, 2, \cdots, 24$），t 表示时间。$Struc_{it}$衡量银行 i 在 t 时的业务结构。根据上述研究假设，分别用银行信贷资产占比（*Credit*）、影子银行业务占比（*Shadow*）、高风险权重影子银行业务占比（*H-Risk*）和低风险权重影子银行业务占比（*L-Risk*）代表。模型中之所以加入 $Struc_{it-1}$，是考虑到银行业务结构可能存在动态连续性，即当期业务结构可能与上一期业务结构高度相关。*Superv* 为一个二值虚拟变量，如果银行 i 在 t 时受107号文的监管，则 $Superv_{it}=1$，反之则 $Superv_{it}=0$。*Audit* 也为二值虚拟变量，如果银行 i 在 t 时被国家审计署审计过，则 $Audit=1$，反之则 $Audit=0$。X_{it}为影响银行业务结构的其他因素。因为银行最关注的是如何压降不良贷款、提高盈利能力，故以下在矩阵 X_{it} 中采用不良贷款率、贷款拨备率、资本充足率、净资产收益率四个指标，这些指标以控制变量的形式引入模型。ε_{it}、θ_{it}为随机误差项。β_0、β_0'、β_1、β_2 为待估参数。根据研究的目的，β_1、β_2 分别衡量了107号文和国家审计对银行业务结构的影响，因此是以下的重点参数。δ 则衡量了控制变量矩阵 X_{it}对银行业务结构的影响。$Time_{fixed_effect}$为年份固定效应，$Firm_{fixed_effect}$为非观测效应。对应的变量定义见表8－1。

① 因为审计署对单户中央企业的审计情况进行国家审计公告主要始于2010年。

表 8-1　　变量定义

变量名称	变量代号	变量定义
银行业务结构	*Struc*	银行不同业务的占比，由银行信贷资产占比、影子银行业务占比、高风险权重影子银行业务占比、低风险权重影子银行业务占比四个指标组成
银行信贷资产占比	*Credit*	银行信贷资产/总资产
影子银行业务占比	*Shadow*	影子银行业务量/总资产
高风险权重影子银行业务占比	*H-Risk*	高风险权重影子银行业务/影子银行业务量
低风险权重影子银行业务占比	*L-Risk*	低风险权重影子银行业务/影子银行业务量
107 号文行政监督	*Superv*	二值虚拟变量，2013 年底前取值 0，之后取值 1
国家审计	*Audit*	二值虚拟变量，被国家审计署审计过取 1，否则取 0
不良贷款率	*NPL*	不良贷款额/贷款余额
贷款拨备率	*ALR*	贷款损失准备计提余额/贷款余额
资本充足率	*CAP*	监管资本/风险加权资产
净资产收益率	*ROE*	净利润/平均股东权益

8.5.2　控制内生性的“准自然实验”双重差分模型设计

面板数据模型有效性的前提是解释变量具有严格外生性。在 2013 年 12 月 107 号文出台之后，所有银行均被要求稳健开展影子银行业务。当然，也有银行基于安全性的目标和要求，在 2013 年 12 月 107 号文颁布之前便主动选择控制影子银行业务的发展。相应地，2013 年 12 月之后也并非所有银行都谨慎开展影子银行业务。因此，在某种程度上，银行业审慎开展影子银行业务是一个自我选择的过程，也就是说，107 号文的政策实施和国家审计并非完全外生的，而是一个“准自然实验”的过程。因此，为了考察 107 号文和国家审计在防控影子银行风险上的净效应，则必须控制变量内生性的问题，以剥离其他因素对商业银行影子银行业务的影响。

双重差分（DID）模型目的在于解决变量内生性问题。因政策冲击的外生性及其影响范围存在差异，受政策影响的样本（即实验组，*Treated*）与未受政策影响的样本（即控制组，*Controled*）会因为政策作用而变化，所以 DID 模型能够对两个组别政策作用前后的变化进行比较，来控制两组之间的系统性差异，从而有利于识别 107 号文与国家审计的净效应。

作为行政监督的相关措施，2013 年 12 月实施的 107 号文具有外部性，我们可以将 2013 年 12 月之后的样本银行作为实验组，将此时之前的样本银行作为控制组。为此，建立以下基于 107 号文的双重差分模型：

$$Struc_{it} = \lambda + \theta_1 Treated_i + \theta_2 Exper_i + \theta_3 Treated_i \times Exper_i + \delta X_{it} + Time_{fixed\_effect} + Firm_{fixed\_effect} + \varepsilon_{it} \quad (8-3)$$

其中，$Struc_{it}$、X_{it}、$Time_{fixed\_effect}$、$Firm_{fixed\_effect}$ 和 ε_{it} 含义与式（8－1）一致。$Treated_i$ 为实验组虚拟变量。$Exper_i$ 为实验期识别变量，2013 年 12 月后取值为 1，其他取 0；θ_3 为交叉变量，是以下重点关注对象。

类似地，我们选取的是 2010～2016 年审计署审计结果公告。选取的实验组为样本银行中被审计署审计过的银行，控制组为其他未被审计的银行，建立以下基于国家审计的双重差分模型：

$$Struc_{it} = \lambda' + \theta'_1 Treated_i + \theta'_2 Exper_i + \theta'_3 Treated_i \times Exper_i + \delta' X_{it} + Time_{fixed\_effect} + Firm_{fixed\_effect} + \theta_{it} \quad (8-4)$$

其中，式（8－4）中相关变量含义与式（8－2）一致。$Treated_i$ 为实验组虚拟变量，在考察期内如果被审计署审计过则取值为 1，反之取值为 0。同样，θ'_3 为交叉变量，是以下重点关注对象。

8.5.3 实证检验与结果分析

8.5.3.1 面板数据模型

（1）描述性统计。

表 8－2 报告了面板数据模型一些相关变量的描述性统计结果。从信贷资产占比来看，*Credit* 的均值为 48.772%，中位数是 49.726%。这表明，随着我国金融创新的不断深化，商业银行信贷资产在总资产中仅占一半，信贷业务重要性已经大为下降。与此相反，影子银行业务虽然发展历史较短，但 *Shadow* 均值已达 35.869%，影子银行业务占总资产比重最大的已达 67.825%，这充分说明影子银行业务对商业银行具有重要的意义，其资源已经大量地投入到影子银行业务中。从影子银行的业务结构上看，高风险的影子银行业务占据有绝对比重，*H-Risk* 的均值达到 80.870%，最高的甚至达到 96.638%，这表明在样本银行中，影子银行引致的风险积聚已经非常突出。

表 8 -2　　　　　　　　　　描述性统计

变量	均值（%）	中位数（%）	标准差（%）	最小值（%）	25 分位（%）	75 分位（%）	最大值（%）	观测数
Credit	48. 772	49. 726	7. 017	30. 155	45. 148	53. 758	63. 492	173
Shadow	35. 869	34. 001	10. 063	10. 291	29. 126	40. 298	67. 825	166
H-Risk	80. 870	82. 843	10. 516	48. 976	75. 498	88. 588	96. 638	122
L-Risk	19. 130	17. 175	10. 516	3. 362	11. 412	24. 502	51. 024	122
Superv	42. 857	0	49. 635	0	0	1	1	168
Audit	12. 500	0	33. 171	0	0	1	1	168
NPL	0. 996	0. 955	34. 344	0. 380	74. 750	118. 00	2. 390	120
ALR	2. 566	2. 500	0. 580	1. 440	2. 240	2. 683	4. 530	92
CAP	12. 366	12. 185	1. 385	9. 880	11. 278	13. 170	16. 200	120
ROE	16. 121	16. 420	3. 716	5. 940	13. 975	18. 580	24. 280	156

从表 8 -3 所示各变量的相关系数看，*Superv*、*Audit* 均与 *Credit* 显著正相关，据此初步证实了研究假设 H1。与此同时，*Superv* 与 *Audit* 与 *Shadow*、*H-Risk* 均呈显著负相关，这也可以初步证实了研究假设 H2、假设 H3、假设 H4 和假设 H5，107 号文与国家审计能有效降低银行的影子银行业务规模，特别是降低高风险影子银行业务的规模，从而提高银行的稳健性。*Superv*、*Audit* 与 *NPL*、*ALR*、*CAP* 和 *ROE* 大多非常显著，说明 107 号文与国家审计对银行不良贷款率、贷款拨备率、资本充足率和净资产收益率具有重要影响。特别地，资产收益率 *ROE* 与信贷业务比重 *Credit* 两者的相关系数为 -0. 003，表明信贷资产盈利能力的下降在一定程度上激励了商业银行积极开展高风险、高收益的影子银行业务，这是其开展影子银行业务的盈利动因。

（2）回归结果。

表 8 -4 中分别报告了式（8 -1）和式（8 -2）的估计结果。从回归结果分析，*Superv* 和 *Audit* 与各因变量之间都在相应水平上具有显著性，这在实证上验证了 107 号文和国家审计对影子银行业务的显著性影响。从经济意义上看，无论是 *Superv* 还是 *Audit*，其与 *Credit* 的回归系数为正，而与 *Shadow* 的回归系数则为负，这说明在控制其他因素的情况下，加强政府监管和审计可以督促银行更注重信贷资产的投放和限制影子银行业务。具体看，表 8 -4 中式（8 -1）和式（8 -2）*H-Risk* 的回归系数为负，而 *L-Risk* 的回归系数则为正，表明 107 号文的实施和国家审计促使商业银行

表 8－3　　　　全样本 Pearson 相关系数

变量	序号	(1)	(2)	(3)	(4)	(5)	(6)	(7)	(8)	(9)	(10)
Credit	(1)	1									
Shadow	(2)	0.135*	1								
H-Risk	(3)	0.121*	0.253*	1							
L-Risk	(4)	0.054*	0.184*	0.069*	1						
Superv	(5)	0.208*	-0.058*	-0.063*	0.028*	1					
Audit	(6)	0.063*	-0.027*	-0.173*	0.031*	0.126*	1				
NPL	(7)	-0.036*	0.073*	0.764*	0.431	0.574	-0.138*	1			
ALR	(8)	-0.083*	-0.071	0.132*	-0.165*	0.035	0.118	0.046	1		
CAP	(9)	-0.165*	0.065	-0.133*	0.096*	-0.036*	0.087*	-0.076*	0.032*	1	
ROE	(10)	-0.003*	0.121*	-0.056*	-0.043*	0.163*	0.143*	-0.046*	0.065*	-0.147	1

注：* 表示在 0.05 水平下显著（双尾）。

降低了高风险影子银行业务的比重、提高了低风险影子银行业务的比重以控制自身风险，也初步证实了假设 H1 ~ 假设 H5。此外，式（8 - 2）中各系数绝对值均比式（8 - 1）中的相应系数大，据此可以进行初步判断，国家审计在防控影子银行风险上具有比 107 号文更特殊的作用。

表 8 - 4　　　　面板模型回归结果

变量	式（8 - 1）的估计结果				式（8 - 2）的估计结果			
	Credit	*Shadow*	*H-Risk*	*L-Risk*	*Credit*	*Shadow*	*H-Risk*	*L-Risk*
Superv	1.324*** (3.256)	-0.368*** (-1.352)	-0.689*** (-1.283)	0.386* (0.674)				
Audit					2.563*** (2.357)	-1.324** (-1.056)	-1.378* (-0.954)	0.394* (0.987)
NPL	-1.657* (-0.354)	0.368*** (2.278)	1.286*** (4.387)	-1.262 (-0.786)	-1.002*** (-3.278)	0.458*** (1.003)	-1.398*** (-6.785)	-1.659*** (-7.678)
ALR	0.453* (0.432)	-1.346 (-0.278)	-1.219*** (-3.217)	0.338 (0.675)	0.339*** (2.128)	-0.539*** (-3.280)	-0.785*** (-6.326)	0.674*** (1.368)
CAP	0.338 (0.352)	-1.025*** (-2.357)	-2.212 (-0.368)	0.369*** (8.238)	0.397** (1.228)	-0.683*** (-5.033)	0.563** (1.326)	1.238** (0.785)
ROE	1.548*** (2.357)	-0.583** (-1.358)	-1.368*** (-3.651)	1.113 (0.768)	0.026*** (1.229)	-1.324*** (-5.278)	-0.870*** (-3.437)	0.563* (0.895)
R^2	0.879	0.785	0.868	0.760	0.674	0.690	0.896	0.705

注：***、** 和 * 分别表示在 0.01、0.05 与 0.1 水平下显著（双尾）；括号内的数值表示双尾检验的 t 值。

8.5.3.2　基于倾向性匹配得分方法（PSM）下的 DID 模型

如何正确识别和处理相关政策的内生性以及政策的净效应问题，是考察政策绩效的基本前提，而由于倾向性匹配得分方法（PSM）在处理内生性和净效应方面具有的独特优势（何靖，2016），因此，本书在考察互联网金融风险治理中关于审计绩效时采用倾向性匹配得分方法进行检验。

（1）PSM 匹配的可靠性检验。

鉴于样本银行之间可能存在一定的差异，且这些差异极有可能对研究结论产生影响，所以，为了控制可能的内生性影响，我们借鉴通行的做法，通过采用 PSM 方法分别对政策监管与国家审计进行稳健性检验，以此更好地识别国家审计与政策监管对影子银行风险偏好影响的净效应。为此，在确定国家审计对影子银行风险偏好影响的净效应之前，要从未被审计的样本银行中构造一组与已被审计的银行在特征上最为接近的样本，并将该样本作为控制组。首先，根据前述的不良贷款率（*NPL*）、贷款拨备率（*ALR*）、资本充足率（*CAP*）、净资产收益率（*ROE*）等四个控制变量，通过 Logistic 回归得到每个观测值的倾向性得分。为了能够对控制组内的相关样本银行进行匹配，在获得倾向性得分后，继续以最相邻匹配法以得到基于国家审计 PSM 方法的匹配样本，即控制组。与此类似可以确定基于政策监管 PSM 方法的控制组。表 8－5 可以看出，按照 PSM 方法匹配后，各匹配变量标准偏差的绝对值都远小于 10，所以，可以认定以下匹配方法和匹配变量的选择是得当的，PSM 匹配可靠。罗森鲍姆和鲁宾（Rosenbaum & Rubin，1985）的研究指出，PSM 匹配效果标准偏差的判断阈值为 20，标准偏差的绝对值在 20 以内都是可接受的。

表 8－5　PSM 匹配效果

控制变量	基于 107 号文的 PSM 匹配效果			基于国家审计的 PSM 匹配效果		
	均值		标准偏差	均值		标准偏差
	控制组	实验组		控制组	实验组	
NPL	1.165	0.927	0.168	1.386	0.865	0.368
ALR	2.658	2.509	0.105	2.569	1.326	0.879
CAP	12.985	12.121	0.611	12.128	12.879	0.531
ROE	16.866	16.041	0.583	16.242	16.695	0.320

（2）基于 PSM 的 DID 检验。

基于上述 PSM 样本，利用固定效应法对式（8－3）和式（8－4）进行面板双重差分检验。表 8－6 中分别列示了相应的检验结果。从第（1）列和第（6）列可以看出，在控制了其他因素时，*Treated*×*Exper* 的系数均显著为负，说明在整体上看，政府监管和国家审计均能够显著改善商业银行的影子银行业务风险结构，有利于监督商业银行降低影子银行的风险承担。但从相应的显著性水平和系数上看，式（8－4）DID 面板检验结果中 *Treated*×*Exper* 的显著性水平为 1%，系数为－2.583，比式（8－3）中 *Treated*×*Exper* 的系数表现更优。从控制力看，表 8－6 中式（8－4）所示的国家审计实验组的系数为－6.657，其绝对值要比式（8－3）中所示 107 号文实验组的系数－3.548 要大，该系数的含义是，由于国家审计的高度权威性、超然独立性和手段全面性，其对影子银行风险的控制力要强于政府监督，在监督商业银行高风险业务等机会主义行为及纠正商业银行风险偏好等方面也能够承担着更重要的角色。此外，表 8－6 也详细地刻画了各自变量对影子银行业务结构的多重影响。

表8-6　面板DID检验结果

因变量	式（8-3）的检验结果					式（8-4）的检验结果				
	Struc (1)	*Credit* (2)	*Shadow* (3)	*H-Risk* (4)	*L-Risk* (5)	*Struc* (6)	*Credit* (7)	*Shadow* (8)	*H-Risk* (9)	*L-Risk* (10)
Treated	-2.548* (-0.665)	1.352** (1.153)	-1.685* (-0.890)	-0.769* (-0.806)	1.216* (0.984)	-1.547*** (-2.326)	1.895** (1.786)	-0.769* (-0.983)	-0.638* (-0.985)	1.870** (1.563)
Exper	-3.548*** (-4.687)	2.314** (1.547)	-1.125* (-0.980)	-1.897** (-1.237)	2.219*** (2.958)	-6.657*** (-12.326)	2.314** (6.768)	-3.093** (-1.365)	-3.458*** (-3.761)	2.785*** (3.438)
Treated × *Exper*	-1.437* (-0.835)	0.326* (0.658)	-0.153* (-0.658)	-1.236* (-0.863)	0.335* (0.986)	-2.583*** (-7.835)	0.564* (0.356)	-1.096** (-1.132)	-0.659** (-1.327)	0.975* (0.997)
NPL	-1.214** (-1.563)	-1.785** (-1.821)	2.769*** (3.563)	0.363* (0.987)	0.126 (0.068)	-1.548*** (-2.327)	-2.125** (-1.769)	0.674* (0.985)	1.117* (0.879)	0.874 (0.239)
ALR	-0.764 (-0.097)	1.327 (0.065)	1.658 (0.157)	0.698 (0.232)	0.328 (0.219)	-1.386** (-1.874)	-0.154* (-0.968)	1.217 (0.021)	1.327 (0.452)	1.354 (0.563)
CAP	1.347 (0.036)	0.672* (0.986)	-1.259** (-1.136)	-1.569** (-1.875)	0.351* (0.832)	5.659*** (7.768)	0.437* (0.869)	-2.125*** (-5.361)	-2.450** (-1.673)	0.997* (0.908)
ROE	0.549** (1.547)	1.217** (1.896)	-1.119** (-1.327)	-0.984** (-1.563)	0.375* (0.784)	2.540*** (6.453)	1.896** (1.768)	-1.548* (-0.879)	-1.113*** (-2.574)	1.908* (0.986)
调整的 R^2	0.619	0.782	0.685	0.769	0.751	0.695	0.769	0.658	0.614	0.729

注：*、**、***分别表示在0.1、0.05和0.01水平下显著；括号中的值为双尾检验的t值。

首先，从信贷资产业务规模指标 *Credit* 上看，表 8－6 中第（2）列和第（7）列表明，政府监督与国家审计均对银行信贷资产业务规模具有显著的正向影响，通过加强对商业银行的政府监督和国家审计，可以有效地增强商业银行的风险意识，提高信贷业务比重，减少影子银行的业务活动，从而假设 H1 得到了验证。相应的控制变量可以表明，不良贷款率（*NPL*）、资本充足率（*CAP*）、净资产收益率（*ROE*）均对银行信贷业务具有显著性的影响。不良贷款率越高，则基于控制不良资产的目的，银行会显著减少信贷业务。而如果资本充足率和净资产收益率越高，则表明银行具有较强的不良资产应对能力，因此在追求更高利润的动机下，银行自然有扩大信贷业务的积极性。

其次，表 8－6 中从第（3）列和第（8）列可以看出，在控制其他因素之后，政府监督和国家审计对影子银行业务的影响是显著的，并且系数均为负值，这表明加强政府监督和国家审计对影子银行业务具有显著的制约作用，这对于保障银行先安全性而言具有重要的意义。因此假设 H2、假设 H3 得到了验证。同时，资本充足率和净资产收益率两个控制变量表明，通过加强资本监管，提高商业银行资本充足率和净资产收益率，将有利于对影子银行业务的“挤出”作用，从而降低商业银行风险。

最后，从影子银行业务的结构上看，表 8－6 中第（4）列和第（9）列表明，在控制其他因素之后，政府监督和国家审计对高风险影子银行业务均具有显著的影响，政府监督和国家审计显著降低了高风险影子银行业务的开展，因而假设 H4、假设 H5 得到了验证。进一步地，从系数和相应的显著性水平上看，政府监督在 5% 显著性水平上的系数为 －1.897，而国家审计在 1% 显著性水平的系数为 －3.458。这表明，在对高风险影子银行业务的控制力上，由于国家审计的全面性和多样性，能够更有针对性地及时发现和化解影子银行业务的风险，因此国家审计的控制与威慑作用要显著强于政府监督。

综上所述，无论是否考虑政府监督与审计的内生性问题，PSM-DID 模型和面板数据模型的检验结果都支持了相应的研究假设 H1 ~ 假设 H5，也即，政府监督和审计都能有效控制商业银行的影子银行业务，显著降低商业银行互联网金融业务的风险偏好，从而有效保障金融系统的安全。进一步地，相较于传统的政府监督，审计具有手段全面性，高度权威性，超然独立性的特点，这使得审计对互联网金融风险治理的效果要显著强于其他政府监督措施，在监督互联网金融的高风险业务等机会主义行为及纠正商业银行风险偏好等方面能够发挥更加独特的作用，因而有较好的风险治理绩效（Wang，Cao & Yang et al.，2018）。

因此，通过建立面板数据模型和PSM-DID模型，对国务院107号文及审计对以影子银行为代表的互联网金融风险治理绩效进行了评估和比较，研究结果表明，以107号文为代表的政府监督和审计都能有效控制商业银行的影子银行业务，改善影子银行风险结构，降低商业银行的风险偏好，从而保障金融系统的安全。但正由于审计具有手段全面性，高度权威性，超然独立性，其对互联网金融风险的控制与威慑作用更加显著，故具有更好的互联网金融风险治理绩效。这为我国在更广范围内发挥审计职能，提高商业银行的稳健性、守住不发生系统性区域性金融风险提供了直接的经验证据。

8.6　本章小结

虽然互联网金融的不稳定性大部分时候是内部风险累积形成的，但一定程度上的金融监管对维护金融稳定、防范互联网金融风险而言是至关重要的。由于审计具有独立性强、触角灵敏的独特的优势，在互联网金融监管过程中有利于督促政府相关政策的落实，促进金融机构资金切实有效的支持实体经济的发展，能够对互联网金融风险产生起到揭示与抵御作用，使互联网金融消费者的权益得到维护，维护金融市场的稳定。国家审计之所以能够在促进金融监管绩效、防止互联网金融风险和维护互联网金融稳定方面发挥重要作用，是由国家审计的性质决定的。国家审计的独立性决定了国家审计可以超脱目前金融机构和政府部门之间“旋转门”效应，有效地避免了“管制俘虏”和监管权力集权化的影响。另外，审计的综合性很好地解决了互联网金融监管前瞻性和预见性不足，如互联网金融监管法律法规滞后和监管不足与重复、过度监管并存、监管体系不完善等问题。进一步地，为了从实证角度深入考察审计在互联网金融风险监管中的绩效，本节通过建立面板数据模型和PSM-DID模型，对审计的监管绩效进行了评估，研究结果表明，审计能有效控制互联网金融的风险结构，从而保障金融系统的安全。审计具有手段全面性，高度权威性，超然独立性，其对互联网金融业务的控制与威慑作用显著，因此与其他的政府监管措施相比，审计具有更好的互联网金融风险治理绩效。这便为守住不发生系统性区域性金融风险，加强审计的互联网金融风险治理功能提供了直接的经验证据。

第9章 互联网金融风险动态审计预警的系统动力学架构

作为一种金融创新，互联网金融自一出现便对现代经济的发展产生重要的影响，并且随着互联网金融的跨界交叉而使得实体经济与虚拟经济的边界更加模糊，以及数字经济带来暗箱效应、数据泄露与金融科技的反向应用等，互联网金融领域的“灰犀牛”“黑天鹅”风险事件也可能不断涌现。构建从末端治理向源头预警拓宽的互联网金融风险审计预警体系对于打好以防范化解重大风险为首的三大攻坚战而言具有极其重要的现实意义，这也是防范化解互联网金融风险的关键一步。当前，我国经济发展进入了一个新的常态，经济由高速增长转向高质量发展不仅为更好发挥审计的功能与作用提供了新的契机，同时也对审计提出了更高的要求。长期以来，审计大多是传统意义上以查账为核心的静态审计或者跟踪审计，然而，传统的审计思路已经难以满足经济社会发展的现实需要。一方面，越来越多的项目不仅仅需要对结果进行审计，对项目以及业务的过程监管变得更加重要。另一方面，从审计的事前、事中以及事后这三个环节上来看，在实践中对事前的审计预警方面的需求正不断体现出来。为此，随着对审计本质以及功能的认识逐渐深入，如何做好事前审计，特别是审计预警逐步受到重视。最近几年来，随着信息技术的更新迭代，大数据分析、数据挖掘、数据并行处理等大数据技术的出现和完善为动态审计预警这一强调过程审计的新型审计方式提供了坚实的技术基础。与传统的审计模式不同，动态审计通过对审计对象开展有计划、阶段性的动态监管，能够对审计对象每一阶段的发展特征与业务模式等都随时进行分析，与此同时还可以根据分析结论及时提供相应的监管对策。因此，动态审计有利于有效提高监管水平进而优化管理体制。然而，从我国实践来看，对动态审计的认识尚不够深入，对其研究大多还处于理论层面，在金融领域特别是互联网金融领域尚缺乏完整和完善的互联网金融动态审计预警系统，无法充分发挥审计的预警功能而无法及时把握互联网金融运行的真实情形，也就无法有效防范化解互联网金融风险，导致互联网金融风险事件频发。因此，充分发挥动态审计的特点，构建一个能够识别互联网金融风险因素，覆盖监管部门、金融机构、审计部门在内，对互联网金融业务开展有计划、阶段性动态监管的互联网金融风险动态审计预警系统，对在及时且准确识别互联网金融风险及其因素的基础上，采取有针对性的处理措施，从而保障金融体系稳定以及守住不发生系统性金融风险底线都具有极其重要的理论意义与现实意义。

与此同时，互联网金融风险动态审计预警过程实际上是一个互联网金融风险预警循环和反馈的过程，即以审计署数据库为中心的风险信息采集、风险信息处理、自组织运行和风险分析反馈的综合过程。除此之外，基于动态审计理论而建立起来的互联网金融风险动态审计预警系统也是由各种审计要素所组成的，能够对审计对象开展有计划、阶段性动态监管的长期、周期性的系统，具有系统动力学的结构反馈关系。因此，随着审计职能作用的不断加强，构建一个覆盖金融监管机构、国家审计部门、金融机构等在内的互联网金融风险动态审计预警系统不仅是必要的，而且是可行的。

9.1　动态审计预警的理论基础

随着对审计本质以及功能的认识逐渐深入，在跟踪审计理论基础之上进一步提出了动态审计。一般认为，动态审计是对审计对象开展有计划、阶段性动态监管的长期、周期性系统，该系统需要通过建立能够对审计对象相关信息进行分析和处理的审计预警模型，并且在对相关信息进行分析和处理的基础上进一步对输出的信号做出判断和处理的一种新的审计方式。

9.1.1　动态审计与动态审计预警的含义

9.1.1.1　动态审计

作为从跟踪审计理论发展而来的一种新的审计模式，动态审计通过对相关动态资料和审计对象所从事的经营活动进行审计，从而实现对审计对象的经济活动和资金使用实施持续监管。与传统的静态审计不同，动态审计具有提前入场、预警预报、灵活机动、积极调控等静态审计不具备的显著特点。例如，动态审计能够针对审计对象经营活动的基本特征灵活地确定审计内容和审计任务，并根据输入的审计对象有关动态资料信息持续输出审计结果，由此形成不间断、有计划的动态审计与持续监督态势。在此基础上，可以根据相应的动态审计结果就与经营相关的问题对审计对象或者相关的监督机构发出预警预报，从而有利于为经营机构以及监督部门进一步优化管理机制及体制提供支持。

为实现动态审计的基本功能，其任务主要集中在四个方面。其一，以审计对象的财务报表为核心，深入调查审计对象财务报表的真实性；其二，审计对象在经营过程中是否存在违规违法情况，对国家相关经济金融政策的执行程度；其三，调查审计对象目标利润的实现程度；其四，为了确保动态审计输出的有效性，还需要核实审计对象相关动态资料的准确性。由于近年来动态审计研究的相对滞后，目前实施动态审计的领域还相对有限，目前尚主要集中在财政专项资金投入、社会捐赠以及政府公益性支出等。为了实现上述四大任务，动态审计通常从以下两个方面开展。首先，从宏观、中观、微观这三个层面，分层面的进行动态审计。宏观方面，其主要领域为涉及国计民生的领域，为政府的产业布局和国民经济发展等方面提供决策支持。在中观上主要集中为行业发展定位以及行业调整提供帮助，以及对重点行业开展经济责任审计。在微观方面则侧重于对微观主体的审计，对审计对象的经营活动是否存在违法违规情况以及风险暴露情况等方面开展过程监管。其次，从事前、事中和事后的三个阶段，分阶段地进行动态审计。在事前阶段，只要针对项目的建设单位在招投标程序是否合规，资金筹集是否规范等方面进行审计。事中则是对在施工过程所用设备的选择、工程进度等方面开展过程性监管。在事后阶段，审计的重点则主要关注工程质量，确保项目的安全性以及效益性。

9.1.1.2 动态审计预警

区别于传统的静态审计，动态审计具有提前入场、预警预报、灵活机动、积极调控等方面的显著特点，因此预警预报是动态审计的重要功能。从内涵上看，动态审计预警是通过在审计过程中广泛利用大数据分析等技术，针对审计对象的具体特性建立相应的预警机制，并通过该机制对审计结果进行动态的实时分析，在此基础上充分发挥审计的预防性功能并能根据分析结果发出预警信号的过程。由此可以看出，动态审计预警适应经济金融环境的变化，在对各个层面的审计资源进行有效整合的基础上，通过对审计对象的信息资料等开展大数据分析，将大数据技术与审计不断结合，对审查对象进行的动态监管审计，并且对其进行分析，根据分析结果，及时发出不同的预警信号。因此，动态性和预警性成为动态审计预警的基本特征。

根据审计的事前、事中和事后三阶段划分，从本质上看，动态审计预警属于事前阶段。具体到风险管理领域，动态审计预警的目标是通过对审计对象的信息系统数据定时监测，并根据风险监测结果与事先确定的风险监管标准进行对照，从而在对风险的发展趋势进行预测的基础上采取相应的风险控制措施，由此发挥动态审计预警的基本功能实现对风险的预警与控制。在推进国家审计、社会审计以及内部审计的“审计协同治理”过程中，通过三种审计功能的协同，能够在对监管数据、法律法规数据、金融市场运行数据、金融机构经营数据等进行大数据整理与分析的基础上，通过大数据技术与审计的不断融合，使得动态审计发挥其预警机制的功能，在对审查对象进行多审计客体的动态监管审计过程分析中，实现金融风险的动态预警。然而，由于现阶段我国大数据技术的运用尚不够成熟，跨部门的数据整合进展较为缓慢，使得动态审计预警系统的数据体量仍然较小，动态审计预警功能的发挥还不够充分，未对国家经济发展形成充分的保护，风险防范的作用也并不显著。因此，在对监管数据、法律法规数据、金融市场运行数据、金融机构经营数据等进行大数据整理与分析的基础上，从保障国家金融体系稳定来看，建立涵盖多个金融领域，预警效果良好的动态审计预警体系就显得极为重要。

从特征上看，动态性和预警性体现了动态审计预警的基本特征。所以，动态审计预警体系通过大数据技术与审计的不断融合，对被审计对象进行实时监管，在对被审计对象的经营信息等进行大数据整理与分析的基础上，获取目标指数的变化情况，发挥动态审计预警机制的功能，在对被审计对象进行多审计客体的动态监管审计、分析的过程中，实现预先警示的系统框架。从理论溯源上看，动态审计预警理论是将动态审计理论以及审计免疫系统功能论进行理论系统集成基础上而形成的一种新的理论框架。该理论基于经济金融形势的变化，以审计技术和审计方法的变革为前提，以审计协同治理为基础，对审计客体进行全面扩展，将各个方面的审计资源进行整合而形成的一种全新审计理论框架。该理论注重突破当前审计实践中的审计要素限制并在依赖信息技术得以全面实施的基础之上，对被审计单位的信息系统数据进行核查且对监测结果展开动态预警。

9.1.2 动态审计预警的特点与原理

9.1.2.1 动态审计预警的特点

动态审计预警是动态审计的重要功能之一，动态性和预警性也是动态审计预警最为重要的特征。动态审计预警系统通过大数据技术与审计的不断融合，对被审计对象进行实时监管，在对被审计对象经营信息等进行大数据整理与分析的基础上，获取目标数据的变化情况，发挥动态审计预警机制的功能，及时对被审计对象进行动态监管，充分体现了动态审计的优势。因此，动态审计预警充分发挥审计的预防功能，将审计的职能从事中控制、事后监督等末端治理向源头预警拓展。在过去的互联网金融进行风险治理的过程之中，因其风险来源相对复杂，使得一直以来对其进行有效监管的难度较大。如果根据动态审计预警理论构建起互联网金融风险动态审计预警系统，则能够在对风险进行事前预警过程中，通过对互联网金融风险的各种因素进行不间断监测，并根据动态监测的结果与监管标准进行对比以对未来互联网金融风险的可能变化趋势得到相应的预警报告。如果预警报告的分析结果超出确定的临界值，则监管机构以及内部控制部门可以及时采取措施对互联网金融风险的相关因素进行干预，由此将影响互联网金融稳定发展的不利因素消除在期初阶段以有效降低后期风险损失的可能性。由此可以看出，动态审计预警的功能是将可能引发互联网金融风险严重后果的相关风险因素开展事前的预防性控制，从而通过对互联网金融风险后果的过程性管理达到减少负面后果和降低损失的目标。总体上看，动态审计预警系统具有两方面的基本特性。

（1）动态审计预警系统的审计特性。建立互联网金融风险动态审计预警系统，使其对互联网金融风险能够进行动态监测和早期预警，这是与审计的预防功能密切联系的。通过审计的预防功能，能够将审计技术和审计方法嵌入互联网金融风险的监管过程中，对互联网金融风险的形成进行实时的动态监控，并在根据动态监测的结果与监管标准进行对比以对未来互联网金融风险的可能变化趋势得到相应的预警报告基础上采取针对性的干预措施，以降低或阻止互联网金融风险积累。同时，互联网金融风险治理的动态审计预警系统也体现了国家审计的基本特性。在传统的监管框架中，监管机构对被监督对象的监管主要体现在具体事务性的监管上，即一且在针对具体金融机构的监管中发现存在违法违规的线索，则对其采取介入性措施进行处罚和干预。这属于典型的事中和事后监督措施，因为此时风险事件甚至风险损失已经出现，预警功能较为有限。互联网金融风险发生的原因相对较为复杂，其风险可能来自监督管理机构，亦可能来自微观机构的经营，甚至可能来自宏观经济的外来冲击。因此，构建的互联网金融风险动态审计预警系统既需要将互联网金融的微观经营机构纳入其中，也需要将互联网金融的监管机构以及宏观经济运行等方面的因素共同纳入其中。因此，互联网金融风险动态审计预警系统是一种对一个大系统进行的监管，是在对众多因素进行数据分析和整理过程中不断采取审计技术和审计方法对数据的真实性和可靠性进行验证的过程。因此，互联网金融风险动态审计预警系统体现了审计的基本特点。

（2）动态审计预警系统的动态特性。通过互联网金融风险治理动态审计预警系统对被监管对象的长期监测，以获取被监管对象各种可能形成互联网金融风险的信息，从而提前实施干预措施，延缓和阻止互联网金融风险的积累，达到对互联网金融风险进行处理和控制的作用。由于构建的互联网金融风险动态审计预警系统既需要将互联网金融的微观经营机构纳入其中，也需要将互联网金融的监管机构以及宏观经济运行等方面的因素共同纳入其中，因此监管范畴较广且较复杂。然而，动态审计预警系统的工作原理是将这一巨系统分解为若干子系统，进而对各个子系统进行分层级不间断监管。在对各个子系统进行分层级监管过程中获取该子系统各种可能形成互联网金融风险的信息，提前实施各种预警性的干预措施，由此延缓和阻止互联网金融风险的积累，这即是互联网金融风险动态审计预警系统动态性的具体表现。系统是庞大的，监管难度也比较大，但系统在有效运作之后，其监管数据的来源大部分是可以从现有体系中获得的，只是需要对各种子系统进行整合和创新改造。

由于动态审计预警既体现出审计的特性，又具有动态性的特征，因而成为一种新的审计模式。然而，动态审计预警系统需要对互联网金融领域的风险数据进行不间断监测，因此该系统功能的发挥需要体制机制创新才能在风险数据收集整理基础上进行实时监控，适时干预，最终实现对互联网金融风险的适时预警。

9.1.2.2　动态审计预警的基本原理

当前经济金融环境较为复杂，互联网金融风险所表现出来的形式也趋于多样化，传统的静态预警模式往往具有滞后性的不足，因此在风险预警方面的功能相对有限。与静态预警模式所不同的是，动态预警模式具有动态性和预警性的双重特征。特别是，在对现有体系和机制进行改革基础上所形成的动态预警模式具有自适应反馈系统。自适应反馈系统使得动态审计预警在运作过程中能够进行自我学习并在下一阶段的实时监控中进行过程优化以提出更加具有针对性和实时性的干预措施与政策建议，因此，这使得动态审计预警系统的有效性更加突出。本书构建的互联网金融风险动态审计预警基本原理如图 9 –1 所示。

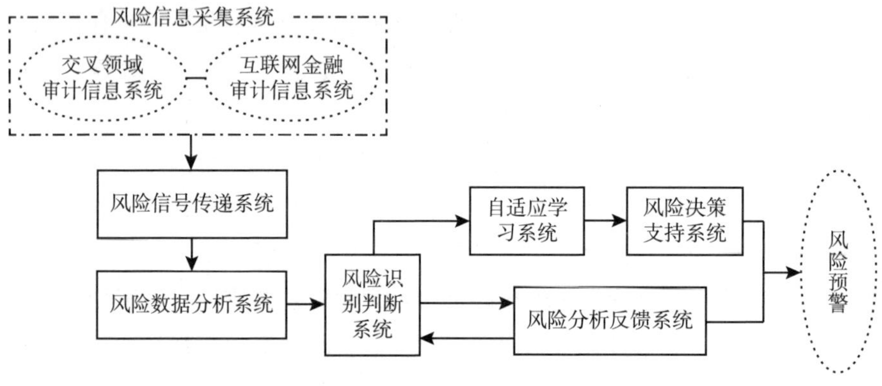

图 9 –1　互联网金融风险动态审计预警的基本原理

9. 1. 3　动态审计预警系统的基本框架

金融系统是一个复杂的系统，要在金融系统中发挥动态审计预警的功能，必须从预警目标、预警指标、预警阈值、预警信号、反馈预警效果等七个方面构建动态审计预警系统的基本框架。

（1）设定预警目标。预警目标所要确定的是动态审计预警系统运行需要达到的目的。动态审计预警系统的预警目标一般可以从三个层面上进行确定。一是微观层面上的预警目标。在微观上是基于合规要求，对单个金融机构的合规情况以及潜在的风险趋势进行实时监测并开展适时预警。二是中观层面上的预警目标。动态审计预警系统在中观上是关注金融业对国家宏观经济政策的执行情况，实时监测金融业的整体风险以及可能存在的风险交叉传染的情况并提供实时预警。三是宏观层面上的预警目标。在宏观上，动态审计预警系统是实时监测经济金融形势及其内部各种风险因素对国家金融稳定的影响，并在预警报告的基础上提出相应的对策建议。

（2）设计预警指标。为了使动态审计预警系统有具体的监测内容，需要在确定预警目标的基础上构建相应的预警指标体系。只有确定合理的预警指标体系才能使动态审计预警系统具有实质性的工作内容，因此，预警指标体系的构建是动态审计预警功能发挥好坏的关键所在。例如，依据《商业银行风险监管核心指标》（2006 年版）所构建的单个银行预警系统的预警指标体系即是单个银行审计预警系统功能发挥的基础。单个银行审计预警系统的指标体系如表 9－1 所示。

表 9－1　　单个银行审计预警系统框架（部分）

指标类型	风险种类	短期预警			中长期预警		
		预警指标	指标公式	预警阈值	预警指标	指标公式	预警阈值
风险预警指标	流动性风险	流动性比例	流动性资产/流动性负债×100%	25%以下	流动性比例变动值	期末流动性比例－期初流动性比例	需利用数理统计技术确定
		核心负债比例	核心负债/总负债×100%	60%以下	核心负债比例变动值	期末核心负债比例－期初核心负债比例	
		流动性缺口率	90 天内表内外流动性缺口/90 天内到期表内外流动性资产×100%	－10%以下	流动性缺口率变动值	期末流动性缺口率－期初流动性缺口率	
	信用风险	不良资产率	不良资产/资产总额×100%	4%以上	不良资产率变动率	（期末不良资产率－期初不良资产率）/期初不良资产率	
		不良贷款率	不良贷款/贷款总额×100%	5%以上	不良贷款率变动率	（期末不良贷款率－期初不良贷款率）/期初不良贷款率	
		单一集团客户授信集中度	最大一家集团客户授信总额/资本净额×100%	15%以上	单一集团客户授信集中度变动率	（期末单一集团客户授信集中度－期初单一集团客户授信集中度）/期初单一集团客户授信集中度	
		单一客户贷款集中度	最大一家客户贷款总额/资本净额×100%	10%以上	单一客户贷款集中度变动率	（期末单一客户贷款集中度－期初单一客户贷款集中度）/期初单一客户贷款集中度	
		全部关联度	商业银行全部关联方授信总额/资本净额×100%	50%以上	全部关联度变动值	期末全部关联度－期初全部关联度	

续表

<table>
<tr><th rowspan="2">指标类型</th><th rowspan="2">风险种类</th><th colspan="3">短期预警</th><th colspan="3">中长期预警</th></tr>
<tr><th>预警指标</th><th>指标公式</th><th>预警阈值</th><th>预警指标</th><th>指标公式</th><th>预警阈值</th></tr>
<tr><td rowspan="4">合规预警指标</td><td rowspan="4">合规风险</td><td rowspan="2">房地产开发贷款合规性</td><td>所有者权益/项目总投资</td><td>35%</td><td rowspan="4">—</td><td rowspan="4">—</td><td rowspan="4">—</td></tr>
<tr><td>四证齐全的时间与贷款发放时间比较</td><td>前者晚于后者</td></tr>
<tr><td rowspan="2">住房按揭贷款合规性</td><td>首套房首付比率</td><td>20%以下</td></tr>
<tr><td>二套房首付比率</td><td>60%以下</td></tr>
</table>

注："—"表示不适用。
资料来源：陈文夏．金融审计预警体系构建研究［J］．审计研究，2011（2）：33－38。

（3）确定预警阈值。阈值也叫临界值，一旦超过确定的预警阈值即会触发相应的预警信号而促使管理者作出必要的反映。因此，合理确定预警阈值是动态审计预警系统中预警信号得以准确发出的基础。一般情况下，预警阈值的确定既要充分反映国内外相关法律法规的要求，也要符合行业的经验数据。如果缺乏相应的行业数据和经验数据的支撑，则需要采用数理统计的方法对行业数据和经验数据的历史数据与金融风险概率进行回归拟合以得到相应的规律，在此基础上根据最大可容忍风险概率所对应的指标值作为该系统的预警阈值。由于该阈值是基于统计规律而得到，因此在实际应用过程中需要进一步根据预警效果对预警阈值进行相应的修正。

（4）产生预警信号。在对相关的预警指标进行实时监测的基础上，根据确定的预警阈值及时准确输出预警信号是动态审计预警系统的重要功能。在较为复杂的金融风险系统当中，一般的预警信号大多是针对多个预警指标组成发出的。为直观的获得相应的风险值，通常可以在科学确定每个风险指标权重的基础上进行综合而得到更高一级的指标，最终将动态审计预警指标体系的综合值与预警阈值进行量化比较，若其超出事先确定的预警阈值，需及时发出对应的预警信号。

（5）对动态审计预警系统的预警效果进行反馈。由于动态审计预警系统具有自适应的学习能力，因此，可以随着动态审计预警系统的运行而不断积累预警的数据与预警的经验，并且根据反馈的预警效果，不断对动态审计预警系统进行完善，以逐步增强系统的预测能力和准确性。

（6）重复上述步骤（1）到步骤（5），即能够在不断优化预警指标的基础上，结合商业银行等在开展业务过程中表现较为突出的流动性风险、信用风险以及合规风险等综合判断出单个商业银行或互联网金融机构的风险水平。

（7）除了构建所有金融机构审计预警系统，在此之外，为了综合考察国际国内经济金融形势对金融风险的冲击影响，可以继续在所构建的动态审计预警系统中纳入一些宏观经济金融指标，例如，GDP 增长率、CPI 增长率、财政赤字额、货币供应量增长率、出口增长率、国际储备额、失业率等一系列金融指标，以综合考察各宏观经济变量的变动对金融体系安全的外部冲击效应，并在通过压力测试、宏观建模等方法科学合理确定相应的预警阈值基础上，发出预警信号使得管理者能够及时采取措施应对潜在的风险问题。

通过上述思路，我们可以构建出互联网金融风险动态审计预警系统的框架。

9.2　互联网金融风险动态审计预警系统构建的必要性

发挥审计的前瞻性和建设性作用，增强金融审计对互联网金融风险的发现与治理功能，必须充分发挥审计的预警功能，将审计的职能从事中控制、事后监督等末端治理向源头预警拓展。在互联网金融风险治理过程中，根据动态审计预警理论构建起互联网金融风险动态审计预警系统，则能够在对风险进行事前预警过程中，通过对互联网金融风险的各种因素进行不间断监测，并根据动态监测的结果与监管标准进行对比以对未来互联网金融风险的可能变化趋势得到相应的预警报告，进而使得管理者能够根据预警报告的结果采取有针对性的风险治理措施，这样，将审计工作中存在的“马后炮”和“秋后算账”的问题解决，进而更加有利于维护国家金融体系的稳定。

9.2.1　建立动态审计预警系统是审计事业发展的内在需要

党的监督体系、国家监督体系是国家治理体系不可或缺的组成部分，审计监督是国家明确规定的八大监督之一。自 20 世纪 80 年代我国审计机关成立以来，审计机关不断更新审计技术与审计方法，不断提升审计效能，为维护国家经济金融秩序、推动全面深化改革、提升经济社会发展质量与效益等方面作出了突出而重要的贡献。然而，随着经济社会发展形势的变化以及经济金融环境的复杂化，金融风险的表现形式也更加多样化，传统的静态审计模式往往具有滞后性的不足，因此在风险预警方面的功能相对有限。充分发挥审计的预防功能，将审计的职能从事中控制、事后监督等末端治理向源头预警拓展，有利于在新的形势下进一步提升审计效能，从而对于审计事业在中国特色社会主义进入新时代的关键时期能够走向更高的发展阶段也是有益的。

9.2.2 建立动态审计预警系统是完善制约和监督机制的需要

从1994开始，在我国建设中国特色社会主义市场经济体制之后，我国国内的经济得到了飞速的发展，经济活力进一步彰显。然而，由于法律法规等方面建设的相对滞后，使得经济领域各种违法违规事件频发。为了维护国家经济金融秩序，保障经济社会的稳定发展，审计机关提前预警，加强监督，不断适应经济金融发展的实际需要，创新审计技术与审计方法，拓展审计的内涵与外延，有利于规范经济金融领域的相关活动，有力地保障了国民经济的健康发展，保护经济金融系统的安全，其为守住不发生系统性金融风险的底线、防范化解经济金融风险做出了相当重要的贡献。

9.2.3 建立动态审计预警系统是加强管理与规范行为的需要

审计机关发挥审计监督与审计预警功能，能够通过在对相关的预警指标进行实时监测的基础上，根据确定的预警阈值及时准确输出预警信号，甚至使得管理者能够及时采取针对性的干预措施，借此来消除风险，进而将风险隐患扼制在萌芽之中，避免风险隐患的进一步暴露而演化为现实损失。与此同时，建立动态审计预警系统也有利于发现现有体制、机制中的问题与漏洞，从而通过提出对体制、机制的完善建议以促进管理与行为的规范，由此在更高层面上实现经济金融的稳健发展。

9.2.4 建立动态审计预警系统是科学把握互联网金融风险动力学特性的需要

互联网金融系统及其风险演化问题涉及的变量较多，且各变量之间呈现非线性和多重反馈回路关系，通过构建动态审计预警系统有利于在科学厘清互联网金融风险系统构成要素及其非线性关系，并且在剖析互联网金融风险演化机理的基础上，通过建立包含变量，参数和函数关系式的系统动力学模型，模拟出互联网金融风险的变化趋势，由此既可以科学把握互联网金融风险动力学特性，又充分发挥审计预警的功能并总结有效防范化解互联网金融风险的基本途径。

9.3　互联网金融风险动态审计预警系统构建的可行性

当前，我国经济发展进入了新常态，经济由高速增长转向高质量发展，这为更好地发挥审计的风险防范作用和功能提供了新的契机，同时也对审计提出了更高的要求。然而，虽然审计理论研究较为丰富，但大多数的研究尚处于经验研究以及静态研究的范畴。目前仅有的少量动态研究成果也大多还停留在理论探索的阶段，总体上看能将理论研究与实践问题相结合的研究尚较为缺乏。

虽然在审计防范互联网金融风险功能的理论研究中还有颇多的成果，但这些成果大多以经验研究法这一方法进行研究的、大部分都是静态的研究思路，只有少量研究涉及了动态研究思路，且大都停留在理论探讨的范畴。近年来，随着互联网金融的快速发展，互联网金融领域的风险事件也更多地得以暴露，对国家经济金融体系的稳定构成了威胁。在互联网金融风险治理这一过程当中，因其金融风险来源相对复杂，使得一直以来对其进行有效监管的难度较大。如果根据动态审计预警理论构建起互联网金融风险动态审计预警系统，则能够在对风险进行事前预警过程中，通过对互联网金融风险的各种因素进行不间断监测，并根据动态监测的结果与监管标准进行对比以对未来互联网金融风险的可能变化趋势得到相应的预警报告，从而在此基础上能够做出科学的应对措施，提升对互联网金融风险的审计效能。为此，本章基于调查研究，对互联网金融风险动态审计预警系统构建的可行性进行实证研究，从而在实证研究的基础上为后续研究提供基础。

9.3.1　问卷设计

根据本书的主要研究目的，相应的问卷调查主题为“建立动态审计防范互联网金融风险体系的可行性”，且聚焦于互联网金融风险的防范化解过程中建立动态审计预警体系的必要性与可行性两个范畴进行问题与选项的设计。由于本调查问卷涉及审计、国家审计、互联网金融以及风险防范等比较专业的内容，如果不具备相应的专业知识将可能导致问卷调查结论的失真，为此，本书在设置调查问卷的时候设置了“最高学历”问题设置了本科以下、本科、硕士与博士这 4 个选项。在数据整理过程中则可以作为问卷分析的辅助因素，通过该问题及其选项排除那些明显不合理的调查问卷。调查问卷的主体部分，设置了 18 个问题，主要涉及的内容由金融风险的构成、审计的职能、金融监管的职能、国家金融审计的情况、信息化技术在审计中的作用、微观和宏观金融风险、金融监管与金融审计的融合、互联网金融风险后果等方面内容，每个问题根据回答的同意程度分别赋予 1 ~5 的分值，分值越大则越同意。为了保证调查问卷内容设计的科学性与实用性，本书研究过程中多次通过座谈会等多种形式征求了部分互联网金融机构、审计机关及相关人员的相关意见与建议，根据座谈结果对调查问卷进行了 5 次修改，通过相应的完善和充实，使得本调查问卷具有较好的针对性与实用性。

9.3.2　问卷发放

为了科学的论证在目前的经济金融形势下建立动态审计防范互联网金融体系的可行性，此次问卷调查的主要对象为该领域的专业人员，如企业内控、金融和审计从业人员，了解相关人员对当前在互联网金融领域的风险、监管以及审计等内容的看法，进而在对问卷调查数据进行统计分析的基础上，研究构建互联网金融风险动态审计预警系统的可行性以及建立互联网金融风险动态审计预警系统运行的现实性。

9.3.3　调查样本的结构分析

本次调查共向企业内控、金融和审计从业人员等对象发放调查问卷 258 份。从发放的调查问卷中共收回了 245 份，调查问卷过程中的回收率达到 95.0%。经过对所有回收的调查问卷进行分析发现有些问卷填答存在内容缺失，重复或明显矛盾的现象，故将其归类为无效问卷，最终筛选后获得的有效问卷为 233 份，有效问卷率达 90.3%。为了充分把握样本数据背后的基本规律，本书进一步采用 SPSS 软件进行分析并得到样本结构分析表。调查问卷受访者学历结构如表 9 -2 所示。

表9-2　调查问卷受访者学历结构

学历	频率	百分比（%）	累积百分比（%）
本科以下	158	67.8	67.8
本科	49	21.0	88.8
硕士	23	9.9	98.7
博士	3	1.3	100.0

从表9-2中可以看到如下情况，233份有效问卷中，本科生49人，占比21.0%；硕士生23人，占比9.9%；博士生3人，占比1.3%。从这些信息可以得出，总体上互联网金融领域参与人员的学历层次相对较低，对互联网金融知识、审计、会计以及金融风险管理等方面的知识掌握和理解相对不足。

9.3.4　调查问卷的信度分析

在对调查问卷进行数据分析与处理时，信度指的是在调查问卷中所获得的数据是否能够保证一致性、可靠性、稳定性。若通过调查问卷获得的数据信度高，即可认为调查问卷的结果具有较好的一致性、可靠性和稳定性。在通过统计软件SPSS进行的实证研究中，主要采用信度系数来考察调查问卷所获得数据的信度的高低。在统计原理上，信度系数通常是采用一组相互关联的系数，并根据这组相互关联的系数大小衡量数据之间具有的相关程度。如果信度系数越高，说明调查问卷所获得的数据之间具有较高的相关程度，其测量结果有着较好的稳定性、一致性和可靠性。在研究中，测量内在的一致性信度的Cronbach's alpha法应用较多。在长时期的实践应用中，国内外学者的研究发现，如果一组数据的Cronbach's alpha信度值大于0.7，则通常表明这组数据有着较好的一致性、稳定性和可靠性，预测能力也较强。与此同时，如果这组数据的Cronbach's alpha信度值介于0.5~0.7之间，则意味着该组数据具有一般的一致性、稳定性和可靠性，但可以作为进一步研究的参考。如果调查问卷所获得的数据Cronbach's alpha信度值低于0.5，则该组数据的一致性、稳定性和可靠性较差，不宜作为样本数据开展进一步研究。而如果调查问卷所获得的数据Cronbach's alpha信度值能够超过0.8，则数据具有非常好的一致性、稳定性和可靠性，对所测的事物或变量数据之间相关程度考察的结果将是可靠的，在此基础上得到的研究结论也较为稳健。

本书在对233份有效问卷的数据处理过程中，运用统计软件SPSS计算出的Cronbach's alpha信度值达到了0.835（结果见表9-3）。因此，根据长时期的实践应用以及国内外学者的研究结果可以认为从调查问卷中所得出的数据有着很好的一致性，稳定性和可靠性，各项测量数据值之间有着较高的内在一致性，因此通过本书调查问卷得到的相关数据是可靠的，能够纳入下一步的分析研究之中。

表9-3　　　　必要性调查可靠性统计结果

项目	Cronbach's alpha	基于标准化项的 Cronbach's alpha	问题项数
系数	0.835	0.835	18

9.3.5 调查问卷的效度分析

不同于信度，效度指的是测量数据的有效性程度。对调查问卷所得到的数据进行效度分析，有助于考察出测量数据所能反映研究内容的程度。若测量数据与研究的内容吻合度较高，则表示有着较高的效度，测量数据越能准确反映研究对象的性质与特征。在对所调查的数据开展描述性统计分析的过程当中，频数分布分析、平均数分析和统计描述分析是所涉及的主要分析方法。调查表内设计的基本调查变量数为18项，为方便数据的分析处理，对这个调查项进行了编码，分别以X_1，X_2，…，X_{18}表示，表9-4综合反映了编码与调查问卷中相关调查问题的一一对应关系①。

表9-4　　　　调查问卷中问题项编码表

编码	问题项
X_1	您是否了解互联网金融风险的危害性
X_2	您是否了解审计的基本功能
X_3	在保持经济金融环境的稳定过程中，您认为互联网金融风险的危害程度是否很大
X_4	您是否了解金融审计的职能范围
X_5	在我国当前的“一委一行两会”的金融监管框架中，您认为对互联网金融风险的防范是否有效
X_6	您认为当前我国金融审计对互联网金融风险的防范是否有效

① 在本调查问卷设计与完善过程中，中国联合工程有限公司南京审计大学企业研究生工作站张玲、徐睿、李蕙心等提供了相关支持与建议。

续表

编码	问题项
X_7	作为党和国家监管体系的重要组成部分，您认为在互联网金融风险监管中是否需要强化审计监督的职能
X_8	与传统的静态审计模式相比，您认为构建互联网金融风险的动态预警机制是否具有必要性
X_9	近年来互联网金融风险事件频发，您是否认为需要加大投入不断提升审计动态监管互联网金融风险的能力
X_{10}	从审计的内涵和外延上看，您认为是否需要发挥延伸审计职能以加强对互联网金融的动态监管
X_{11}	微观互联网金融风险由传统金融机构自身风险积累吗
X_{12}	除了银行、证券公司和保险机构等传统金融机构的风险累积作用，近年来互联网金融风险的高发是否存在其他方面的原因
X_{13}	随着计算机技术以及信息技术的快速发展，您认为加强信息技术的运用对提高审计效能有作用吗
X_{14}	从节约社会资源和降低审计成本角度上看，您认为目前的审计信息化建设能够达到目标吗
X_{15}	您认为审计的职能是否需要扩展或者创新
X_{16}	您是否有遭遇互联网金融风险的经历
X_{17}	您在互联网金融风险事件中受到的损失大吗
X_{18}	在互联网金融风险事件中您的责任分担有多大

9.3.5.1　总体描述性统计分析

为直观掌握目前经济金融形势下构建动态审计防范互联网金融风险体系的可行性，通过对该领域的专业人员，例如，企业内控、金融和审计从业人员等为对象所开展的问卷调查数据的描述性统计分析如表 9 - 5 所示。从表 9 - 5 中的描述性统计量可以看出，本次调查问卷中所涉及的 18 个问题中所有问题涉及的均值都大于 3.5，这意味着本书所涉及的 233 份有效问卷中，被调查者有关各个问题项所作出的回答均超过统计中间值，这 233 个受调查者对调查问卷中 18 个问题的回答离散程度较低，因此调查问卷数据具有较高的一致性。

表 9 - 5　　描述性统计分析

编码	描述性统计量				
	样本数	最小值	最大值	均值	标准差
X_1	233	3.00	5.00	3.7856	0.47321
X_2	233	2.00	5.00	3.6547	0.69548

续表

编码	描述性统计量				
	样本数	最小值	最大值	均值	标准差
X_3	233	2.00	5.00	4.1845	0.59432
X_4	233	3.00	5.00	4.2315	0.72965
X_5	233	3.00	5.00	3.7684	0.65367
X_6	233	3.00	5.00	3.8750	0.83764
X_7	233	3.00	5.00	3.7532	0.56743
X_8	233	3.00	5.00	3.8934	0.66856
X_9	233	3.00	5.00	4.2145	0.79436
X_{10}	233	3.00	5.00	4.1256	0.73659
X_{11}	233	3.00	5.00	4.0135	0.86453
X_{12}	233	3.00	5.00	4.4327	0.74532
X_{13}	233	3.00	5.00	4.4321	0.65945
X_{14}	233	3.00	5.00	4.5632	0.85643
X_{15}	233	3.00	5.00	3.8967	0.79342
X_{16}	233	3.00	5.00	3.9031	0.86549
X_{17}	233	2.00	5.00	4.3421	0.54984
X_{18}	233	2.00	5.00	3.6589	0.86459

9.3.5.2 单因素分析

（1）问题 X_1 是了解被调查对象是否知悉互联网金融风险的危害性。从表 9-6 的统计数据可以看出，不了解和一般了解互联网金融风险的被调查者只有 0.86% 和 5.15%。与此同时，在这 233 个受调查者中超过 90% 对互联网金融风险比较了解，这表明在近几年互联网金融的快速发展过程中，互联网金融所表现出的风险及其危害性已被广大群众所了解。

表 9-6　　X_1 的描述性统计

分值	频率	百分比（%）	累积百分比（%）
1	2	0.86	0.86
2	12	5.15	6.01
3	43	18.45	24.46
4	86	36.91	61.37
5	90	38.63	100
合计	233	100	—

（2）问题 X_2 主要是了解被调查对象是否知悉审计的基本功能。从表9－7的统计数据可以看出，在调查样本中不了解和部分了解审计功能的被调查者有8.58%和15.02%。然而，可能是由于我国审计发展的历史相对较短的原因，样本数据中有累积超过60%的被调查者对审计的功能没有深入了解。由此可以看出，近年来，虽然审计的地位变得越来越重要，其已成为党和国家监督体系中一支不可或缺的力量，对于推进国家治理体系和治理能力现代化有着相当重要的作用，是经济社会的重要监督力量，但未来仍然需要广泛开展与审计相关的宣传教育以夯实审计功能发挥的群众基础。

表9－7　　X_2 的描述性统计

分值	频率	百分比（%）	累积百分比（%）
1	20	8.58	8.58
2	35	15.02	23.61
3	89	38.20	61.80
4	38	16.31	78.11
5	51	21.89	100
合计	233	100	—

（3）问题 X_3 主要是了解被调查对象是否知悉互联网金融风险对经济环境的负面影响。从表9－8的统计数据可以看出，不了解和部分了解互联网金融风险对经济环境存在负面影响的被调查者有19.74%和32.62%，而累积超过75%的被调查者对互联网金融风险对经济环境存在的负面影响没有深入了解，这可以看出，虽然个体参与者大多认识到互联网金融风险对自身可能存在的潜在风险，但对于互联网金融风险对经济环境存在的负面影响等方面却依然没有很深入的认识，这在一定程度上反映出互联网金融参与者的宏观风险意识依然较弱。

表9－8　　X_3 的描述性统计

分值	频率	百分比（%）	累积百分比（%）
1	46	19.74	19.74
2	76	32.62	52.36
3	53	22.75	75.11
4	35	15.02	90.13
5	23	9.87	100
合计	233	100	—

（4）问题 X_4 主要是了解被调查对象是否知悉金融审计的职能范围。与表 9－8 的数据含义相类似，表 9－9 的描述性统计表明，不了解和部分了解金融审计的职能范围的被调查者有 24.03% 和 38.20%，而累积超过 81.55% 的被调查者对金融审计的职能范围并没有清晰的认识。

表 9－9　　X_4 的描述性统计

分值	频率	百分比（%）	累积百分比（%）
1	56	24.03	24.03
2	89	38.20	62.23
3	45	19.31	81.55
4	36	15.45	97.00
5	7	3.00	100
合计	233	100	—

（5）问题 X_5 主要是了解被调查对象是否认为当前金融监管对互联网金融风险的防范有效。从表 9－10 中对当前金融监管对互联网金融风险的防范是否有效的统计数据可以看出，在 233 个被调查者中彼此的观点分歧较大。认为当前金融监管对互联网金融风险的防范无效和部分无效的被调查者分别占到 29.18% 和 24.03%，而认为当前金融监管对互联网金融风险的防范有效的累积比重则达到 46.78%。这在一定程度上表明对金融审计的功能并没有形成较为统一的认识。

表 9－10　　X_5 的描述性统计

分值	频率	百分比（%）	累积百分比（%）
1	68	29.18	29.18
2	56	24.03	53.22
3	23	9.87	63.09
4	62	26.61	89.70
5	24	10.30	100
合计	233	100	—

（6）问题 X_6 是用于了解被调查对象是否认为当前我国金融审计对互联网金融风险防范有效。该问题与 X_2 相类似，从表 9－11 的描述性统计

可以看出，由于社会公众对国家审计的功能认识不足，对当前金融审计对互联网金融风险防范有效性问题，认为当前金融审计对互联网金融风险防范无效和部分无效的被调查者有 14.59% 和 22.75%，两者之和达到了 37.34%。这表明社会公众对金融审计的功能没有较为深入的认识。

表 9-11　　X_6 的描述性统计

分值	频率	百分比（%）	累积百分比（%）
1	34	14.59	14.59
2	53	22.75	37.34
3	86	36.91	74.25
4	39	16.74	90.99
5	21	9.01	100
合计	233	100	—

（7）问题 X_7 是用于了解被调查对象是否认为国家审计需要对互联网金融风险进行协同监管。从表 9-12 的描述性统计可以看出，同样由于社会公众对国家审计功能的认识不足，对国家审计能够独立履行监督职能并不十分了解，接近 80% 的受访者认为在互联网金融风险防控方面国家审计有必要与其他相关的金融监管部门开展协同监管以提高互联网金融风险监管的效率。

表 9-12　　X_7 的描述性统计

分值	频率	百分比（%）	累积百分比（%）
1	12	5.15	5.15
2	37	15.88	21.03
3	78	33.48	54.51
4	89	38.20	92.70
5	17	7.30	100
合计	233	100	—

（8）问题 X_8 用于了解被调查对象在近几年互联网金融的快速发展过程中，对于频繁爆发的互联网金融风险事件，是否认为需要建立互联网金融风险的动态预警机制。表 9-13 反映的是 233 个被调查者中对该问题回答的描述性统计。可以看出，由于互联网金融风险的高发，整个社会对加强互联网金融风险的监管已经具有了一定的共识。接近 85% 的受访者认为

有必要建立互联网金融风险的动态预警机制，而认为无必要进行互联网金融风险动态预警的比重只有15%，这为未来构建互联网金融风险的动态审计预警机制创造了条件。

表9-13　　X_8 的描述性统计

分值	频率	百分比（%）	累积百分比（%）
1	5	2.15	2.15
2	26	11.16	13.30
3	65	27.90	41.20
4	89	38.20	79.40
5	48	20.60	100
合计	233	100	—

（9）问题 X_9 用于了解受访者是否认为在互联网金融风险事件频发的背景下需加大国家审计在动态监管互联网金融风险方面的投入。表9-14的描述性统计表明，在233名受访者当中，认为没有必要加大国家审计动态监管互联网金融风险方面投入的受访者仅占12%，而接近88%的受访者则认为鉴于快速发展的互联网金融所爆发出的一系列风险事件，有必要加大国家审计在动态监管互联网金融风险方面的投入，这表明大多数受访者是支持政府强化对互联网金融风险的动态监管的。

表9-14　　X_9 的描述性统计

分值	频率	百分比（%）	累积百分比（%）
1	3	1.29	1.29
2	25	10.73	12.02
3	78	33.48	45.49
4	86	36.91	82.40
5	41	17.60	100
合计	233	100	—

（10）问题 X_{10} 是"从审计的内涵和外延上看，您认为是否需要延伸审计职能以加强对互联网金融的动态监管？"。从表9-15的描述性统计看出，由于社会公众对国家审计功能的不够了解，导致其难以厘清国家审计在互联网金融风险防范中的角色，因而赞同与不赞同分别占比都约为

50%，这对未来互联网金融风险防控体系中审计功能的顺利发挥构成了一定程度上的挑战。

表 9－15　　X_{10}的描述性统计

分值	频率	百分比（%）	累积百分比（%）
1	47	20.17	20.17
2	64	27.47	47.64
3	38	16.31	63.95
4	39	16.74	80.69
5	45	19.31	100
合计	233	100	—

（11）问题X_{11}是“微观互联网金融风险由传统金融机构自身风险积累吗?”。表 9－16 的描述性统计表明，由于互联网金融风险在经济社会中的频繁出现，社会大众对互联网金融平台与传统金融机构的区别已经较为了解，因此超过 65% 的受访者都认为微观互联网金融风险并不是由传统金融机构自身风险积累所引致的，互联网金融风险的根本原因在于互联网金融平台的问题。

表 9－16　　X_{11}的描述性统计

分值	频率	百分比（%）	累积百分比（%）
1	65	27.90	27.90
2	89	38.20	66.09
3	50	21.46	87.55
4	23	9.87	97.42
5	6	2.58	100
合计	233	100	—

（12）问题X_{12}是“除了银行、证券公司和保险机构等传统金融机构的风险累积作用，近年来互联网金融风险的高发是否存在其他方面的原因?”。该问题与X_{11}相类似。表 9－17 的描述性统计表明，接近 85% 的受访者认为互联网金融风险的出现除了与传统金融机构的有关之外，互联网金融平台以及监管的灰色地带等问题都直接导致了互联网金融风险的出现。

表 9-17　　X_{12}的描述性统计

分值	频率	百分比（%）	累积百分比（%）
1	12	5.15	5.15
2	25	10.73	15.88
3	67	28.76	44.64
4	84	36.05	80.69
5	45	19.31	100
合计	233	100	—

（13）问题X_{13}是“随着计算机技术以及信息技术的快速发展，您认为加强信息技术的运用对提高审计效能有作用吗”。这是为了调查社会公众是否了解信息技术在国家审计中的作用。随着金融信息的几何级数扩大，传统查账式审计已经难以适应大数据时代的审计需求，因而客观上需要在国家审计中引入新兴的审计工具。但从表 9-18 的描述性统计可以看出，超多50%的受访者并不了解信息技术在国家审计中的作用，社会公众对国家审计还是不够了解的，对国家审计中采用新兴的信息技术的可行性和必要性认识不足。

表 9-18　　X_{13}的描述性统计

分值	频率	百分比（%）	累积百分比（%）
1	58	24.89	24.89
2	75	32.19	57.08
3	56	24.03	81.12
4	36	15.45	96.57
5	8	3.43	100
合计	233	100	—

（14）问题X_{14}是“从节约社会资源和降低审计成本角度上看，您认为目前的审计信息化建设能够达到目标吗”。信息化是新形势下提高国家审计工作效率的必然选择。从表 9-19 的描述性统计可以看出，虽然社会大众对国家审计工作了解并不深入，但信息化给社会经济生活带来的变化是巨大的，所以大约85%的受访者认为国家审计的审计成本可通过信息化审计的方式来降低。相反，只有约15%的受访者认为审计成本并不能通过信息化审计的方式来有效降低。

表 9－19　　X_{14}的描述性统计

分值	频率	百分比（%）	累积百分比（%）
1	13	5.58	5.58
2	23	9.87	15.45
3	78	33.48	48.93
4	89	38.20	87.12
5	30	12.88	100
合计	233	100	—

（15）问题 X_{15}是为了了解社会公众是否认为国家审计的职能需要进一步扩展或者进一步创新。目前，国家审计已经成为党和国家监督体系中不可或缺的部分，它在当前经济社会中的作用和地位也在不断地体现出来，这在客观上需要对国家审计的职能进一步扩展或者创新。表 9－20 的描述性统计表明，超过 85% 的受访者认为要更好地发挥国家审计的作用则需要进一步扩展或者创新国家审计职能。相反，只有约 12% 的受访者认为目前并不需要对国家审计职能进行扩展或者创新。

表 9－20　　X_{15}的描述性统计

分值	频率	百分比（%）	累积百分比（%）
1	8	3.43	3.43
2	20	8.58	12.02
3	65	27.90	39.91
4	87	37.34	77.25
5	53	22.75	100
合计	233	100	—

（16）问题 X_{16}是为了调查社会公众是否曾经有遭遇互联网金融风险的经历。自 2013 年互联网金融在我国得以迅速发展以来，各种各样的互联网金融风险事件不断涌出来，所涉及人群也在不断扩大。表 9－21 的描述性统计表明，总体上未遭遇过互联网金融风险的人群与曾经遭遇过互联网金融风险的人群占比各占一半，这也在一定程度上体现出互联网金融风险具有较大社会破坏性的特征。

表 9－21　　X_{16}的描述性统计

分值	频率	百分比（%）	累积百分比（%）
1	56	24.03	24.03
2	69	29.61	53.65
3	32	13.73	67.38
4	65	27.90	95.28
5	11	4.72	100
合计	233	100	—

（17）问题 X_{17}是为了调查社会公众在互联网金融风险事件中受到的损失大小。由于互联网金融的便利性使得互联网金融客户群体的长尾特征较为明显，以往在传统金融上受到排斥的小客户也能通过互联网金融的方式进入金融市场，因而互联网金融风险导致的可能损失也相应较为有限。从表 9－22 的描述性统计可以看出，接近 70% 的受访者遭受的互联网金融风险损失相对较小。而遭遇到极端损失的受访者仅占 1.72%。这在数据上支持了互联网金融具有大量长尾客户的基本判断。

表 9－22　　X_{17}的描述性统计

分值	频率	百分比（%）	累积百分比（%）
1	86	36.91	36.91
2	75	32.19	69.10
3	45	19.31	88.41
4	23	9.87	98.28
5	4	1.72	100
合计	233	100	—

（18）问题 X_{18}是为了调查社会公众在互联网金融风险事件中的责任分担问题。问题 X_{16}的统计结果已经表明接近 50% 的人群有遭遇互联网金融风险的实际经历。但是从具体的责任分担上来看，在表 9－23 的描述性统计可以看出，超过 60% 的受访者认为自身的责任较小，而互联网金融风险事件中的主要责任应该由互联网金融平台承担。认为自身应该承担很大责任的人群仅占 2.15%。这表明我国互联网金融市场的大量投资者并没有成熟的风险承担理念，在投资者不够成熟的互联网金融市场中需要有外部监管力量的介入，才能有效防控互联网金融风险。

表 9 – 23　　X_{18} 的描述性统计

分值	频率	百分比（%）	累积百分比（%）
1	56	24.03	24.03
2	86	36.91	60.94
3	54	23.18	84.12
4	32	13.73	97.85
5	5	2.15	100
合计	233	100	—

9.4　基于系统动力学的互联网金融风险动态审计预警总体架构

如前所述，审计机关发挥审计监督预警功能，能够在对与互联网金融风险相关的预警指标进行实时监测的基础上，根据确定的预警阈值及时准确输出预警信号，进而使得互联网金融监管者等能够及时采取有针对性的干预措施以消除风险隐患，从而将互联网金融风险隐患消灭于萌芽之中，避免风险隐患的进一步暴露而演化为现实损失。与此同时，建立互联网金融风险的动态审计预警系统也有利于发现现有在互联网金融监管的体制、机制中存在的问题与漏洞，从而提出对体制、机制的完善建议以促进管理与行为的规范，由此在更高层面上实现防范化解互联网金融风险的目标。而经过上述有关调查问卷的统计分析也同样表明，在目前的互联网金融快速发展和互联网金融风险事件层出不穷的背景下，构建防范和化解互联网金融风险的动态审计预警机制不仅是必要的，也是可行的，一方面，可以对互联网金融风险因素的发生变化过程进行适时监测；另一方面，也可以在动态审计预警机制的总体框架下制定互联网金融风险事件出现时所需采取的干预措施。为此，需要互联网金融风险动态审计预警总体架构中嵌入包含风险信息采集、风险信息处理、自组织运行和风险分析反馈在内的互联网金融风险预警循环和反馈过程以体现系统动力学的结构反馈关系。

9.4.1　动态审计预警系统总体架构设计

随着计算机技术以及信息技术的快速发展，社会管理特别是经济金融领域管理中的信息化建设受到越来越广泛的重视。在构建动态审计预警系统的总体架构过程中，信息化技术提供了重要的支撑。当然，需要指出的是，构建动态审计预警系统的总体架构是在现有相关监管框架的基础上完善而来的，而非全新的架构，其改造和完善的核心是基于动态审计预警功能的需要，将相关监管部门（例如，中国银保监会、中国证监会、中国人民银行、审计署以及地方金融监管部门）、相关政府部门（例如，国家统计局、市场监督管理总局以及商务部等）和金融机构的数据信息系统进行对接和集成，从而为动态审计预警系统的数据采集、数据加工和数据分析提供条件。互联网金融风险动态审计预警系统总体架构如图9－2所示。

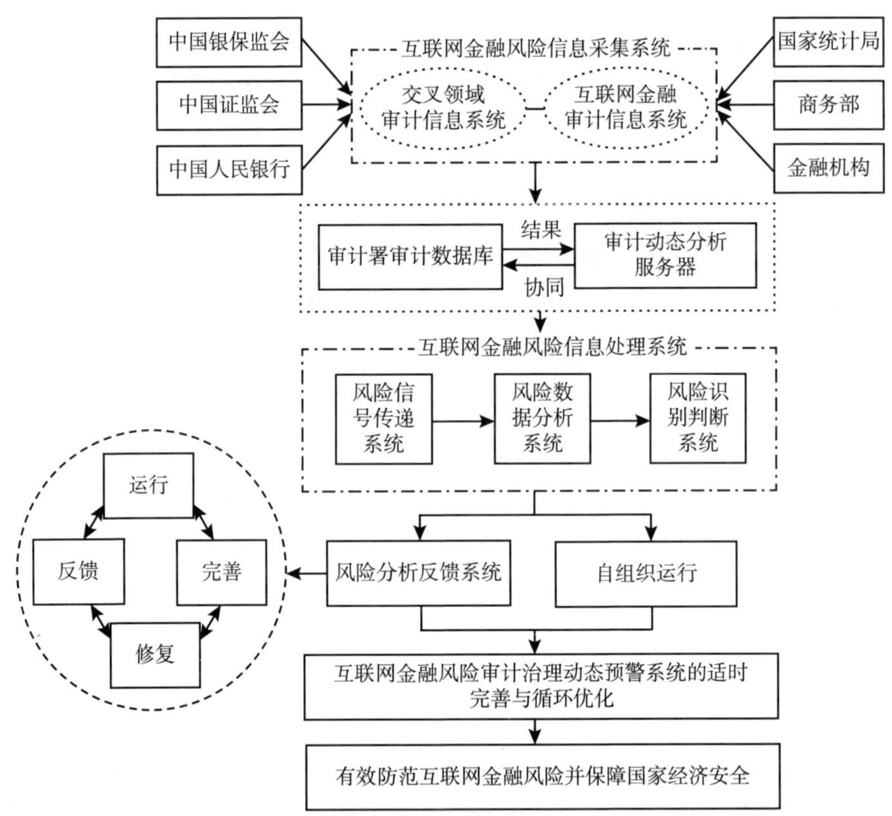

图9－2　互联网金融风险动态审计预警的系统动力学总体架构

9.4.2　动态审计预警系统数据视图设计

为了能够充分发挥动态审计预警系统的功能，实现对经济金融风险的事前预警，则需要综合利用监管部门（例如，中国银保监会、中国证监会、中国人民银行、审计署以及地方金融监管部门）、相关政府部门（例如，国家统计局、市场监督管理总局以及商务部等）和金融机构的数据信息系统。然而，由于不同单位、不同部门的职能不同，使得其数据信息系统的业务逻辑也可能存在较大差异。为此，在对不同的数据信息系统进行对接和集成过程中，需要采用数据视图设计的方式对被审计对象的原始数据逻辑完整的移植到动态审计预警系统审计数据库当中，并通过构建相应的字段映射关系。在审计数据信息系统的持续完善过程中，仅仅需要对相应的数据视图进行调整，则能够保证系统运行过程中的数据采集与数据传输。为此，基于审计数据仓库视图的动态审计预警系统的数据视图结构设计如图 9－3 所示。

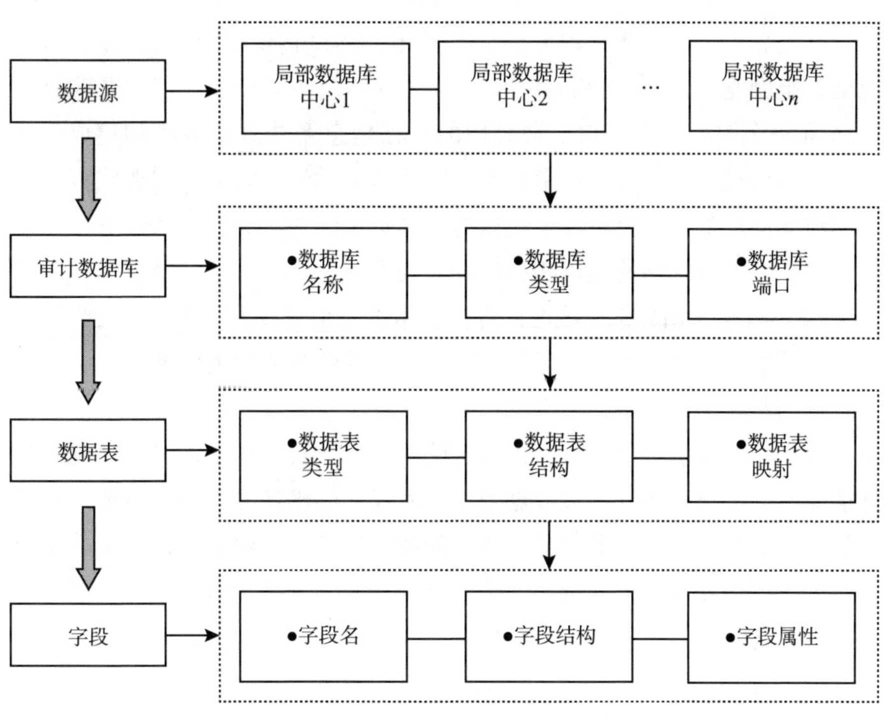

图 9－3　动态审计预警系统的数据视图结构设计

从实际运用上看，图 9－3 所示的基于审计数据仓库视图的动态审计预警系统的数据视图结构设计具有多方面的优点。首先，由于数据视图设计的方式是将被审计对象的原始数据逻辑完整移植到所构建的动态审计预警系统审计数据仓库中，因此被审计对象的原始数据库数据信息没有被破坏，相应的约束条件以及事务流程等方面的信息都得以完整地保留下来。其次，动态审计预警系统的审计数据库能够与被审计对象的原始数据库同步更新，因此使得动态性得到最大化的体现。再其次，在审计数据信息系统的持续完善过程中，如果需要调整数据结构设计，则仅仅需要对相应的数据视图进行调整即能够保证系统运行过程中的数据采集与数据传输，而无须改变数据的基本属性。最后，由于动态审计预警系统中的审计数据信息系统与被审计对象数据库在结构上类似，因此在审计过程中有利于审计人员与被审计单位的联系和沟通，有效提升审计效率。

9.4.3 动态审计预警系统数据分析设计

（1）专家经验模型分析系统。动态审计预警系统功能发挥的基础是将监管部门（例如，中国银保监会、中国证监会、中国人民银行、审计署以及地方金融监管部门）、相关政府部门（例如，国家统计局、市场监督管理总局以及商务部等）和金融机构的数据信息系统进行对接和集成。然而，还需要进一步充分发挥审计专家的主观能动性。为此，需要将审计专家的经验固化到审计分析库中并作为审计资源的一个有机组成部分，以此为得出科学的审计结论提供相应的经验支撑。

（2）数据挖掘分析系统。计算机技术以及信息技术的快速发展为更好更充分地利用数据资源提供了技术条件。随着业务规模的不断扩大，有关监管部门、相关政府部门和金融机构的数据信息量呈指数上升。要能够在海量数据中发现有价值的信息，靠传统的手工方式等已经无法满足现代审计的需要。而通过相应的大数据挖掘，不仅能够迅速发现海量数据中有价值的潜在信息，还可以通过建立相应的数理模型进行数据处理以及在历史事件的挖掘中帮助审计人员科学确定预警指标与预警阈值，使得构建的动态审计预警系统具备更强的实用性和科学性。

（3）多维数据集分析系统。有关经济金融运行的数据不是单一的，而是多维的，不仅由定量指标，还有定性指标，不仅有历史指标，还有现有指标等。只有建立涵盖多维数据集的分析系统，才能使得审计人员以及其他相关人员把握各种事件的总体情况，进而得出有针对性的审计结论。

（4）查询分析系统。提供对风险数据的各种查询。

9.4.4 动态审计预警系统的功能实现

动态审计系统是一个具有复合功能的系统。该系统除了相应的预警功能之外，还能够根据审计的实际需要扩展出常规金融审计、绩效审计、政策跟踪审计以及微观上的金融机构风险监测、中观上的金融业风险以及宏观上的金融危机干预等。为了适应复杂化环境下动态审计系统的运行，需要建立专门部门以协调各个政府部门之间的关系，同时也需要强化各个政府部门对动态审计系统运行的配合。

在计算机技术以及信息技术快速发展的背景下，在动态审计预警系统将监管部门（例如，中国银保监会、中国证监会、中国人民银行、审计署以及地方金融监管部门）、相关政府部门（例如，国家统计局、市场监督管理总局以及商务部等）和金融机构的数据信息系统进行对接和集成过程中，由于采用的是基于审计数据仓库视图的动态审计预警系统的数据视图结构设计，因此在采集微观金融风险数据过程中可以直接进行数据提取而不会对金融机构产生干扰和影响。而在政府部门数据库之间通过透明网关的连接可以便捷地获取所需的宏观金融监管信息等。在数据采集与数据综合分析基础上，对照预警阈值而输出代表不同风险含义的风险预警信号，从而对经营者以及监管者进行风险级别的提示以促使相关人员作出及时的应对措施，由此在经济发展进程中减少风险事件的发生，有利于保证经济金融体系的稳定。

审计机关发挥审计监督预警功能，能够通过在对相关的预警指标进行实时监测的基础上，根据确定的预警阈值及时准确输出预警信号，由此使得管理者能够及时采取针对性的干预措施来消除存在的风险隐患，进而使风险隐患被遏制在萌芽之中，避免风险隐患的进一步暴露而演化为现实损失。近年来，随着金融环境变得越来越复杂，互联网金融的快速发展使得互联网金融领域的风险事件也更多地得以暴露，对国家经济金融体系的稳定构成了威胁。在当前的互联网金融风险治理过程当中，因其风险来源相对而言较为复杂，使得一直以来对其进行有效监管的难度较大。根据动态审计预警理论构建起互联网金融风险动态审计预警系统，则能够在对风险进行事前预警过程中，通过计算机技术对互联网金融风险的各种因素进行不间断监测，并根据动态监测的结果与监管标准进行对比以对未来互联网金融风险的可能变化趋势得到相应的预警报告。与此同时，对金融风险的事前认定，应做到尽早发现，尽早处置，从而在此基础上能够做出科学的应对措施，提升对互联网金融风险的审计治理效能，为经济社会的稳定发展提供保障。

因此，通过上述理论阐释以及实证分析都表明，在我国经济快速发展进程中，随着金融环境变得越来越复杂，潜在的金融风险愈发复杂。为了更有效地发挥审计监督的职能和提升管理金融风险的水平，构建动态审计预警系统并将其应用于我国金融风险防范，特别是越来越凸显的互联网金融风险防范是可行的，而且也是必要的。

9.4.5 动态审计预警系统的适时完善：反馈机制与自组织态形成

目前，我国经济发展处于一个新的常态，经济由高速增长转向高质量发展不仅为进一步发挥审计的风险防范功能与作用提供新的契机，同时也对审计提出了更高的要求。要充分发挥审计在防范化解互联网金融风险中的功能和作用，不仅要对现有金融审计制度进行体制、机制及运行保障体系层面的创新，还需要重视创新性的制度体系在实际运行中如何根据制度环境和其他背景的变化进行适时调节、反馈和修正，进而实现制度自我完善与优化的良性循环。

作为控制论中的重要概念，反馈指的是系统的输出可通过一些形式重新作用于输入，从而影响系统的整体功能。根据其作用方向，可分为正反馈和负反馈。但在经济学涉及制度变迁和创新的研究中，考虑到正、负反馈机制是相互交替，相辅相成的，需要探讨正、负反馈机制的合力运行对互联网金融风险审计治理的作用。因此本书从影响我国互联网金融风险审计治理适时完善的相关因素出发，探讨反馈机制在互联网金融风险审计治理自我完善中的重要意义，并且从正反馈和负反馈机制两个角度分别去探讨互联网金融风险审计治理的运行、修复，由此更加准确、充分地探究互联网金融风险审计治理反馈机制的功能实现。

同时，在对互联网金融风险审计治理机制自我完善与优化的实施路径进行分析的基础上，探讨互联网金融风险审计治理机制完善的自组织系统运行状况。动态审计预警系统的运行不是孤立进行的，而是需要不断地和周边环境进行相互交互与相互作用。在这相互交互与相互作用过程中系统通过反馈和自适应机制而不断完善和优化。所以，对互联网金融风险审计治理自组织系统的构成要素进行详细剖析有助于自组织功能的更好实现。同时，需要在自组织理论的指导下，进一步探讨互联网金融风险审计治理机制自我完善的自组织机制的形成与功能实现，并探析实现我国互联网金融风险审计治理机制自我完善与优化自组织态的形成机理与实践应用。

9.5　互联网金融风险动态审计预警系统的应用流程

防范包括互联网金融风险在内的金融风险是审计工作的法定职责。审计在推动打好“三大攻坚战”中要积极发挥自身的作用，就要打好防范化解重大金融风险攻坚战。而构建的互联网金融风险动态审计预警系统则能够在宏观、中观以及微观三个层面共同发挥关键性的作用，切实推动打好风险防范攻坚战。在宏观上，动态审计主要集中在涉及国计民生的相关领域，为政府的产业布局和国民经济发展等方面提供决策支持。在中观上主要集中为行业发展定位以及行业调整提供帮助，以及对重点行业开展经济责任审计。在微观方面则侧重于对微观主体的审计，对审计对象的经营活动是否存在违法违规情况以及风险暴露情况等方面开展过程监管。为此，需要在表4－4确定的互联网金融风险各子系统的动力学模型基础之上，综合运用图9－2构建的互联网金融风险动态审计预警系统，通过相关风险信息数据的采集分析，达到一定风险程度时，发出相应的预警信号，才能给使用者相应的风险预警与处置提示。

9.5.1　信息采集与合成

为准确判断互联网金融领域的整体风险，需要在表4－4确定的系统动力学模型基础之上，充分识别互联网金融领域的风险子系统。这是实施审计的第一个阶段。这一阶段的工作关系到整个项目能否顺利进行，是审计的基础性工作。审计预警需要一个对互联网金融领域各个风险子系统的风险积累过程进行信息采集的系统，该系统需要在审计部门的主导下，整合现有互联网金融领域的信息系统，例如，中国人民银行、中国银保监会、中国证监会、国家统计局、商务部等监管数据库，以及金融机构内部数据库。这些数据反映了我国互联网金融领域的真实情形，具有较高的可信度。在数据采集基础上，对政策法律风险、监管覆盖风险等各个子系统内进行数据的初步分析和合成处理。需要保障互联网金融风险信息传递的通畅，并将初步合成的风险信号传递至依托“金审工程”数据库资源升级改造而成的风险数据仓库进行存储。这些长期存储的风险数据信息既是审计预警系统的组成部分，也是风险分析系统自我学习、自我完善的基础。

9.5.2 风险识别与处理

对风险信息采集与合成阶段传递的信号，风险识别与处理系统需要对其进行相应的识别和整理基础上完成预警系统的三大核心任务。一是根据现有信息与数据库中历史信息的比对，对互联网金融风险的现状进行判断。二是通过自组织系统对数据库中历史信息的学习功能，对互联网金融风险的演化趋势进行判断。三是基于对风险现状与演化趋势的分析，通过互联网金融风险系统动力学模型的定性和定量分析并根据系统事先设定的风险阈值进行对比，由此根据互联网金融风险等级的不同，系统发出不同的预警信号以便于相关监管机构采取各种前瞻性的干预措施。通过应用互联网金融风险动态审计预警的动力学模型，可以及时揭示互联网金融的总体风险程度并发出相应的预警信号，有利于当地互联网金融监管机构在把握互联网金融系统总风险以及各子系统风险基础上采取有针对性的措施。当互联网金融风险处于安全水平时，审计机关不需要直接干预互联网金融系统的运行。当互联网金融处于低风险水平时，审计机关要提醒相应监管部门加强防范并采取有针对性的措施避免风险的进一步加剧。当互联网金融风险处于中等风险时，虽然风险较为突出，但还属可控，审计机关需要督促监管部门采取紧急措施，防止互联网金融风险的恶化和扩散，最终消除风险。当互联网金融风险处于高风险状态时，说明互联网金融风险已接近临界点，一旦处理不当，将很可能形成系统性金融风险并影响地区经济金融的稳定，此时审计机关要提出详细的互联网金融风险治理建议并对相关政策的执行情况开展跟踪审计（见表9-24）。

表9-24　互联网金融风险等级与预警信号

风险等级	预警信号	风险预警措施
高风险	红色	风险水平很高，整体互联网金融风险水平已突破经验临界值，监管部门应立即采取危机干预措施并注重措施的时效性。审计机关要提出针对互联网金融风险治理的危机处置方案和技术支持，并对相关政策的执行情况开展跟踪审计
中等风险	橙色	风险水平中等，还属可控，但对互联网金融市场稳定以及金融系统的正常运行造成较大影响，审计机关需要督促监管部门采取紧急措施分散和抑制风险，防止互联网金融风险的恶化和扩散，最终消除风险

续表

风险等级	预警信号	风险预警措施
低风险	黄色	风险水平可以接受，不会对互联网金融市场产生较大影响监管部门加强防范并采取有针对性的措施避免风险的进一步加剧
安全	白色	风险处于安全水平，可以只对各风险因素进行持续性监测而无须采取干预措施

9.5.3　风险反馈与自适应学习

经济评价是审计的基本职能之一，而在市场化改革不断深化的进程中，风险评价对于发挥审计作用具有重要的意义。当前，审计在金融风险防范，特别是互联网金融风险防范的实践还较少，还大多停留在理论层面上。互联网金融风险动态审计预警系统的有效运行必须具备风险反馈功能。在互联网金融风险治理中，为了减少监管政策的盲目性，降低监管政策本身的风险，审计部门需要基于大数据分析对监管政策的执行效果和执行效率进行及时的反馈，以实现监管政策的动态完善和提高政策效果。与此同时，预警系统对互联网金融风险现状以及演化趋势的判断都需要以自组织系统对于数据库中历史信息的学习功能为基础。所以，作为一个从无到有的全新系统，需要经历一个长期不断完善的过程，而其中很重要的任务是积累更多的风险数据信息与案例资源并利用这些信息与资源不断对自适应学习进行训练，在互联网金融风险预警系统的不断运行中持续完善从而不断提高预警的时效性和准确性，以此实现互联网金融风险动态审计预警系统的循环优化。

9.6　本 章 小 结

目前，我国的经济发展进入了一个新的常态，经济从高速增长向高质量发展的转变，不仅为更好地发挥审计的风险防范功能与作用提供了新的契机，同时也对审计提出了更高的要求。在互联网金融风险治理过程当中，因其风险的来源相对较为复杂，使得一直以来对其进行有效监管的难度较大。如果根据动态审计预警理论构建起互联网金融风险动态审计预警系统，则能够在对风险进行事前预警过程中，通过对互联网金融风险的各种因素进行不间断监测，并根据动态监测的结果与监管标准进行对比以对未来互联网金融风险的可能变化趋势得到相应的预警报告，从而在此基础上能够做出科学的应对措施，提升对互联网金融风险的审计效能。

作为一种全新的审计方式，动态审计是指通过审计预警模型对审计对象的相关信息进行分析和处理，然后对系统的输出信号作出判断和处理的一种审计方法。加强对动态审计的研究，进而促进我国社会和经济能够又快又好的发展，这是我们需认真探索、实践的重要内容。动态审计作为动态审计预警系统不可或缺的一部分，有着适时对被审计单位信息系统数据进行核查并且对监测结果动态预警的功能，这使得动态审计的优势得以充分体现，能够有效发挥审计预防性作用。相比于静态模式，自适应反馈系统是动态预警模式特有的，它有着自我学习、对风险的形成过程进行适时监管控制的功能。现阶段，在互联网金融迅速发展和互联网金融风险层出不穷的背景下，构建防范和化解互联网金融风险的动态审计预警机制不仅是必要的，也是可行的。一方面，可以对互联网金融风险因素的发生变化过程进行适时监测；另一方面，也可以在动态审计预警机制的总体框架下制定互联网金融风险事件出现时所需采取的干预措施。为此，需要互联网金融风险动态审计预警总体架构中嵌入包含风险信息采集、风险信息处理、自组织运行和风险分析反馈在内互联网金融风险预警循环和反馈的过程以体现系统动力学的结构反馈关系。

为构建相应的动态审计预警系统，本书基于“建立动态审计防范互联网金融风险体系的可行性”进行调查研究，并对建立动态审计预警体系和金融风险防范需求的必要性开展有关内容的设计。对调查样本的结构、调查问卷的效度、调查问卷的信度等进行充分分析，既注重总体描述性统计分析，又注重单因素分析，从而为互联网金融风险动态审计预警系统构建的可行性实证研究提供基础。

计算机技术和网络技术是审计预警功能得以实现的必要前提，需以此为基础构建相应的动态审计预警体系。所以，在当前，设计此系统的技术基础是具有现实性的。目前，我国所面临的金融环境和经济环境较过去而言更为复杂，防范和化解互联网金融风险以及构建预警机制更具必要性。所以，本书基于计算机信息技术和网络技术，构建了一个包含中国人民银行、中国证监会、中国银保监会、国家统计局、商务部、审计署以及各大金融机构在内的包容性的互联网金融风险动态审计系统总体架构。最后，从动态审计系统数据分析设计、动态审计系统数据视图设计、动态审计预警系统功能实现机制及动态审计预警系统的反馈机制与自组织态形成等方面提出了实现互联网金融风险动态审计预警系统功能的主要机制。

第 10 章　互联网金融风险审计治理的实施机制

互联网金融风险虽然介于微观个体风险和宏观系统性风险之间，但是从互联网金融风险事件不断爆发并造成巨额损失的情况上看，其已经成为威胁我国经济金融安全的一个重要因素。要保持国家金融体系的稳定，实现金融的稳定发展，就必须对包括互联网金融风险在内的风险进行有效治理。互联网金融快速发展的背景下，在有效防范化解互联网金融风险过程中需要充分发挥审计的功能。因此，立足互联网金融风险的特点，构建互联网金融风险审计治理的实施机制，对于有效发挥互联网金融风险动态审计预警系统的功能具有重要的实践意义。

10.1　条件因素分析

10.1.1　实施环境

随着国内外经济金融环境的快速变化，无论是金融机构，还是金融市场，以及金融要素等都呈现了很大的变化。作为普惠金融的重要推动力量，互联网金融近年来也获得了快速的发展，越来越多的互联网金融机构不断涌现出来，一方面，这丰富了互联网金融的机构主体；另一方面，也使得互联网金融的发展环境更加复杂化。这些变化将导致互联网金融领域出现风险的可能性不断加大，从而守住不发生系统性金融风险底线的目标在一定程度上受到冲击。为了有效防范化解可能出现的互联网金融风险，在前述内容中建立的互联网金融风险动态审计预警系统具有较强的针对性。然而，其功能的有效发挥也需要合适的环境作为支撑。在经济金融形势越来越复杂的情形下，互联网金融风险爆发的可能性始终存在，因此，运用动态审计预警系统防范互联网金融风险也就成为必然需求。

当前，在复杂的经济金融形势下，审计职能的扩展成为一种必然要求。建立互联网金融风险动态审计预警系统，在实时监测宏观经济环境中互联网金融风险变化情况的同时，也在微观层面通过互联网金融风险动态审计预警系统功能的发挥实时监测微观互联网金融机构风险，从而维护国家金融体系的稳定。

10.1.2　技术条件

互联网金融风险动态审计预警系统的建立需要一定的技术条件作为支撑。从目前的技术条件来看，建立互联网金融风险动态审计预警系统并使其在复杂的金融环境中发挥其功能是完全可行的。

从宏观层面的数据支撑上看，当前已经基本建立了较为完善的基础数据，有关国家宏观经济运行、金融行业的发展和互联网金融领域的相关数据，现已可在相关的部委，如国家统计局、中国人民银行等数据库中获取，相关数据已经能够较为全面地反映宏观经济及金融的实际运行情况，但仍然存在一定程度上的滞后性，因此要进一步解决好实时更新问题。在微观层面上，各个互联网金融机构都有自身的数据库，能够对运营过程中的风险实时进行监测，因此这部分数据只要进行相应的系统技术改造即能够直接使用。所以，只要在综合利用相应的宏观层面与微观层面数据基础上，运用互联网金融风险动态审计预警系统能够对互联网金融风险状况做出及时预警，并提出相应的干预措施以利于将潜在的互联网金融风险消灭在早期阶段。

同时，技术的进步对于推动社会进步而言是极其重要的。当前，信息化和网络化的快速发展使技术进步能够为互联网金融风险动态审计预警系统对互联网金融风险的实时监测提供技术支持。

因此，由于已经具备了相应的数据支撑，以及信息化和网络化技术的快速发展与完善，从技术上建立互联网金融风险动态审计预警系统是可行的。只要能够对相应的数据资源进行整合，将信息技术嵌入风险预警模型中即能建立起一个功能相对完善的互联网金融风险动态审计预警系统。

10.1.3　政策条件

当前，国际经济形势在多方面因素的共同冲击下，总体上并不乐观。我国作为世界经济体系中的重要成员以及世界第二大经济实体，自 2013 年以来，尽管受到国内外各种复杂因素的共同影响，经济发展面临一定阻力，但并未出台较大规模的经济刺激的计划，而是审时度势，实施了一连串的改革举措。中央政府政策的集聚效应，必将带来中国经济的新一轮增长。因此，在面临各种不利因素的背景下，我国经济仍然能够实现经济发展方式的顺利转变，不断深化的经济体制改革为我国国民经济的持续健康发展提供了源源不断的推动力是这当中重要的原因。

我国正处于经济由高速增长阶段转向高质量发展的关键时间点，若要实现我国经济的健康发展，就需要进一步优化营商环境，新形势下经济体制改革的核心问题就是要不断地厘清市场和政府的边界。现阶段，我国步入了高质量发展的一个新阶段，其重点就在于需进一步推进供给侧结构性改革，制度红利由改革释放，进而能够激发市场主体的活力，从而使得整个国家的全要素生产率提升，即使在面临各种国内外复杂和不利因素的情形下实现国内经济的高质量发展是完全可以预期的。在我国经济进入质量变革、效率变革、动力变革的新历史阶段，在制度红利和改革红利的双重作用下，必将使得中国经济的发展进入提质增效阶段，但同时在各种经济金融因素的影响下，金融领域，特别是互联网金融领域的风险将更为突出。因此，适应经济社会发展的实际需要，建立互联网金融风险动态审计预警系统对互联网金融风险进行实时监测和风险预警是客观的和必要的。

10.2 金融监管环境

随着经济金融化趋势的不断显现以及金融风险的不断凸显，强化金融监管以维护金融稳定已成为监管部门的共识。但从监管绩效上看，金融监管的效果不仅取决于金融监管政策本身，还与金融监管环境密切相关，金融监管环境的不同将会使得金融监管有效性出现差异。

10.2.1 国际监管环境

在经济全球化推动下，金融全球化已经成为不可逆转的时代潮流。在资本跨境流动更加便利的背景下，资本全球化流动特征也更加明显，金融机构跨境经营已然成为金融扩张的重要构成部分。但同时，与此相关的金融风险传染效应也更加明显。为了有效控制金融风险的传染效应，各国也不断加强在金融监管上的合作。

但即使在经济一体化和金融全球化这一发展趋势之下，各国在经济金融领域的合作愈发深入，但就金融监管本身来说，保持监管体系的相对独立性有利于提高监管效率，同时监管成本也在一定程度上可以得到有效控制，因此，在各方进行监管合作与协同的大框架下保持相对的金融监管独立性也是各方需要关注的重要方面。

由于互联网的高度通达性，使得互联网金融风险既可能来自国内，也可能来自国外。因此，为了对互联网金融风险做到实时的监控，构建我国动态审计预警体系以防范互联网金融风险，不仅为在国际范围内互联网金融风险预警这方面的协作提供了相应的理论依据，也为应对潜在的互联网金融系统性风险的协同治理扫清了障碍。

10.2.2　国内监管环境

当前，我国的金融监管体制为“分业经营、分业监管”，这是我国在 20 世纪 90 年代初期适应当时传统金融的发展趋势以及应对较为突出的金融风险所作出的制度性安排。2018 年 3 月，国务院机构的改革方案决定，中国保监会、中国银监会进行合并，组建中国银行保险监督管理委员会，与 2017 年所成立的国务院金融稳定发展委员会一同，形成了“一委一行两会”的金融监管框架。依据这一金融监管框架，任何金融机构的设立、金融产品的发行与定价、机构内部治理机制以及风险管理制度等都由其具体进行规范。毫无疑问，我国金融监管框架的建立与运行对稳定我国金融市场、对加强各类金融机构的风险管理以及维护金融安全等方面都具有重要的现实意义。将互联网金融动态信息和经济金融数据进行整合，在此基础之上，通过构建互联网金融风险的动态审计预警系统，能够在实时监测宏观经济环境中互联网金融风险变化情况的同时，也在微观层面通过互联网金融风险动态审计预警系统功能的发挥实时监测微观互联网金融机构风险，以维护国家金融体系的稳定。

10.3　审计监管模式

审计伴随着我国国民经济迅速发展和经济体制改革深化而不断变化，尤其是在 2002 年之后，促管理、防风险、提效益逐步成为我国金融审计的目标，同时大力开展计算机技术的应用，自此，金融审计便到了风险审计的阶段。金融是现代经济的核心，作为金融创新的互联网金融给金融领域提供了新的融资模式，提高了金融效率。然而，互联网金融的虚拟性等特征也使得互联网金融领域的风险频发且给我国社会经济带来了一定程度上的冲击、破坏。作为我国金融监管体系的重要构成部分，审计具有独立性高、综合性强的独特优势，因此更便于实现对互联网金融风险进行跨业穿透和对风险开展综合研判。然而，目前来看，审计在互联网金融风险监管方面还存在职能定位尚不够清晰等方面的不足。要充分发挥审计功能，实现审计对互联网金融风险的动态预警，需要全面有效监测互联网金融风险的积累及变化情况。在防范和化解互联网金融风险方面由政府做出统一部署，以便于各种资源的整合并形成合力，着力防范互联网金融风险发展成系统性风险。为使得互联网金融风险审计治理的动态预警系统功能得到充分发挥，该系统应当包含以下六部分的主要内容。

（1）审计署主导，建立独立的互联网金融风险审计治理的动态预警系统，为经济和金融发展保驾护航。只要经济发展的复杂度越高，审计作为在金融监管体系中不可或缺的部分所具备的综合性强、独立性高等独特优势就越明显。特别是当出现其他形式的金融风险的时候，我们能够事先对互联网金融风险进行有效预警，提前对互联网金融领域进行调整和干预，就可以有效防范互联网金融风险的发生。

（2）建立相关监管部门之间的沟通协调机制，为互联网金融风险动态审计预警系统的运行提供保障。互联网金融风险动态审计预警系统的有效运行必须具备一定的运行机制和运行环境。在互联网金融风险治理中，为了减少监管政策的盲目性、降低监管政策本身的风险，要加强审计部门与中国人民银行、中国银保监会以及中国证监会等部门之间的数据共享，以及通过大数据分析对监管政策的执行效果和执行效率进行及时的反馈，以实现监管政策的动态完善和提高政策效果，使得构建的互联网金融风险动态审计预警系统能够在宏观、中观以及微观三个层面共同发挥关键性的作用，切实推动打好风险防范攻坚战。

（3）加大审计的信息化技术改造。随着网络技术以及信息化水平的不断提高，互联网金融企业的自身信息化程度也在逐步提高。所以，以信息化技术为基础，审计部门既可以便捷地通过信息化管理系统获取相关数据开展内部审计以及外部审计，也可以对互联网金融机构的经营情况开展动态监测，以实时监控和分析其风险水平。

（4）建立审计监督的长效机制。互联网金融发展快速，其经营业态和经营模式也将不断演化。然而，由于互联网金融潜在的风险因素较多，如果监管不到位则极易导致风险暴露。为此，为了保持互联网金融的稳定健康发展，必须构建应对互联网金融风险的长期化、常态化工作机制，以在实施常态化、动态化的风险监测中不断发现风险隐患并进行预警，从源头上有效防范互联网金融风险的发生。

（5）提高审计在互联网金融风险治理中的效率。审计的综合性有利于从整体和宏观的角度审视互联网金融监管、发现互联网金融监管体系存在的漏洞，有利于从更高的角度防范化解互联网金融风险、促进金融的稳定发展，有利于发现滞后和过时的监管法律法规存在的问题，从而及时调整经济运行当中存在的体制性机制性问题。此外，动态审计预警系统能够对互联网金融风险的发生起到提前预警的作用，避免风险实际发生之后可能出现的巨大损失，因此提高互联网金融风险治理的效率和质量。

（6）健全审计人员的培养机制，提升审计人员从业素质。在高度市场化的背景下，互联网金融业务将随着各种创新而变得越来越复杂，由此导致的互联网金融风险爆发的可能性也在不断增加。这对审计人员的审计能力提出了更高的要求。为了适应互联网金融快速发展的趋势，只有不断健全审计人员的培养机制，不断提高审计人员揭示互联网金融风险的能力，使审计人员能够充分了解互联网金融的运作规律和互联网金融风险的演化规律，才能对互联网金融风险进行准确判断并得出权威的审计结论。

10.4　互联网金融风险审计治理的实现路径

10.4.1　把握互联网金融风险演化规律，加强对行业及其重点机构审计

审计具有独立性和综合性的特殊优势，这有利于审计机关从整体上把握互联网金融行业的发展现状、业务范围、风险暴露等。在深入把握互联网金融风险的动力学演化规律基础上，只有对互联网金融行业具有较为深入的科学认识，才能总结行业发展中的普遍规律性，进而为审计机关从体制机制上找原因、提对策提供支撑。审计机关要加大对互联网金融行业存在的非法 P2P、非法集资等违法违规行为的揭示力度，并通过公告的形式达到震慑作用。同时，审计机关要关注互联网金融行业协会的建设，充分发挥互联网金融协会作为互联网金融机构的“引路人”和行业规范的制定

者的作用，可以通过行业协会要求其会员单位加强信息披露，督促建立互联网金融行业信用信息交换平台，发挥市场约束与激励机制，由此通过行业审计促进互联网金融行业的健康发展。

与此同时，审计机关掌握互联网金融机构的实际经营情况是防范化解互联网金融风险的基本前提。但是从审计对象的确定上看，目前审计机关仅仅对国有控股金融机构开展抽样审计，并没有将其他类型金融机构作为审计对象，因此，对互联网金融机构审计覆盖范围较为有限，因而对其可能存在的重大错报以及违法违规问题难以发现相关线索，在一定程度上制约了审计职能的发挥。因此，互联网金融审计的范围需要进一步加大。审计机关应选取重点互联网金融机构进行延伸审计，准确把握互联网金融机构经营是否合法合规、内部治理结构是否完善、资源配置是否存在脱实入虚、风险控制能力是否可靠等。因此，通过机构审计引导互联网金融机构进一步规范公司经营活动，建立健全公司治理制度，不断降低经营风险。

10.4.2　加强互联网金融风险大数据审计分析力度

从审计的演化路径方面来看，审计模式发生了较大改变，从最先的账项基础审计到后来的制度基础审计再到风险导向审计。虽然各种审计模式的目标不同，审计程序与审计方法也具有较大差异，但都是将审计数据作为最为基础的要素。随着信息时代的到来，数据规模也呈指数级快速扩大，要在海量数据中及时发现互联网金融中关键风险信息，单靠传统的抽样分析和人工方法已经无法实现审计的目的。因此，在“大数据”时代，必须依靠大数据分析来预警和防范化解互联网金融风险，并且其关键点在于充分发挥审计在国家治理体系内所具备的预防、揭示、抵御的功能，不断拓展和延伸审计触角，对互联网金融动态信息和经济金融变化数据进行整合，对大数据进行关联分析以提高审计能力。

一是树立基于大数据分析方法的审计数据分析范式。由于长期以来停留在账项基础审计模式，在“大数据”时代还一定程度上存在将电子数据单纯作为账册的观念，这不利于在海量数据中及时发现相应的关键风险信息，对风险的预警和监测也不够迅速。为此，在大数据环境下，要及时发现互联网金融风险传染的可能性与严重程度，则需将传统的单点离散审计调整成多点联动审计，通过多点间数据的关联性分析以判断潜在的互联网金融风险水平及其可能的传染性。

二是对互联网金融相关数据进行全面的分析与预处理。由于数据形式的多样性，从数据库获取的原始数据通常可能存在短缺或者误差等情形，为了提高原始数据的准确性，需要对其可能存在的问题进行检测、调整等预处理。在结构化数据与非结构化数据中，处理的难点通常在于非结构化数据。为了便于计算机在后续处理中能快速查找出审计信息，对于文本等非结构化数据，需要建立起词汇之间的关系，对相似文本进行相应的筛选以避免重复统计等。图像、视频、图片等类似的非结构化数据需要在文本数据转换的基础之上进行预处理。数据的发展趋势则需要进行结构化数据的预处理，并在原始数据中查看重点数据的完整性。通过对结构化数据与非结构化数据的预处理能够使得原始数据更加准确从而为提高审计质量创造条件。

三是加强对互联网金融结构化数据与非结构化数据的储存。对结构化数据的储存一般较为简单，只需将其由互联网金融机构或者其他部门导入审计平台即可。同时，互联网金融的非结构化数据也同样重要。然而，互联网金融的非结构化数据种类多而且数据量巨大，不同的数据形式需要采取不同的储存方法。例如，对于图片、图像、视频等非结构化数据主要选择光盘、磁盘等介质进行储存。对海量数据的非结构化数据存储，有利于充分挖掘其中的有价值信息及实现与结构化数据的对接从而有助于发现潜在风险因素。

四是加强监管部门之间的数据共享。互联网金融风险的审计预警需要一个能够对互联网金融领域各个风险子系统的风险积累过程进行信息采集的系统。该系统在审计部门的主导下，在明确监管主体及其相应的监管责任和业务边界基础上，能够整合现有互联网金融领域的信息系统比如中国人民银行、中国银保监会、中国证监会、国家统计局、商务部等监管数据库，以及金融机构内部数据库。这些数据反映了我国互联网金融领域的真实情形，具有较高的可信度。在数据采集基础上，对政策法律风险、监管覆盖风险等各个子系统内进行数据的初步分析和合成处理，能够保障互联网金融风险信息传递的通畅，击破信息孤岛、数据壁垒，实现数据共享的规范化制度化。

10.4.3　加快构建互联网金融云审计系统

从 2013 年开始，随着互联网技术与金融的结合越来越突出，互联网金融作为一种创新的事物在我国开始出现并在短时间内得到了迅速发展壮大。无论是从行业规模维度还是从客户总人数维度看，互联网金融的发展都呈直线上升趋势，并且由此对大众的日常生活和传统金融业发展均产生了深远的影响。然而，由于互联网金融是一种金融创新，因而在很长的一段时间，并没有明确的监管主体及其相应的监管责任和业务边界，出现了类似于“多头管理、九龙治水”的现象，在缺乏必要的监管合作机制情况下，难以形成有效的监管合力，因此无法有效防范化解互联网金融风险，各种互联网金融风险事件频发。审计部门在对互联网金融领域开展审计工作时不得不同时和多个监管部门分别沟通，这导致审计取证事件的增加和审计效率的下降。在大数据时代，数据已经成为一种重要的基础资源。为此，国家相关部门，例如，国家统计局、中国人民银行等数据库具有国家宏观经济运行、金融行业发展以及互联网金融领域的完备数据，这些数据库数据能够较为全面地反映宏观经济及金融的实际运行情况。与此同时，各个互联网金融机构都有自身的数据库，能够对运营过程中的风险实施实时监测。在庞大的数据集中，依靠传统的抽样审计与人工分析方法是无法把握数据背后真实的风险信息的。在云计算技术基础上发展而来的云审计能够将包括审计主体、审计程序、审计资源等各方面审计要素进行集成而完成审计工作，通过互联网金融云审计系统，将审计部门发出的数据采集指令通过“云”端服务器发送至云审计系统。云审计系统即将指令同步转送至被审计机构。被审计机构立刻通过“云”端服务器将相关数据传送至云审计系统。因此，云审计系统实现了审计部门与被审计对象，即互联网金融机构，在“云”端的“在线握手”，这极大地降低了审计取证时间，提升了审计效能。

10.4.3.1　互联网金融云审计系统构成

（1）金融审计端。金融审计端的主要功能是实现逻辑表示，属于系统的第一层次。具体上看，金融审计端通过为审计人员提供人机操作界面，从而实现审计人员与计算机系统的交互与数据传送。与此同时，也可以通过金融审计端响应审计分析服务器提出的各项请求。此外，审计工作人员需要的处理结果也可以在审计端获得。

（2）审计动态分析服务器。实现业务逻辑是审计动态分析服务器的主要功能，它属于系统的第二层次，是第一层次和第三层次的内在联通环节。作为客户端和后台数据库的中间环节，一方面接受客户端的请求并将其传送到后台数据库；另一方面，审计动态分析服务器也将后台运行处理的结果传送回客户端。由于审计动态分析服务器是全时段开展工作的，因此其对数据采集与数据分析完全是实时和动态的，任何风险因素的变化都能随时被系统监测到，这有利于在数据采集基础上充分挖掘其中的有价值信息，有助于发现潜在的风险因素。

（3）动态审计“云”数据库。这是继金融审计端、审计动态分析服务器之后的第三层次。动态审计“云”数据库主要承担数据采集和数据储存管理工作。由于数据是审计工作的核心，因此充分保证动态审计“云”数据库的安全性至关重要。

（4）互联网金融数据库。在系统中，这是第四层，是在动态审计“云”数据库之后，从属于互联网金融机构内部的数据库。随着信息化水平的提高，各个互联网金融机构都建立自身的数据库以对运营过程中的风险实施实时监测。而且，在防范化解互联网金融风险过程中，互联网金融机构本身也是被审计对象，因此，互联网金融数据库是动态审计预警系统中最重要的数据来源。由于这部分设施是各个互联网金融机构基本都具备的，因此只是需要对其功能进行优化和升级（见图 10－1）。

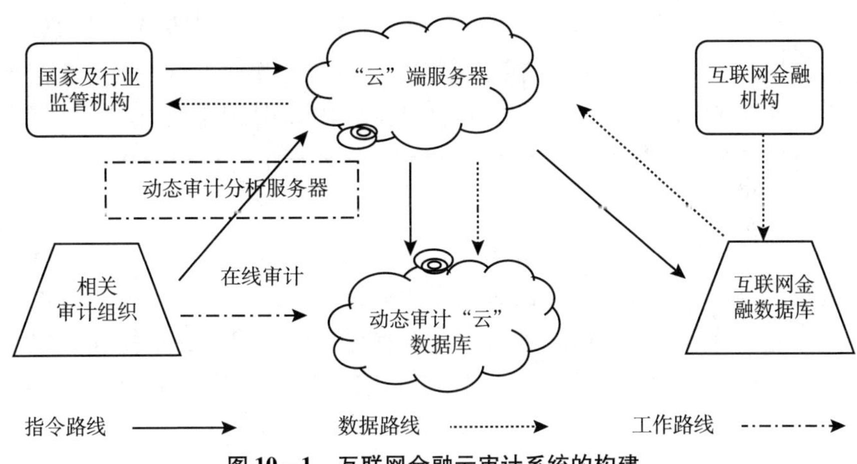

图 10－1　互联网金融云审计系统的构建

将互联网金融云审计系统设计成上述四层结构体系具有突出的优点。首先，海量数据的传送需要占用大量的网络资源，随着信息化技术的采用，在结构设计上可以采用压缩数据包的形式，从而能够有效解决其网络资源占用过于庞大的问题。其次，为降低审计客户端的负荷，业务逻辑控制将安装在审计分析服务器上。再次，将审计动态分析服务器安排在金融审计端和动态审计“云”数据库的中间层，能够有效节约系统反应时间。最后，由审计分析服务器对接审计客户端对审计数据库的数据请求，这在一定程度上能够减轻对审计数据库网络访问的压力。①

10.4.3.2　云审计下互联网金融审计的流程

基于云审计平台的互联网金融审计，在流程上主要由四个相对独立又彼此联系的阶段所构成。

（1）审计数据采集。在云审计下，云审计系统能够将包括审计主体、审计程序、审计资源等各方面审计要素进行集成。在此基础上，审计部门将数据采集指令通过“云”端服务器发送至云审计系统。云审计系统即将指令同步转送至被审计机构，被审计机构立刻通过“云”端服务器将相关数据传送至云审计系统，保证了有较高的数据采集效率。

（2）数据处理。由于采集的数据通常是非标准化数据，因而在作为审计数据之前需要对其进行标准化处理并将其储存在高度安全的云端。

（3）数据分析。在互联网金融海量数据中，在标准化基础上需要注重数据的关联性、及时性和效率性。为此，需要通过多维数据建模，利用多维度数据优势，对相关数据的横向关联性和纵向关联性进行比对，及时对被审计对象的业务内容发挥分析性复核作用。

（4）审计预警。在对数据进行初步分析基础上，审计人员继续通过数据挖掘技术，对云审计平台储存的数据进行深度挖掘以充分发现可能存在的审计异常或者问题，从而提供预警信息和相应的处理意见。

通过云审计系统，审计机关能不间断获取互联网金融的相关信息以对审计对象开展及时评价和监督，从而降低了传统审计多为事后审计、缺乏时效性的风险；另外，云审计与大数据技术结合，改变了以往审计人员只能以被审计单位提交的数据作为审计基础的弊端。与此同时，在大数据时代背景下，在数据的形式具有多样性的情况下，还能够对原始数据进行检测、调整等方面的预处理，因而提高了数据的价值。最后，基于云审计系统的所有操作都有迹可循，被审计对象主观上进行数据篡改或者作假的行为都将予以记录，因而能够有效提升审计结论的准确性。

10.4.4　创新“三位一体”的互联网金融风险协同审计模式

审计机关具有独立性、强制性等特点，这决定了它独立于互联网金融系统，通过审计工作既能够对互联网金融机构进行监督，也能够对监管机

① 杨进．动态审计预警体系的构建与实施机制研究：基于金融风险防范视角［D］．成都：西南财经大学，2014.

构的监管活动实施再监督，由此更好地结合其优势综合分析互联网金融与社会再生产领域间的联系，从而更好地从宏观的角度识别、评价进而达到防范互联网金融风险的目的。因而，审计机关应将其工作重点定位于协调互联网金融监管机构之间的关系、评价互联网金融风险监管绩效以及提出防范系统性互联网金融风险的对策方面。所以，审计机关在互联网金融风险审计治理体系中处于主导力量。

社会审计具有专业性强与覆盖面广的特征，这使得社会审计能利用其覆盖面广的优势弥补国家审计资源有限性的弱点，有利于实现对互联网金融风险审计治理的全覆盖。由于审计工作的专业性很强，因此社会审计领域集聚了大量的审计、会计、金融以及财务等专业的各类人才，在面对互联网技术与金融融合而创新的互联网金融时，其充分的专业知识有利于社会审计对互联网金融风险的准确识别并避免互联网金融风险的错报，因而社会审计成为互联网金融风险协同审计中的中坚力量。从社会审计的主要功能上看，社会审计的功能不仅仅局限于对相关机构财务报告的公允性、合法性、真实性进行审计，除此之外还可以对互联网金融产品、互联网金融项目的真实性开展审计。

区别于社会审计和国家审计组成的外部审计，内部审计是单位内部的职能部门。因同属机构内部构成部分，因而内部审计部门通常能够比外部审计更容易获得真实性数据资源，互联网金融机构的内部审计部门对其产品开发、运作流程等方面具有得天独厚的信息优势。与其他审计力量相比，内部审计不仅能够及时获得最详细的信息来识别和防范本机构的互联网金融风险，而且能够基于内部职能部门的独特地位，更加深入了解本单位的内控制度、经济活动、业务流程等，对自身机构可能存在的风险因素等具有更直接的了解，从而真正做到防微杜渐，对本机构进行全面动态的审计监督，形成持续性的互联网金融风险防范体系。为此，与国家审计及社会审计不同，内部审计可以更多地将审计资源配置到经济效益、合规政策等方面，并将其作为自身的审计重点，由此成为互联网金融风险协同审计中的重要力量。

因此，在对互联网金融风险系统进行划分的基础上，国家审计、社会审计、内部审计三方可以根据各自审计手段与审计方法的不同，在合理确定国家审计、社会审计、内部审计边界的基础上厘清各自的审计重点（见图 10－2）。

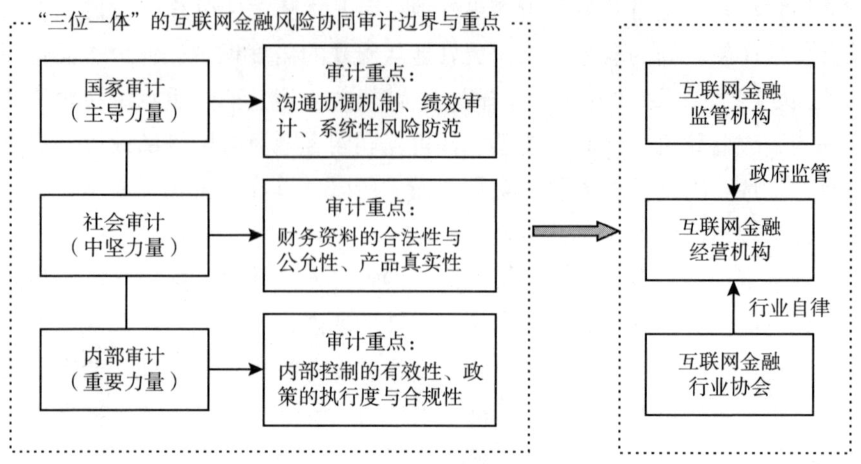

图 10－2 "三位一体"的互联网金融风险协同审计边界与重点

在此基础上，创新"三位一体"的互联网金融风险协同审计模式（见图 10－3），以实现审计信息共享，形成审计合力，最终实现对互联网金融风险的有效防控。

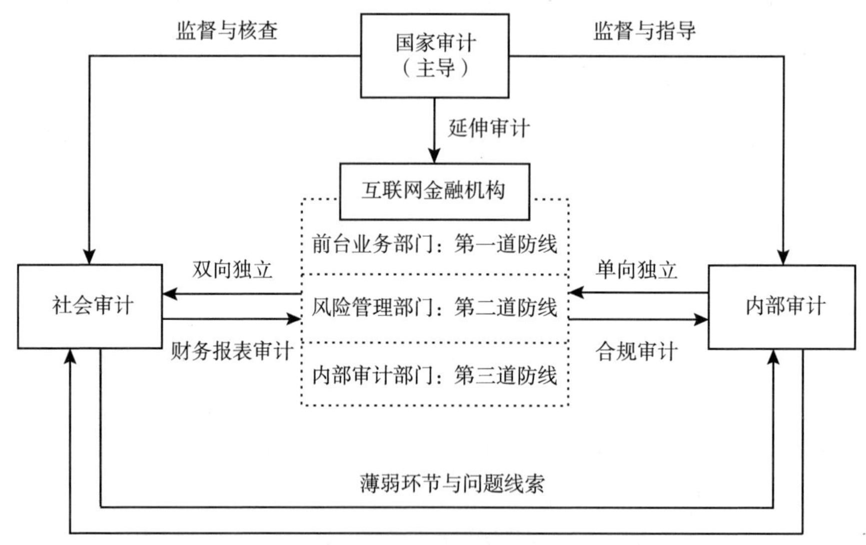

图 10－3 "三位一体"的互联网金融风险协同审计模式

10.4.5　着眼全面宏观审慎评估的审计内容与重点

互联网金融风险区别于一般金融风险。一般而言，传统金融风险多以流动性风险、信用风险、操作风险、市场风险等形式表现出来，而互联网金融风险则是具有传染性、系统性、复杂性、隐蔽性等特征。因此，互联网金融风险对金融市场以及相应的金融机构都会产生普遍的不利影响。相对于“微观审慎”，“宏观审慎”关注的互联网金融机构对象及其业务范围更为广泛和全面。“宏观审慎”监管不仅需要考虑单个金融机构的风险点，更要从整个金融体系的角度对其进行全面、系统的风险监测与评估，并基于宏观的、逆周期的视角采取金融风险的防范措施。以往的金融风险管理的经验告诉我们，只有采取措施有效防范金融风险在各个部门之间的交叉传染甚至演变成可能的系统性金融风险，才能保持金融体系稳定进而真正地守住不发生系统性金融风险这一底线。

对于审计机关而言，在过去长期的“微观审慎”监管框架下，其在金融审计中更多的是着眼于单个金融机构的风险，或者是单项金融业务以及单笔资金的潜在风险，因而忽略了金融风险的系统性与传染性。今后，审计机关在防范和化解“系统性金融风险”的审计目标下，要基于宏观审慎的监管要求，更加重视并防范互联网金融风险的跨区域、跨领域、跨市场的交叉传染而演化为系统性金融风险。为此，审计机关需要将宏观审慎监管目标、容易引发系统性金融风险的相关互联网金融机构与具体业务相结合，由此确定在互联网金融审计中的内容与重点。

由于互联网的网络性和虚拟性，互联网金融涉及的传统资产负债业务相对较少，而将大量金融资源投入到衍生金融业务中，甚至拓展到表外及金融交易的系列创新业务和产品，如理财业务、委外业务、电子银行产品等，特别是近年以来迅速发展的影子银行产品。因此，从宏观审慎的监管目标出发，审计人员要将以下四个方面作为互联网金融的审计重点：一是互联网金融领域的衍生金融业务及表外业务等，关注“影子银行”体系，如互联网金融理财产品、互联网信托贷款或互联网金融领域的定向通道业务等。“影子银行”的规模庞大，但如何对其进行全面有效地监管一直以来都是一个难题，其中潜在的金融风险巨大，需要金融审计发挥其前瞻性优势进行风险识别和防范。二是债权债务的真实性。互联网金融平台涉及大量的债权债务关系，审计人员要结合相关的纸质合同与电子合同，通过电话或者实地调研交易双方的方式以追踪资金流动的真实轨迹，由此核实债权债务关系的真实性。三是互联网金融机构不得使用资金池。作为金融业务与互联网技术融合的一种金融创新，互联网金融平台的本质属性是中介，如果平台建立资金池则可能存在非法集资的风险，严重时甚至可能跑路。因此，审计人员要根据相关资料，确定平台是否具有直接操纵资金的权限，交易双方的资金是否通过独立第三方进行拨付。四是企业征信技术的可靠性。互联网金融企业在依据征信技术对潜在客户进行信用甄别和信用等级划分的基础上确定相应的价格和合同内容。因此，互联网金融企业的征信模式及其结果的客观性显得尤为重要。审计人员要检查互联网金融企业获取客户信用信息的完整性、征信流程的完备性和征信结果的可靠性。

审计公告对于维护审计机关的权威性、推进审计法制化进程、监督审计结果执行以及提高审计质量，甚至经济社会的发展等方面都有着极其重要的意义。伴随着《关于实行审计全覆盖的实施意见》和《关于完善审计制度若干重大问题的框架意见》等相关配套文件的出台，以及生态环境保护审计和国家重大政策措施落实情况跟踪审计的相关规定，最近几年，我国审计公告制度取得了很大进展，对于积极发挥审计监督的功能与作用、切实提高国家治理能力和治理体系现代化水平做出了极大的贡献。但要进一步提高审计结果公告能力，目前还存在两个方面的制约因素。一方面，对于人财物管理的改革，省级以下的地方审计机关并未实现真正的人员独立、经费独立。在审计对象的选择上离独立性的要求也有较大的距离。由于独立性还存在一定程度上的缺失，使得省级以下地方审计机关无法主动适用互联网金融行业发展的实际需要，不利于及时将存在风险隐患的互联网金融机构纳入审计对象中，从而无法真正对互联网金融风险进行充分揭示与预警。另一方面，整改清单和问题清单的对接机制要进一步完善。最近几年，虽然在审计结果公告的运用机制上有了很大改善，但在审计实践中整改不力、“屡审屡犯”等情况也时有发生。只有进一步充分发挥审计结果公告的作用，将整改清单和问题清单的对接机制完善，且将互联网金融机构整改情况作为其未来进行业务的开展和是否予以新牌照发放的重要根据。

由于宏观审慎以及审计总体目标的变化，为实现审计总目标而制订的发布审计公告实施程序也需要作出相应的调整和完善。从防范化解互联网金融风险的实际出发，基于全面宏观审慎评估的审计流程再造如图 10－4 所示。

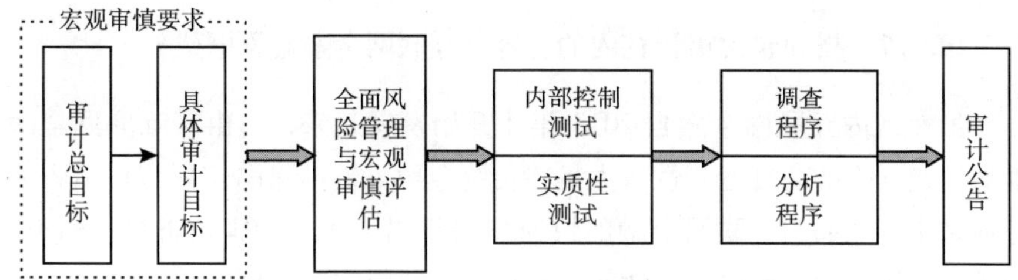

图 10－4　基于全面宏观审慎评估的审计流程再造

10.4.6　把握互联网金融风险审计治理的时空协调，防范风险共振

自 2013 年开始，互联网金融在国内快速发展起来。但总体上看，由于省情、市情、县情不同，其面临的互联网金融风险在区域上也是存在一定的差异的。自此，在 2018 年 4 月 2 日召开的中央财经委员会第一次会议当中就已经明确指出要针对不同的领域、不同市场金融风险的情况，在精准判断的基础上进行分类施策。当前提出防范化解互联网金融风险这一目标任务，目的是为了保持经济增长的可持续性和稳定性。然而，在应对互联网金融风险过程中很难把握好度，力度过猛则影响互联网金融市场的正常运行，力度不够则无法有效破除风险。因此，化解互联网金融风险关键在于把握好互联网金融风险审计治理的时空协调问题。一是把握互联网金融风险审计治理政策的空间协调问题。由于各省、各市、各区县等的互联网金融风险存在一定程度上的区域差异，因此在治理过程中要避免出现“一刀切”，要针对不同的互联网金融发展阶段和风险水平采用差异化的监管政策。二是把握时间协调问题。在对互联网金融风险进行有效治理过程中，要适应互联网金融的发展规律，有计划、按步骤地对互联网金融风险开展治理，不仅要对互联网金融风险进行有效防范与化解，更要促进互联网金融的规范有序发展。任何金融活动都必然存在一定程度上的风险，互联网金融的规范发展不是要消灭风险，而是采取各种监管措施将风险控制在一定水平之下。为此，互联网金融监管主体应基于互联网金融风险传染机制与演化规律，在对互联网金融风险边界、风险演化与传染规律等进行全景式扫描的基础上，采用系统动力学工具系统模拟互联网金融风险的演化趋势，从而综合采用定性分析与定量分析的方法科学确定互联网金融风险的数量特征，为相关的监管部门提出有针对性的监管政策框架提供支撑。因此，在有效防范化解互联网金融风险过程中，要科学把握互联网金融风险审计治理的时空协调，在时间维度和空间维度上系统分析各区域的风险水平，科学应对潜在的风险共振可能带来的冲击。

10.4.7 搭建包含审计在内的包容性互联网金融监管框架

虽然国内互联网金融自2013年才开始发展起来，但由于互联网金融能够通过网络的高度通达性将大量在传统金融下被排除的长尾客户纳入业务体系中，从而为互联网金融的快速发展积累了大量的客户群体。然而，由于大量客户缺乏必要的金融知识与风险防范能力，他们在互联网金融市场上的投融资存在一定的盲目性，加上监管措施在互联网金融发展初期的缺失等方面的原因，导致互联网金融市场出现了各种风险暴露事件，平台“爆雷”、经营者跑路现象突出。虽然中国人民银行等十部委发布了《关于促进互联网金融健康发展的指导意见》，也对互联网金融监管中所涉及的相关监管主体予以了明确的监管责任边界。然而，由于互联网金融一个重要的特征是跨界经营，在互联网金融经营的“无界”与传统监管的“有界”错配中，监管效率大为下降，在对互联网金融风险进行监管过程中要么存在监管重叠，要么出现监管真空，无法及时有效对冲互联网金融的各种风险。为有效提升互联网金融监管的效能，必须适应新的金融发展形势，对以往传统的“各自为政”监管模式进行相应的完善，既要维护金融体系的稳定又要提高互联网金融的发展活力。为此，需要积极探索搭建包含审计在内的、涵盖监管制度、监管机构、监管方式与监管机制的包容性互联网金融监管框架（见图10－5），协同监测互联网金融的运行。在这一包容性的互联网金融监管框架中，各个监管主体不断适应互联网金融发展的新形势，对监管工具进行差异化的创新，增强互联网金融风险治理的协作能力，从而能够弥补传统监管框架中存在“监管真空”“监管重叠”等方面的不足，有利于在维护金融体系稳定的同时又能提高互联网金融的发展活力。

此外，在包容性互联网金融监管框架中还需要构建审计部门对互联网金融监管部门的审计监督机制。一般而言，金融监管部门通常容易出现互联网金融监管的“顺周期”行为，在互联网金融创新活动活跃时，监管较为宽松，对互联网金融领域的不合规等问题具有较高容忍度，特别是在互联网金融机构数量众多且发展良莠不齐的情形下，监管的“顺周期”现象更为突出。监管尺度不一、前后不一致不利于互联网金融机构对风险的控制，也不利于互联网金融行业的稳定。为此，审计部门需要根据互联网金融监管的相关政策措施，做好相应的政策跟踪审计，推动重大决策能够及时在互联网金融监管中发挥积极作用落地生效，由此督促互联网金融监管部门尽职履职，保持监管的持续性和连续性。

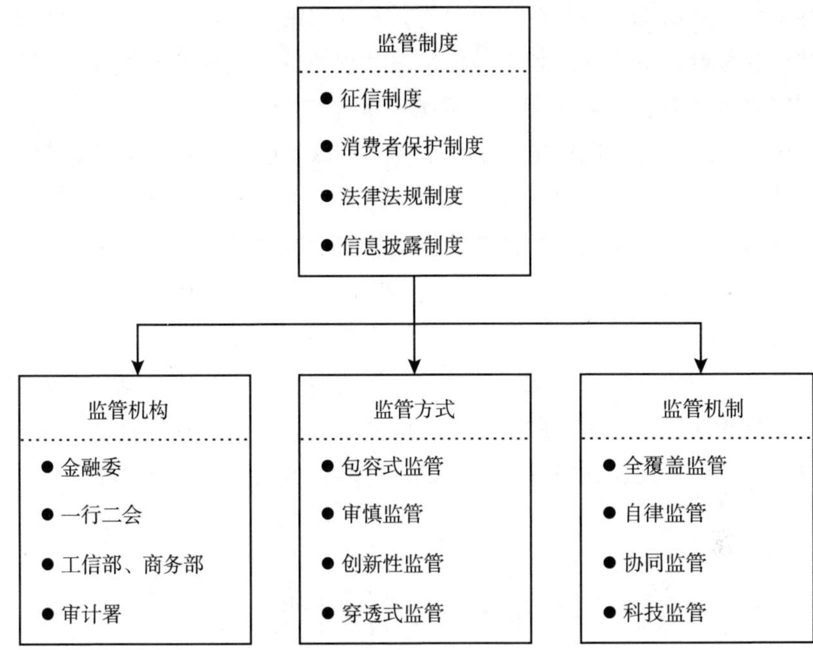

图 10－5　包容性互联网金融风险监管框架

10.4.8　完善审计结果运用机制

在复杂的经济金融形势下，要实现高质量的经济发展，就必须建成权威且高效的监督体系，以此来强化监督合力，而完善审计结果运用机制则是改革审计管理体制的重要内容，也是审计在党和国家监督体系中发挥作用和增强监督合力的重要体现。一是建立并不断完善涉及互联网金融相关政策措施的执行和改革进展情况报告制度。自 2015 年以来，由于互联网金融风险事件的持续爆发，相关监管部门不断完善了相应的监管框架，制定了一些有针对性的监管措施，对有效控制互联网金融风险增量取得了一定的效果。然而，在控制互联网金融的存量风险上尚需要建立更为完善的长效机制。所以，需围绕中共十九大提出的“要坚决打好防范化解重大风险、精准脱贫、污染防治的攻坚战”的总要求，针对互联网金融领域的具体变化安排相应的互联网金融审计项目，并每年向中央和有关部门报告涉及互联网金融的相关政策措施执行和改革进展情况，供中央和有关部门决策。二是完善审计整改机制，提高审计监督促进完善互联网金融监管制度的效果。要从制度入手，对互联网金融监管机构存在不落实审计决定、不整改问题的要加大对相关责任单位的追责问责力度。要在互联网金融审计过程中善于开展综合分析、比较分析，在同类的互联网金融审计项目中发现共性和普遍性的问题，使审计结果更具规律性，进而有利于相关部门科学制定更有针对性的监管措施，实现“审计一点，防范一片”的效果。同时，要加大对审计整改的监督力度。对于整改迟缓甚至阳奉阴违的整改要通报其主管部门。三是进一步完善审计结果公告机制。对于审计结果，公告是基本原则，也是发挥审计监督作用的重要制度性安排。如果缺乏有力的审计结果公告机制，则无法发挥审计结果公告的“舆论效应”与“倒逼机制”，审计效果也无法显现，最终影响审计监督作用的发挥。因此，审计机关要加大互联网金融审计结果公告的力度，丰富审计结果公告的形式，对审计发现的相关问题要充分予以披露，更好地发挥审计的揭示作用与威慑效应，从而深化审计防范化解互联网金融风险的基础性作用。

10.5 本章小结

随着国内外经济金融环境的快速变化，无论是金融机构，还是金融市场，以及金融要素等都发生了很大的变化。作为普惠金融的重要推动力量，互联网金融近年来也获得了快速的发展，越来越多的互联网金融机构不断涌现出来。这一方面丰富了互联网金融的机构主体，但另一方面也使得互联网金融的发展环境更加复杂化。这些变化将导致互联网金融领域出现风险的可能性不断加大，从而守住不发生系统性金融风险底线的目标在一定程度上受到冲击。

互联网金融风险虽然介于微观个体风险和宏观系统性风险之间，但是从互联网金融风险事件不断爆发并造成巨额损失的情况上看，其已经成为威胁我国经济金融安全的一个重要因素。要保持国家金融体系的稳定，实现金融的稳定发展，就必须对包括互联网金融风险在内的风险进行有效治理。互联网金融快速发展的背景下，在有效防范化解互联网金融风险过程中需要充分发挥审计的功能。

在复杂的经济金融形势下，审计职能的扩展成为一种必然要求。建立互联网金融风险动态审计预警系统，在实时监测宏观经济环境中互联网金融风险变化情况的同时，也在微观层面通过互联网金融风险动态审计预警系统功能的发挥实时监测微观互联网金融机构风险，以维护国家金融体系的稳定。要充分发挥审计功能，实现审计对互联网金融风险的动态预警，需要全面有效监测互联网金融风险的积累及变化情况，而在防范和化解互联网金融风险方面需要由政府做出统一部署，以便于各种资源的整合形成合力，着力防范互联网金融风险发展成系统性风险。

审计具有独立性和综合性的特殊优势，这有利于审计机关从整体上把握互联网金融行业的发展现状、业务范围、风险暴露等，在深入把握互联网金融风险的动力学演化规律基础上，只有对互联网金融行业具有较为深入的科学认识，才能总结行业发展中的普遍规律性，进而为审计机关从体制机制上找原因提对策提供基础。为此，需要把握互联网金融风险演化规律，加强对行业及其重点机构审计、加快构建互联网金融云审计系统、加大互联网金融风险大数据审计的分析力度、创新“三位一体”的互联网金融风险协同审计模式、着眼全面宏观审慎评估的审计内容与重点、把握互联网金融风险审计治理的时空协调，防范风险共振、搭建包含审计在内的包容性互联网金融监管框架以及完善审计结果运用机制，从而有效提升互联网金融风险审计治理效能。

第 11 章　结论与展望

2013 年以来，余额宝等互联网金融工具和产品的出现标志着中国互联网金融时代的到来，并引发了学术界对中国互联网金融的诸多讨论。主流的观点认为：互联网金融能够在短时间内获得巨大发展，其基础是当前互联网信息技术的创新和发展。互联网技术压缩了人与人之间的时空隔距，加快了信息传递和处理的速度，有助于金融服务渗透到“长尾市场”。互联网技术进入金融领域可突破传统的金融管理模式，提高金融资源配置效率，互联网金融完美地迎合了普通单个个体对于金融服务的需求，因此，其市场份额能在短时间内极速增加。该解释凸显了互联网金融的技术性特质（如化解金融市场信息不对称、规模经济、降低交易成本等）对其发展的关键影响，因而将互联网金融的兴起理解为一种技术领域的创新。也有研究从市场演化的视角出发，强调了国内互联网金融快速发展的市场诱因，认为实体经济发展尤其是中小微企业持续增长的金融需求直接带动了互联网金融的发展，所以，市场需求结构的变化是互联网金融得以兴起的微观基础。

但是，即使是不将信息网络技术所增加的操作风险考虑在内，互联网金融所独有的运行规律仍使其在当前中国的金融环境背景下，有着高于传统金融的风险。实现跨期价值与信用交换是金融的本质，但是互联网金融交易的新形态未能改变这一本质，在实践中，其并非是纯粹的信息中介，所以便延续了传统金融的流动性风险、市场风险和信用风险。但是，互联网金融有着技术上的优势，在降低信息不对称的同时，又因征信体系不完善和其虚拟性，加之投资者的风险意识较弱从而有着更加严重的逆向选择和道德风险，也引发了“蝴蝶效应”和“羊群效应”。通过网络外部性和正反馈效应，互联网金融的网络效应增加了金融动荡，金融体系的脆弱性因其竞争性垄断的市场结构而增加，进而可能威胁国家金融的稳定。同时，互联网金融风险具有较高的复杂性，故需加强金融消费者的保护、教育并强化行业自律、重塑金融监管体系。所以，如何深入考察互联网金融风险的演化规律以及提出操作性强的互联网金融风险治理对策，对新时代保持金融稳定以及实现经济高质量发展具有重要而特殊的意义。

本书围绕互联网金融风险系统动力学演化及其审计治理这一主题，通过构建系列模型对互联网金融风险演化和互联网金融风险审计治理进行了研究。本书的主要内容包括以下九个部分：第一，系统动力学与互联网金融风险理论基础；第二，互联网金融风险系统的边界；第三，互联网金融风险演化的动力学建模与仿真；第四，互联网金融风险的系统动力学演化机理；第五，互联网金融风险的传染效应；第六，审计嵌入互联网金融风险动力学演化的内生逻辑；第七，互联网金融风险审计治理的影响因素与绩效评价；第八，互联网金融风险动态审计预警的系统动力学架构；第九，互联网金融风险审计治理的实施机制。

通过相应的理论建模、专家访谈、调查问卷与实证研究，本书得出了许多富有新意的研究结论，且对目前现存的相关研究提供了理论支持。因此，在本书最后一章，需总结本研究所得到的主要结论和重要发现，以进一步思考研究结论的实践意义，同时阐明本书的不足之处并指出未来可以深入研究的方向。

11.1　主要工作及结论

在本书的第一部分（第 1 章）绪论之后，第二部分（第 2 章）即本书的理论基础。该部分基于系统动力学的结构模式与建模原理，并在阐释互联网金融风险基本理论及系统动力学在互联网金融风险研究中的适应性基础上，重点研究了互联网金融风险演化的动力学机制。

本书的第三部分（第 3 ~6 章）基于互联网金融风险的特性以及系统动力学的理论基础，重点研究互联网金融风险系统的构建、互联网金融风险演化的系统动力学建模与仿真、互联网金融风险的系统动力学演化机理以及互联网金融风险的传染效应问题。

首先，第 3 章在确定互联网金融风险系统的构建原则基础上划分了互联网金融风险系统的边界，并将关键风险因素拟合到系统动力学中以形成互联网金融风险因果循环的逻辑框架及互联网金融风险的反馈回路。进一步地，为明晰各风险因素间的逻辑关联及其对系统状态的影响程度，本章探索了互联网金融风险的系统动力学流图。

其次，立足于互联网金融风险演化的实证研究。第 4 章在对互联网金融风险因子进行 G1 法主观赋权、熵值法客观赋权与综合集成赋权基础上，构建互联网金融风险演化的系统动力学模型，并开展计算机仿真以考察互联网金融风险系统的总体演化趋势及互联网金融风险子系统的演化趋势。

再次，第 5 章研究了互联网金融风险的系统动力学演化机理。第一，基于互联网金融风险的系统动力学流图，分解出互联网金融风险演化的主要风险基模。第二，基于系统动力学考察了互联网金融风险的演化机理。第三，从相异风险间的转化、互联网金融风险对系统性风险的传导、传统金融风险对系统性风险转移的三个维度探讨了互联网金融风险对系统性金融风险的演化机理。

最后，基于系统动力学理论进一步考察互联网金融风险的传染效应。第 6 章基于资本资产定价模型（capital asset pricing model，CAPM）对互联网金融风险的跨期时变予以检验，由此进一步验证了互联网金融风险的混沌特征，并分别从逻辑机理及实证检验两方面对互联网金融风险引发的“蝴蝶效应”和“金融错配”进行探索，从而为深入认识互联网金融风险的系统动力学演化提供了理论与实证支持。

第四部分（第 7 ~ 10 章）针对目前法律、政策、监管体系未能全面覆盖互联网金融风险及存在对我国宏观金融稳定带来严重冲击的可能，提出了在党和国家监督体系中，审计要发挥其重要作用，要完善与国家治理体系及治理能力现代化相适应的互联网金融风险审计框架，并重点研究审计治理嵌入互联网金融风险动力学演化的内生逻辑、互联网金融风险审计治理的影响因素与绩效评价、互联网金融风险动态审计预警的系统动力学架构以及互联网金融风险审计治理的实施机制。

第一，在引入演化博弈模型分析互联网金融发展中政府监管必要性的基础上，第 7 章探索了政府监管在互联网金融风险治理中的职能界定。在总结当前互联网金融风险治理的不足中从审计治理防范互联网金融风险动力学演化的内在动因、理论基础、主要职能以及特殊优势等四个维度系统阐释了审计治理嵌入互联网金融风险动力学演化的内生逻辑。

第二，在系统总结我国当前互联网金融风险审计治理的现状以及存在的局限性之后，第 8 章构建了互联网金融风险审计治理影响因素的系统动力学模型，并基于审计治理提高互联网金融风险应对绩效的基本假设，采用准自然实验法及双重差分模型实证检验了互联网金融风险审计治理的绩效。

第三，互联网金融风险动态审计预警的系统动力学架构。风险预警是风险防范的核心。第 9 章首先对动态审计预警的内涵以及构建互联网金融风险审计治理动态预警系统的必要性进行了理论阐释，并在采用问卷调查等方式对构建互联网金融风险审计治理动态预警系统的可行性进行实证研究基础上，建立了互联网金融风险审计治理的动态预警系统总体框架以及设计了相应的应用流程。

第四，探讨互联网金融风险审计治理的实施机制。审计在互联网金融风险治理中具有独特的价值和意义，但其作用的发挥有赖于一定的条件和相应环境。第 10 章在条件因素分析、金融监管环境、审计监管模式等分析基础上，从审计数据、审计系统、审计平台、审计模式、审计内容与重点、完善审计结果运用机制等方面探索宏观审慎监管模式下互联网金融风险审计治理的实现路径。

11.2　主要政策建议

有效的互联网金融风险治理措施有利于保障互联网金融的可持续发展，因而有效的互联网金融监管必须能够合理地控制互联网金融风险，使互联网金融行业健康运作。相反，不适合的互联网金融监管可能打压互联网金融市场参与者的热情，抑制互联网金融市场的发展。所以，在互联网金融风险治理的问题上，监管部门有必要在充分发挥互联网金融风险审计治理的动态预警系统功能基础上，制定包容性的互联网金融风险控制措施以实现对互联网金融风险的有效管理。

一是不断完善有关互联网金融的法律体系。法治是最重要的基础设施。在社会主义市场经济体制下，不断加强有关互联网金融的法律制度建设是对互联网金融进行有效监管的基础。首先，要加强互联网金融监管立法。法律体系的建设要充分结合互联网金融的特点，对机构进入以及业务准入要有明确的原则。从金融监管的实际出发，将第三方支付业务纳入传统支付业务，发放牌照的同时，明确其权利与义务。其次，实施分类监管，全面落实监管目标，实行不同的互联网金融监管模式。当然，为了有效规避法律规范冲突，要增加关于保护互联网金融投资者、消费者权益条款。由于互联网金融发展的历史较短，在相关的法律制度中尚未对互联网金融消费权益的保护有明确的说明，也没有确定互联网金融机构在开展业务过程中交易主体涵盖的种类和使用范围，这样易导致相关方在开展互联网金融交易中承担的法律责任不明确，容易出现纠纷。因此，应在相应的法律法规中增加有关保护互联网金融投资者与消费者权益的条款。目前，有关刑事违法犯罪、民事法律法规以及《中华人民共和国电子签名法》中对涉及互联网金融犯罪、争端以及电子证据标准等也没有进行明确规定，为了适应互联网金融快速发展以及受众面广的形势，需通过行政立法的方式加快对这些法律加以修订，以此作为维护互联网金融健康发展的法律依据。再次，要确立监管法规细则。为更好地强化互联网金融风险的管控，政府及相关监管部门需以互联网金融法律作为重要基础，制定具体的监管细则，作为互联网金融全部风险识别以及监管的重要依据，确保互联网金融监管具有相应的法制基础。

二是建立以大数据为基础的互联网金融风险审计预警系统。互联网金融涉及的范围较广，容易出现风险传播。借助大数据建立互联网金融风险审计预警体系，能作为预防危机发生的第一道防线。在大数据时代，互联网金融风险审计预警功能的实现需要建立在大数据整理与分析之上。随着人工智能技术的快速发展，通过大数据与人工智能技术的融合能够高效地对互联网金融风险开展预警工作。从当前的金融体制、信息、经济基础方面来看，互联网金融风险审计预警体系属于系统性工程，包含数据模型方法、执行操作等多个方面的内容，涉及众多的投融资群体、监管机构等，需要进行统筹考虑。借鉴欧美发达国家相对成形的行业数据系统管理运作模式，创建依托大数据的互联网金融风险审计预警体系。一方面，创建审计数据中心，并且为了实现各个监管部门间的数据共享对相关数据库的数据结构等进行统一的基础上建立动态数据库。借助大数据，互联网金融风险审计预警体系能自由调用所有数据。另一方面，创建风险识别模型功能系统，特别是对互联网金融运作中出现的数据市场、运营模式以及流动性、操作性、技术性等方面的风险，在确立相应指标体系的基础上构建风险识别模型，并且根据风险阈值确定互联网金融风险的大小，在此基础上对照风险级别采取差异性的风险预警与应对措施。为了使构建的风险识别模型更具有操作性与适应性，需要聘请金融专家、互联网从业者、监管人员与相关研制人员审核通过后才可以使用，以确保数据校验的准确性，避免出现预警失真或误报。对互联网金融风险审计预警系统中出现的风险事件，在系统内部需进行数据的推算，并且要以样本数据校验结合的方式，设计出风险分析模块，结合业务需要，进行风险识别，确保能在第一时间向互联网金融监管机构提供预警信息。

三是加快建立健全社会信用体系。完善的社会信用体系，会使互联网金融行业的风险治理水平同步提高。作为一种金融创新，互联网金融虽有着进入门槛相对较低、服务大众和“长尾客户”等方面的优点，但在信用管理方面的弊端也是明显的。例如，小微企业以及个人群体大量参与互联网金融活动，但在投融资活动中缺乏相关当事人的信用信息，导致各个参与主体之间甚至各个互联网金融平台之间普遍存在“信息孤岛”现象，使互联网金融投融资活动中的信用风险突出，诈骗事件也不断出现。为使互联网金融风险得到有效的防范，需加强信用体系建设，建立覆盖所有群体的征信制度。一方面，要在大数据、云计算等先进方法的依托和帮助之下，建立一个多层次的征信系统。由于影响信用水平的因素众多，而在现有框架下，有关信用的信息分散在不同的机构和部门，例如，现有央行的征信系统仅仅记录具有信贷历史的当事人信息，而从未进行过银行信贷的当事人信息则为空白。为此，为了更加全面和准确判断互联网金融参与主体的信用水平，要综合发挥政府主导的征信体系和民间征信系统的各自优势，实现两者的均衡发展。另一方面，要根据互联网金融的发展演化，适时完善信用风险的指标体系。由于互联网金融本身仍处于快速发展的进程中，各种创新的金融模式可能还将继续出现。为此，要适应互联网金融的未来发展，不断完善相关的信用风险指标体系并根据信用风险的重要性完善权重的确定方法，从而更好地防范化解互联网金融的信用风险。

四是构建内部自律与外部监督激励相容机制。首先，一个行业如若想健康发展，其行业的自律是必不可少的。但因互联网金融目前是一个风险相对而言较突出的行业，而且该行业具有较为显著的“蝴蝶效应”与“跨期时变”特征，这使得互联网金融行业的风险传染效应突出。任何一个互联网金融平台或者互联网金融参与者的风险都将通过风险传染机制影响整个互联网金融行业甚至金融体系的稳定。为此，需要制定一个行业标准，即与互联网金融行业的信息披露、业务开展有关的行业标准，对平台的进入与退出制定相关的约束条件与市场化措施，以及对互联网金融机构的业务经营与内控制度进行规范。与此同时，当互联网金融行业发展出现新问题、新情况时，及时组织有关人员进行研究探讨，提出对应的措施并开展相关的行业培训。其次，要充分发挥互联网金融行业协会的功能与作用。互联网金融行业协会作为互联网金融相关机构的协调与合作组织，要加强对互联网金融行业的数据收集与统计监测，对可能出现的风险进行及时预警。同时，为了更好地实现互联网金融风险的有效管理，互联网金融协会还需要将相关数据及时向规定的监管机构报送数据，以便监管部门能够同步掌握互联网金融行业以及相关机构的真实情形以更好地履行监督职能，从而有效防范化解可能存在的互联网金融风险。互联网金融协会要加强风险教育，使广大的投融资参与者，特别是风险承受力较弱的普通老百姓，更好地了解和把握互联网金融风险的本质与属性进而更加理性地参与互联网金融活动。再次，要加大社会监督的力度。由于互联网金融受众面广，一旦出现风险事件将对广大人民群众的切身利益构成危害。为此要调动广大人民群众的参与积极性，建立举报平台，广泛收集互联网金融机构可能存在的违法违规线索。打击互联网金融中出现的违法违规活动同时，还要发挥会计师事务所、审计师事务所和评级机构的专业化优势，使其外部监督专业化，使得可能存在的互联网金融风险得到更及时的揭示。最后，要加快相关法律制度的建设。对于互联网金融消费中存在的消费欺诈、侵犯消费者权益等行为，要在法律制度建设上予以明确地规定，从而在互联网金融快速发展过程中有效保障互联网金融消费者权益，形成保护互联网金融消费者权益的良好生态。

五是运用金融科技提升互联网金融风险治理的绩效。监管科技为互联网金融风险治理模式的创新指明了方向。传统的金融风险管理与应对模式对互联网金融风险的监管乏力，其中很重要的一个方面即是在信息化和信息大爆炸时代，缺乏将先进技术融入监管框架的路径。在如何进行监管模式创新以满足互联网金融风险监管的需要方面，金融科技提供了重要选择方案，即将先进的科技嵌入到金融监管框架中以提高互联网金融监管效率。例如，可以在传统金融监管框架中嵌入先进的技术，实现传统监管模式升级。按照传统的监管理念，金融机构要进入市场开展相关的金融服务，必须首先得到监管部门发放的牌照，否则不予开展金融业务。然而，在金融创新快速发展的时期，新机构、新业务、新模式层出不穷，如何识别这些新机构、新业务、新模式的风险成为传统监管机构面临的一大难题。为此，金融监管部门采用自动技术系统并将其与金融机构数据库进行联通便能即时获取金融监管数据。在即时获得相关数据的基础上，监管部门则可以通过大数据分析等技术对机构、业务可能存在的风险进行科学测算并据此采用差异化的监管措施，从而将传统的风险事后控制前移到风险的事前预警，即使不采取牌照管理的模式也能保证金融体系的稳定，而且也为大量的创新型金融机构提供服务空间，这与“监管沙盒”模式较为接近。除此之外，还需增强合作关系，如各级互联网金融监管机构和互联网金融企业间的合作关系。互联网金融监督管理机构需要在充分了解互联网金融行业发展趋势的基础上鼓励互联网金融经营者开展更加合规的金融创新，让经济社会发展享受到互联网金融发展的行业红利。互联网金融经营企业也要全流程了解政府监管的政策含义以及互联网金融的潜在风险与现实情况，在此基础上适时调整自身的经营活动从而防范可能存在的互联网金融风险。

11.3　研究贡献与局限性

11.3.1　研究的创新之处

深入研究互联网金融风险的演化机理及其防控机制，从内在需求而言，是为了互联网金融行业健康发展，从外部要求而言，是为维护国家金融安全、守住不发生系统性金融风险的底线。本书在前人研究的基础上，以一个全新的角度——系统动力学理论和方法对互联网金融风险展开了研究，将系统动力学的建模过程与互联网金融风险管理过程紧密结合，得到了一种以系统动力学为基础的互联网金融风险治理思路。互联网金融风险管理过程的完整性在系统动力学的研究工具之下不光得到了确保，还使整个互联网金融风险管理的流程体现出系统思维，从而为互联网金融风险的防范提供了一种定性和定量相结合、跨学科交叉融合的研究方式。概括起来，本书的研究贡献主要体现在三方面，即学术思想、学术观点和研究方法。

一是在学术思想上，本书在系统考察互联网金融风险动力学演化机理及审计治理嵌入互联网金融风险演化系统的内生逻辑基础上，把审计和宏观审慎监管等研究成果纳入进来，探讨了互联网金融风险审计治理的动态预警框架以实现互联网金融的健康发展。本书不仅研究互联网金融风险的理论阐释问题，也注重互联网金融风险的有效治理问题，既深化了对互联网金融风险演化规律的理论研究，也为监管部门特别是审计部门制定和执行防范化解互联网金融风险的相关对策研究提供了新的思路。

二是在学术观点上，本书认为，互联网金融风险的混沌性、动态性、非线性等动力学特性是引起互联网金融风险演化复杂性的主要原因，应将这些特征纳入系统动力学模型，从而以新的视角开展互联网金融风险治理研究；要将审计的风险揭示功能与防范化解互联网金融风险结合起来，由此以新的逻辑探寻审计治理嵌入互联网金融风险系统的理论基础；应构建互联网金融风险审计治理的动态预警系统并实现该系统的适时反馈与自组织运行，从而以新的机制实现互联网金融风险治理的有序互动和共生演化。

三是在研究方法上，本书将理论建模、逻辑归纳和实证研究等方法有机地结合。构建理论模型探讨互联网金融风险的动力学演化并进行计算机仿真；基于逻辑归纳挖掘审计治理嵌入互联网金融风险演化系统的内生逻辑；通过实证研究探索审计提高互联网金融风险治理的绩效，实现了系统科学与经济学的跨学科交叉融合，由此凸显理论和方法的交融性，规避了不同研究方法彼此割裂的缺点。

总体而言，本书的理论价值在于：首先，构建了一个较为完整的跨学科交叉研究框架，有助于丰富和完善互联网金融风险理论与审计治理理论研究；其次，基于互联网金融风险的混沌性、动态性、非线性等动力学特性，从系统动力学视角考察互联网金融风险系统的演化机理，有助于深化对互联网金融风险演化规律的认识；最后，充分考虑互联网金融风险的系统特征，有助于拓展基于中国情境的互联网金融风险审计治理理论和方法研究。

本书的应用价值主要有：首先，阐明了基于互联网金融风险的系统演化特征及审计治理嵌入互联网金融风险演化系统的内生逻辑所进行的策略选择，将有助于提高互联网金融风险治理的整体效率；其次，及时总结防范化解互联网金融风险中的经验教训，有助于相关部门制定更加包容性和有针对性的对策措施；最后，基于专家访谈和实际调查的数据，对于构建互联网金融风险审计治理的动态预警系统更具实践指导性。

11.3.2　研究的局限性

对研究对象的价值重估、原创推动与阐释深化需要不断地深入积累与创新。当下的研究成果为后续的研究打下了基础，当下研究的不足之处同样也为后续的研究做出贡献提供了一定的契机。同时，在总结本书的理论成果之后，还应该清楚地看到，互联网金融风险系统具有层次性和复杂性，而互联网金融风险的管理本身也是一个系统工程，因此需从系统角度进行综合分析。目前关于互联网金融风险的研究虽然较为丰富，但是大多集中在微观层面。本书尝试将系统动力学理论运用于互联网金融风险研究，采用系统动力学方法建立互联网金融风险系统模型并进行仿真，并基于审计治理嵌入互联网金融风险演化系统的内生逻辑构建了互联网金融风险审计治理的动态预警系统，但囿于研究方法及篇幅所限，本书总体上尚存在以下两个方面的局限性。

一是研究对象的局限性。本书在采用系统动力学理论对互联网金融风险进行理论阐述时，在风险边界划分上将互联网金融风险划分为政策法律风险、监管覆盖风险、时间价值风险、个体认知风险、信用违约风险、技术障碍风险、虚拟开放风险、业务操作风险以及期限错配风险等九种风险，并在此基础上构建了互联网金融风险的系统动力学模型。然而，由于互联网金融的真实场景中风险来源的复杂性，以及互联网金融的快速发展也可能在未来存在其他风险来源而未能纳入模型，因而相对于复杂或更多风险来源的现实问题研究，还存在一定差距。

二是研究方法的局限性。从研究方法来看，本书基于互联网金融发展实际及风险表征开展相应的文献研究、理论研究与实证研究，构建了理论模型并通过问卷调查方式获得相应实证数据。虽然在总体上相应数据具有较为理想的信度、效度，但利用问卷调查法难免存在一些主观偏差，所获得的数据也并非绝对全面和准确，因此，模型仿真效果的准确性在一定程度上受到了影响。所以，虽然本书已尽量提供相应的数据支持，但这些研究不够深入，还未能很好地呼应理论研究结果，因此未来有关研究结论的适用性需进一步通过更加完整而全面的数据开展实证检验。

11.4　研究展望

“互联网+”是把大数据的创新成果深度融合到经济社会的各领域，形成更加广泛的、以互联网为基础设施和创新要素的全新社会发展形态。在全球最新一轮的产业变革和科技革命当中，大数据与各个领域的深度融合发展表现出广阔前景且具有无限的潜力，这是时代潮流，不可阻挡，它所包含的潜在风险和巨大效益已对各国的经济社会发展产生了全局性和战略性的影响。换言之，世界正在被互联网所改变，当然，金融也被包括在其中。实际上，自诞生伊始，互联网就与金融密不可分，二者在共同发展。早在1997年，世界著名电子商务领域的专家玛丽·克罗宁（Mary Cronin）就在其撰写的《互联网上的银行与金融》当中深刻地描述当时美国的银行、证券等金融领域与互联网深度融合的场景。作为一种全新的金融业态，互联网金融在国民经济和社会发展中的作用至关重要。从宏观角度来看，国家金融安全与互联网金融发展存在着联系。从中观角度来看，整个金融体系的制度变迁会受到互联网金融发展的影响。从微观角度来看，伴随着互联网的普及度提高，中小企业和普通平民大众的投资理财乃至日常生活已经和互联网金融紧密联系在了一起。但是，在互联网金融不断发展的同时，互联网金融风险正不断地暴露出来并具有演化为系统性金融风险的可能性。因而深入研究互联网金融风险的演化机理及其治理机制，不仅仅是互联网金融行业健康发展的自身需求，同时也是维护国家金融安全、守住不发生系统性金融风险底线的客观要求。如之前所陈述的，本书对于互联网金融风险的系统动力学演化及其审计治理机制等方面开展了积极的探索，得到了若干新结论，但本书在有些方面还有待进一步拓展。后续研究可以从如下几个方面展开：

一是不断拓展研究对象的范畴。由于互联网金融真实场景中风险来源的复杂性，可能存在其他风险来源而未能纳入本书中的系统动力学模型，因而相对于复杂或更多风险来源的现实问题研究，未来可以继续基于系统动力学理论，深化对互联网金融风险范畴的研究，并将更全面的风险因素纳入互联网金融风险的系统动力学模型，使得相关研究结论更加符合互联网金融风险演化的实际，从而提高研究结论的可靠性。

二是不断提高研究方法的科学性。理论模型的检验有赖于准确而丰富的数据来源。如果实证过程中输入的数据不全面或者不准确，那么模型仿真效果会在一定程度上受到影响。所以，未来随着国家对互联网金融更加统一而权威的数据发布，更丰富的数据将能够支持研究的进一步深入，由此更好地呼应理论研究结果。同时，随着互联网金融风险审计治理动态预警系统的运行和适时完善，将有利于审计在互联网金融风险治理中自组织态的形成，从而能够提高研究结论的准确性进而提高相关政策建议的价值。

三是本书的大多数结论是在若干假设和理论模型下得出的理论结果，并且相关研究结论也获得了样本数据上的支撑。但是，从实践性角度上，相关研究结论还需要在未来通过更加丰富的案例分析以检验其有效性和可行性，以期为互联网金融风险的治理策略提出更加具有针对性和更具包容性的对策建议。同时，由于人力、物力及时间的限制，本书并没有针对互联网金融风险审计治理的绩效来开展国内外比较研究。今后可通过国内外互联网金融风险审计治理绩效的比较研究，在更深层次上考察审计职能发挥的国别差异，以此为互联网金融风险审计治理策略的制定提供更加清晰的思路并在此基础上进一步深化系统科学与经济学的跨学科交叉研究。

附录1　G_1 赋权法专家打分调查表

尊敬的各位专家：

感谢您在百忙之中参与 G_1 赋权法专家打分调查，我们本次的调查问卷目的在于对影响互联网金融风险的因素进行主观赋权，根据各个因素的相对重要程度来确定指标的权重，因此需要您的宝贵意见。具体评分标准见表1。

表1　　评分标准

赋权	含义
1.0	指标 x_{k-1} 与指标 x_k 相比，同等重要
1.2	指标 x_{k-1} 与指标 x_k 相比，略微重要
1.4	指标 x_{k-1} 与指标 x_k 相比，明显重要
1.6	指标 x_{k-1} 与指标 x_k 相比，强烈重要
1.8	指标 x_{k-1} 与指标 x_k 相比，极端重要
1.1、1.3、1.5、1.7	上述重要程度的中间值

以个体认知风险权重系数的确定为例。现有四个影响个体认知风险因素分别对应如下，个人防范能力（x_1）、受骗经历（x_2）、受骗次数（x_3）与成功交易次数（x_4）。

请您根据自己的经验给出 x_1 与 x_2 的重要程度之比________。

请您根据自己的经验给出 x_1 与 x_3 的重要程度之比________。

请您根据自己的经验给出 x_1 与 x_4 的重要程度之比________。

请您根据自己的经验给出 x_2 与 x_3 的重要程度之比________。

请您根据自己的经验给出 x_2 与 x_4 的重要程度之比________。

请您根据自己的经验给出 x_3 与 x_4 的重要程度之比________。

请问您对本次主观赋权法专家打分调查有何意见与建议？

____

____

附录2　互联网金融风险动态审计预警可行性的调查问卷

尊敬的女士/先生：

您好！首先感谢您能抽出宝贵的时间积极配合参与本次学术性质的问卷调查并完成问卷打分。需要向您说明的是，本次调查的相关结果仅供科学研究使用，希望能够得到您的大力支持！

本问卷的调查目的在于探讨互联网金融风险审计治理的动态预警系统可行性，从而有助于研究互联网金融快速发展背景下互联网金融风险治理的对策选择，以及为我国互联网金融的可持续发展提供相关建议。

本调研的所有资料与数据仅供学术研究之用，不做任何商业用途，调查采用不记名方式作答。请根据您的工作性质和认识完成这份调查问卷。希望您能对研究工作提供帮助并衷心感谢您的合作与帮助！填写方式：请在您认为合适的表中选项上打“○”，每一问题仅打一次“○”。

一、基本情况

1. 您的最高学历是（　　）。

A. 本科以下　　B. 本科

C. 硕士　　D. 博士

2. 您的年龄是（　　）。

A. 18 岁以下　　B. 19～30 岁

C. 31～50 岁　　D. 51 岁以上

3. 您的职业是（　　）。

A. 学生　　B. 机关事业单位

C. 企业职工　　D. 其他

二、问题项（请在符合的选项上画“√”）

编码	问题项	完全不同意	不同意	勉强同意	同意	完全同意
X_1	您是否了解互联网金融风险的危害性	1	2	3	4	5
X_2	您是否了解审计的基本功能	1	2	3	4	5
X_3	在保持经济金融环境的稳定过程中，您认为互联网金融风险的危害程度是否很大	1	2	3	4	5
X_4	您是否了解金融审计的职能范围	1	2	3	4	5
X_5	在我国当前的“一委一行两会”的金融监管框架中，您认为对互联网金融风险的防范是否有效	1	2	3	4	5
X_6	您认为当前我国金融审计对互联网金融风险的防范是否有效	1	2	3	4	5
X_7	作为党和国家监管体系的重要组成部分，您认为在互联网金融风险监管中是否需要强化审计监督的职能	1	2	3	4	5
X_8	与传统的静态审计模式相比，您认为构建互联网金融风险的动态预警机制是否具有必要性	1	2	3	4	5
X_9	近年来互联网金融风险事件频发，您是否认为需要加大投入不断提升审计动态监管互联网金融风险的能力	1	2	3	4	5
X_{10}	从审计的内涵和外延上看，您认为是否需要发挥延伸审计职能以加强对互联网金融的动态监管	1	2	3	4	5
X_{11}	微观互联网金融风险由传统金融机构自身风险积累吗	1	2	3	4	5
X_{12}	除了银行、证券公司和保险机构等传统金融机构的风险累积作用，近年来互联网金融风险的高发是否存在其他方面的原因	1	2	3	4	5
X_{13}	随着计算机技术以及信息技术的快速发展，您认为加强信息技术的运用对提高审计效能有作用吗	1	2	3	4	5
X_{14}	从节约社会资源和降低审计成本角度上看，您认为目前的审计信息化建设能够达到目标吗	1	2	3	4	5
X_{15}	您认为审计的职能是否需要扩展或者创新	1	2	3	4	5
X_{16}	您是否有遭遇互联网金融风险的经历	1	2	3	4	5
X_{17}	您在互联网金融风险事件中受到的损失大吗	1	2	3	4	5
X_{18}	在互联网金融风险事件中您的责任分担有多大	1	2	3	4	5

参考文献

[1] 白天．基于我国互联网金融风险特殊性的监管模式研究［D］．北京：对外经济贸易大学，2017.

[2] 卞宁．中小企业供应链融资模式及其信用风险评价研究［D］．武汉：武汉理工大学，2008.

[3] 蔡笑腾，苑清明．中小企业信用评级的指标体系与方法［J］．经济管理，2005（11）：46－49.

[4] 曹东，曹巍，吴俊龙．互联网时代金融创新与监管的博弈研究［J］．东南大学学报，2014（4）：59－64，135.

[5] 曹凤岐．互联网金融对传统金融的挑战［J］．金融论坛，2015（1）：3－6，65.

[6] 曹翔宇，孟枫平．基于AHP-模糊综合评价法的PPP项目投资风险评价研究［J］．天津商业大学学报，2017（1）：60－67.

[7] 曹源芳，蔡则祥，王家华．跨市场资产管理业务的风险控制与政府审计［J］．山西大学学报，2017（1）：109－114.

[8] 曹源芳，蔡则祥．证券业的系统性风险真的比银行业高吗：来自中国上市公司股票收益率的证据［J］．经济问题，2015（1）：58－63，98.

[9] 曹源芳，谢惠贞，汪祖杰．金融地理对区域金融稳定的作用机理：基于金融功能观的分析视角［J］．经济体制改革，2012（4）：47－51.

[10] 曹源芳，袁秀文．互联网金融对资本市场风险跨期时变的溢出效应研究：以余额宝为例［J］．经济问题，2018（10）：47－51.

[11] 柴宇曦，黄炫洲，马述忠．跨境电商经营风险的跨国比较及政策建议［J］．浙江经济，2017（7）：48－49.

[12] 常晓. 互联网金融信贷业务对商业银行的影响分析 [J]. 中国外资, 2013 (16): 53.

[13] 陈放. 互联网金融的顺周期性风险和逆周期监管研究 [J]. 经济体制改革, 2017 (4): 123-129.

[14] 陈慧雯. 互联网金融对传统金融业的风险溢出效应测度: 基于分位数回归与 GARCH 类模型的 CoVaR 方法 [D]. 杭州: 浙江财经大学, 2017.

[15] 陈佳贵. 郭朝先. 构建我国小企业金融支持体系的思考 [J]. 财贸经济, 1999 (5): 16-20.

[16] 陈建青, 王擎, 许韶辉. 金融行业间的系统性金融风险溢出效应研究 [J]. 数量经济技术经济研究, 2015 (5): 89-100.

[17] 陈菁, 李建发. 财政分权、晋升激励与地方政府债务融资行为: 基于城投债视角的省级面板经验证据 [J]. 会计研究, 2015 (1): 61-67, 97.

[18] 陈磊, 任若恩, 曹汉平. 公司多阶段财务危机动态预警研究 [J]. 系统工程理论与实践, 2008 (11): 29-35.

[19] 陈强强, 窦学诚. 深化开放中产业技术依赖与锁定效应: 基于我国葡萄酒产业的实证 [J]. 科研管理, 2018 (7): 26-33.

[20] 陈秋玲, 薛玉春, 肖璐. 金融风险预警: 评价指标预警机制与实证研究 [J]. 上海大学学报 (社会科学版), 2009 (5): 127-144.

[21] 陈守东, 马辉, 穆春舟. 中国金融风险预警的 MS-VAR 模型与区制状态研究 [J]. 吉林大学社会科学学报, 2009 (1): 110-119, 160.

[22] 陈文斌. 金融审计与金融监管协作框架初探 [J]. 中国审计, 2009 (3): 47-48.

[23] 陈文夏. 金融审计预警体系构建研究 [J]. 审计研究, 2011 (2): 33-38.

[24] 陈艳娇, 易仁萍. 金融审计免疫系统功能实现的路径研究: 基于审计结果公告的实证分析 [J]. 审计研究, 2009 (3): 14-20, 8.

[25] 陈志武. 互联网金融到底有多新 [J]. 新金融, 2014 (4): 9-13.

[26] 戴国强, 方鹏飞. 利率市场化与银行风险: 基于影子银行与互联网金融视角的研究 [J]. 金融论坛, 2014 (8): 13-19, 74.

[27] 戴国强，徐龙炳，陈蓉．我国金融业市场风险的表现及管理［J］．上海金融，2000（5）：8－10.

[28] 丁妍．基于系统动力学的金融风险传染机制研究［J］．金融纵横，2012（4）：19－24.

[29] 范德成，李昊，刘赟．基于系统动力学的我国产业结构演化动力系统仿真研究［J］．运筹与管理，2007（4）：177－184.

[30] 范公广，施杰．组织惰性与市场知识转移关系研究：吸收能力的中介作用［J］．科技进步与对策，2017（21）：111－117.

[31] 冯进路，冯绍彬．企业核心能力刚性的产生及其克服［J］．科研管理，2005（2）：120－125.

[32] 伏润民，缪小林，师玉朋．政府债务可持续性内涵与测度方法的文献综述：兼论我国地方政府债务可持续性［J］．经济学动态，2012（11）：86－93.

[33] 高国华．逆周期资本监管框架下的宏观性系统性风险度量与风险识别研究［J］．国际金融研究，2013（3）：30－40.

[34] 宫彩娟．构建适宜的互联网金融风险防控网［J］．人民论坛，2019（3）：82－83.

[35] 顾海峰，杨立翔．互联网金融与银行风险承担：基于中国银行业的证据［J］．经济研究，2018（10）：75－100.

[36] 郭京京．产业集群中知识存储惯例对企业创新绩效的影响研究：知识管理的视角［J］．科学学与科学技术管理，2013（6）：76－82.

[37] 郭菊娥，史金召，王智鑫．基于第三方 B2B 平台的线上供应链金融模式演进与风险管理研究［J］．商业经济与管理，2014（1）：13－22.

[38] 郭娜．政府？市场？谁更有效：中小企业融资难解决机制有效性研究［J］．金融研究，2013（3）：194－206.

[39] 郭世邦．互联网金融的崛起给传统金融带来什么？［J］．时代金融，2014（4）：72－73.

[40] 韩民春，陈小珞．网络商品价格搜寻与实证分析［J］．当代经济科学，2001（2）：43－47.

[41] 何靖．延付高管薪酬对银行风险承担的政策效应：基于银行盈余管理动机视角的 PSM-DID 分析［J］．中国工业经济，2016

(11): 126-143.
[42] 何亚伯，徐冰，常秀峰. 基于改进熵权灰色关联模型的城市轨道交通 PPP 项目风险评价 [J]. 项目管理技术，2016 (3): 112-117.
[43] 何悦，朱桂龙，戴勇. 企业创新绩效影响因素的系统动力学研究 [J]. 软科学，2010 (7): 19-23.
[44] 和军，任晓聪. 共享经济下互联网金融发展研究：以 P2P 网络借贷为例 [J]. 中国特色社会主义研究，2016 (6): 35-41.
[45] 贺绍奇. 众筹融资法律困境与解决思路 [J]. 中国市场，2015 (5): 48-53.
[46] 宏皓. 互联网金融的风险与监管 [J]. 武汉金融，2014 (4): 4-5.
[47] 洪娟，曹彬，李鑫. 互联网金融风险的特殊性及其监管策略研究 [J]. 中央财经大学学报，2014 (9): 42-46.
[48] 黄丽珍，王其藩，刘永平. 基于市场反馈的闭环供应链动力学行为分析 [J]. 南昌大学学报，2008 (6): 614-619.
[49] 黄迈，杨哲，何晓锋. 商业银行参与 P2P 网络借贷的战略分析与路径选择 [J]. 金融理论与实践，2013 (11): 20-23.
[50] 黄群慧. 论新时期我国实体经济的发展 [J]. 中国工业经济，2016 (9): 5-24.
[51] 黄贤环，吴秋生，王瑶. 实体企业资金“脱实向虚”：风险、动因及治理 [J]. 财经科学，2018 (11): 83-94.
[52] 金琳. 基于 VAR 模型在极端行情下的我国股指期货风险度量比较研究 [D]. 北京：中国科学技术大学，2016.
[53] 金文龙. 互联网金融与传统银行之间的博弈分析：以余额宝和传统银行之间的竞争为例 [J]. 时代金融，2014 (7): 57-58.
[54] 康书生，鲍静海，史娜. 中小企业信用评级模型的构建 [J]. 河北大学学报，2007 (2): 26-33.
[55] 孔令晏. 以众筹模式投资新三板的可行性及其风险 [J]. 企业改革与管理，2015 (7): 72.
[56] 黎继子，李柏勋，刘春玲. 基于系统动力学仿真的集群式供应链跨链间库存管理 [J]. 系统工程，2017 (8): 25-32.
[57] 黎来芳，牛尊. 互联网金融风险分析及监管建议 [J]. 宏观经济管理，2017 (1): 52-54，68.

[58] 黎仁华. 国家审计维护国家金融安全的实现机制 [J]. 管理世界, 2010 (2): 175-176.

[59] 李彩凤, 梁静溪. 互联网金融风险的实证评价及优化对策 [J]. 金融理论与实践, 2016 (5): 69-74.

[60] 李东荣. 构建互联网金融风险治理体系 [J]. 中国金融, 2016 (6): 9-11.

[61] 李惠平. 房地产供应链金融风险的仿真研究 [D]. 重庆: 重庆大学, 2017.

[62] 李明选, 孟赞. 互联网金融对我国金融机构信用风险影响的实证研究 [J]. 企业经济, 2014 (11): 165-170.

[63] 李牧, 郑芳. 模糊综合评价法在工程供应链风险管理中的应用 [J]. 物流工程与管理, 2013 (11): 82-84.

[64] 李琦, 曹国华. 基于 CreditRisk + 模型的互联网金融信用风险估计 [J]. 统计与决策, 2015 (19): 164-166.

[65] 李伟. 提高我国金融监管有效性的政策建议 [R]. 北京: 国务院发展研究中心, 2015.

[66] 李志斌. 供应链金融产品创新与风险控制研究 [D]. 天津: 南开大学, 2009.

[67] 梁冰. 我国中小企业发展及融资状况调查报告 [J]. 金融研究, 2005 (5): 120-138.

[68] 梁波, 王海英. "均衡型" 国家与 "包容性" 产业治理: 中国互联网金融兴起的制度逻辑 [J]. 山东社会科学, 2019 (3): 65-72, 89.

[69] 梁静. 中小企业供应链融资风险评价研究 [D]. 沈阳: 辽宁大学, 2014.

[70] 梁素萍. 金融审计 "免疫系统" 的构建: 基于金融行业风险规避研究 [J]. 会计之友, 2009 (7): 51-53.

[71] 刘国城, 张宝贤. 基于威胁的互联网金融安全风险及其审计问题研究 [J]. 市场周刊 (理论研究), 2017 (1): 64-65.

[72] 刘汉丽. 我国中小企业供应链融资风险管理研究 [D]. 太原: 山西财经大学, 2013.

[73] 刘金林, 王春明, 黄刚. 优化我国政府债务管理的政策建议 [J]. 管理世界, 2014 (1): 171-172.

[74] 刘军，黄解宇，曹利军. 金融集聚影响实体经济机制研究 [J]. 管理世界，2007 (4)：152-153.
[75] 刘可，缪宏伟. 供应链金融发展与中小企业融资 [J]. 金融论坛，2013 (1)：36-44.
[76] 刘亮. 互联网金融现状及趋势研究 [J]. 时代金融，2013 (21)：177.
[77] 刘媛媛，王海燕. 供应链节点变化对牛鞭效应影响的系统动力学仿真研究 [J]. 物流技术，2006 (6)：50-53.
[78] 陆佳士. 基于供应链金融缓解中小企业融资困境 [D]. 上海：复旦大学，2012.
[79] 陆赛江. 防范系统性金融风险的审计程序研究 [D]. 南京：南京审计大学，2018.
[80] 吕劲松，王忠. 金融审计中的数据分析 [J]. 审计研究，2014 (5)：26-31.
[81] 罗党论，廖俊平，王珏. 地方官员变更与企业风险——基于我国上市公司的经验证据 [J]. 经济研究，2016 (5)：130-142.
[82] 罗齐，朱道立，陈伯铭. 第三方物流服务创新：融通仓及其运作模式初探 [J]. 中国流通经济，2002 (2)：11-14.
[83] 罗垚. 供应链融资的实现模式和优势分析 [D]. 济南：山东大学，2014.
[84] 马慧，杨德礼，陈大鹏. 供需双方渠道选择行为的演化博弈模型 [J]. 科技与管理，2011 (5)：24-28.
[85] 马士华. 影响供应链竞争力的物流能力要素分析 [J]. 工业工程与管理，2011 (6)：1-9.
[86] 毛茜，赵喜仓. 科技金融创新与我国经济增长效应研究：基于科技型中小企业发展视角 [J]. 科技进步与对策，2014 (12)：23-26.
[87] 孟凡涛. 我国产业结构调整的动力分析 [J]. 山东经济，2001 (9)：6-9.
[88] 裴平. 互联网金融的发展、风险和监管 [J]. 唯实，2014 (11)：54-56.
[89] 彭景，卓武扬. 我国互联网金融系统性风险的特征、成因及监管 [J]. 西南金融，2016 (10)：3-7.

[90] 钱芳，刘伟．基于耗散结构论的产业创新动力系统研究［J］．科技管理研究，2008（12）：145－147.

[91] 钱金叶，杨飞．中国 P2P 网络借贷的发展现状及前景［J］．金融论坛，2012（1）：46－51.

[92] 乔海曙，李颖．余额宝的鲇鱼效应、存款利率市场化及其应对［J］．当代财经，2014（8）：41－49.

[93] 秦朵．过度负债在多大程度上导致了韩国 1997 年的货币危机?［J］．世界经济，2000（5）：9－18.

[94] 曲俊丞．网络金融风险及其监管措施研究［J］．时代金融，2018（26）：58－59.

[95] 任佩瑜，王苗，任竞斐．从自然系统到管理系统：熵理论发展的阶段和管理熵规律［J］．管理世界，2013（12）：182－183.

[96] 沈丽，林冬冬．互联网金融风险管理文献综述［J］．山东财经大学学报，2014（5）：15－20.

[97] 宋海燕．金融渠道的危机传染及其防范机制［J］．南开经济研究，2003（4）：59－64.

[98] 孙冰，王为．企业自主创新动力仿真分析［J］．商业经济与管理，2010（8）：28－33.

[99] 孙冰，张敏．基于序参量的企业自主创新动力系统协同机理研究［J］．中国科技论坛，2010（10）：19－24.

[100] 孙庆文，陆柳，严广乐，等．不完全信息条件下演化博弈均衡的稳定性分析［J］．系统工程理论与实践，2003（7）：11－16.

[101] 孙小丽，彭龙．KMV 模型在中国互联网金融中的信用风险测算研究［J］．北京邮电大学学报（社会科学版），2013（6）：75－81.

[102] 孙越．众筹风险控制问题研究［J］．时代金融，2014（35）：283－284.

[103] 谈超，王冀宁，孙本芝．P2P 网络借贷平台中的逆向选择和道德风险研究［J］．金融经济学研究，2014（5）：100－108.

[104] 谭志斌，张惠．商业银行线上供应链金融发展策略研究［J］．华北金融，2015（2）：32－35.

[105] 唐代盛，李春兰，胡豪．土地“撂荒”的制度分析及对策［J］．财经科学，2002（2）：116－120.

[106] 陶玲，朱迎．系统性金融风险的监测和度量：基于中国金融体系的研究 [J]. 金融研究，2016 (6)：18 -36.

[107] 田厚平，刘长贤．企业资产规模、信贷市场结构与中小企业融资 [J]. 管理科学学报，2010 (5)：51 -61.

[108] 田菁，宋玉田．线上供应链金融操作风险管理研究 [J]. 天津商业大学学报，2015 (2)：26 -29，38.

[109] 屠建平，杨雪．基于电子商务平台的供应链融资模式绩效评价研究 [J]. 管理世界，2013 (7)：182 -183.

[110] 汪炜，郑扬扬．互联网金融发展的经济学理论基础 [J]. 经济问题探索，2015 (6)：170 -176.

[111] 王达．论美国影子银行体系的发展、运作、影响及监管 [J]. 国际金融研究，2012 (1)：35 -43.

[112] 王丹，叶蜀君．金融集聚对经济增长的知识溢出机制研究 [J]. 北京交通大学学报（社会科学版），2015 (3)：38 -44.

[113] 王家华，蔡则祥，曹源芳．影子银行风险的“蝴蝶效应”与审计治理机制：基于互联网金融业务的研究 [J]. 经济问题，2017 (1)：67 -72.

[114] 王家华，蔡则祥．影子银行业务的风险传染与审计免疫机制研究 [J]. 经济问题，2014 (8)：54 -58，117.

[115] 王建秀，李常洪，张改枝．基于不同风险类别的中小企业融资博弈模型分析 [J]. 中国软科学，2012 (3)：181 -186.

[116] 王认真．中国金融资源空间配置非均衡的原因分析 [J]. 西南民族大学学报（人文社会科学版），2011 (12)：127 -131.

[117] 王蓉，陈良华，吴大勤．基于系统动力学的供应链成本分配动力研究 [J]. 华东经济管理，2015 (10)：101 -108.

[118] 王仕军．我国地方政府性债务风险形成的深层次机理及解决路径 [J]. 理论学刊，2011 (10)：47 -49.

[119] 王瑶瑶．互联网金融混业发展与审计模式创新 [J]. 审计月刊，2016 (10)：24 -27.

[120] 王智毅．我国互联网金融风险的识别与对策研究 [D]. 南昌：江西财经大学，2018.

[121] 魏鹏．中国互联网金融的风险与监管研究 [J]. 金融论坛，2014 (7)：3 -9.

[122] 吴晓求. 中国金融的深度变革与互联网金融 [J]. 财贸经济, 2014 (1): 14-23.

[123] 夏恩君, 李森, 赵轩维. 国外众筹研究综述与展望 [J]. 技术经济, 2015 (10): 10-16, 125.

[124] 夏泰凤. 基于中小企业供应链融资视角的供应链金融研究 [D]. 杭州: 浙江大学, 2011.

[125] 夏阳, 顾新. 科技型中小企业的知识产权投融资风险管理 [J]. 科学学与科学技术管理, 2012 (9): 98-104.

[126] 向鹏成, 宋贤萍. PPP 模式下城市基础设施融资风险评价 [J]. 工程管理学报, 2016 (1): 60-65.

[127] 谢平, 邹传伟. 互联网金融模式研究 [J]. 金融研究, 2012 (12): 11-22.

[128] 谢征, 陈光焱. 我国地方债务风险指数预警模型之构建 [J]. 天津财经大学学报, 2012 (7): 96-104.

[129] 辛玉红, 李小莉. 应收账款融资模式下供应链金融的成本优化分析 [J]. 工业工程与管理, 2014 (1): 79-84.

[130] 徐璐. 金融危机形成的理论模型 [J]. 金融经济, 2007 (18): 95-96.

[131] 徐权. 金融创新与审计监督: 兼论国家审计在维护国家金融安全中的作用 [J]. 审计研究, 2010 (4): 14-17.

[132] 徐小林. 区域金融生态环境评价方法 [J]. 金融研究, 2005 (11): 39-45.

[133] 徐晓萍, 李猛. 商业信用的提供: 来自上海市中小企业的证据 [J]. 金融研究, 2009 (6): 161-174.

[134] 徐晓萍, 李晓洁. 小企业信贷缺口、信贷技术缺陷与政府干预: 基于 2008 年上海地区经济园区小企业调查 [J]. 上海财经大学学报, 2009 (4): 65-72.

[135] 徐玉莲, 王玉冬. 区域科技创新与科技金融系统协同发展运行机理分析 [J]. 科技进步与对策, 2013 (20): 25-29.

[136] 徐忠, 邹传伟. 硬信息和软信息框架下银行内部贷款审批权分配和激励机制设计: 对中小企业融资问题的启示 [J]. 金融研究, 2010 (8): 1-15.

[137] 薛庆根. 金融支持, 政府与企业投入的科技创新效率研究 [J].

科技管理研究，2012 (3)：15 - 19.

[138] 薛伟霞．基于系统动力学的供应网络风险管理研究 [D]. 厦门：厦门大学，2007.

[139] 闫国栋．基于系统动力学的建设工程风险管理研究 [D]. 大连：大连理工大学，2007.

[140] 杨百里．我国互联网金融的发展与风险控制研究 [D]. 唐山：华北理工大学，2016.

[141] 杨剑，杨锋，王树恩．基于系统动力学的区域创新系统运行机制研究 [J]. 科学管理研究，2010 (4)：1 - 6.

[142] 杨进．动态审计预警体系的构建与实施机制研究：基于金融风险防范视角 [D]. 成都：西南财经大学，2014.

[143] 杨龙光，林兆彬．我国地方政府债务风险的量化分析 [J]. 统计与决策，2016 (8)：146 - 149.

[144] 杨群华．我国互联网金融的特殊风险及防范研究 [J]. 金融科技时代，2013 (7)：100 - 103.

[145] 杨书怀．宏观审慎监管模式下政府金融审计与金融稳定 [J]. 审计研究，2016 (3)：56 - 62.

[146] 杨亚军，杨兴龙，孙芳城．基于风险管理的地方政府债务会计系统构建 [J]. 审计研究，2013 (3)：94 - 101.

[147] 杨晏忠．论商业银行供应链金融的风险防范 [J]. 金融论坛，2007 (10)：42 - 45.

[148] 苏屹，李柏洲．大型企业原始创新支持体系的系统动力学研究 [J]. 科学学研究，2010 (1)：141 - 150.

[149] 尹平．"免疫系统"论的理论贡献和对审计事业的创业引领 [J]. 审计与经济研究，2009 (3)：9 - 13.

[150] 张立民，崔雯雯．国家审计推动完善国家治理的路径研究：基于国家审计信息属性的分析 [J]. 审计与经济研究，2014 (3)：13 - 22.

[151] 张亮，许爱萍，李树生．金融体系"系统风险"的理论辨析：与"系统性风险"的区别与联系 [J]. 金融理论与实践，2013 (8)：6 - 10.

[152] 张强．国家审计促进提高金融监管绩效与防范系统性金融风险研究 [J]. 中国审计评论，2016 (2)：34 - 46.

[153] 赵丹．中国小额贷款公司融资困境及对策研究：基于互联网金融的研究［J］．金融经济，2015（8）：43－45.

[154] 郑英隆，王勇，袁健．互联网金融的多网交织成长与风险管理［J］．江汉论坛，2014（3）：75－80.

[155] 钟田丽，弥跃旭，王丽春．信息不对称与中小企业融资市场失灵［J］．会计研究，2003（8）：42－44.

[156] 钟永光，贾晓菁，钱颖．系统动力学［M］．北京：科学出版社，2016.

[157] 周耿，范从来．互联网金融产品的复杂度、佣金水平与市场的羊群效应［J］．当代财经，2016（3）：43－53.

[158] 周健明，陈明，刘云枫．知识惯性、知识整合与新产品开发绩效研究［J］．科学学研究，2014（10）：1531－1538，1551.

[159] 周凯，刘帅．金融资源集聚能否促进经济增长：基于中国31个省份规模以上工业企业数据的实证检验［J］．宏观经济研究，2013（11）：46－53.

[160] 周秋池．基于EGARCH-POT模型的互联网金融风险度量［D］．上海：华东理工大学，2018.

[161] 周稳海，赵桂玲．开放条件下金融风险预警指标体系研究［J］．特区经济，2010（4）：72－74.

[162] 朱振凯，陆亚萍．嘉兴就业人口素质与产业结构协调发展问题研究［J］．企业研究，2013（3）：162－167.

[163] 朱治豪．中国互联网金融现状及风险研究［J］．财经之窗，2014（7）：112－114.

[164] Acemoglu D，Tahbaz S A. Systemic Risk and Stability in Financial Networks［J］. American Economic Review，2015，105（2）：564－608.

[165] Alav L. Review：Knowledge Management and Knowledge Management Systems：Conceptual Foundations and Research Issue［J］. MIS Quarterly，2001，25（1）：107－136.

[166] Allen S A，Hevert K T. Venture Capital Investing by Information Technology Companies：Did It Pay?［J］. Journal of Business Venturing，2007，22（2）：262－282.

[167] Anderson E G，KLewis A. Dynamic Model of Individual and Col-

lective Learning Amid Disruption [J]. Organization Science, 2014, 25 (2): 356 – 376.

[168] Anderson T, Malchow M. Strategic Interaction in Undeveloped Credit Markets [J]. Journal of Development Economics, 2006, 80 (2): 275 – 298.

[169] Anita K C, Bricks M. E-Risk Management for Banks in the Age of the Internet [J]. Journal of Banking & Finance, 2015, 25 (4): 143 – 165.

[170] Asgharian H, Nossman M. Risk Contagion Among International Stock Markets [J]. Journal of International Money & Finance, 2011, 30 (1): 22 – 38.

[171] Baron R M, Kenny D A. The Moderator-Mediator Variable Distinction in Social Psychological Research: Conceptual, Strategic, and Statistical Considerations [J]. Journal of Personality and Social Psychology, 1986, 51 (2): 1173 – 1182.

[172] Basu N S K. Supply Chain Finance Enabled Early Pay: Unlocking Trapped Value in B2B Logistic [J]. International Journal of Logistic Systems and Management, 2012, 12 (3): 33 – 55.

[173] Berger S C, Gleisner F. Emergence of Financial Intermediaries in Electronic Markets: The Case of Online P2P Lending [J]. Business Research, 2009, 2 (1): 39 – 65.

[174] Brachos D K, Soderquist G. Knowledge Effectiveness, Social Context and Innovation [J]. Journal of Knowledge Management, 2007, 11 (5): 31 – 44.

[175] Bryan J, Weersink A. Do Landlord-Tenant Relationships Influence Rental Contracts for Farmland or the Cash Rental Rate [J]. Land Economics, 2015, 91 (4): 650 – 663.

[176] Chandler A. Scale and Scope: The Dynamics of Industrial Capitalism [M]. Cambridge: Harvard University Press, 1990.

[177] Chang H L. Trade Ccredit for Supply Chain Coordination [J]. European Journal of Operational Research, 2011, 21 (5): 136 – 146.

[178] Claessens S, Djankoy S. The Separation of Ownership and Control in East Asian Corporations [J]. Journal of Financial Economics,

2000, 58 (1-2): 81-112.

[179] Dutch F, Lorraine L, Robert A L. Organizational Cost Management in Supply Chains: Practices and Payoffs [J]. Management Accounting Quarterly, 2014, 15 (3): 1-9.

[180] Emrah C, Andrea B, Joseph F. A System Dynamics Approach to Policy Assessment for Sustainable Development: A Waste to Profit Case Study [J]. Sustain-Ability, 2010, 15 (2): 12-56.

[181] Everett C. Group Membership, Relationship Banking and Loan Default Risk: The Case of Online Social Lending [J]. Banking & Finance Review, 2015, 12 (7): 127-136.

[182] Faegre A M. Benson Reveals International Business Trends Report [J]. Manufacturing Close-Up, 2010, 56 (3): 15-18.

[183] Forrester J W. Industrial Dynamics: A Major Break Through for Decision Makers [J]. Harvard Business Review, 1958, 36 (4): 37-66.

[184] Forrester J W. System Dynamics, Systems Thinking, and Soft [J]. System Dynamic Review, 1971, 12 (10): 231-265.

[185] Fuzzy H. Analytic Hierarchy Process: Fallacy of the Popular Methods [J]. European Journal of Operational Research, 2017, 13 (5): 76-79.

[186] Galloway I. Peer-to-peer Lending and Community Development Finance [J]. Community Development Investment Center Working Paper, 2009, 23 (1): 19-23.

[187] Gonzalo G. A Holistic Framework for Short-Term Supply Chain Management Integrating Production and Corporate Financial Planning [J]. Production Economics, 2006, 12 (7): 25-27.

[188] Graham A, Maher J. Environment Liability Information and Bond Ratings [J]. Journal of Accounting, 2000, 5 (3): 156-168.

[189] Hamlin R, Henry J. Acquiring Market Flexibility via Niche Portfolios: The Case of Fisher and Paykel Appliance Holdings Ltd [J]. European Journal of Marketing, 2012, 46 (10): 1302-1319.

[190] Hurwicz L. Designing Economic Mechanism [M]. London: Cambridge University Press, 2006.

[191] Jame B, Warwick J. Financial Liberalization, Financial Sector Development and Growth: Evidence from Malaysia [J]. Journal of Development Economics, 2007, 84 (1): 215 -233.

[192] Jens L H, Lars P. Decreasing Serial Cost Sharing: An Axiomatic Characterization [J]. Game Theory, 2009, 38 (4): 469 -479.

[193] Kim D J. A. Multidimensional and Content Analyses of Academia Practitioner Perspectives [J]. Decision Support Systems, 2003, 12 (1): 6 -7.

[194] Klafft M. Peer to Peer Lending: Auctioning Microcredits over the Internet [J]. Social Science Electronic Publishing, 2009, 32 (7): 63 -77.

[195] Meca A, Timmer J, Garcia-Jurado I. Inventory Games [J]. European Journal of Operational Research, 2004, 15 (1): 127 -139.

[196] Merton C, Bodie Z. New Framework for Measuring and Managing Macro-Financial Risk and Financial Stability [C]. Central Bank of Chile, 2008, 19 (6): 125 -157.

[197] Mollick G H. The Dynamics of Crowd Funding: An Exploratory Study [J]. Journal of Business Venturing, 2014, 29 (1): 1 -16.

[198] Montolio A, Trillas F. Regulatory Federalism and Industrial Policy in Broadband Telecommunications [J]. Information Economics and Policy, 2013, 25 (3): 156 -163.

[199] Prasanna G, Kapadia D. Contagion in Financial Networks [J]. Proceedings of the Royal Soliety A, 2017, 10 (8): 201 -223.

[200] Quintyn M, Taylor M. Regulatory and Supervisory Independence and Financial Stability [M]. Washinton, D. C. International Monetary Fund, 2002.

[201] Raja A, Ibrahim M, Stephen O. A System Dynamics-Based Model for Demand Forecasting in PPP Infrastructure Projects Case of Toll Roads [J]. Organization & Technology, 2013, 8 (5): 15 -89.

[202] Romero L. Cloud Computing in Library Automation: Benefits and Drawbacks [J]. The Bottom Line: Managing Library Finances, 2012, 25 (3): 110 -114.

[203] Rosenbaum P R, Rubin D B. Discussion of "on State Education

Statistics": A Difficulty with Regression Analyses of Regional Test Score Averages [J]. Journal of Educational Statistics, 1985, 10 (4): 326 -333.

[204] Salop S C. A Model of the Natural Rate of Unemployment [J]. American Economic Review, 1979, 69 (1): 117 -125.

[205] Seven U, Hakan G. Financial Intermediation and Economic Growth: Does Income Matter? [J]. Economic Systems, 2015, 6 (4): 46 -59.

[206] Shapiro A. Value-at-Risk-Based Risk Management: Optimal Policies and Asset Prices [J]. Review of Financial Studies, 2001, 23 (14): 371 -405.

[207] Stigler G J. The Theory of Economic Regulation [J]. The Bell Journal of Economics and Management Science, 1971, 2 (1): 3 -21.

[208] Syed A, Nida H. Factors Affecting Internet Banking Adoption among Internal and External Customers: A Case of Pakistan [J]. International Journal of Electronic Finance, 2013 (1): 82 -96.

[209] Verstein A. The Misregulation of Person-to-Person Lending [J]. University of California Davis Law Review, 2011, 45 (2): 445 -530.

[210] Wang J H, Cao Y F, Yang X L, Wang Y. Does External Supervision Reduce the Risk Preference on Shadow Banking? [J]. International Journal of Economics and Finance, 2018, 10 (7): 108 -117.

[211] Yang Z, Ma Z Z. Relational Capital, Lock-in Effectiveness and Enterprise Innovation in the Chinese Manufacturing Industry [J]. Science Research Management, 2013, 34 (11): 183 -195.

后记

中共十九大报告提出，要坚决打好防范化解重大风险、精准脱贫、污染防治的攻坚战，而防范化解重大风险是决胜全面建成小康社会三大攻坚战的首要战役，也是实现高质量发展必须跨越的重大关口。金融是现代经济的核心，是实体经济的血脉，金融活则经济活，金融稳则经济稳。为此，习近平总书记强调指出，打好防范化解重大风险攻坚战，重点是防控金融风险。近年来，随着互联网技术与金融的深度融合，互联网金融在颠覆传统金融模式并推动我国普惠金融发展的同时，也带来很大的风险挑战。当前，互联网金融风险已成为我国金融体系中最为突出的风险之一，甚至可能演化为系统性金融风险。作为国家治理体系和治理能力现代化的重要基石，在防范化解互联网金融风险过程中必须充分发挥审计在党和国家监督体系中的重要作用，加大审计对互联网金融风险隐患的揭示力度。本书系统阐释了互联网金融风险的基本特性及系统动力学的理论基础，深入研究了互联网金融风险的系统动力学演化机理以及审计治理嵌入互联网金融风险演化系统的内生逻辑，在建立互联网金融风险动态审计预警的系统动力学架构基础上，提出了互联网金融风险审计治理的实施机制，从而为防范化解互联网金融风险、完善互联网金融监管提供了新视角与新方法。

本项目在立项过程中，五名评审专家所提出评审意见让作者受益匪浅。专家们的所有意见和建议都极具专业性并富于建设性，他们的宝贵意见对本成果的完善具有极其重要的参考价值与指导意义，在此向五名评审专家表示衷心的感谢。同时还需要说明的是，本项目在完成过程中参考并借鉴了一些国内外相关学者的研究成果，在此一并向所有学者表示诚挚的谢意。

中国经济发展进入新时代。在我国经济由高速增长转向高质量发展的新阶段，需要提供更高质量的互联网金融作为支撑。在互联网技术与金融深度融合的过程中，互联网金融未来将呈现出更加多元的形式与业态，互联网金融风险也可能表现出与此前不同的新特征，从而给互联网金融风险的持续收敛带来新的挑战。尽管作者努力争取理论与实践的相结合，并将互联网金融风险及其演化与审计治理论等方面的知识吸收到本成果中，但囿于作者的学识与水平，仍可能存在疏忽或欠缺之处，恳请各位专家学者批评指正。

作者

2021 年 8 月

图书在版编目（CIP）数据

互联网金融风险的动力学演化与审计治理研究/曹源芳著．—北京：经济科学出版社，2021.10
国家社科基金后期资助项目
ISBN 978-7-5218-2928-0

Ⅰ．①互…　Ⅱ．①曹…　Ⅲ．①互联网络-应用-金融风险防范-动力学-研究②互联网络-应用-金融审计-研究　Ⅳ．①F830.2②F239.65

中国版本图书馆 CIP 数据核字（2021）第 198263 号

责任编辑：周国强
责任校对：杨　海
责任印制：张佳裕

互联网金融风险的动力学演化与审计治理研究
曹源芳　著
经济科学出版社出版、发行　新华书店经销
社址：北京市海淀区阜成路甲 28 号　邮编：100142
总编部电话：010-88191217　发行部电话：010-88191522
网址：www.esp.com.cn
电子邮箱：esp@esp.com.cn
天猫网店：经济科学出版社旗舰店
网址：http://jjkxcbs.tmall.com
北京季蜂印刷有限公司印装
710×1000　16 开　20.5 印张　350000 字
2021 年 10 月第 1 版　2021 年 10 月第 1 次印刷
ISBN 978-7-5218-2928-0　定价：110.00 元